皖籍思想家文库

刘飞跃 主编

戴震 卷

DAI ZHEN JUAN

陶武 著

全国百佳图书出版单位

时代出版传媒股份有限公司

安徽人民出版社

图书在版编目(CIP)数据

戴震卷/陶武著.—合肥:安徽人民出版社,2020.5

(皖籍思想家文库 / 刘飞跃主编)

ISBN 978 - 7 - 212 - 10871 - 7

Ⅰ.①皖… Ⅱ.①陶… ②丁… Ⅲ.①戴震(1724—1777)—思想评论 Ⅳ.①C ②B249.65

中国版本图书馆 CIP 数据核字(2020)第 070475 号

皖籍思想家文库 · 戴震卷

刘飞跃 主编 陶 武 著

出 版 人:徐 敏   责任印制:董 亮

责任编辑:王世超   封面设计:陈 爽

出版发行:时代出版传媒股份有限公司 http://www.press-mart.com

安徽人民出版社 http://www.ahpeople.com

地 址:合肥市政务文化新区翡翠路 1118 号出版传媒广场八楼 邮编:230071

电 话:0551 - 63533258 0551 - 63533292(传真)

印 刷:安徽新华印刷股份有限公司

开本:710mm×1010mm 1/16 印张:21 字数:300 千

版次:2020 年 5 月第 1 版 2020 年 5 月第 1 次印刷

ISBN 978 - 7 - 212 - 10871 - 7 定价:52.50 元

绪　论

　　安徽这片文化沃土，自古就广袤而绵延。她山水秀丽、历史神奇、文化丰厚，先后孕育了道家哲学、建安文学、魏晋玄学、新安理学、徽派朴学、桐城文学、现代新学等，诞生了许多享誉中外的思想家，他们在中国思想发展史上，乃至世界文明史上，都产生过重大的影响，具有独特的思想文化价值。

　　安徽省委省政府、省委宣传部及学界，历来十分重视安徽的地域性文化研究、文化宣传和文化建设，提出了"文化强省"的战略，在打造"文化安徽"品牌、努力让安徽文化"走出去"、为提升我国的文化软实力和人类精神文明建设服务的同时，也扩大了安徽文化的对外影响。如已经出版的"徽学丛书""安徽文化精要丛书"及《安徽文化史》《安徽历史名人辞典》《朱子全书》《方以智全集》《戴震全书》《朱光潜全集》等。这些分别从安徽文化发展史和安徽个别思想家的角度，进行了开拓性的研究和整理，但是集中展示"皖籍"思想家的思想、文化及其研究成果的文献还没有。

　　"皖籍思想家文库"则填补了这方面的一个空白。

　　"皖籍思想家文库"首次较为广泛、系统、集中地展现了两千多年来"皖籍"思想家的思想原貌、文化精髓和研究水平，是一个思想长廊，是"文化安徽"的底蕴体现和实现"文化强省"目标的战略举措，也是安徽对外宣传的重大文化品牌，展示了安徽文化自信的源来，更为主要的是落实了习近平总书记系列讲话精神——传统文化是独特的战略资源，是最深厚的文化软实力；中华优秀传统文化是中华民族的精神命脉，是涵养社会主义核心价值观的重要源泉，也是我们在世界文化激荡中站稳脚跟的坚实根基；要认真汲取其中的思想精华，深入挖掘和阐发其"讲仁爱，重民本，守诚信，崇正义，尚和合，求大同"的时代价值。

"皖籍思想家文库"从政治、经济、文化、教育、哲学、美学、宗教、军事等方面，从众多皖籍思想家中选择了管子、老子、庄子、刘安（《淮南子》）、曹操、嵇康、陈抟、朱熹、朱元璋、方以智、戴震、王茂荫、李鸿章、陈撄宁、陈独秀、陶行知、胡适、朱光潜、宗白华、方东美、王稼祥、赵朴初等22位自先秦至近现代在我国思想史上有重大影响和代表性的"皖籍"思想家，以"文化皖军"方阵的形式，从思想研究"本论"和思想原典"文选"两个方面加以整理、研究，既呈现了其经典的思想，又展示了其研究的水平，使资料性、学术性、现代性得以统一，实现了对优秀传统文化的创造性转化、创新性发展。

这也是本文库的两大特色。

"皖籍思想家文库"所谓的"皖籍"，包括祖籍或本籍在皖。如淮南王刘安，其祖籍为江苏沛县，但刘安一生都在淮南，属于本籍在皖；朱熹是福建人，但他的祖籍为当时的徽州婺源，属于祖籍在皖；宗白华的祖籍是江苏常熟，但是他出生及幼年都在安徽安庆市，属于曾经本籍在皖。

"皖籍思想家文库"由安徽省社会科学院组织本院哲学、史学、文学、经济学、社会学等方面的专家学者负责指导、编撰，并特邀部分省内，乃至全国"皖籍"思想家研究方面的专家学者参与，如《老子》研究专家华中师范大学刘固盛教授，《淮南子》研究专家安徽大学陈广忠教授，宗白华研究专家首都师范大学王德胜教授，陈独秀研究专家安庆师范大学朱洪教授，胡适研究专家安徽大学陆发春教授，方以智研究专家陶清研究员，方东美研究专家余秉颐研究员，朱光潜研究专家钱念孙研究员，管子研究专家安徽省管子研究会龚武先生，曹操研究专家亳州市文化与旅游局赵威先生，陈抟研究专家亳州市陈抟研究会修功军先生，王茂荫研究专家黄山市社会科学联合会陈平民先生，王稼祥研究专家中共安徽省委党史研究室施昌旺先生等。

"皖籍思想家文库"是 2017—2018 年度中共安徽省委宣传部重大文化建设项目，共 22 册，包括《管子卷》《老子卷》《庄子卷》《刘安卷〈淮南子〉》《曹操卷》《嵇康卷》《陈抟卷》《朱熹卷》《朱元璋卷》《王茂荫卷》《方以智卷》《戴震卷》《李鸿章卷》《陈独秀卷》《陈撄宁卷》《陶行知卷》《胡适卷》《朱光潜卷》《宗白华卷》《方东美卷》《王稼祥卷》《赵朴初卷》等，每册 25 万 ~30 万字，包含"本论"和"文选"两部分内容，其中思想家思想研究"本论"部分 5 万 ~10 万字，思想家思想选录"文选"部分 20 万字以内，共约 550 万字。

由于时间仓促、课题容量限制，还有一些重要的皖籍思想家，如桓谭、杨行密、包拯、刘铭传、杨文会等，本辑未能收录，期待续集纳入。

"皖籍思想家文库"的申报、编撰、审阅、出版，分别得到中共安徽省委宣传部的主要领导及安徽省社会科学院、安徽人民出版社有关专家学者及编委和多位编辑的大力支持。

在此，表示衷心的感谢！

书中如有不妥不当之处，敬请读者朋友批评指正。

刘飞跃

2018 年 12 月

绪

论

目　录

前　言

　　作为传统学术大观园的重要概念，"戴学"自章学诚于清季提出以来就一直被中国学术界以不同方式所持续关注与广泛研究。如果说"戴学"起初是以一种批判程朱理学为旨归的新义理之学，那么随着时空变换，后期"戴学"则以更广阔维度与深度视角被大大拓展，总体来说包括戴震生平传记、文献整理、思想研究、学术价值和历史评价等等方面。据实而论，戴学研究成果卓然、蔚为大观。据"中国知网"检索，以戴震为"主题"可搜索到1255条结果；"发表年度"显示近五年平均都有50篇相关论文发表，足见学界对于戴学研究保持较高理论热度。再从戴震研究著作来看，内容同样涉及上述方面，其中以文献整理与思想研究为主，又以戴震评传（著者有李开、许苏民等）、哲学（著者有胡适、王茂、张立文、周兆茂、吴根友等）、考据学（著者有徐道彬、李畅然等）等方面影响较为深远。

　　历史车轮步入新时代。随着中共中央和国务院两办《关于实施中华优秀传统文化传承发展工程的意见》的颁布与实施，作为2017—2018年度中共安徽省委宣传部重大文化建设项目的"皖籍思想家文库"躬逢盛世、恰如其时。根据文库体例，"戴震卷"由"本论"与"文选"两部分组成。"文选"为佐证"本论"而设计，不过也并非完全对应，内容涵盖哲学思想、经学思想、科学思想、工艺思想和方志思想等方面；所选文字主要源于黄山书社2010年版《戴震全书》（修订本）（全7册）。戴震哲学著作比较集中，故大多作全文抄录，便于读者集中阅读；其他方面内容繁复，仅遴选部分导言和序文，详细内容还请以戴震全书为参照。

"本论"是全书核心，包括戴震生平著校、思想研究以及简要评析三个部分。第一章，围绕戴震生平与著校进行讨论，生平以时间为经，事迹为纬，以戴氏挟策入都为界，分别从此非常儿、立志闻道、学有所成、京华交友、苏浙论道、燕晋修志和四库纂校等几个方面概览他平民而又非凡的一生；著校以时间为序，就戴震的主要著述及相关校注作了简要陈述，让读者领略他兼采汉宋、不偏一家的学术成就。

第二章，围绕戴震哲学、经学、西学、方志、教育和治世等方面进行阐释。戴震哲学思想深刻，成果宏富。著者试图立足戴震人生哲学作些思考与阐释。戴震一生颠沛流离，却始终不忘以仁爱之心关注普罗大众，用如椽之笔荡涤思想浊水，关注人伦日用，追寻圣人之道，揭示哲学真谛，体现一个哲人转世而不为世转的人生境界。戴震经学思想丰赡，成就斐然。基于经学研究的内容、方法与宗旨，探讨他作为经学家所取得的不凡业绩。戴震"治经有法"，他提出诸如"制义从经""民本至上"和"笃实求是"等宗旨值得肯定。戴震西学思想具有双重性特点，体现了传统士人既渴望睁眼看世界、又恪守"夷夏之防"的矛盾心态；他不仅在理论上试图以我为主、化西为中，又在实践中大胆尝试、造福民生。作为百科全书式学者，戴震无奈踟蹰于中世纪科学畛域，止步西方近代科学门前，值得后人反思。戴震在地理与方志方面秉承"古今沿革，志首为重""实事求是，破旧立新"两大原则，采用"不贵古雅，皆从世俗""注重考据，佐以文献"的修志方法，彰显了他"经邦济世，切于民用"与"详善略恶，隐恶扬善"的修志宗旨，他也因此取得骄人成就，做出了显著贡献。就教育思想而言，戴震恪守"正心解蔽"的教育宗旨，主张"圣人之道在六经"与"学以讲明人伦日用"，在长期教学实践中提出相师为学、学贵专精、贵化包容和循序渐进等教育思想，不仅成就了自己"乾嘉学者第一人"的盛誉，也培养了段玉裁、王念孙、孔广森、任大椿等诸多汉学传人。戴震在致力于阐发其学术思想同时，又以赤子情怀表达了对于民生疾苦、吏治整饬和国家治理的关注。他以布衣之身，不忘胸怀天下，体现了传统儒者忧国忧民、为民请命的优秀品质。戴震的治世思想既体现儒家入世思想普遍性，又具有其自身的独特性，值得学界深入研究。

第三章，围绕理论旨趣、现实关照及其历史影响等方面，就戴震思想加以简要评析。第一节立足理论深度与广度两个方面讨论了戴震思想的内在理论旨趣，它所蕴含的继承性、批判性和创新性特征是其理论深度的具体展现，而"古今学问三途""兼中西而会通"与"科学人文兼顾"则凸显戴震思想的理论广度。第二节基于民本思想、务实精神和入世情怀三个方面揭示戴震思想的现实品质，虽然三者同样也为儒家学者所共有，但戴震却又表现出与众不同的特征。第三节主要讨论戴震思想的历史影响，朴学大师、科学先驱以及哲学中兴无疑是展现其历史影响的重要标识。

戴震学术体大思精，戴学研究方兴未艾。著者虽然力求走进戴震思想殿堂，无奈自身学殖荒落、学历不逮，很难通达戴震学术堂奥与思想精髓，甚至不乏浅读、误读或过度诠释之处，祈盼戴学方家与广大读者批评指正。

第一章　戴震生平与著校

第一节　戴震的生平

戴震，清代百科全书式思想家，虽天不假寿，然虽死犹生；终身困窘，却著作等身。回顾戴震平凡而伟大的一生，感受一颗卓越而又智慧的灵魂，为我们理解戴震人生世界，校准自己人生航程提供一个重要契机与窗口。

一、状元故里，俊才儿郎

休宁美丽神奇、地杰人灵。她位于居皖、连浙、通赣的三省要冲，是新安江、富春江和钱塘江的正源之地，坐拥中国道教四大名山之首的齐云山；她是徽商、徽文化的重要源泉之一，建县1800多年走出19位状元，被誉为中国第一状元县。深厚的文脉孕育了伟大的心灵，睿智的大脑锻造美丽的华章。不惧生活的艰辛、无悔坎坷的科举，戴震以锲而不舍、百折不挠的坚强意志创造出彪炳千秋、光照史册的学术成果，成为徽州大地贡献给中国文化宝库的一颗璀璨明珠。

（一）此非常儿

戴震，字慎修，又字东原，清雍正元年十二月二十四日（公元1724年1月19日）生于安徽休宁隆阜三门里。隆阜是当时典型的徽州古镇，不但商业发达，而且文风极盛。戴氏家族自隆阜一世祖安公以后，世代相传，到南宋咸淳（1265—1274年）年间，支派繁衍，分为十三门（十三个支族）。戴震所在支族属三门厅，聚居于隆阜村中段。从安公至戴震时，已经历传二十九世。据《隆阜戴氏宗谱》（明嘉靖修，清康熙抄本）记载，戴震的曾祖父景良，祖父宁仁，父弁，皆因族系单寒而家境贫困。到戴弁时，靠族人资助，得以贩布营生；壮年以后，因经营得法，家境逐渐好转。戴弁生子二人，长子震，次子霖。父亲以小商贩谋生，却很重视子嗣教育，虽然无力给他们找到家庭塾师，但是徽州发达的民间乡塾与义学很容易让孩子在家门口即可接受教育。幼童的戴震表现并不出众，甚至因"10岁乃能言"还招致别人冷眼风语；或许由于积蕴太深的缘故，戴震"不鸣则已、一鸣惊人"，一旦走进学堂，内心的智慧之光就被点燃，表现出比别家孩子更高的学习兴趣，他"就傅读书，过目成诵，日数千言不肯休"①。锲而不舍的刻苦学习态度、打破砂锅问到底的质疑精神不仅为他打下了坚实的学术根基，也留下一段"戴震难师"佳话。基于学界尚有质疑之声，于此略作讨论与澄清。这段故事至少有四个版本，分别是段玉裁的《戴东原先生年谱》、洪榜的《戴先生行状》、王昶的《戴东原先生墓志铭》和江藩的《国朝汉学师承记》。现仅以段、洪二人版本分述如下：

先生是年乃能言，盖聪明蕴蓄者久矣。就傅读书，过目成诵，日数千言不肯休。授《大学章句》，至"右经一章"以下，问塾师："此何以知为孔子之言而曾子述之？又何以知为曾子之意而门人记之？"师应之曰："此朱文公所说。"即问："朱文公何时人？"曰："宋朝人。""孔子、曾子何时人？"曰："周朝人。""周朝、宋朝相去几何时矣？"曰："几二千年矣。""然则朱文公何以知然？"师无以应，曰："此非常儿也。"②

先生生而体貌厚重，性端严。生十岁乃能言。就傅读书，过目成诵，日数千言不肯休。授《大学章句》"右经一章"以下，问其塾师曰："此何以知为孔子之言而曾子述之？又何以知为曾子之意而门人记之？"师应之曰："此先儒子朱子所注云尔。"即问："子朱子何时人？"曰："南宋。"又问："孔子曾子何时人？"曰："东

① 段玉裁：《戴东原先生年谱》，《戴震集》，上海古籍出版社，2009，第454页。（以下出版信息从略）
② 杨应芹：《段著东原年谱订补》，《戴震全书》（修订本第7册），杨应芹、诸伟奇主编，黄山书社，2010，第133页。（下引编者和出版社从略）

周。""周去宋朝几何时矣?"曰:"几二千年矣。"又问:"然则子朱子何以知其然?"师无以应。大奇之。①

不难看出,两段相似度很高。洪榜是于戴震逝世(1777年)次月完成《戴先生行状》,而段玉裁《年谱》直至戴震逝世三十四年后(1814年)才完成。另外,洪榜于戴震去世三年之后(1780年)就英年早逝,断无可能看到段玉裁所编年谱。再以洪榜与王昶、江藩相比,王昶在《戴东原先生墓志铭》曾说到门人来信说"洪舍人榜既为之状矣,敢以志墓之文为请"②,可见王昶所写要晚于洪榜,但是早于江藩的《国朝汉学师承记》(成书于1818年)。由此可以认定洪榜是"戴震难师"故事的首倡者,事实上从洪榜作为戴震同乡后学和一生知己来看,他对于知晓并传播这个故事也更合情理,所以魏建功在其所编《戴东原年谱》中怀疑"戴震难师"未必妥当,他说:"中国人最爱讲灵异的,凡是一个大人物,往往就把他变做神话化的非常人,于是就会附出种种的奇异事迹来。"③事实上,戴震童年时代所表现出的不迷信盲从、大胆质疑的精神完全被他以后的人生经历所充分证明。

梁启超对于"戴震难师"故事不仅毫不怀疑,而且甚为赞叹说:"此一段故事,非惟可以说明戴氏学术之出发点,实可以代表清学派时代精神之全部。盖无论何人之言,决不肯漫然置信,必求其所以然之故;常从众人所以不注意处觅得间隙,既得间,则层层逼拶,直到尽头处;苟终无足以起其信者,虽圣哲父师之言不信也。此种研究精神,实近世科学所赖以成立。而震以童年具此本能,其能为一代学派完成建设之业固宜。"④戴震善于质疑的精神品质不仅创造了他自己居功至伟的学术成就,也为启迪后人提供了珍贵的思想资源。

(二)有志闻道

童年戴震因为好学与质疑为他赢得"此非常儿"("奇人")的赞誉。思想一旦放飞,脚步不会停歇。十七岁戴震就已立下闻道誓言,他说:"仆

---

①洪榜:《戴先生行状》,《戴震全书》(修订本第7册),第6页。
②王昶:《戴东原先生墓志铭》,同上书,第31页。
③魏建功:《戴东原年谱》,同上书,第111页。
④梁启超:《清代学术概论》,上海古籍出版社,2005,第29页。

自十七岁时，有志闻道，谓非求之六经、孔、孟不得，非从事于字义、制度、名物，无由以通其语言。宋儒讥训诂之学，轻语言文字，是欲渡江河而弃舟楫，欲登高而无阶梯也。为之卅余年，灼然知古今治乱之源在是。"①戴震不仅立下闻道目标，而且确立了"由字以通其词，由词以通其道"②的治学路径。十七岁时，塾师给戴震讲授《说文解字》十五卷，戴震"三年尽得其节目"③，掌握全书九千余字的形体音义，继而参照《尔雅》《方言》以及汉儒的传、注、笺进行考究。少年时代的艰辛自学成为他日后取得开创性学术成就的阶梯与津梁。

为了生计，父亲戴弁远赴江西南丰经营布业，十八岁的戴震深知父亲奔波的艰辛，主动陪同父亲前往，他要通过自己学识努力挣钱养活自己、为家庭减轻生活负担；因为少年英名，又受邀到福建邵武教授学童。戴震在生活中感知生活的艰辛，更加在学业上追求精进。两年的课童授业生活是戴震走向社会、实现学者人生的第一步，它不仅提高了戴震教书育人的兴趣，也练就了他教书自给的本领。戴震在教书的同时从未放弃自己的人生理想。回到家乡休宁之后，戴震更加苦读五经，他自称《十三经注疏》"于疏不能尽记，经注则无不能倍（背）诵也"④，无疑为他终身致力考据与义理之学奠定了坚实的经典基础。

戴震学业进步离不开曾经居朝为官、原籍养老的家乡先贤的提携与扶持。先贤返乡得益于当时特殊的官员退休制度。据了解，清朝官员按规定年满60岁即可退休，而且一般均回原籍养老。为了保证这项制度的严格执行，各部院衙门书吏在五年役满考职后，即严催回籍；若潜匿京城或私自来京均要问罪，遂成为一项制度⑤。休宁县山斗人程恂就是这样一位退休回乡的官员，他是雍正二年（1724年）甲辰科进士，后授官至直隶定州知府；又授翰林院编修，升中允，他对三礼颇有研究，曾任《大清会典》及三礼

①戴震：《与段茂堂等十一札·第九札等》，《戴震全书》（修订本第6册），第531页。
②戴震：《与是仲明论学书》，同上书，第368页。
③段玉裁：《戴东原先生年谱》，《戴震集》，第455页。
④段玉裁：《戴东原先生年谱》，《戴震集》，第455页。
⑤姜涛：《明清时期如何疏解北京人口》，人民网—人民论坛，http://history.people.com.cn/n1/2017/0220/c372326-29094448-2.html，访问日期：2017年02月20日。

馆纂修官。"程恂不以诗文见长，而主要作为学者见知于世，尤精于礼学。程恂不但对戴震有着重要的影响，而且对皖派朴学也有促成之功。"① 告老还乡的程恂成为戴震人生路上第一位真正学术引路人，他称赞戴震说："载道器也。吾见人多矣，如子者，巍科硕辅，诚不足言。"② 戴震拜程恂为师，他不仅因程师指教而为学大益，而且在其推荐下还有幸结识婺源人江永。

江永，徽州婺源江湾人，他精通三礼，旁通天文、地理、算学及声韵等。戴江初见于何时，学术界说法不一。据江锦波、汪世重所编《江慎修先生年谱》和戴氏所撰《江慎修先生七十寿序》可见，戴江初见于乾隆七年（壬戌／1742 年），而正式拜师则要在三年之后的乾隆十年（乙丑／1745 年）。

戴震推崇江永学说，他说："震之愚，固不能窥先生之万一，又未获尽读先生之书。所得读者……先生之学力思力实兼之，皆能一一指其得失，苴其阙漏，著述若此，古今良难。"③ 段玉裁称颂道："江永治经数十年，精于三礼及步算、钟律、声韵、地名沿革，博综淹贯，岿然大师。先生一见倾心，取平日所学就正焉。"④ 戴震在数学、音韵学、礼学等方面得到江永的启发和帮助，而江永也同样推许戴震的学识。可见，江永是戴震学术生涯又一个非常敬重、引以为荣的良师益友，至于有人指责戴震"背师盗名"实是妄猜臆测、不足为凭。

戴震求学得到父亲支持。父子二人前往江宁，父亲欲让戴震拜同族戴瀚为师，虽然无果而返，但江宁之行却让戴震打开了眼界。据说他有幸结识了程廷祚与程晋芳叔侄，并因此接触到了颜李学派思想，这对于戴震日后批判程朱理学具有催化之功。1750 年，戴震还曾求学于歙县紫阳书院，此时浙江淳安方楘如应徽州郡守何达善之邀正执教于此，方氏折服戴震文章。后因方楘如归淳安，戴震亦离开了书院。1752 年夏天，经学友程瑶田推荐，戴震受歙西大商人汪梧凤之聘，至汪氏不疏园教授其子；次年（1753 年），七十三岁的江永也受聘设馆不疏园。此时聚集于江永身边问学的，

---

① 潘定武：《程恂生平著述考略》，《黄山学院学报》2015 年第 2 期。
② 段玉裁：《戴东原先生年谱》，《戴震集》，第 455 页。
③ 戴震：《江慎修先生七十寿序》，《戴震全书》（修订本第 6 册），第 546–547 页。
④ 段玉裁：《戴东原先生年谱》，《戴震集》，第 456 页。

不仅有前已拜于门下的休宁郑牧、戴震，歙县汪肇龙、程瑶田，又有歙县门人方矩、金榜、汪梧凤和吴少泽，不疏园由此成为皖派经学家活动中心，而在众多学者中，戴震成就最大。在这里，戴震先后完成了《诗补传》《屈原赋注》等重要著作①。戴震热爱工程制作、关心百姓疾苦，他根据西方的龙尾车法作《嬴旋车记》，又根据引重法作《自转车记》，为当地百姓的生产生活带来了很大便利。

（三）学有所成

由于过人的天分，加之专注的学风，戴震取得了时人难以企及的成绩。从1744年撰成《策算》（一卷）算起，他几乎每年都要完成一至两种著作，毕生著作及纂校之书达五十种。戴震的学术研究常是在非常艰苦的条件下进行。他于26岁（1748年）结婚，娶孺人朱夫人，朱氏功苦食淡以侍舅姑、事君子，尽心侍奉戴先生；由于戴震心无旁骛、一心向学，无暇经营生计，家庭生活入不敷出。戴震夫妇育有一子一女，长子戴中立，青年殒命无嗣②；嗣子戴中孚努力尽到为人之子的职责；次女远嫁山东曲阜孔继涵的次子孔广根③，孔家为戴震学术传播做出了重要贡献。

戴震渴望进入社会上层，对于一些未知领域也勇于挑战。他不是徽州唯一进入科考激烈竞争的商人子弟，但他却是极为特殊的一位。戴震学术生涯初始阶段的特殊性并不因为引入"天才轶事"而变得更为人所理解，尽管这种"天才轶事"是戴震论及自我的首选作法。更确切地说，他的选择反映的是其被迫要应对的社会和文化境况。他设法以一种非正统的方法，克服最困难的改变身份的障碍——经典的学习。而且，戴震可能生而具有数学和语言的禀赋，这使他擅长从分散却是具体的材料中归纳出量化和定性的类型。他从文字入手掌握经典的非传统方法，在他的经学研究中产生出了一种归纳推理法。在天算，尤其是球面三角学的著述中，戴震显然使用了归纳法。然而当戴震进行科举文章写作时，这一种非常规的作法，令

---

① 参见周兆茂：《戴震哲学新探》，安徽人民出版社，1997，第4页。
② 戴中立于其父戴震逝世次年（1778年）病故，没有留下子嗣；朱夫人按照徽州风俗，将戴震弟弟戴霖的儿子戴中孚过继以嗣香火。戴中孚为搜集戴震遗书尽心用力。
③ 孔继涵为六十七代衍圣公孔毓圻之孙，是著名藏书家、金石学家和刻书家。他为保存与传承戴震学术著作发挥了重大作用。

戴震付出了惨重的代价①。戴震的科考路艰辛而漫长，愈挫愈奋中深耕学术、初衷不忘。

二、居无定所，声播四方

作为一介书生，戴震将所有的精力都致力于学业方面，废寝忘食、乐此不疲。然而人心难测，世事难料。面对族豪强占祖坟，正直的戴震不想忍气吞声，起诉于县衙以期维护正义，然而事情并不简单：当金钱与权势合谋，一切公平正义都将暗而不彰；真理化为意见，金钱腐蚀权力。族豪通过贿赂县令，不仅枉顾是非曲直，反而要网罗戴震"莫须有"罪名。戴震痛心真理得不到声张，然而又无力与其周旋，只得随身带些书本连夜背井离乡、奔赴京城。

（一）京华交友

乾隆十九年（1754年），戴震三十二岁，是他一生的转折点。《清史稿·儒林传二·戴震》称他"避仇入都"②。段玉裁在《戴东原先生年谱》中说："盖先生是年（乙亥/1755年——引者注）讼其族子豪者侵占祖坟，族豪倚财结交县令，令欲文致先生罪，乃脱身挟策入都，行李衣服无有也。寄旅于歙县会馆，饘粥或不继，而歌声出金石。"③初来京城的戴震经济局促、举目无亲，好在还有歙县会馆让他暂时落脚，虽然三餐不继，但精神是自由的，歌声不断、金声玉振。

京城交友在戴震学术思想发展、传播中起着重要推动作用，也从一个侧面反映了他的人际交往原则和思想发展倾向。据胡槐植考证，戴震避仇京城、结识新科进士仰赖于同乡先贤程恂老师的参谋与推荐。在程恂好友陈兆伦（1700—1771年）的引荐下，戴震结识乾隆十九年甲戌（1754年）新科进士钱大昕、纪晓岚、王鸣盛、王昶、朱筠，继而又得益他们让戴震

---

① 参见胡明辉、董建中：《青年戴震：十八世纪中国士人社会的"局外人"与儒学的新动向》，《清史研究》2010年第3期。

② 戴震"避仇入都"时间有两个说法，一是乾隆十九年（甲戌/1754年），主张者有：钱大昕、王昶、凌廷堪、杨应芹、戴逸等；一是乾隆二十年（乙亥/1755年），主张者有：段玉裁、洪榜、纪昀、张立文等。笔者认同第一种说法。

③ 段玉裁：《戴东原先生年谱》，《戴震集》，第460页。

相识更多学者与官员，包括礼部侍郎秦蕙田、翰林院侍读学士卢文弨、内阁学士翁方纲、吏部尚书王安国以及桐城举人姚鼐等。

戴震以其精湛学识获得京城学术群体的认可和推崇，他们之间的交往无疑成为推动乾嘉学术形成与发展的中坚力量。王安国身为吏部尚书，他欣赏戴震才华，延请戴震教授幼子王念孙，传授经义和声音、文字、训诂之学等；王念孙及其子王引之成为乾嘉汉学的重要人物，戴师功莫大焉。戴震也因为纪晓岚聘为家庭老师，两者建立了深厚友谊，后者不仅为戴震出版了《考工记图》，还为戴震研究提供诸多便利。纪昀在《考工记图序》中，列举了17项戴震超越前人的研究成果，他称赞戴震"精通文字、音韵、训诂，在考证制度、字义方面，超过了汉以后所有学者。因此，在研究经书方面，发明独多。《考工记图》对经学的贡献非常大。"①

戴震在纪昀、裘曰修和于敏中三人联合向乾隆帝推荐下，于乾隆三十八年八月（1773年）奉诏入都成为四库馆纂修官。钱大昕、王昶和秦蕙田因为编纂《五礼通考》而建立良好合作关系，而参与《五礼通考》又使戴震得以有机会将《勾股割圆记》尽快面世。这些著作成为戴震最为厚重的名片，使其跻身于人才荟萃、藏龙卧虎的北京杏坛。朱筠在戴震学术发展上有引荐之功，不仅曾将戴震延聘于家，还推荐他到胞弟朱珪处编辑地方志，因此促成了戴震的修志伟业，尤其推举他入到四库馆，更加充分发挥了戴震作为汉学家的聪明才智。

段玉裁与姚鼐虽然晚生于戴震，却都先于戴氏中举，他们钦佩后者学识，都想主动拜师门下。由于戴震坚持"交相师友"箴言，致使戴、姚之间一直未有确立师弟关系，他们之间的学术交流虽然并未因此断绝，如戴震所作的《与姚孝廉姬传书》，但是也彰显彼此对于理学截然不同的鲜明态度。相比之下，段玉裁如愿以偿成了戴震最为贴心而至为中意的大弟子，因此也成为戴震汉学思想的忠诚继承者与传播者；十二卷经韵楼本《东原文集》成为他们师生情谊的历史见证，段玉裁建诸汉学的巨大成绩无疑也是对乃师戴震的最好纪念。

---

① 胡槐植：《前清学者第一人　戴震》，中国文史出版社，2010，第106页。

（二）苏浙论道

北京交友虽为戴震增添了信心，但课童授学只能提供暂时的生活自给。吏部尚书王安国去世，王念孙因为守孝而暂停学业，戴震一时又失去了物质来源。在纪晓岚推荐下，戴震离京南下扬州，进入两淮盐运使卢见曾幕府。卢见曾一生不仅勤于吏治，还以学问闻名天下。他为人豪爽，好与文士交结，爱才好士，四方名流咸集，极一时文酒（饮酒赋诗）之盛。卢氏于幕府广招饱学之士，除诗文唱和者外，还帮助他刊刻《雅雨堂藏书》等一批经学著作。其中对当时及之后学术风气影响较大的有惠栋、戴震、沈大成、王昶等。[①]惠戴相识是乾嘉汉学发展过程中的重要事件，两位汉学大家的相会增进了他们思想与学术的交流。从戴震后来所写《题惠定宇先生授经图》短文中，可以看到他对于惠栋及其汉学的推崇，也可以管窥戴氏汉学思想的内在宗旨。

扬州之行，戴震还结识了华亭（上海松江）名士沈大成，他们"既而同处一室者，更裘葛"[②]，情投意合、相识甚欢；尤其关于"学之患二：曰私、曰蔽"[③]以及"凡学始乎离词，中乎辨言，终乎闻道"[④]的论述，彰显戴震哲学的思想旨归与发展进路。

居于扬州间隙，戴震于1759年回北京参加顺天府乡试，又专程赶赴婺源吊唁江永（1762年），撰写《江慎修先生事略状》以示纪念，并于同年五月"次先生治经要略，著书卷数"[⑤]，整理江永遗著。同年八月，戴震参加江南乡试（秋闱八月）中举，他"此后多次参加会试，想通过科举为国效力，实现'闻道'的人生抱负，但都未能如愿，颠沛于大江南北，坐馆讲学、修志著书，经历坎坷艰辛"[⑥]。前文说过，戴震的科举之路布满荆棘。他29岁补县学生，直到40岁才考中举人；中举虽是戴震人生的

① 参见张英基：《卢见曾传奇赏析》，http://www.360doc.com/content/16/1103/15/12061330_603643333.shtml
② 戴震：《沈学子文集序》，《戴震全书》（修订本第6册），第391页。
③ 戴震：《沈处士戴笠图题咏序》，同上书，第394页。
④ 戴震：《沈学子文集序》，同上书，第391页。
⑤ 戴震：《江慎修先生事略状》，同上书，第412页。
⑥ 方利山：《隆阜戴震和他的故居》，http://www.517huizhou.com/forum.php？mod=viewthread&tid=100343。

一大转折，但是除了生活与身份变化，不改的是他四处奔波、居无定所的境遇，他仍是凭借教书或入幕以给口食。从 1763 年至 1775 年，戴震总共参加了六次会试，均以失败告终，可以想象他经历了怎样的内心煎熬和精神压力。

章学诚是戴震在江南交友中不得不说的一个历史人物，戴震长于章学诚 14 岁，戴是章的师叔辈。他们初次相见时，戴震早已声满京城，章学诚还只是一个学界新秀。据章氏记载，乾隆丙戌年（1766 年），他与戴震第一次见面，遂以为在一时通人之中，惟有戴震"能深识古人大体，进窥天地之纯"①。这次相见地点据余英时考证是在北京休宁会馆，他说："以前学者只能推测戴章初识在乾隆三十一年丙戌（1766 年），现在我们则确切地知道这件事发生在是年的春夏之交，而且是实斋主动地到休宁会馆去正式拜访东原。"② 这次谈话，章学诚明确指出戴震的治学方向，他说："东原之学以明道为极，故考证只是过程，义理才是归宿。对实斋而言，这样的看法在当时真是空谷足音。实斋抱其孤往之见，与并世通人皆落落不能合，内心转滋疑惑。及识东原，他始在义理问题上初次得到印证。这一印证对实斋极具鼓励作用，使他有勇气重新肯定自己在学问上所一向坚持的义理方向。此后实斋在学术思想方面的主要发展几乎都可以追溯到他和东原的第一次晤谈。"③ 戴章二人初次会晤为他们日后在宁波见面奠定了基础。1772 年，戴震与广东顺德人胡亦常结伴南归、同舟月余，继而客游浙东，并主持浙东金华书院讲席；1773 年，戴震继续主讲金华书院，某日于宁波道署与章学诚不期而遇。再次相晤，他们两人就方志纂修问题进行讨论，但由于观点有别而不欢而散。关于这次争论的主要内容可以从章学诚所写《记与戴东原论修志》中寻找答案。这场争论便于我们清晰地了解戴震的方志思想。这场争论对于章学诚意义甚大，因为"正是这场争论促使章学诚更加坚定地走'文史校雠'之路，创立了与戴氏迥然有别的学术体系——

---

① 章学诚：《文史通义新编》，上海古籍出版社，1993，第 553 页。
② 余英时：《论戴震与章学诚：清代中期学术思想史研究》（增订本），北京：生活·读书·新知三联书店，2012，第 9 页。
③ 同上书，第 17 页。

'以史载道'的史学和方志学，章氏也因此成为中国方志学的奠基人。如果没有这场争论激发的深入思考，章氏的方志学理论能否达到如此深入而系统的程度，恐怕还得另当别论"①。

清代中期的江浙经济繁荣，文化昌盛。戴震流连于此，与当地文人雅士交流往还，留下不少笔墨文字。戴氏在吮吸江南文化精粹的同时，也将自己的聪明才智播撒在这片美丽丰饶的江浙大地，深深地影响扬州学派、常州学派的形成与发展。

（三）燕晋修志

戴震在扬州时曾撰写过《金山志》（一小册），不过从未流传。据介绍，"此前戴震仅在乾隆二十二年（1757年）触景生情地修过一个记述山水的小志——《金山志》，从未流传，记载见段玉裁著《戴东原先生年谱》（《经韵楼丛书》之《戴东原文集》附录）"②。也就是说，《金山志》应该是正在盐运使卢见曾幕府的戴震受卢氏嘱托渡江游览镇江金山所为。戴震真正的修志成就奠定于十年之后的游学燕晋。

戴震往返苏浙期间也曾受邀于燕晋之地，或入幕、或修志，留下了许多地理方志著作。1768年，戴震应直隶总督方观承（字恪敏）邀请，于保定莲花池园内，修《直隶河渠书》110卷。因方恪敏不久去世，继任者杨廷璋不能以礼相待，震遂辞谢入京，书未成。围绕《直隶河渠书》的著作权尚有归属赵东潜或戴震的学界争议，因文后有专论，此处从略。戴震直隶修志未成返京，参加第三次会试未中。在京期间，段玉裁再次拜谒，自称弟子，戴震最终勉从其请。1769年5月，师徒二人共同来到山西。段玉裁主讲寿阳书院，戴震则客于布政使司朱珪（朱筠之弟）署中，曾装病十余日完成《孟子私淑录》，自称："我非真病，乃发狂打破宋儒家中太极图耳！"③接着，应汾州太守孙和相聘请，戴震纂修《汾州府志》34卷（1770年终刊成）。1771年，戴震由山西入京参加恩科考试四试不第，不久因受

<hr>

① 孟庆斌：《重论章学诚与戴震的修志之争》，《中国地方志》2008年第2期。
② 沈乃文：《戴震与方志及其手稿与胡适跋文》，《清华大学学报》（哲学社会科学版）2009年第3期。
③ 在《经韵楼集》（卷七）的《答程易田丈书》中，段玉裁认为，戴震于朱珪署中所撰是《绪言》，周兆茂认为应是《孟子私淑录》，详见第二节论述。

汾阳李文起聘请修志再回山西，纂修《汾阳县志》14 卷（1772 年冬印行）。由于特殊的机缘，戴震于燕晋大地留下的地理方志杰作对中国方志事业发展具有开拓之功。

（四）四库纂校

乾隆中叶，封建王朝迎来了最为鼎盛的历史时期，政治稳定、经济发展、文化繁荣。盛世修文，乾隆皇帝出于稽古右文和笼络人心的双重需要，他接受了安徽学政朱筠建议，诏开四库全书馆。由于纪昀、裘曰修和于敏中的推荐，戴震以举人身份于乾隆三十八年秋（癸巳 /1773 年）特召入四库馆任纂修官，主要负责校订天文、算术、地理、礼经等书。清代校勘学家、藏书家卢文弨曾论及四库开馆及戴震入馆所产生的社会影响时说："天子开四库馆，以网罗放失，雠校之司必得如刘向、扬雄者，方足以称上指。东原用荐者以乡贡士起家，入馆充校理。命与会试中式者同赴廷对，洊升翰林，天下闻之咸喜，以为得发抒所学矣。"①

入馆后，戴震以其精湛的学识和执着的精神投身于校书工作，同时没有放弃自己挚爱的义理之学。"戴震在馆不足四年间，撰写、校勘作品近二十种。其考据之学达到顶峰；义理之学也臻于成熟：入馆之际，他完成了《孟子私淑录》；去世前，他写定了自称平生最大的著作《孟子字义疏证》。这些著作，与其入馆前所撰《原善》三篇（1757—1763 年）、《原善》三卷（1766年）和《绪言》（1769 秋—1772 年）一起，构筑了一个有别于程朱理学的思想体系。"②

《四库全书》的正面价值毋庸置疑。"《四库全书》承载了中华民族文明，是中华民族的宝藏，是世界性巨制。《四库全书》是中华文化精粹、文献大成，是文献化的民族精神，反映了中华文化的连续性、传承性、自觉性。"③作为这项世界巨制的参与者，戴震无疑是幸运的，他找到人生最后的安顿之处；即使"两年中无分文以给旦夕"，他也是孜孜矻矻，晨夕披检，直至

---

① 卢文弨：《戴氏遗书序》，《戴震全书》（修订本第 7 册），第 227 页。
② 王达敏：《论姚鼐与四库馆内汉宋之争》，《北京大学学报》（哲学社会科学版）2006 年第 5 期。
③ 李铁映：《〈四库全书〉是中华民族之宝藏》，《首都师范大学学报》（社会科学版）2018 年第 2 期。

积劳致疾，死于官事。

第二节　戴震的著校

戴震，中国十八世纪的思想巨星，以其聪明的才智、顽强的毅力孜孜于考据与义理之学，殚精竭虑，至死方休，从而在经学、义理学、语言文字学、天文历算学、地理方志学、机械物理学与文学等等方面都留下了大量著作或校注。他从 22 岁完成第一部著作《策算》，到 55 岁逝世当月"五日而成"《声类表》九卷，几乎每年写成书一至两种，毕生著作及纂校之书近五十种。下面据戴震的治学兴趣与学术历程，将其著作与校注略举大端。

一、天文历算

戴震对于自然科学始终保持着强烈的兴趣和可贵的创新精神。天文历算学成为他置身学术生涯的奠基石。

1.《策算》（一卷）

《策算》是戴震于 1744 年（22 岁）完成的第一部著作。《策算》原名《筹算》，后经增改而名《策算》，以别于古筹算。李人言说："我国古代算数用筹，初称为策，算书多称为算，汉唐以后则以筹、筹算、筹策、算筹诸名互用，而宋代以后，俗称算子。"[1] 杨应芹说："戴震所谓'策算'，即西洋筹算。它是借助于西洋纳皮尔算筹来进行乘除与开方运算的一种筹算方法，于明末传入我国。西方数字横写，故用直筹。为符合当时中国文字直书习惯，清初梅文鼎改为横筹直书，并将筹上斜线改成半圆弧。同时撰《筹算》七卷予以评述。戴氏为区别西洋筹算与中国传统筹算，乃易名前者为'策算'，称纳皮尔筹为'策'。他仍取横筹直书之式，但将梅氏半圆弧复改为原斜线。其内容只限于介绍西洋筹算之乘、除和开平方法，未载开立方法。所举之算例皆取自《周易》《考工记》和《汉书·律历志》等经籍，与梅氏书杂举日用为例不同。戴氏著此书，主要是提供给研治算

_____

[1] 李人言：《中国算学史》，台湾商务印书馆，1990，第 63 页。

学者之用，亦可供研治经史之士参考。"① 戴震在《策算序》中说："算法虽多，乘除尽之矣。开方，亦除也。平方用广，立方罕用。故策算专为乘、除、开平方。举其例，略取经史中资于算者，次成一卷，俾治《九章算术》者从事焉。"②

戴震从青年时代就注重"六书九数"之学习，对于明末清初有西方传教士传入的数学、天文等科学知识非常关注。在《策算》中，戴震立足西学中源说，将西洋筹算方法还原成中国传统的"九数"之法，并以此作为一种实用之法训诂与阐释传统经典。

2.《勾股割圆记》（三卷）

《勾股割圆记》是戴震 1755 年馆于纪昀家中所作，1758 年由歙人吴思孝首刻而成。戴氏弟子汪灼称赞其师"所著《勾股割圆记》，集《天官书》、梅氏、利玛窦之大成"③。"该书初刻后，作者将原稿多次改易，所用名词也前后不同。晚年纂《七经小记》，以此三卷作为《原象》第五、六、七三篇，并撰补遗一篇作为《原象》第八篇。以后又将这篇补遗合并到《割圆记》上卷，成为《勾股割圆记》最后定稿本。这个定稿本刊入微波榭本《算经十书》，后《安徽丛书》据以影印。"④

清代学者周中孚说："西法三角八线，即古之勾股弧矢，自西学盛行，而古法转昧。戴震乃取梅勿庵所著《平三角举要》《堑堵测量》《环中黍尺》三书之法，易以新名，饰以古义，作此三篇。篇各一卷，凡为图五十有五，为述四十有九，记二千四百一十七字，因《周髀》首章之言，衍而极之，以备步算之大全，补六艺之逸简。又虑习今者未能骤通乎古，乃附注今之平三角、弧三角法于下，以引申其义，较之《戴氏遗书》中《原象》仅存其记文者，此实为定本矣。治经之士，能就斯《记》卒业，则凡畴人子弟所守，以及西国测量之长，胥可贯彻靡遗焉。"⑤

《勾股割圆记》是戴震基于"西学中源说"立场完成的一部数学著作，

① 杨应芹：《策算·说明》，《戴震全书》（修订本第 5 册），第 3 页。
② 戴震：《策算序》，同上书，第 5 页。
③ 汪灼：《四先生合传》，《戴震全书》（修订本第 7 册），第 44 页。
④ 胡炳生：《勾股割圆记·说明》，《戴震全书》（修订本第 5 册），第 119 页。
⑤ 周中孚：《郑堂读书记》，《戴震全书》（修订本第 7 册），第 323 页。

体现出立足中华、吸收西学的既保守而又开放的折中态度。正如钱大昕所言："今人所用三角八线之法，本出于勾股，而尊信西术者辄云：'勾股不能御三角'。先生折之曰：《周髀》云：'圆出于方，方出于矩，矩出于九九八十一。'三角中无直角，则不应乎矩，无例可比矣。必以法御之，使成为勾股而止。八线比例之术，皆勾股法也。"[1] 由于"戴书务为简奥，变易旧名，恒不易了"（焦循语），阻碍了《勾股割圆记》的传播和影响，由此招致诸多质疑与批评，不过"戴震的传统勾股学以其个人的努力达到了同时代的平面三角和球面三角函数学的水平，是一了不起的奇迹"[2]。当然，我们也无需回避戴氏中算西化乃至客观助推"西学中源"学说的负面影响。

3.《原象》（一卷）

段玉裁在《戴东原先生年谱》中说："《原象》凡八篇，一篇、二篇、三篇、四篇，即先生之《释天》也。初名《释天》，以《尧典》'璇玑玉衡'、'中星'、《周礼》'土圭'、《洪范》'五纪'四者命题，而天行之大致毕举。璇玑玉衡，汉后失传，先生乃详其仪制于四篇之末。五篇、六篇、七篇，即《勾股割圆记》上、中、下三篇也。其八篇，则为矩以准望之详也。《迎日推策记》亦旧时所为。玉裁与《释天》皆于癸未抄写，则成书皆在壬午以前可知矣。至晚年，合九篇为《原象》，以为《七经小记》之一。天体算法全具于此。"[3]

戴震从四个方面阐述了他的天文思想："璇玑玉衡"论日月运行轨道，明四季成岁、岁月更迭和日食月食的道理；"中星"论以明岁差，明白岁功终古不忒，而星之见伏昏旦中，随时为书以示民；"土圭"论测影之法，以明里差；"五纪"论日、月、星辰、历数，以明历法之宜随时测验。戴震将《勾股割圆记》纳入《原象》，为天文思想提供了数学根据，并且在原版基础上加以修改。胡炳生从三个方面介绍《原象》五至八与《勾股割圆记》的差别："第一，《勾股割圆记》上卷分为两部分，分别列为《原象》之五和之八……但戴氏《勾股割圆记》最后定稿本，已将所补内容加入上卷。

① 钱大昕：《戴先生震传》，同上书，第19页。
② 李开：《戴震评传》，南京大学出版社，1992，第222页。
③ 段玉裁：《戴东原先生年谱》，《戴震集》，第481页。

第二,所用名词术语不同。《原象》中采用较为通俗者。如'限'改作'度','规限'改作'圆周'或'弧','径隅'改作'弦','较'改作'差'。第三,文字作个别调整和删略,使其前后一致,语言更加精炼。"①戴震试图通过对于天文、历法和数学基础知识的阐述,实现对于三者相互关系的综合考察,更好地服务于上述典籍的理解与阅读。

4.《续天文略》(三卷)

胡炳生在《续天文略·说明》中说:"《续天文略》系戴震一部未完成之著作。从作者自序知,原书有十个篇目,而实成七篇,计上卷四篇:《星见伏昏旦中》《列宿十二次》《星象》《黄道宿度》;中卷三篇:《七衡六间》《暑景短长》《北极高下》。未成书的三篇:《日月五步规法》《仪象》《漏刻》,是为下卷。该未完成稿刊入微波榭《戴氏遗书》之中……从内容上看,该书系分类辑录古代典籍中有关天文历法论述,并用案语形式加以辩证和评述。其学说观点,大致与《原善》相同。"②

《续天文略》是戴震在四库馆期间受请参与郑樵《通志·天文略》而作。戴震认为:"盖天文一事,樵所不知,而欲成全书,固不可阙而不载,是以徒袭旧史,未能择之精、语之详也。"虽然下卷三目不知何故未能完成,但是"从其后所出《钦定续通志·天文略》来看,不仅篇目所拟相同,而且前七篇文字基本上一致。可见戴氏所著七篇,实际上被朝廷采纳"③。可见,戴震通过"考自唐、虞已来,下迄元、明,见于六经史籍,有关运行之体者,约而论之著于篇",以达到"或补前书阙疑,或赓所未及"的目标得以部分地实现。

5.《算学初稿四种》

童晓岚在该书《说明》中说:"《算学初稿四种》为戴震的手稿。其中第一种《准望简法》,主要是利用西方几何学中的三角法解说中国古老的勾股定理,并进一步说明如何利用勾股定理进行实际测量。准望,就是测量的意思。本书稿绘有三十幅测量及计量的几何图形。第二种名《割圆

①胡炳生:《原象·说明》,《戴震全书》(修订本第4册),第3-4页。
②胡炳生:《续天文略·说明》,同上书,第31页。
③同上。

弧矢补论》。从几何学的角度来看，圆实际是边数为 N 的正多边形、当 N 趋向无穷大时的产物，因此计算圆的半径、弦长、弧长等离不开三角法。本书稿称之为'补论'，显然是在《准望简法》的基础上所作的，它进一步论证如何利用勾股定理来计算圆的半径、弦长等，以及其间的比例关系。这份书稿有图七幅。第三种题名《勾股割圆全义图》，本篇没有文字论述，主要是七幅以天体位置关系为基本内容的几何图形。这些图形以黑、红、黄等颜色绘制。本篇意在表明，如何利用勾股定理，就黄道、赤道的位置关系，对天体进行测量的方法。第四种题名《方圆比例数表》，列有'圆径求周'至'有圆径自乘之幂求八线表一分之分圆积'等十种比例关系的数据。其精确度均在小数点之后十位以上。"[1]

《算学初稿四种》有证明、有图形、有数据，反映了戴震早期利用西方几何学理论研究中国古老算经并付之于测量实践的一种尝试。具体内容与后来成书的《勾股割圆记》关系密切，但不及后者论证严密和图形精确。四种佚著作为《勾股割圆记》的成书基础，属于"未至十分之见"的著作，从中可以看出戴震循序渐进和精益求精的治学精神，为研究戴震早期学术路向及中国数学史提供了极为珍贵的资料[2]。

6.《算经十书》

《算经十书》有两种理解。广义《算经十书》包括由汉至唐一千多年间的十部数学著作，即：《周髀算经》《九章算术》《海岛算经》《张丘建算经》《夏侯阳算经》《五经算术》《缉古算经》《缀术》《五曹算经》《孙子算经》。祖冲之所著《缀术》因于唐宋之际失传，北宋年间（1084 年）仅有九种著作得以刊刻，南宋年间（1213 年）重新刊刻时用《数术记遗》替代《缀术》补足十篇。

狭义《算经十书》是指戴震在四库馆时从明代《永乐大典》中抄出《周髀算经》《九章算术》《孙子算经》《五曹算经》《夏侯阳算经》《海岛算经》《五经算术》等七种，又从影宋抄本中抄出《张丘建算经》《缉古算经》，《数术记遗》则由明刻本中抄出，"十部算经"于是都被抄入《四库全书》。

① 童晓岚：《算学初稿四种·说明》，《戴震全书》（修订本第 5 册），第 37 页。
② 同上。

由《永乐大典》中抄出的七种算书还曾用武英殿聚珍版刊印。1773年，孔继涵以戴震的校订本为主，并首次以《算经十书》之名将十部算经刻入"微波榭丛书"。

7.《九章算术订讹补图》

胡炳生在《九章算术订讹补图·说明》中说：《九章算术》是我国古代一部最重要的数学著作，大约成书于西汉末年，有曹魏刘徽注、唐初李淳风注等，为《算经十书》之一。北宋元丰七年首次刊刻了刘、李注本《九章算术》。南宋鲍澣之又经重刻。但自明至清初三百年间，中国数学研究长期处于低潮，算书散佚，算法失传。乾隆年间诏开四库全书馆，戴震参与其事，从《永乐大典》中辑佚得《九章算术》，并参照南宋残本作了校订和整理工作。这对于九章算术的重新问世，并恢复其在科学史上的地位，具有开创之功。

由于《九章算术》流传既久，又长期湮没，加之《永乐大典》将其割裂分韵抄录，辑佚的《九章算术》（世称大典本）讹误很多，而且原图全部失传。为了获得善本，戴震做了大量校订工作，并依注补图若干幅，写成《九章算术订讹补图》，附刻于微波榭本《算经十书》之二《九章算术》之后。戴氏之后所出的《九章算术》的各种版本，如《四库全书》本、武英殿聚珍本、屈曾发刻本、钱宝琮点校本、白尚恕校释本，以及最近出版的郭书春的汇校本，都大量采用了戴氏校订整理《九章算术》的成果。正如郭书春在汇校本前言中所说："戴震以前，《九章算术》的校刊情况不清楚，而上述十几个版本的概况，基本上反映出戴震以来二百余年《九章算术》校刊的历史。其中贡献最大的是戴震、李潢、钱宝琮。其后的版本无一不受他们的影响。戴震开辟草莱，首创其功……对恢复《九章算术》的本来面目起了重大作用。"[1]

从1744年完成《策算》，到1773年校定《算经十书》，足见戴震治学的持之以恒与广博精深，为传承中国传统数学、促进中西数学交流发挥着重要作用。

---

[1] 胡炳生：《九章算术订讹补图·说明》，同上书，第257-258页。

二、语言文字

戴震关注语言文字研究，从《六书论》到《声类表》贯穿整个学术生涯，体现了他作为乾嘉考据学重镇的特质与地位。

1.《六书论》（三卷）

《六书论》是戴震于 1745 年（23 岁）完成的第二部著作，此书未刻，只留序文一篇，收入段玉裁刻《戴东原文集》（卷三）及孔继涵刻《戴氏遗书》（卷五）。戴震在《序》中说："六书也者，文字之纲领，而治经之津涉也。载籍极博，统之不外文字；文字虽广，统之不越六书。纲领既违，伪谬日滋。"① 此书今虽不存，但从《序》中仍可见其文字学思想的大略。戴震认为后世百家言六书者皆多谬说，都是因为不明古人用意所造成；他用辩证方法对"六书"进行解释，方便了后人对于"六书"本质的认识。李开说："公开亮出研究汉语言文字学的旗帜，继后一发而不可收，他的语言文字学著作遍布中国传统的语言解释学文字学、音韵学、训诂学各个领域，而最终目的又是'以词通道'，从而形成我国十八世纪获得空前发展的语言解释哲学。这种学说以对语言文字的解释为契机，逐步达到洞察人类的心智，最终到达新理学的道德哲学。"②

《六书论》作为戴震语言文字学的首部著作，立意甚高、眼光独到，奠定了他其后语言文字学研究的方向和深度。

2.《转语二十章》

《转语二十章》由戴震于 1747 年（25 岁）撰成。段玉裁以此为"于声音求训诂"之书。训诂必出于声音，可惜书未成，只有《转语二十章序》尚存于《戴震文集》（卷四），孔广森在《戴氏遗书总序》中也说未见。也有学者认为《转语二十章》就是《声类表》，赵邦彦在《戴氏声类表蠡测》中说："《转语二十章》即《声类表》九卷。横一行为一卷，此语近人某君已言之，惟何以知其即为九卷，似未能明白指出。又谓戴氏全取《方言》，

---

① 戴震：《六书论序》，《戴震集》，第 77 页。
② 李开：《戴震评传》，南京大学出版社，1992，第 280 页。

不值究讨，私意亦谓未尽然。不敢掠美，附志于此。"①

胡朴安在《戴先生所著书考》中对此有言："《东原文集》有《转语序》一篇，段玉裁《戴氏年谱》二十五岁下云：是年春成《转语》十二章。段玉裁云此于声韵求训诂之书也。训诂必出声音，惜此书未成，孔检讨广森序《戴氏遗书》亦云未见，据段氏言是亦未之书也。《小学考》著录云存，或据戴氏自序而云存，章太炎云佚，或求之未得而云佚也。民国十八年，江陵曾广源著《戴东原转语释补》，以为《声类表》即《转语表》与《序》合即为《转语》二十章，并未选缺，乃就表之字录成二十章，而补释之，未知果合于戴先生之原书否也。"②

胡朴安所论足见《转语》流传的曲折与复杂，曾广源和赵邦彦等人所做研究非常必要，不过他们的结论仍然值得商榷。王健庵在《声类表·说明》中说："一九二九年曾广源撰《戴东原转语释补》一书，认定《声类表》即《转语二十章》……并谓孔、段二氏将其作为古韵之作为不当。上二说，一就古韵分部，一就声位分章，亦各有所据证，而等韵学家又就声韵相配成图而立说，认定此书为研究古音的《等韵图》专著……诸家论述似均偏执于一隅，未能究观其整体。"③《转语二十章》的存佚问题在没有出现新的文献佐证之前，保持存疑应是可取的态度。

3.《尔雅文字考》（十卷）

《尔雅文字考》（十卷）作于 1749 年（27 岁）前后。其原是戴震读书时的随手札记，大约对犍为舍人、刘歆、樊光、李巡、郑玄、孙炎的旧注多所搜辑，以补郭璞《注》的遗漏和正邢昺《疏》的缺失④。《尔雅文字考》现已亡佚，仅存《自序》一篇收于段玉裁《戴东原文集》卷三。戴震究心《尔雅》多年，他说："余窃谓儒者治经，宜自《尔雅》始。取而读之，殚心于兹十年。" 对照戴震在《戴氏杂录》所收录的题为《古训》短文，胡锦贤在其《说明》中说："册中题曰'古训'一篇，按其内容，即《文集》

① 赵邦彦：《戴氏声类表蠡测》，《戴震全书》（修订本第 7 册），第 634 页。
② 胡朴安：《戴先生所著书考》，同上书，第 725 页。
③ 王健庵：《声类表·说明》，《戴震全书》（修订本第 3 册），第 346 页。
④ 刘昭仁：《戴学小记：戴震的生平与学术思想》，台北：秀威资讯科技，2009，第 71 页。

中的《尔雅文字考序》，可知此篇之作，原本非为序言，只不过是记录了对《尔雅》一书的认识，后来便作为《尔雅文字考》一书的序言……据此可知《尔雅文字考》一书，原名'尔雅注疏笺补'，后可能是见任大椿之书亦题此名，遂更其名，以避免雷同。"①需要说明的是，此处引文有误，文中的任大椿实为任基振。由此可以看出，清代学者对于《尔雅》的重视，不仅有任基振的《尔雅注疏笺补》，还有邵晋涵的《尔雅正义》二十卷（1785年）和郝懿行的《尔雅义疏》二十卷（1822年），都表明清代学者对于《尔雅》的高度关注，而这些与戴震的奠基之功是分不开的。

4.《声韵考》（四卷）

王健庵在《声韵考·说明》中就其成书时间、学术价值、写作经过以及刊刻版本等方面有详细论述。《声韵考》是戴震自 1763 至 1773 年前后历经十年时间最终完成定稿。戴氏对于声韵学用力深厚、影响甚大。"此书学术价值之高及其影响之大，从其付梓前传写之广与付梓后翻刻之众，就可知其权威性。"②

作为论述中古音文献的合集，《声韵考》内容主要涉及现代音韵学如等韵学、广韵学和古音学等主要方面。戴震"在声类、古韵、转语三个最基本的研究领域都取得了突破性的进展，在他身后，启迪了洪榜、程瑶田、王念孙、阮元、郝懿行的研究，就是在近代，章炳麟、黄侃、王力也无不从他的学说中汲取智慧"③。

5.《方言疏证》（十三卷）

《方言》由汉代扬雄著，晋郭璞注，是研究小学不可或缺之书。"《方言》是我国第一部汉语方言学著作，也是世界语言学史上第一部比较方言词汇的专著，在当时就被誉为'悬诸日月不刊之书'（汉代张伯松语），自东汉应劭以来，备见征引。但在长期流传过程中，断烂讹脱，几不可读，甚至被认为'是书虽存而实亡'。至清代乾隆年间，戴震始以《永乐大典》本及古书中所引《方言》与流行的明本对勘，'逐条援引诸书，一一疏通证明'，

①胡锦贤：《戴氏杂录·说明》，《戴震全书》（修订本第 6 册），第 493 页。
②王健庵：《声韵考·说明》，《戴震全书》（修订本第 3 册），第 281 页。
③余国庆：《戴震文献学著作述评》，《古籍研究》2002 年第 2 期。

使这部古代语言学要籍'神明焕然,顿还旧观',这就是我们今天所读到的《方言疏证》。"①

戴震"改正讹字二百八十一,补脱字二十七,删衍字十七,逐条详证之,庶几汉人诂训之犹存于是,俾治经、读史、博涉古文词的人,得以考寻,盖《方言疏证》对别俗异言、古雅俗语,逐字考辨形体异同、声音变化、意义之别。戴震首先订正文字,其次解读文字,然后才从文字中追寻经义。校《方言》时已得疾,足痿不能行,犹日夜勘定不倦。书未及上进,已卒"②。《方言疏证》是戴震自 1755 年开始研究,直至他逝世前一年(1776 年)才成书,前后经历二十余年。《方言疏证》连同戴氏的《毛郑诗考正》《考工记图》《屈原赋注》等著作共同奠定了清代朴学的注释学基础,为清代注释学发展倾注心血,颇具开创与引领之功。

6.《续方言》(二卷)

鲍善淳在《续方言·说明》中说:"戴震《续方言》二卷,在清人所撰戴氏别传、年谱、行状、墓志中均不著录。一九二八年冬刘半农始得戴氏手稿本于北京书肆……当系戴氏一部未完成的书稿,《方言疏证》成,而此稿遂废,故戴氏本人未道及此书,后人亦未著录。"③戴震中止《续方言》的主要原因在于他见到杭世骏也同样有这本书。即使如此,该书稿仍然有其应有价值,因为戴震补充诸多杭氏所未及的东西。余国庆认为:"书中征引许慎《说文解字》、刘熙《释名》、何休《公羊传解诂》及杨倞《荀子》注以续《方言》之所未言。杭氏《续方言》所引文献资料虽极博赡,但戴氏此书亦可补杭氏书的遗漏。戴氏所采《荀子》《释名》《公羊传解诂》三部书,戴氏提及而杭氏书未采的,亦有二十二条,故其对杭氏书的补充作用是明显的。"④

7.《声类表》(九卷)

《声类表》被视为戴震绝笔之作。孔继涵在写于段玉裁书信中说:"凡

---

① 鲍善淳:《方言疏证·说明》,《戴震全书》(修订本第 3 册),第 3 页。
② 刘昭仁:《戴学小记:戴震的生平与学术思想》,第 73 页。
③ 鲍善淳:《续方言·说明》,《戴震全书》(修订本第 3 册),第 255 页。
④ 余国庆:《戴震文献学著作述评》,《古籍研究》2002 年第 2 期。

五日而成，固由精熟诣极，然先生亦恐太瘁矣。形太用则极，神太劳则敝。呜呼！孰知此为先生著书之绝笔也哉！"①《声类表》共九卷，孔继涵于戴氏逝世当年即初刻于微波榭，列为《戴氏遗书》之十四。由于戴震完成书稿时未能撰写书序与例言，孔氏另选戴震的《答段若膺论韵》一文作为"卷首"，所以全书又可称"十卷"。

作为一部古音学著作，"戴震是以等韵离析《广韵》而构成的旨在上推古音的等韵图。书中分古韵为九类二十五部，每卷展示一类韵部。本书对古音学的贡献主要有：一、首创阴阳入三分理论，并以入声为阴阳通转的枢纽，此说对孔广森'阴阳对转'学说有直接影响；二、根据阳声韵与阴声韵相配的原则，从脂部分出祭部，与元部和月部相配，是古韵学一大发明；三、首创对古音音值的拟测"②。段玉裁在嘉庆己巳年（1809 年）所写的《声类表序》中详细地论述了戴师论韵的历程与成就，他说："丁酉之五月，师又自著书曰《声类表》，以九类者谱之为九卷……每类中各详其开口、合口、内转、外转、重声、轻声。呼等之繁琐，今音古音之转移，纲领既张，纤悉毕举……江氏与师皆考古审音均诣其极，而师集诸家大成。"③

三、地理方志

地理方志是戴震学术的重要内容，研究地理方志同样也成为他的终生志业。地理研究主要包括《水地记》《水经注》和《直隶河渠书》等；方志学成就主要包括《汾州府志》《汾阳县志》《应州续志序》等等。

1.《水地记》及其初稿与残卷

《水地记》是《七经小记》之一。洪榜在《戴先生行状》中说此书有三十卷，而凌廷堪《东原先生事略状》说仅有一卷。今《戴氏遗书》中也只有一卷，黄山书社 2010 版《戴震全书》（修订本）第 3 册，著录有《水地记》初稿、《水地记手稿残卷》和《水地记》三种。

---

① 王健庵：《声类表·说明》，《戴震全书》（修订本第 3 册），第 345 页。
② 余国庆：《戴震文献学著作述评》，《古籍研究》2002 年第 2 期。
③ 段玉裁：《声类表序》，《戴震全书》（修订本第 7 册），第 251 页。

　　《水地记》初稿，共有两种版本，均为孔继涵的家抄本。其中江苏省南通市图书馆本（五册装六卷）是原抄本，有孔氏亲笔题写的书名及所作的部分校改；国图本是以南通本作底本的精抄本，有孔氏的亲笔题序。相比之下，两个版本的内容：南通本第一册为《记山》《记郡》《河水一》，二至四册为《河水》《济水》《淮水》，第五册汇集了部分残稿及作者阅读胡渭《禹贡锥指》的内容摘抄；孔氏的校改在第一册。国图本为《河水一》《济水》《淮水》，其中《河水一》与南通本朱笔校改后的文字完全相同，且全书行款一致，抄写精美①。

　　《水地记手稿残卷》，现由北京大学图书馆收藏，黄山书社版《戴震全书》将其分为三个部分，《残卷》两份皆为"河出昆仑之虚"章，内容基本相同，而文字出入很大，与抄本初稿的文字亦相去甚远。很明显，这两份残卷是抄本初稿之前的一稿、二稿，可见《河水》在初稿阶段至少是三易其稿②。

　　《水地记》定本，仅有《河水一》，可谓是戴震真正的绝笔之作，因为他在仅仅完成第一卷之后的第五天就溘然去世。列为《七经小记》之一的《水地记》按原计划应写三十卷，定本注重把记述与考证二者紧密结合起来，《水经注》仅作为引证材料之一，统摄于考述之中。段玉裁说："《水地记》，此书刻于孔户部者只一卷，自昆仑之虚至太行山而止。洪舍人《行状》则曰未成书，《水地记》七册，盖所属草稿尚不止此，薙谷取其可读者为一卷刻之，其丛残则姑置之。国朝之言地理者，于古为盛，有顾景范、顾宁人、胡朏明、阎百诗、黄子鸿、赵东潜、钱晓徵，而先生乃皆出乎其上。"③

　　戴震的《水地记》写作计划非常宏大，因为天不假年而戛然而止，所留下的"定本"一卷见证了其作为地理学家的深厚功力。"与稿本相比，定本可以说是达到了'十分之见'的境地，是一部成熟的、有极高学术价值的地理著作。定本《水地记》除南通、国图本之外，还有微波榭等刻本。诸本相对照，仍以南通本为善，故用以作底本，余皆用作校本。"④

①杨应芹：《水地记初稿·说明》，《戴震全书》（修订本第4册），第75页。
②杨应芹：《水地记初稿·说明》，同上书，第76页。
③段玉裁：《戴东原先生年谱》，《戴震集》，第483页。
④杨应芹：《水地记·说明》，《戴震全书》（修订本第4册），第421-422页。

2.《水经考次》（一卷）

　　段著《戴东原先生年谱》乾隆三十年（乙酉/1765年）记载，戴震于"是年秋八月，定《水经》一卷，自记云：'夏六月，阅胡朏明《禹贡锥指》引《水经注》，疑之，因检郦氏书展转推求，始知朏明所由致谬之故，实由唐以来经注互讹……今得其立文定例，就郦氏所注，考定经文，别为一卷。兼取注中前后倒紊不可读者，为之订正，以附于后。是役也，为郦氏书还其脉络，非治《水经》而为之也。'玉裁按：此《水经》一卷，今未著录，然别经于注，令经、注不相乱，此卷最为明晰。后召入四库馆纂修，此书纲领，不外乎是，特于讨论字句加详耳"①。

　　杨应芹在《水经考次·说明》中指出，《水经考次》就是戴氏自定的《水经》一卷，只不过多出了新考定的诸水排列的新序码，内容包括三部分。一是从《经》《注》混淆的《水经注》中分辨出的全部《经》文，自成一卷；二是考订倒紊不可读的《经》文、《注》文，附于《水经》之后，题作《附考》；三是后记一篇，该后记当题作"书水经后"，其中心内容是分辨《经》《注》的四条义例。②

　　段玉裁《东原文集》（卷六）收录《书水经注后》与戴震的《水经书后》实为同书异名。段氏因误增"注"字且将之倒置《水经郦道元注序》之后，尤其是删除"四大义例"内容，"致使这一重大理论发现，被蒙上了近十年的时间尘埃"③。"四大义例"意义非凡，体现了戴震独特的治学方法，罗列如下："《水经》立文，首云某水所出，已下不复重举水名；而《注》内详及所纳小水，加以采摭故实，彼此相杂，则一水之名不得不循文重举。《水经》叙次所过郡县，如云'又东过某县南'之类，一语实赅一县；而《注》内则自县西至东，详记水历委曲。《水经》所列即当时县治；至善长（郦道元，字善长——引者注）作《注》时，已县邑流移。《注》既附《经》，是以云迳某县故城，《经》无有称故城者也。凡《经》例云'过'《注》例云'迳'。"④

---

①段玉裁：《戴东原先生年谱》，《戴震集》，第465–466页。
②杨应芹：《水经考次·说明》，《戴震全书》（修订本第4册），第455页。
③杨应芹：《水经考次·说明》，《戴震全书》（修订本第4册），第455页。
④戴震：《水经书后》，同上书，第502页。

"四条义例"是戴震校勘《水经注》的利器，也是他校正《水经注》的重要佐证。梁启超赞赏戴震"戴氏治学，精锐无前，最能发明原则，以我驭书"，肯定戴震所提出的"三大体例"，"此三例，戴氏所独创，发蒙振落，其他小节，或袭赵氏，不足为轻重"①。

3.《水经注》（四十卷）

《水经》是中国第一部记述河道水系的专著。关于《水经》的注本有两个，一是东晋郭璞《水经注》三卷，唐时犹存；一是北朝魏地理学家郦道元所作《水经注》四十卷。至于《水经》作者，两家注者均未明言，《唐书·艺文志》始以为是东汉桑钦所撰。戴震认为，"钦在班固前，固尝引其说，与《水经》违异"②，进而依据《经》中地名推定于三国时所作。

段玉裁《戴东原先生年谱》记载，戴震从乙酉年乾隆三十年（1765年）夏六月，因为读到胡渭《禹贡锥指》所引《水经注》产生怀疑，便检阅郦注原书、辗转推求，始才方知胡渭致误原因在于《水经注》传抄过程中"残阙淆紊，《经》多误入《注》内，而《注》误为《经》，校者往往以意增改"③所为。事实上，戴震研究《水经注》的时间应该更早，可提前到乾隆十九年之前（时年三十二岁），因为戴震《水地记初稿》中已大量引用《水经注》的原文，并进行了部分订正。杨应芹认为戴震至迟在乾隆十九年入都前后就已开始《水经注》的研究④。

《水地记初稿》中附有《水经考次》⑤，这是他早年研究《水经注》的见证。五年后（1765年）写成《自定水经》一卷，再七年（1772年）所校《水经注》刊于浙东，未及四分之一，次年（1773年）即奉召入都，纂修《四库全书》⑥。入四库馆后，戴氏"以《永乐大典》所引，各按水名，逐条参校"，《水经注提要》由此评价道："谨排比原文，与近本勾稽校勘，凡补其阙漏者二千一百二十八字，删其妄增者一千四百四十八字，正其脱改者

① 梁启超：《中国近三百年学术史》，第377-378页。
② 戴震：《水经郦道元注序》《戴震集》（卷六），第129页。
③ 戴震：《水经书后》，《戴震全书》（修订本第4册），第502页。
④ 杨应芹：《水地记》，同上书，第76页。
⑤ 黄山书社版《戴震全书》将两者独立分章抄写，各有两种抄本。
⑥ 刘昭仁：《戴学小记：戴震的生平与学术思想》，第247页。

三千七百一十五字。神明焕然，顿还旧观，三四百年之疑窦，一旦旷若发蒙。"①戴震与赵一清《水经注》争议曾是学术界长期关注的热门话题。肯定者与反对者兼而有之，且都言之凿凿，但又无法说服对方。随着戴震《水地记》与《自定水经》的公布于世，终于可以还世人以真相，还戴震以公道，所谓"戴袭赵"公案该休矣。

4.《直隶河渠书》（一百二卷）

《直隶河渠书》是乾隆年间由直隶总督方观承主持，延请当时著名学者参与编纂的一部水利志书，但因种种原因并未成书。作为官修志书，其著作者当为时任总督方观承，参与其事者既有受邀负责编纂事宜的顺德知府金文淳，又有当时学术名家如赵一清、余萧客、戴震等。据学者考证，"《直隶河渠书》的稿本至少有四，即赵一清家藏本、戴震家藏本、直隶总督署本和张锦麟、胡亦常抄本。目前唯一能够见到的是戴震家藏本"②。赵一清于乾隆二十六年至乾隆二十八年首先参与，共修得《直隶河渠水利书》一百三十二卷；余萧客与戴震或先或后参与修订，但仅留下戴震所编的《直隶河渠书》一百二卷，后因方观承去世，继任者大学士杨廷璋不能以礼相待，戴氏遂辞职回京。至此，《直隶河渠书》虽以未能刊刻为憾，却也没有著作权争议。嘉庆十三年（1808 年），捐职通判王履泰进献《畿辅安澜志》（后由武英殿聚珍版刊印出版），戴震嗣子戴中孚携带戴震家藏《直隶河渠书》书稿因此赴京辩论，从段玉裁撰写《赵戴直隶河渠书辩》，到胡适1948 年先后写成《试判断〈直隶河渠书〉与〈畿辅安澜志〉的案子》与《记中央图书馆藏的〈直隶河渠书〉稿本二十六册》两篇文章，长达一百四十年的"赵戴直隶河渠书公案"成为继《水经注》公案后又一重要学术事件。时至今日，这场公案仍然时被学界所关注，时间证明一切，迷雾渐被澄清。作为《直隶河渠书》的修订者和收藏者，戴震贡献世所公认；《直隶河渠书》实为官修水利志书，戴震无需为身后公案负责。

5.《汾州府志》（三十四卷）

乾隆三十四年（1769 年），戴震客于山西布政司使朱珪署中，应汾州

①戴震：《水经注提要》，《戴震全书》（修订本第 6 册），第 626 页。
②宋开金：《乾隆年间方观承的〈直隶河渠书〉》，《历史档案》2016 年第 2 期。

太守孙和相之聘修成《汾州府志》。根据戴震所撰写的《例言》，该志制订了图表、沿革、星野、疆域、山川、城池、官署、仓廒、学校、坛壝、关隘、营汛、驿铺、户口、田赋、盐税、官职、宦绩、流寓、人物、义行、科目、仕宦、列女、古迹、冢墓、寺庙、事考、杂识、艺文诸门等三十四卷体例。戴震亲自撰写了《例言》《图表》《星野》《疆域》《山川古迹》等章节，以及于清端成龙传、张义士瑛传和王廉士敏传等传记。段玉裁说自己"曾节抄《府志例言》《图表》《沿革》《星野》《疆域》《山川古迹》，将付诸梓，以为修志楷式"，他称赞《汾州府志》"其书之详核，自古地志所未有"①。

戴震在修志方面的显著成就使其成为乾嘉时期方志大家，也是地理学派的重要代表。

6.《汾阳县志》（十四卷）

乾隆三十六年（1771年），戴震应汾阳县令李文起邀请，参与编修《汾阳县志》。全书十四卷，具体内容为：卷前例言、图；卷一沿革、疆域；卷二山川、城池、官署；卷三赋税、学校；卷四名宦；卷五职官、食封、流寓；卷六人物、孝义；卷七科目；卷八文苑、仕实、列女；卷九古迹、坛庙；卷十事考、杂识；卷第十一至十四，分别为艺文一至四。

与《汾州府志例言》相似，戴震所作《汾阳县志例言》分别从沿革、疆域、山川等十一个方面进行了阐释，鲜明体现了戴震一以贯之的求实为民思想②。

四、经学义理

戴震虽为乾嘉汉学巨匠，但他自始至终注重经学研究，在经学义理方面取得重要成果，成为乾嘉时期卓越的哲学大家。

1.《尚书》研究

戴震所著《尚书义考》（二卷）未入《戴氏遗书》，段玉裁《戴东原先生年谱》也未言及，而王昶《戴先生墓志铭》及孔广森《戴氏遗书总序》

① 段玉裁：《戴东原先生年谱》，《戴震集》，第470页。
② 戴震：《汾阳县志例言》，《戴震全书》（修订本第6册），第581-585页。

都有叙录，洪榜《戴先生行状》有《今文尚书经》二卷，殆即此书。《尚书义考》原定《虞夏书》四篇、《商书》五篇、《周书》十九篇，仅成《尧典》二卷（包括伪古文之《舜典》）。卷首有"义例"十四条，三千余言。戴震的《尚书义考》《尚书今文古文考》，惠栋的《古文尚书考》《尚书古义》，程廷祚的《晚书订疑》，段玉裁的《古文尚书撰异》等，都可视为阎若璩《古文尚书疏证》的宏衍之作或系列丛书①。

蒋立甫在《尚书义考·说明》中认为：《尚书义考义例》从《尚书》今古文的传授存佚、篇章分合，至各类旧注的去取原则、转录格式等等，论述详备，足见戴震对编撰此书的深思熟虑与审慎态度。《文集》卷一有《尚书今文古文考》一篇，约相当《义例》前四条，段玉裁《戴东原先生年谱》引著者言"此篇极认真"，这也适用于评《尚书义考》。

作为戴震未成之书，从他已成二卷可知：著者从经文异同考订，确实一丝不苟。其书既与经文下标明"某，当从古本作某"，又在"按语"中详加辨识，务在求实。至于词语训诂，不但广采汉人传注，而且对宋以后训释也有所甄择，不厌其烦地具列异义，然后再加"按语"折中之，从而以明去取……而最难能可贵之处，还在于著者不存今文古文、汉学宋学门户之见，与同时代相比，显示出一代宗师的大度②。

戴震的《尚书》研究虽不完整，但成就显著、影响深远。基于汉宋之学的开放态度，加之古籍方面综核条贯之功，为他创立义理之学奠定了深厚的经学基础。

2.《诗经》研究

戴震注重《诗经》研究，不仅有《诗经》的考证文章，如《诗摽有梅解》《诗生民解》《书郑风后》《书小雅后》《书小雅十月之交篇后》《毛诗补传序》《诗比义述序》等，也有关于《诗经》的研究专著，如《毛诗补传》《毛郑诗考正》和《杲溪诗经补注》。这里仅就专著部分略作说明。

《毛诗补传》是戴震的未刊著作，只有抄本行于世。原抄本题名《戴氏经考》，有"汪灼校书藏书之印"和"叶氏德辉鉴藏"等印章，该本现

① 刘昭仁：《戴学小记：戴震的生平与学术思想》，第59-60页。
② 蒋立甫：《尚书义考·说明》，《戴震全书》（修订本第1册），第3-4页。

藏于国家图书馆①。该著写于何时？戴氏在《诗比义述序》中说："昔壬申、癸酉岁，震为《诗补传》未成，别录辩证成一帙。"《诗补传》虽说未成，但也并非未完稿，它有《序》文和二十六卷；戴震说"此书尚俟改正"，改正成果就是他"别录辩证成一帙"而成的《毛郑诗考正》。

《毛郑诗考正》，戴震本人并未用过这个名称，段玉裁说："《毛郑诗考正》，初名《诗补传》"，"《毛郑诗考正》不专主毛《传》及郑《笺》，多以己意考正，或兼摘《传》《笺》考正，或专摘一家考正，或只摘经考正，不徇毛，也不徇郑，大都本古训古义求其是，而仍然以补翼《传》《笺》为主，不像宋人说诗谱诸书，专以驳斥毛郑而别名一家。"②《毛郑诗考正》包含《卷首》和四卷，孙以昭赞誉戴震"'惟求其是'，不主一家，实开一代《诗经》研究的务实之风"③。《毛郑诗考正》是戴震《诗经》研究的代表作品，深为后世治诗经学者所肯定与推崇。

戴氏除了前述《诗补传》与《毛郑诗考正》外，还有他中年另一部诗经著作《杲溪诗经补注》，简称《诗经补注》，是戴震作于1766年（44岁）时的未完成书稿。据段玉裁《戴东原先生年谱》云："注《诗·周南》《召南》，名之曰《杲溪诗经补注》。'杲溪'二字，盖以自别于诸言《诗》者。"有学者说，《杲溪诗经补注》是经戴震"改正"后的"识见稍定"之作④。

3. 礼学研究

戴震注重礼学研究，他在《七经小记》中就专设"学礼篇"，虽然未有成书，仍然留下丰富的礼学成果。包括几个方面的内容：一是收录于《戴震文集》的礼学二十一篇，包括段玉裁所说的《戴震文集》中的学礼"十三记"⑤。除此之外，《文集》中尚有《周礼太史正岁年解》一、二两篇，《大戴礼记目录后语》一、二两篇，《明堂考》《三朝三门考》《匠人沟洫之法考》《乐器考》等8篇，两者相加共21篇，它们都体现了戴震的礼学思想。此

① 张国风：《毛诗补传·说明》，同上书，第125页。
② 刘昭仁：《戴学小记：戴震的生平与学术思想》，第60页。
③ 孙以昭：《毛郑诗考正·说明》，《戴震全书》（修订本第1册），第567页。
④ 蒋立甫：《杲溪诗经补注·说明》，《戴震全书》（修订本第2册），第3页。
⑤ 十三记：即《记冕服》《记皮弁服》《记爵弁服》《记朝服》《记玄端》《记深衣》《记中衣祷衣襦褶之属》《记冕弁冠》《记冠衰》《记括发免髽》《记经带》《记缫藉》和《记捍决极》等。

外，秦蕙田主编的《五礼通考》中，也有戴震的手笔，但《通考》本文不标具体作者名，于今已难以确指。

二是《考工记图》二卷。《考工记》是现在最早的有关传统工艺规范的著作，汇集了春秋战国时期有关手工生产的科学技术官书，书分二卷，收入《周礼》。戴震于1746年（24岁）完成《考工记图》（二卷）初稿，当时有图无注，1755年又为其作补注。他在《考工记图序》中说："余语以诸工之事，非精究少广、旁要，固不能推其制，以尽文之奥曲。郑氏注善矣。兹为图翼赞郑学，择其正论，补其未逮。"[1]戴震《考工记》研究得到纪昀的充分肯定与大力支持，他一见倾心，叹为奇书，由阅微草堂刻书并作序。

三是《大戴礼记》校定。乾隆二十二年（1757年）春，与卢文弨同校《大戴礼记》；作《与卢侍讲召弓书》，讨论校《大戴礼记》之事，纠正数处谬误；乾隆二十六年（1761年）夏，又作《再与卢侍讲书》，直到乾隆三十八年（1773年）入四库馆后，取旧说和新知悉心校核而成定本，并撰写了《大戴礼记》的四库提要[2]。

四是从《永乐大典》中校录宋代张淳的《仪礼识误》，并撰写提要；从《永乐大典》中校录宋代李如圭《仪礼释宫》，并撰写了提要；据李如圭的《仪礼集释》补正《仪礼注疏》（唐贾公彦撰），并撰写了提要；撰写《仪礼考正》一卷（未刻）。

与此同时，戴震对于《小戴礼记》诸如《礼运》《乐记》《大学》和《中庸》等篇章非常关注，他批评《隋志》，进而提出"《小戴礼记》并非删自《大戴礼记》"的主张，尤其值得重视。

4.《春秋》研究

戴震关注《春秋》研究，他在《春秋究遗序》中强调："读《春秋》者，非大其心，无以见夫道之大；非精其心，无以察夫义之精。以故三家之《传》而外，说是《经》至数千百家，其于《春秋》书法，卒不得也。"[3]

①戴震：《考工记图序》，《戴震集》，第197页。
②戴震：《校书提要》，《戴震全书》（修订本第6册），第614—620页。
③戴震：《春秋究遗序》，《戴震集》，第196页。

戴震的《春秋》研究主要是《春秋改元即位考》上中下三篇。"纵观《即位考》三篇，上、中，多重《春秋》名分辞例的考索，与《公羊》《穀梁》考《春秋》辞例'一字褒贬'的微言大义相类，可看作是经的研究，而下篇则由名分辞例考索进入历史奥秘的探求。"① 这种经史结合、注重事实的做法无疑是有远见的，"《春秋改元即位考》全文似乎在寻求逻辑辞例和历史更迭的相符，但戴震最终所发现的还是那脱出常规，与名分不相符的严酷事实和《春秋》不得不书的做法，戴震的探求，在经书逻辑辞例背后深深隐匿着历史更迭的反思，虽然这种反思并没有达到后人所期待的那样的高度"②。

从戴震《春秋》研究可以看出他对于《春秋三传》（《左传》《公羊传》和《穀梁传》）同等关注。而"改元即位考"又体现了他"想通过即位这样的大典仪，促使新君成为一个有开始且又以道终的好皇帝"③ 的愿望，反映了戴氏关心政治、注重民生的治世思想。

5.《易经》研究

戴震重视《易经》，虽没有专著，但也为此作了很多基础性工作。他在《经考》中的《易学》笔记有：重卦、三易、易取变易义、彖辞爻辞、九六七八、十翼、易为卜筮而作、理象数、卦变、互体、宋儒复《易》古本；《经考附录》中有：重卦有四说、连山归藏、《易》一名而函三文、易象象三字皆六书之假借、题周以别前代、《周易》上下经、卦名、汉初传《易》、焦延寿京房之《易》、王辅嗣韩康伯注《易》、子夏《易传》赝本、《河图》《洛书》、大衍、先后天图、太极图、程子《易传》、朱子《周易本义》、言古《易》者各异。与此同时，他也曾撰写过相关论文，如《周易补注目录后语》《法象论》《读易系辞论性》《与丁升衢书》《再与丁升衢书》。至于戴震的《易经》研究，李开认为："戴震于《易经》研究虽然没有留下鸿篇巨制，但从明清的《易》学史的大背景下透视，是有一定地位的。他对《易》学中的一些基本问题有明确的阐述，有些见解是《易》学入门的必备知识。《说

---

① 李开：《戴震评传》，南京大学出版社，1992，第147页。
② 同上。
③ 同上书，第152页。

卦》等三篇非孔子之作的说法，在《易》学史上产生了巨大影响，为几成定论的重大发现。"①

6.《原善》系列

《原善》系列，包括戴震的《原善》三篇与三卷，《原善》三篇，只有三章，每章不过千余字，并收于《文集》（第八卷）。"《原善》三章的初稿一直保留在文集中，显然是戴震有意为之，因此《原善》定本中有个别文字越过了上一版本而独见于文集三章。"②

《原善》三章后改定扩大为三卷，上卷十一章，中卷五章，下卷十六章。"余始为原善之书三章，惧学者蔽以异趣也，复援据经言疏通证明之，而以三章者分为建首，次成上中下卷；比类合义，灿然端委毕著矣，天人之道，经之大训萃焉，以今之去古圣哲既远，治经之士，莫能综贯，习所见闻，积非成是，余言恐未足以振兹坠绪也。藏之家塾，以待能者发之。"③

戴震序言揭示了《原善》由三章到三卷的演绎历程及其理论诉求。由于未注明写作年月，学者的说法不一，一般认为《原善》三章最迟为戴震四十一岁前所作，因为段玉裁乾隆二十八年癸未（1763 年）首次会见戴震时曾抄誊过它；《原善》三篇，李畅然认为它就是乾隆三十一年丙戌（1766 年）戴震曾对段玉裁所说"近日作得讲理学一书"④。李畅然认为《原善》除了有见于《文集》的《原善》"集本"，还有经过不断修改而成，并与《绪言》和《孟子字义疏证》同时刊行的另两个版本，即《原善》"绪言本"和《原善》"定本"⑤。李畅然对于《原善》版本的考察，为我们更好理解《原善》与戴震义理思想具有重要启迪作用。

7.《孟子字义疏证》系列

《孟子字义疏证》系列包括《孟子私淑录》三卷、《绪言》三卷和《孟子字义疏证》三卷，由于它们三者之间具有很大的内容关联度，《孟子字义疏证》系列比较鲜明地展现戴震的具体治学路径与思想发展脉络，尤其

---

① 李开：《戴震评传》，第 133 页。
② 李畅然：《戴震〈原善〉表微·自序》，北京大学出版社，2014，第 4 页。
③ 戴震：《原善》（卷上），《戴震全书》（修订本第 6 册），第 7 页。
④ 李畅然：《戴震〈原善〉表微》，第 6 页。
⑤ 同上书，第 10 页。

是《孟子私淑录》与《绪言》孰先孰后问题，如陈荣捷、钱穆、冒怀辛、王茂、周兆茂、陈徽、李畅然等学者都曾有讨论。真理越辩越明。"经陈荣捷、王茂、周兆茂三先生的考证，《私淑录》在先足成定论。"① 这也是著者所认同的观点。

《孟子私淑录》（三卷）

《孟子私淑录》三卷是戴震继《原善》三卷之后又一部重要哲学著作。戴震在该书中首次公开把矛头指向程朱理学，尤其是关于程朱《易》学的批判，戴震自称是"发狂打破宋儒家中太极图"②。不过，《孟子私淑录》发现较晚，周兆茂于该书《说明》中作了具体介绍③。

《绪言》（三卷）

《绪言》三卷是戴震对于《孟子私淑录》一书的补充与发挥。上卷自立说，中卷尊孟子，下卷驳告子、荀子、杨子、周敦颐、程子、张载、邵雍、王文成诸子及老庄释氏。戴震在对程朱理学继续加以批判同时，又提出了"人道本于性，而性原于天道"的重要命题，体现了自己的哲学构想。周兆茂认为："戴震的整个哲学体系就是建构在'天道'（自然观）、'性'（自然人性论）、'人道'（社会历史观）的基础之上的。因此，《绪言》是戴震哲学思想发展过程中一个不容忽视的重要环节。"④

《孟子字义疏证》（三卷）

在《疏证》系列中，《疏证》无疑是《孟子私淑录》和《绪言》的最后定本，体现出共同的精神追求："彼目之曰小人之害天下后世也，显而共见；目之曰贤智君子之害天下后世也，相率趋之以为美言，其入人心深，祸斯民也大，而终莫之或寤。辩恶可已哉！"⑤ 戴震围绕《孟子》中哲学名词加以阐释，分上中下三卷。上卷"理"十五条；中卷"天道"四条，"性"九条；下卷"才"三条，"道"四条，"仁义礼智"二条，"诚"二条，"权"

———————

①李畅然：《戴震〈原善〉表微》，第4页。

②李畅然认定乾隆三十一年"近日作得讲理学一书"是《原善》三卷而非《私淑录》，而乾隆三十四年"发狂打破宋儒家中太极图"的则是《私淑录》而非《原善》三卷……（李畅然：《戴震〈原善〉表微》，第6页。）

③周兆茂：《孟子私淑录·说明》，《戴震全书》（修订本第6册），第36页。

④周兆茂：《绪言·说明》，同上书，第80页。

⑤戴震：《孟子字义疏证·序》，同上书，第145页。

五条，意在发明孔孟真谛，以匡正宋儒之谬。"仆生平著述最大者，为《孟子字义疏证》一书，此正人心之要。今人无论正邪，尽以意见误之名曰理，而祸斯民，故《疏证》不得不作。"①戴震哲学反理学的斗争精神和对人民的同情，具有很大的进步意义。梁启超在《清代学术概论》中评论说："《疏证》一书，字字精粹"，"与欧洲文艺复兴时代思潮之本质绝相类"，"其志愿确欲为中国文化转一新方向。其哲学之立脚点，真可称二千年一大翻案。其论尊卑顺逆一段，实以平等精神，作论理学上一大革命。其斥宋儒之糅合儒佛，虽辞带含蓄，而意极严正，随处发挥科学家求真求是之精神，实三百年间最有价值之奇书也。"②

8.《经考》（五卷）

《经考》五卷是戴震早年治经所写的读书札记。为孔刻《戴氏遗书》所未收，后来收在安徽南陵徐乃昌（字积余，晚号随庵老人）的《鄦斋丛书》里。五卷分别是：第一卷为《易考》，第二卷为《尚书考》，第三卷为《诗经考》，第四卷为《礼经考》，含《三礼》《逸礼》《大戴礼记》等，第五卷为《春秋考》《论语考》《孟子考》《尔雅考》等。全书共引用典籍七十余种，作者七十多人，全文共六万多字；另有"按语"四十八条，约一万二千多字③。这些都成为戴氏后来撰写专著的思想素材与理论依据。戴震以读书笔记的形式摘记经文及各家注疏，然后于卷中或卷末加"按语"，不仅为我们探寻戴震思想源头提供了详细素材，也为领会他的思想观点与治学方法提供了重要参照。

9.《经考附录》（七卷）

《经考附录》共七卷，系戴震早年读经时所写的札记。此书发现较晚，在很长时间内均不见于诸家著录，直到1936年《安徽丛书》刊行第六期，才据汪氏不疏园初写本影印。周兆茂对《经考附录》的发现经过、版本流传、具体内容等都作了较为详细介绍。作为《安徽丛书》编者和"末代翰林"之一的许承尧回顾了《经考附录》的发现经过，他说："承尧所得是书共七卷，

①戴震：《与段茂堂等十一札》，《戴震全书》（修订本第6册），第533页。
②梁启超：《清代学术概论》，上海古籍出版社，2005，第35页。
③参见周兆茂：《经考·说明》，《戴震全书》（修订本第2册），第191页。

题曰《经考附录》，不著撰人姓名。然按其体例与《经考》同。皆博引众说，间加按语。其按语精深严密亦同。以二书互校，则《附录》者乃补《经考》所未备，而为之疏通证明。……承尧得此书时共三册，二巨册为《经考附录》，一为先生所撰《屈赋注》之首册，皆乾隆时写本，皆湖田草堂旧藏……则此《附录》二册亦出不疏园同时写本无疑矣。"① 周氏介绍说，《经考附录》最后成书时间当在乾隆丁丑（1757）年，《经考附录》七卷内容是：首卷为《易考》，第二卷为《尚书考》，第三卷为《诗经考》，第四卷为《礼经考》，内含《周礼》《仪礼》《礼记》《大戴礼记》等，第五卷为《春秋考》，第六卷为《论语考》《孝经考》《孔子家语考》《孟子考》《尔雅考》等，第七卷为《石经考》。

作为《经考》的补充，戴震在《经考附录》中征引的典籍与人物比前者更为广泛，分别达到一百多种和一百七十多人，另有"按语"二十五条，总字数也达到十万字以上。全书引用典籍一百多种，有"按语"二十五条，这些按语同样是研究戴震早期思想的重要资料。

戴震所作《经考附录》是否体现了作者的思想观点，周兆茂肯定认为："在这些论著中，程朱理学被视为'理明义精之学'，字里行间，透露出他对程、朱无限崇敬的心情。质而言之，从早期著作中，人们不难看出，戴震是程朱理学的坚定信徒和捍卫程朱理学的干城。"② 相比之下，漆永祥则持否定态度，他说："戴震《经考》与《经考附录》，只不过是戴氏早期寻常之读书札记，严格地说是经学资料集，凡摘录自秦至清代近二百人的学术观点，以备查询检核之用，其中并无褒贬，更无肯定与否定。至于戴氏的少量按语，后来皆散入其他著述中，更见其书非专著而是储材之作。如果以《经考》与《附录》大量摘录宋儒之说，即证明其肯定理学，为程朱信徒，其结论是不能成立的。"③

上述两种截然不同的观点，主要源于他们对戴震所加按语的理解不同。

①周兆茂：《经考·说明》，第367页。
②周兆茂：《戴震哲学新探》，安徽人民出版社，1997，第14页。
③漆永祥：《再论戴震学术研究中的几个争议问题》，载汪良发、潘定武主编《2014全国戴震学术研讨会论文集》，黄山书社，2015，第54页。

前者肯定按语体现了作者思想倾向无疑是正确的，但是否就能得出"早期戴震是程朱理学的干成"，恐怕也未必成立；后者突出"经学资料集"性质，认为戴氏并无褒贬也非客观事实，因为戴震自己就说："读古人书，贵心通乎道。寻章摘句之儒，徒滋异说，以误后学，非吾所闻也。"[①]

10.《经雅》（七卷）

《经雅》是一部辨释草木鸟兽虫鱼之名而没有完成的专著。其稿及其写作时间，未见于文字记载。但据书中内容推断，当为戴震早期的作品。原件封面篆书"经雅 戴东原先生稿本"。书稿共七卷，分《雅记》《经雅》两部分；主要是对中国古代《诗》《书》《易》《礼》《春秋》等经籍中所涉及的动植物，阐释训诂和考证，约430多个条目，其中释兽、释鸟、释虫、释鱼280多条；释草、释木近150条，列举了动植物四百多种，逐一对它们在各种经籍中的名称、习性、特点，作了阐释和考辨，多处订正前人的讹误[②]。

《经雅》稿本最先为曲阜孔继涵收藏，之后辗转于高翰生、徐恕之手，最终收藏于湖北省图书馆。虽为戴震早年的一部未刊之作，然而"此稿专释草木鸟兽虫鱼之名，博览先秦、汉、魏古籍，搜罗完备，条贯分明，释文简练，易于诵记，考辨旧说，多有发明"，"戴氏作《经雅》以辨物，主旨在于治经，以寻义理"[③]。由此，我们看到戴震从考据到义理的治经路数以及他对于"十分之见"的执着追求。

五、文学著作

戴震说："古今学问之途，其大致有三：或事于义理，或事于制数，或事于文章。"[④]"盖先生合义理、考核、文章为一事，知无所蔽，行无少私，浩气同盛于孟子，精义上驾乎康成、程、朱，修辞俯视乎韩、欧焉。"[⑤]《屈原赋注》初稿与定稿的完成体现了戴震的治学主张、彰显了戴氏的文学成

①戴震：《经考附录卷四》，《戴震全书》（修订本第2册），第552页。
②刘昭仁：《戴学小记：戴震的生平与学术思想》，第67页。
③胡锦贤：《经雅·说明》，《戴震全书》（修订本第2册），第623页。
④戴震：《与方希原书》，《戴震全书》（修订本第6册），第373页。
⑤段玉裁：《戴东原先生年谱》，《戴震集》，第487页。

就。戴震的《屈原赋注》因此被称为与王逸《楚辞章句》、朱熹《楚辞集注》一起分别代表了两汉经学、宋明理学、清代考据学在《楚辞》研究中的最高成就，也是乾嘉学派中惟一涉足《楚辞》研究的学问大家①。

1.《屈原赋注初稿》（三卷）

蒋立甫在《说明》中说：《屈原赋注初稿》，由许承尧所藏，稿末有许跋，曰"得之湖田草堂，疑原出西溪汪氏不疏园"。初稿仅存《离骚》《九歌》《天问》三卷，《九章》《远游》《卜居》《渔父》四卷仅存其目，正文尽佚。初稿包括定稿中注释、通释、音义三部分内容，但互有详略异同，就多数而言，初稿较定稿繁杂，从中既可见戴氏治学精益求精的精神，也有助于把握其对屈赋某些问题的思考与探求。初稿的发现是极有价值的②。

值得注意的是，《初稿》所载《自序》表现出对于屈子"其心至纯、其学至纯、其言亦至纯"的由衷赞叹，既彰显了屈赋的文学特色，也反映了作者的精神追求；尤其通过与戴震所写《屈原赋注自序》相比较，不难看出两者同出一人之手。即使如此，学界围绕《屈原赋注初稿》的作者问题还是存有争议。如香港学者陈胜长在《读戴震〈屈原赋注〉——兼论湖田草堂藏〈初稿〉残本与〈经考附录〉之真伪问题》一文中就论定《初稿》为伪作。与此相对，同样是香港学者的许子滨在《戴震〈屈原赋注〉成书考——兼论〈安徽丛书〉本〈屈原赋注初稿三卷〉为伪书说》一文中就《屈原赋注》的成书经过进行详细考证，将戴震《屈原赋注初稿三卷》的撰写过程、写本时间、流传脉络进行分疏，许子滨认为陈胜长的所谓"伪书说"不能成立，他说："陈先生提出的七条论据，俱有所见，虽足以证明《初稿》未尽精当，有待改善，但不足以充当伪书说的直接证据。"③笔者认同许氏所论，戴氏实为《屈原赋注初稿》的著作者。

2.《屈原赋注》（十二卷）

《屈原赋注》系戴震早年之作，据汪梧凤《音义后记》（下简称汪《记》），

---

① 徐道彬：《戴震〈屈原赋注〉的文学成就》，《徽学》（第三卷），安徽大学出版社，2004，第279~280页。

② 蒋立甫：《屈原赋注初稿·说明》，《戴震全书》（修订本第3册），第533页。

③ 许子滨：《戴震〈屈原赋注〉成书考——兼论〈安徽丛书〉本〈屈原赋注初稿三卷〉为伪书说》，《古典文献研究（第十六辑）》2013年7月。

当成书于乾隆十七年（1752 年），戴氏时年三十岁。段玉裁在《戴东原先生年谱》中说："其年家中乏食，与面铺相约，日取为饔飧，闭户成《屈原赋注》。"戴震处困而孜孜著述，精神尤其可贵。

《屈原赋注》十二卷，由三部分构成：一是关于《屈赋》二十五篇的诠释义疏，七卷；二是关于《屈赋》山川地名及草木鸟兽虫鱼的通释，二卷；三是关于《屈赋》各篇字词的音义、异文，并附《通释》的意义，三卷。三部分相辅相成，不可分割。其中《音义》原题汪梧凤撰，但段著称"亦先生所自为，假名汪君"耳。考之现存《屈原赋注初稿》，后所析三部分仍浑然存于一体，此为《音义》系戴氏"自为"的铁证[1]。

前文已述，《屈原赋注》（十二卷）是戴震在《屈原赋注初稿》（三卷）基础上，本着"必征之古而靡不条贯，合诸道而不留余义，巨细必究，本末兼察"的原则加以增订扩充而成。戴震所以"处困而孜孜著述"，完成《屈原赋注》的初定稿，在于他对于屈子人格的精神认同，体现了他超越前人的思想境界。卢文弨在《屈原赋注序》中称赞《屈原赋注》"指博而辞约，义创而理确"，推崇戴震"此其识不亦远过班孟坚、颜介、刘季和诸人之所云乎？"[2]诸如此类评价无疑中肯而精到。

3. 其他（序文、跋、传、碑、铭）

戴震的文学成就不仅彰显于《屈原赋注》，也体现于他所撰写的诸多书信、序跋、传记、颂辞、碑铭等，如《与方希原书》《答彭进士允初书》《与某书》，《沈学子文集序》《董愚亭诗序》《屈原赋注初稿序》，《于清端传》《张义士传》《乐山记》《屏山石室记》，《江慎修先生七十寿序》《于公敏中寿颂》《某翁颂辞》，《沂川王君祠碑》《戴童子圹铭》《黄君武臣圹志铭》等等。阅读上述文献，我们可以发现，戴震著文广博赅洽、吐言成典、言简义丰、情文并茂，表现出高超的艺术成就。

---

① 蒋立甫：《屈原赋注初稿·说明》，《戴震全书》（修订本第 3 册），第 533 页。
② 卢文弨：《屈原赋注序》，《戴震全书》（修订本第 7 册），第 245 页。

第二章　戴震思想研究

戴震作为中国十八世纪的思想巨人，人们对于他思想的关注与研究蔚为大观，已经形成了一个重要学术思想派别——"戴学"。今天，站在新的历史时期，研究戴震无疑应该贯穿历史与现实相结合的原则，将历史文本与现实关怀结合起来。戴震研究理所应当包括对于他的哲学、经学、西学以及史志、文学等等方面内容，如此才能较为全面地走进戴震思想堂奥，领略戴震思想精华。

第一节　体情遂欲的哲学思想

学术界对于戴震哲学思想关注甚多，既有如民国大家梁启超、胡适与钱穆，也有当代学者张立文、王茂、陶清、吴根友等，他们都曾为此覃思赜奥、尽心用力。不过，学界对于戴震人生哲学专题研究尚显不够，现有几部中国传统人生哲学专著同样也很少涉及，然而戴震学术的核心要旨莫过于"正人心之要"，他说："仆生平论述最大者，为《孟子字义疏证》一书，此正人心之要。今人无论正邪，尽以意见误名之曰理，而祸斯民，故《疏证》不得不作。"① 在我看来，戴震哲学研究的起点与归宿都可归结为"观圣人之道"与"正人心之要"，共同体现戴震人生哲学的价值追求。正如张岱年先生所言："人生论是中国哲学之中心部分，其发生也较早。……可以说，中国哲学家所思所议，三分之二都是关于人生问题。世界上关于人生哲学的思想，实以中国为最富，其所触及的问题既多，其所达到的境界亦深。"②

---

① 戴震：《与段茂堂等十一札》，《戴震全书》（修订本第六册），第533页。
② 张岱年：《中国哲学大纲》，中国社会科学出版社，1994，第165页。

基于此，本节将就戴震人生哲学进行研究与考量，试图为探讨戴震哲学乃至中国传统哲学提供镜鉴与路径。

一、理论基础

戴震一生颠沛流离、备尝生活艰辛，然而始终不忘以一颗仁爱之心关注着普罗大众；用自己如椽之笔荡涤思想浊水，关注人伦日用，追寻圣人之道，揭示哲学真谛。戴震之所以要将哲学从天上拉到地上，让天理回归人伦，源于他与众不同的天理观、人道观与人性论。

（一）寓情于理的天理观

1. 程朱的天理观

天理概念是程朱理学的基石与核心，程颢自诩"'天理'二字，却是自家体贴出来"[①]。"天理"二字实际上古已有之。《黄帝四经》强调"执道循理，必从本始，顺为经纪，禁伐当罪，必中天理"（《黄帝四经·经法》），《韩非子》也说"不逆天理，不伤情性"（《韩非子·大体》）。而最为后儒所关注的莫过于《礼记》所说的"人生而静，天之性也。感于物而动，性之欲也。物至知知，然后好恶形焉。好恶无节于内，知诱于外，不能反躬，天理灭矣。"[②]此处"天理"之"天"更多是自然之天或本来状态，如《庄子》的"依乎天理，批大郤，导大窾，因其固然，枝经肯綮之未尝微碍，而况大軱乎"（《庄子·养生主》）。为了重振儒门，出入佛学多年的二程兄弟和朱熹借鉴佛教本体论等思辨方法整合与重塑儒家传统思想，传统儒学由此迎来崭新发展形态——程朱理学——阶段。程朱理学正是吸收佛道文化、融合儒释道三教的理论成果与思想结晶。

首先，天理吸取道家本体论思想。老庄道家思想有着深厚的本体论思想资源，他们要为世界寻找一个最高的本原"道"或"无"："天下万物生于有，有生于无"（《道德经·第四十章》）；"道生一，一生二，二生三，三生万物。"（《道德经·第四十二章》）虽然老子的"道"并非

[①]程颢、程颐：《二程集》（全二册），王孝鱼点校，中华书局，1981，第424页。（下引出版等信息从略）

[②]陈戌国：《四书五经校注本》（第一册），岳麓书社，2006，第584页。

人格意义上的造物主，然而这种抽象与超越性显然要比孔孟儒家强烈得多；庄子追求一种精神的自由与浪漫，反对仁义礼乐的束缚，但他关于"夫德，和也；道，理也"（《庄子·缮性》）的论说隐含着后世儒者以"理"论"道"的思想导引。

其次，天理还吸收佛教本体论思想。孔子敬畏天命，但又"罕言性与天道"；孟子虽然大谈天与天命，然而天可知、命可立[1]。儒家之"天"无疑都缺少宗教意义的超越性与主宰性。受佛道思想的挑战与刺激，二程所"体贴"的天理被赋予了主宰与超越的蕴含，实现对先秦儒家在本体论意义上的创造转化，试看二程和朱子的"天理"论说：

> 万物皆只是一个天理，己何与焉？[2]

> 子曰：人之所以为人者，以有天理也。天理之不存，则与禽兽何异矣？[3]

> 莫之为而为，莫之致而致，便是天理。司马迁以私意妄窥天道，而论伯夷曰："天道无亲，常与善人。若伯夷者，可谓善人非邪？"天道甚大，安可以一人之故，妄意窥测？如曰颜何为而夭？跖何为而寿？皆指一人计较天理，非知天也。[4]

> 子曰：中庸天理也。不极天理之高明，不足以道乎中庸。中庸乃高明之极耳，非二致也。[5]

> 子曰：天理生生，相续不息，无为故也。使竭智巧而为之，未有能不息也。[6]

> 天地之间，有理有气。理也者，形而上之道也，生物之本也；气也者，形而下之器也，生物之具也。是以人物之生，必禀此理然后有性，必禀此气然后有形。其性其形虽不外乎一身，然其道器

---

① 参见《孟子·尽心上》："尽其心者，知其性也。知其性，则知天矣。存其心，养其性，所以事天也。夭寿不贰，修身以俟之，所以立命也。"
② 程颢、程颐：《二程集》（全二册），第30页。
③ 同上书，第1272页。
④ 同上书，第215页。
⑤ 同上书，第1181页。
⑥ 同上书，第1228页。

之间分际甚明，不可乱也。①

这里的"子"是指二程兄弟，程朱也都出入佛教多年，对于包括华严宗在内的佛教非常熟悉，华严宗的理即事、事即理，理事相融无碍以及月印万川、全体大用思想必然给予程朱诸子深刻的思想启迪。

由此可见，二程之"天理"不仅是万物之本原，也是人之为人之根据；天理不仅是对先秦儒家精华（中庸）的继承，还是对于道家理念（无为）的吸收。由二程所开创、朱熹集大成的程朱理学是对于先秦儒学的创新与超越，也正因此又在某种程度上背离了原始儒家宗旨，它们在总体上忽视甚至贬低人们的欲望，以至于成为人们追求合理欲望的桎梏。且由于成为官方正统意识形态，对后期传统社会发展发挥着重要影响，所以受到来自不同层面的挑战与质疑也就在所难免。

2. 戴震的天理观

程朱理学将天理抬到至高无上的地位，从理论与实践层面奠定了程朱理学的思想正统地位。随着历史变迁和时代发展，程朱理学已经全方位地渗透到传统社会的方方面面，它的负面效应也越发显现；作为理学核心概念的"天理"越来越遭受后世思想家的关注与批评，戴震就是其中最为直接而激烈的批判者。"宋儒以理为'如有物焉，得于天而具于心'。"②戴震认为宋儒之理是深受佛道影响的结果："实杂乎老、庄、释氏之言"，"辩其视理也，与老、释之视心、视神识，虽指归各异，而仅仅就彼之言转之，犹失孔、孟之所谓理、所谓义。"③"舍圣人立言之本指，而以己说为圣人所言，是诬圣；借其语以饰吾之说，以求取信，是欺学者也。诬圣欺学者，程、朱之贤不为也。盖其学借阶于老、庄、释氏，是故失之。凡习于先人之言，往往受其蔽而不自觉。"④

那么戴震如何界定天理的呢？归结起来，至少包括三个方面内容：

---

① 朱熹：《晦庵先生朱文公文集》（卷五十八），朱杰人、严佐之、刘永翔主编，《朱子全书》（修订本第23册），上海古籍出版社，安徽教育出版社，2010，第2755页。（下引出版等信息从略）

② 戴震：《孟子字义疏证》（卷上），《戴震全书》（修订本第6册），第163页。

③ 戴震：《答彭进士允初书》，同上书，第353页。

④ 戴震：《孟子字义疏证》（卷中），同上书，第176页。

其一，以情论理。被程朱理学所忽视甚至敌视的"情"在戴震这里得到充分肯定，他说：

> 理也者，情之不爽失也；未有情不得而理得者也。凡有所施于人，反躬而静思之："人以此施于我，能受之乎？"凡有所责于人，反躬而静思之："人以此责于我，能尽之乎？"以我絜之人，则理明。天理云者，言乎自然之分理也；自然之分理，以我之情絜人之情，而无不得其平是也……古人所谓天理，未有如后儒之所谓天理者矣。[①]

戴震的情理之辨不仅是对先秦儒家情理的回归，而且表现出鲜明的近代开拓意味，梁启超盛赞道："《疏证》一书，字字精粹，右所录者未尽其万一也。综其内容，不外欲以'情感哲学'代'理性哲学'。就此点论之，乃与欧洲文艺复兴时代之思潮之本质绝相类。盖当时人心，为基督教绝对禁欲主义的束缚，痛苦无艺，既反乎人理而又不敢违，乃相与作伪，而道德反扫地以尽。文艺复兴之运动，乃采久阏窒之'希腊的情感主义'以药之。一旦解放，文化转一新方向以进行，则蓬勃而莫能御。戴震盖确有见于此，其志愿确欲为中国文化转一新方向。其哲学之立脚点，真可称二千年一大翻案。"[②]梁启超"以'情感哲学'代'理性哲学'"的评价可谓恰如其分，而说戴震"志愿确欲为中国文化转一新方向"也是实至名归。正是不满程朱这种对于"情感"的恐惧，戴震决心要将天理回归人间、让哲学关注百姓人伦日用。

其二，以欲论理。程朱理学对于"人欲"的恐惧表现出明显的禁欲主义乃至僧侣主义倾向。与程朱割裂理欲关系不同，戴震提出"理存乎欲"的鲜明主张。程朱误解"私"与"欲"，故而对一切"欲望"都保持一种谨慎与恐惧。实际上，如果区别私、欲，明白欲望对于人们及人类社会的进步意义，不必要的论争自然就可以偃旗息鼓。"天下必无舍生养之道而得存者，凡事为皆有于欲，无欲则无为矣；有欲而后有为，有为而归于至

---

①戴震：《孟子字义疏证》（卷上），同上书，第150页。
②梁启超：《清代学术概论》，朱维铮校注，中华书局，2010，第60页。

当不可易之谓理；无欲无为又焉有理！"①戴震的理欲之辨是对被程朱理学所割裂理欲关系的一次批判、校正和创造。后文论述，此处不赘。

其三，以"心之所同然"论理。戴震继承了孟子"心之所同然者，谓理也、义也"的说法，区分不易之则明理、裁断适宜无偏则晓义，智慧是求得理义的前提；人非圣贤，鲜能无蔽，人们最大的祸患在于虽有弊端却自以为聪明，将个人意见视之为理义，颐指气使，指点江山，生杀予夺，贻害无穷。

> 问：孟子云："心之所同然者，谓理也，义也；圣人先得我心之所同然耳。"是理又以心言，何也？
>
> 曰：心之所同然始谓之理，谓之义；则未至于同然，存乎其人之意见，非理也，非义也。凡一人以为然，天下万世皆曰"是不可易也"，此之谓同然。举理，以见心能区分；举义，以见心能裁断。分之，各有其不易之则，名曰理；如斯而宜，名曰义。是故明理者，明其区分也；精义者，精其裁断也。不明，往往界于疑似而生惑；不精，往往杂于偏私而害道。求理义而智不足者也，故不可谓之理义。自非圣人，鲜能无蔽；有蔽之深，有蔽之浅者。人莫患乎蔽而自智，任其意见，执之为理义。吾惧求理义者以意见当之，孰知民受其祸之所终极也哉！②

陆九渊继承并发挥孟子"心之所同然者"主张，在《邓文苑求言往中都》中，他说：

> 义理所在，人心同然，纵有蒙蔽移夺，岂能终泯，患人之不能反求深思耳。此心苟存，则修身、齐家、治国、平天下一也；处贫贱、富贵、死生、祸福亦一也。故君子素其位而行，不愿乎其外。③

在《杂说》中，他又说：

> 四方上下曰宇，往古来今曰宙。宇宙便是吾心，吾心便是宇宙。千万世之前，有圣人出焉，同此心同此理也。千万世之后，有

---

① 戴震：《孟子字义疏证》（卷下），《戴震全书》（修订本第6册），第214页。
② 戴震：《孟子字义疏证》（卷上），同上书，第151页。
③ 陆九渊：《陆九渊集》（卷二十），钟哲点校，北京：中华书局，1980，第255—266页。

圣人出焉，同此心同此理也。东南西北海有圣人出焉，同此心同此理也。①

陆九渊因为推崇人心开创了宋明理学的心学一脉，他所倡导的"东圣西圣，心同理同"理念具有可贵的思想解放与精神觉醒意义。戴震同样强调"心之所同然"，却将之定位于真理与意见之辨，虽然"心之所同然"并非现在意义的"真理"，但这种类似于西方"共同感"的讨论，其近代意义与正面价值无疑值得充分肯定。

戴震在《疏证》中单列一卷以超过三分之一篇幅讨论"理"，足见对于"理"的重视，为他确立不同于程朱的新义理学奠定了理论基石。与这种新型天理观相一致，戴震又提出上承先秦、下批宋儒的人伦日用人道观。

（二）人伦日用的人道观

立足于新型天理观，戴震人伦日用的人道观体现继承与创新的统一，彰显出亲民、平等、务实的人道思想。

1. 传统的人道观

其一，先秦诸子的人道观。中国先贤很早就看到了民众的力量。大禹就说过："知人则哲，能官人；安民则惠，黎民怀之"（《尚书·皋陶谟》），强调知人与安民的重要。子产有言："天道远，人道迩，非所及也，何以知之？灶焉知天道？是亦多言矣，岂不或信？"（《左传·昭公十八年》）子产立足天道与人道对立强调人道意义，是古代中国人道觉醒的显著标志。与之相反，《周易》主张"有天道焉，有人道焉，有地道焉。兼三才而两之，故六。六者非它也，三材之道也"（《系辞下》），更是将人道提到与天道、地道并列位置，成为后世讨论天人关系的重要范本。

老子洞察天之道与人之道的区别，以批判的态度看待人之道的不足（损不足以奉有余），肯定"孰能有余以奉天下，唯有道者"（《老子·第七十七章》）；庄子既对"圣人之道"保持游离态度，又主张"人而无以先人，无人道也。人而无人道，是之谓陈人"（《庄子·寓言》），肯定"人道"对于人之为人的积极意义。

---

① 陆九渊：《陆九渊集》（卷二十二），同上书，第273页。

孔子虽未明确提出"人道"概念，但"善人之道"说出了他对于仁人善道的肯定与推崇；孟子从妾妇之道到尧舜之道大谈人之道，尤其"仁也者，人也。合而言之，道也"（《孟子·尽心下》），为儒家人道奠定了仁义的底色；荀子主张"人道莫不有辨"，"规矩者，方圆之至；礼者，人道之极也……圣人者，人道之极也。故学者，固学为圣人也，非特学无方之民也"（《荀子·礼论》）。荀子充分肯定人道对于圣人与礼法的重要价值，开辟了有别于思孟理想主义的隆礼重法的现实主义学派。

以《仪礼》《周礼》与《礼记》为代表的儒家礼学典籍虽然成书于西汉[①]，但是它源于周孔礼乐思想当确定无疑。《大戴礼记·哀公问于孔子》和《礼记·哀公问》几乎以相同文字记载了孔子与鲁哀公的一段对话：

> 孔子侍坐于哀公。哀公曰："敢问人道谁为大？"孔子愀然作色而对曰："君及此言也，百姓之德也，固臣敢无辞而对。人道政为大。"公曰："敢问何谓为政？"孔子对曰："政者正也。君为正，则百姓从政矣。君之所为，百姓之所从也。君所不为，百姓何从？"[②]

鲁哀公和孔子的"人道"问答所表现出的人道乃儒家治国首要之道的思想，体现了君道与人道的有机统一，彰显了儒家仁政思想的精髓和价值。人道何谓？它对于圣人治理天下的意义何在？《礼记》论述道：

> 亲亲，尊尊，长长，男女之有别，人道之大者也。[③]

> 圣人南面而听天下，所且先者五，民不与焉。一曰治亲，二曰报功，三曰举贤，四曰使能，五曰存爱。五者一得于天下，民无不足、无不赡者。五者一物纰缪，民莫得其死。圣人南面而治天下，必自人道始矣。立权度量，考文章，改正朔，易服色，殊

---

①程一凡认为：甘肃武威出土《仪礼》残本，陈梦家推论为西汉后仓传《礼》至庆氏之本，使我们认识到《仪礼》文本渐成应在汉，而《仪礼》文本已是三礼之中最早出者；《礼记》总体晚出，若《周礼》之作则非前一世纪学兴之后不为功。于是我们说在先秦发明礼、乐的文字固然必有，且不少这样的文字也过滤了汉人的本子里，但在先秦有无一些"经"级的核心礼、乐文本似本难说。载《出土文献与先秦的"五经"》，《中国哲学史》2014年第2期。

②王聘珍：《大戴礼记解诂》，王文锦点校，中华书局，1983（2011重印），第13页。

③陈戍国：《四书五经校注本》（第一册），第548页。

徽号，异器械，别衣服，此其所得与民变革者也。其不可得变革
者则有矣：亲亲也，尊尊也，长长也，男女有别，此其不可得与
民变革者也。①

《礼记》以人伦关系确立"人道"内涵，将之上升到"圣人南面而治天下"
的高度，体现了儒家的礼治精神与人文自觉，也为古代中国博得"礼仪之邦"
的美誉奠定了理论与实践的双重基础。

其二，程朱的人道观。以复兴儒学为己任的程朱诸子，在回归先秦儒学、
批判佛道与时学当中提出自己的人道学说。

首先，程朱理学倡导"涵养须用敬，进学则在致知"的学养路径。"涵
养须用敬，进学则在致知"由程颐提出，是对孔子的"三修"②"三畏"③、
荀子重学以及《大学》"致知"思想的吸收与继承，体现了对于先秦儒学
的综合创新。"涵养须用敬，进学则在致知"是对于《中庸》倡导"君子
尊德性而道问学，致广大而尽精微，极高明而道中庸"理想的理学回答，
向来被理学家们奉为圭臬。不过它没有终结有关"尊德性"和"道问学"
的争论，由此还受到来自陆王心学以及其他思想界的挑战与批判。

其次，程朱理学又以批评时学思潮为己任。此处时学是指当时社会思潮，
如佛学、心学、荆公新学以及事功学派等，它们相伴于宋明理学的形成与
发展。作为洛学的开创者，二程对于当时置身官方哲学的荆公新学有过思
想与理论交锋，试以天道与人道之辨为例：

又问："介甫言'尧行天道以治人，舜行人道以事天'，如
何？"曰：介甫自不识道字。道未始有天人之别，但在天则为天道，在
地则为地道，在人则为人道。④

或问："介甫有言，尽人道谓之仁，尽天道谓之圣。"子曰：言
乎一事，必分为二，介甫之学也。道一也，未有尽人而不尽天者也。
以天人为二，非道也。子云谓通天地而不通人曰伎，亦犹是也。⑤

①陈戍国：《四书五经校注本》（第一册），第557页。
②三修：即"修己以敬""修己以安人"与"修己以安百姓"，出自《论语·宪问》。
③三畏：即"畏天命，畏大人，畏圣人之言"，出自《论语·季氏》。
④程颢、程颐：《河南程氏遗书》（卷第二十二上），《二程集》（全二册），第282页。
⑤程颢、程颐：《河南程氏粹言》（卷第一），同上书，第1170页。

二程与王安石（介甫）因为对于"道"理解不同导致彼此之间的分歧。二程从自己天理观出发认为"道未始有天人之别"，天道、地道和人道统一于"理"，带有一种理想主义倾向；王安石以推动社会改革、实现富国强兵为己任，体现着明显的现实主义精神，强调天道与人道的分殊，也就合情合理了。二程与王安石都有志于治理天下，但是在具体路径上表现出伦理主义和实用主义两种不同方向与风格。随着宋室南渡，北宋洛学与新学之争又演变为南宋理学与佛学、心学以及事功学派之间的论争。

> 陆子静分明是禅，但却成一个行户，尚有个据处。如叶正则说，则只是要教人都晓不得。尝得一书来，言世间有一般魁伟底道理，自不乱于三纲五常。既说不乱三纲五常，又说别是个魁伟底道理，却是个什么物事？也是乱道。他不说破，只是笼统恁地说以谩人。及人理会得来都无效验时，他又说你是未晓到这里。他自也晓不得。他之说最误人，世间呆人都被他瞒，不自知。

> ……江西之学只是禅，浙学却专是功利。禅学后来学者摸索一上，无可摸索，自会转去。若功利，则学者习之，便可见效，此意甚可忧。①

作为理学的集大成者，朱熹对于佛学、心学和叶适（正则）的事功之学均提出批评。朱熹出入佛学几十年，终因感慨"毕竟佛学无是处"②而回归儒家、指责陆九渊"分明是禅"；然而他更为担忧叶适的功利之学，因为后者之说"最误人，世间呆人都被他瞒，不自知"③。朱熹对于功利之学的批判与否定态度说明程朱理学对于天理之学的自我陶醉和过度自信，事实上在南宋强敌环伺、偏安一隅的恶劣环境下，事功学派追求的变法图强、富国强兵、抗金复土目标不是带有更为强烈的历史与现实意义吗？

2. 戴震的人道观

从先秦儒家到二程理学，一方面保持着传统儒家修齐治平、关注人道

①朱熹：《朱子语类》（卷第一百二十三），《朱子全书》（修订本第18册），第3872—3873页。
②朱熹：《朱子语类》（卷第一百四），《朱子全书》（修订本第17册），第3438页。
③朱熹：《朱子语类》（卷第一百二十三），《朱子全书》（修订本第18册），第3872—3873页。

的传统与品质，另一方面又随着历史文化变迁而表现出不同的时代风貌。作为乾嘉汉学巨擘的戴震并未满足于纯粹考证的饾饤之学，而是专注于救治人心的义理之学。在人道观上，戴震在对于先儒与程朱人道观的继承与批判基础上提出自己的人道思想。

其一，以阴阳五行论人道。

中国传统哲学素来重视天道与人道，既有强调天道与人道的对立（子产"天道远，人道迩"），也有主张天道与人道合一（《周易·说卦》"立天之道曰阴与阳，立地之道曰柔与刚，立人之道曰仁与义。兼三才而两之，故《易》六画而成卦"），而天人合一则是中国传统社会处理天人关系的主导与主流。戴震是从天人合一的角度来看待天道与人道关系，在《疏证》中，他分别都以四个条目来阐明"天道"与"（人）道"，体现了他对于天道与人道关系的高度关注。

首先，肯定并吸收《易经》关于天道、地道与人道的论述。

> 道有天道、人道。天道以天地之化言也，人道以人伦日用言也。是故在天地则气化流行，生生不息，是谓道；在人物，则人伦日用，凡生生所有事，亦如气化之不可已，是谓道。《易》曰"一阴一阳之谓道"，此言天道也；《中庸》曰"率性之谓道"，此言人道也。[①]

> 故在天为天道，在人为性，而见于日用事为为人道。[②]

道有天道与人道之别，它们各有所指，或指天地之化（气化流行，生生不息），或指人伦日用（生产生活和人际交往）。天道与人道都是一种"道"，这种"道"并不玄妙，就是通常所谓的"行"或"路"，他说：

> 问：道之名义。

> 曰：古人称名，道也、行也、路也，三名而一实，惟"路"字专属途路。《诗》三百篇多以"行"字当"道"字。大致在天地则气化流行，生生不息，是谓道；在人物则人伦日用，凡生生所有事，亦如气化不可已，是谓道。[③]

---

① 戴震：《孟子私淑录》（卷上），《戴震全书》（修订本第6册），第37-38页。
② 戴震：《孟子私淑录》（卷中），同上书，第55页。
③ 戴震：《绪言》（卷上），同上书，第83页。

戴震所说的"道也、行也、路也，三名而一实"论断揭示出"道"之本义。这种论证新鲜且有效，开启了另一种诠释方式。"阴阳五行，道之实体也；血气心知，性之实体也。"①"阴阳五行"的天道气化流行，生生不息，是人们讨论人道的根本前提。所以，讨论人道还必须与程朱的天道观分清界限，批判程朱道器之辨。

其次，批判程朱道器之辨，打破宋儒家中"太极图"。

程朱以《易经》阴阳学说构建自己的理论体系，然而戴震认为程朱并未正确理解太极与阴阳，因此需要从根本上打破它。戴震从《孟子私淑录》，到《绪言》，再到《疏证》对此都有论述。下面以《疏证》为例加以说明：

> 《易》"形而上者谓之道，形而下者谓之器"，本非为道器言之，以道器区别其形而上形而下耳。形谓已成形质，形而上犹曰形以前，形而下犹曰形以后。阴阳之未成形质，是谓形而上者也，非形而下明矣。器言乎一成而不变，道言乎体物而不可遗。不徒阴阳非形而下，如五行水火木金土，有质可见，固形而下也，器也；其五行之气，人物咸禀受于此，则形而上者也……六经、孔、孟之书不闻理气之辨，而后儒创言之，遂以阴阳属形而下，实失道之名义也。②

> 曰：后世儒者纷纷言太极，言两仪，非孔子赞《易》太极两仪之本指也……孔子赞《易》，盖言《易》之为书起于卦画，非漫然也，实有见于天道一阴一阳为物之终始会归，乃画奇偶两者从而仪之，故曰"《易》有太极，是生两仪"。既有两仪，而四象，而八卦，以次生矣。孔子以太极指气化之阴阳，承上文"明于天之道"言之，即所云"一阴一阳之谓道"，以两仪、四象、八卦指《易》画。后世儒者以两仪为阴阳，而求太极于阴阳之所由生，岂孔子之言乎！③

戴震以其杰出的语言学功底将《易》之"形而上者谓之道，形而下者谓之器"加以彻底的去理学化解构，揭示程朱理气之辨并非六经与孔孟真

---

① 戴震：《孟子字义疏证》（卷中），同上书，第173页。
② 同上书，第174—175页。
③ 同上书，第175—176页。

义，不过是他们"借阶于释氏"的所谓"创言"。既无形而上的"天理"，也无形而下的"阴阳"；"天道，阴阳五行是也"①，"《易》'一阴一阳之谓道'，则为天道言之，若曰道也者一阴一阳之谓也"②。更有甚者，戴震认为，程朱对于《易》之"太极""两仪""四象"和"八卦"的理解同样也"非孔子赞《易》太极两仪之本指也"。事实上，从周敦颐到二程，再到朱熹，都注意从《易》学出发建构自己的理学体系。当他们对于无极而太极乃至天理种种诠释被戴震以考据学解剖刀完全解构与颠覆时，程朱理学的"太极图"就被打破了，理学大厦因此而根基不牢、摇摇欲坠。

其二，以人伦日用论人道。

戴震认为，天道与人道虽然紧密相关，但又各有所指，前者是指阴阳五行的运动变化；后者则指人类的日用事为，性就是沟通它们两者的桥梁。他说：

> 人道本于性，而性原于天道，在天道为阴阳五行，在人物分而有之以成性；由成性各殊，故材质亦殊。③

> 人道本于性，而性原于天道。天地之气化流行不已，生生不息。④

性是戴震哲学重要概念，作为沟通天道与人道的桥梁，它们共同构成戴震哲学的逻辑结构，张立文论述道：

> 在戴震的"人道"—"性"—"天道"的哲学逻辑结构中，"天道"是作为世界万物的终极追求，"人道"是作为现实人间的终极需要。外在世界的终极超越，其宗旨还是为了现世人生的终极需要。但在"人道—性—天道"三环节中，每一个环节，都可横向地展开和纵向地深入。⑤

戴震对于人道的关注不仅是对先秦人道思想的肯定与继承，还是对程朱理学人道观念的批判与扬弃。从孔子的善人之道，到孟荀老庄的圣人之道，可以看出先秦人道观的亲民性与理想性：

---

① 戴震：《绪言》（卷上），同上书，第104页。
② 戴震：《孟子字义疏证》（卷中），同上书，第174页。
③ 戴震：《绪言》（卷上），同上书，第105页。
④ 戴震：《孟子字义疏证》（卷中），同上书，第198页。
⑤ 张立文：《戴震哲学研究》，人民出版社，2014，第62页。

厩焚，子退朝，曰："伤人乎？"不问马。（《论语·乡党》）

孟子曰："仁也者，人也。合而言之，道也。"（《孟子·尽心下》）

戴震以回归先儒为己任，他的人道思想蕴含儒家四端理想，充满了对于现世人生的终极关怀。他说：

自人道溯之天道，自人之德性溯之天德，则气化流行，生生不息，仁也。由其生生，有自然之条理，观于条理之秩然有序，可以知礼矣；观于条理之截然不可乱，可以知义矣。①

戴震以仁礼义知四端讨论人道与孟子思想一脉相承，关注人伦日用是他人道思想的核心要义。他批判程朱视"天理""如有物焉，得于天而具于心"，鼓吹"存天理、灭人欲"；他否定程朱天地之性与气质之性的人性二本论，以阴阳五行与血气心知诠释人性。

人之血气心知，原于天地之化者也。有血气，则所资以养其血气者，声、色、臭、味是也。有心知，则知有父子，有昆弟，有夫妇，而不止于一家之亲也，于是又知有君臣，有朋友；五者之伦，相亲相治，则随感而应为喜、怒、哀、乐。合声、色、臭、味之欲，喜、怒、哀、乐之情，而人道备。②

在程朱理学作为官方哲学的清代，戴震尚情贵欲的人道观在理学卫道士眼中无疑是"破碎大道"之举，然而真正的圣王之学不该也不会拒斥人伦日用；恰恰相反，"圣人治天下，体民之情，遂民之欲，而王道备"③。戴震所开创的体情遂欲、人伦日用的人道哲学无疑是对程朱理学的哲学革命，预示着一个新型义理之学的诞生。

（三）融汇诸家的人性论

人性论是人生哲学的理论基石与重要内容。戴震人性理论具有融汇百家、综合创新的内在特征：既有对于先秦儒家人性论的思想复归，又有对于宋明理学人性论的理论反思。

---

① 戴震：《孟子字义疏证》（卷下），《戴震全书》（修订本第六册），第 203 页。
② 戴震：《孟子字义疏证》（卷中），同上书，第 191 页。
③ 戴震：《孟子字义疏证》（卷上），同上书，第 159 页。

1. 先秦儒家人性论之复归

其一，戴震对于孟子性可善论的确认和自证。我们知道，孟子是从应然角度提出人性善论，然而现实诸恶又让他不得不保持应有的理性，人既非当然已善，也非无等差之善，戴震说：

> 孟子所谓善者，初非无等差之善，自圣人至于凡民，其等差凡几，则其气禀固不齐，岂得谓非性有不同？然存乎人者，皆有仁义之心，其趋于善也利，而趋于不善也逆其性而不利，所谓"人无有不善，水无有不下"，善乃人之性，下乃水之性也。所谓"故者以利为本"，出于利乃性之本然也，顺而非逆，是以利也。然则性虽有不同，论其善亦有差等，其可断之曰善则无疑。故孟子于性，本以为善，而此曰"则可以为善矣"，"可"之为言，因性有不同而断其善，则未见不可也。下云"乃所谓善也"，对上"今曰性善"之文言，非不分等差也。[①]

本段意思是说：1）孟子是性善论者，而人之善又因气禀之不同而"善有差等"，至于不善则不是性本身，恰恰是违逆本性（"逆其性"）的缘故。2）"人性善"本意是"人性可以善"，此命题不仅是对孟子性善论的合理推导，也是戴震对于自己人性理论的明示。孟子虽然"道性善"，并非说人人也是"实然"之善，而只是具有"成善""端倪"的"应然"之善，如此人性善本义即为"人性可善"。戴震虽然也和孟子相信人性本善（"断之曰善则无疑"），甚而把孔子也归之性善论之阵营。著者相信它体现先贤大哲对于人性理论的积极向上、乐观善良的应然追求。3）戴震也有圣人思想，但成为圣人的可能在于"善"与"才"的两者结合：既要充实本身固有之善端，不为外物所引诱和陷溺，又要发挥自己的应有才能。相比而言，戴震对于后者更为看重，这也与他强调学习、发挥"心知"思想完全一致。

其二，戴震对于荀子人性论的借鉴和吸收。戴震建立的义理学是代表下层百姓的义理学，在本性上是亲近荀子的性恶论的，由此他的义理学构建过程的一个核心课题，是如何从个体的、现象的、已发的"情""才""欲"

---

①戴震：《绪言》（卷中），同上书，第114页。

中找到其向善的根据和机制，因为性善是宋以来官方意识形态的基础。王茂认为："戴震是以小民的政治代言人的立场，运用哲学武器，以与程朱等'贤智君子'的'仇民'理论作斗争的。这决定了他必然摈弃荀子的性恶论而趋于孟子的性善论，决定了他必然摈弃'民所为不善'而趋向于'人无有不善'。这样，关于人有不善的现象，就不能不在理论上淡化或加以回避。所以就戴震对'人有不善'的理解阐发上，不逮荀子甚远，而又勉强批评荀子性恶论，更增加了体系内的不协调，乃至混乱。"[1]王茂对戴震人性论所作的批评虽然不尽客观，但明确地肯定戴震"小民的政治代言人"身份确为卓然之见。戴震是否因为否定和批判荀子人之性恶论就全然忽略乃至敌视荀子人性思想呢？事实并非如此。相反，戴氏义理学遭受批评的口实之一就是，戴震一方面指责宋儒就是打着孟学旗号的荀学，另一方面自己与荀学的关系也同样相当密切[2]。戴震对荀子人性论的借鉴和吸收毋庸置疑，下面就以《绪言》和《孟子字义疏证·性》为例加以说明。

问：荀子于礼义与性，视若阃隔而不通，其蔽安在？今何以决彼之非而信孟子之是？

曰：荀子知礼义为圣人之教，而不知礼义亦出于性；知礼义为明于其必然，而不知必然乃自然之极则，适所以完其自然也。就孟子之书观之，明理义之为性，举仁义礼智以言性者，以为亦出于性之自然，人皆弗学而能，学以扩而充之耳。荀子之重学也，无于内而取于外；孟子之重学也，有于内而资于外。夫资于饮食，能为身之营卫血气者，所资以生之气，与其身本受之气，原于天地非二也……以是断之，荀子之所谓性，孟子非不谓之性，然而荀子举其小而遗其大也，孟子明其大而非舍其小也。[3]

问：孟子言性善，门弟子如公都子已列三说，茫然不知性善之是而三说之非。荀子在孟子后，直以为性恶，而伸其崇礼义之说。荀子既知崇礼义，与老子言"礼者忠信之薄而乱之首"及告子"外

①王茂、蒋国保、余秉颐、陶清：《清代哲学》，安徽人民出版社，1992，第629-630页。
②李畅然：《清代〈孟子〉学史大纲》，北京大学出版社，2011，第266页。
③戴震：《绪言》（卷中），《戴震全书》（修订本第6册），第108-109页。

义"，所见悬殊；又闻孟子性善之辨，于孟子言"圣人先得我心之所同然"亦必闻之矣，而犹与之异，何也？

曰：荀子非不知人之可以为圣人也，其言性恶也，曰："涂之人可以为禹。""涂之人者，皆内可以知父子之义，外可以知君臣之正。""其可以知之质，可以能之具，在涂之人，其可以为禹明矣。""使涂之人伏术为学，专心一志，思索孰察，加日县久，积善而不息，则通于神明，参于天地矣。故圣人者，人之所积而致（也）〔矣〕。""圣可积而致，然而皆不可积，何也？""可以而不可使也。""涂之人可以为禹则然，涂之人能为禹，未必然也；虽不能〔为〕禹，无害可以为禹。"此于性善之说不惟不相悖，而且若相发明。终断之曰："足可以遍行天下，然而未尝有能遍行天下者也。"能不能之与可不可，其不（可）同远矣。盖荀子之见，归重于学，而不知性之全体。①

从上两段文字可以看到，戴震对荀子的人性论虽有诸多批评，说荀子"举其小而遗其大""不知性之全体"，但赞誉他所谓"圣可积而致""涂之人可以为禹"等等，都是合乎圣贤之见。尤其对于"涂之人可以为禹"的论述，强调了"能不能之与可不可"的区别，这种可能与现实之辨与孟子所谓"人皆可以为尧舜"之论实为异曲同工。虽然孟子和荀子在人性主张上或善或恶犹如水火，但是对通过自己强恕求仁和重学崇礼成圣成贤却保持着相同的乐观和信念。

荀子人性论受到告子"性无善无恶论"的影响，但荀子终究举起性恶论大旗，旨在强调和凸显隆师重法、化性起伪的重要性，开创了迥异于孟子德性主义的儒家理智主义的新系统。这个由荀子所开创的儒家理智主义在由孟子道德理想主义所主导的文化传统中长期处于被动地位，而最终由两千多年后的戴震所接续和阐扬。人性可善论主张不仅隐含于孟子和荀子人性论说之中，标识戴震人性论的内在要义，也蕴含着儒家智识主义的理论诉求，因为"详于论学""慎习而贵学"正是人性可善的重要条件与途径。

---

① 戴震：《孟子字义疏证》（卷中），《戴震全书》（修订本第6册），第184-185页。

作为人性善论、人性恶论两大代表，孟子与荀子的人性论在中国人性论史中具有开拓性地位，为后世人性论研究提供取之不竭的思想资源。戴震所以提出人性可善论，正是对于孟荀人性思想的吸收与借鉴，实现先秦儒家人性理论的复归与发展。

2. 宋明理学人性论的批判

戴震秉承先秦儒家人性论，尤其以人性善论相标榜，批评宋儒天地之性与气质之性的人性二本论，提出"血气心知即性"的性一本论主张。

其一，宋儒的人性二本论。中国古代人性论发展到宋明时期，随着各种因素的因缘际会，出现了影响深远的人性二本论：一种是"天地之性"，又叫"天命之性"，是先验存在、超越抽象、纯粹至善的"义理之性"；另一种"气质之性"，是后天习得的、因气禀清浊不同而有善有恶的"气质之性"。人性二本论是由张载最先发明，经过二程和朱熹的发挥与充实，成为一种更加理论化、完整化、系统化的人性论体系。

张载揭橥人性二本论，他说："形而后有气质之性，善反之则天地之性存焉。故气质之性，君子有弗性者焉。"[①] 二程则继承和发展了张载的人性二本思想。他们首倡"性即理也"，其中"天地之性"本于天赋，是天理在人们身上的体现，因为"天地之性"与"天理"等同，所以纯粹至善。"气质之性"则因"气禀"而生，因气有清浊、偏正，所以气质之性有善有恶。

朱熹继承并完善了二程的人性理论。二程虽然提出"性即理"，但他们所谓性与理的统一只是一种自然的天人合一，还没有后来那种禀受天理为性的实体说法。朱熹则把理更加实体化，用本体论进一步论证"性即理"。朱熹把"性"看成是天理在人心中的体系，认为"天地之性"（又称"天命之性""本然之性"）就是天理，是至善的；"气质之性"，因由理与气杂而成，气有清浊，故"气质之性"有善恶，恶是因气禀造成的。

朱熹的人性二本思想与其理气二元论密切相关。朱熹的理气论是其哲学体系的一个主要部分，理一分殊、理气先后、理气不二等含义，构成了朱熹哲学的总体性特征。朱熹由理气二元从而得出人性二本论，从逻辑上

①张载：《正蒙·诚明篇》，《张载集》，章锡琛点校，中华书局，1978，第23页。

看似乎没有问题，但是人性善恶属于道德范畴，是对人类社会经济文化等诸多现实要素的总体反映，它更应是个社会实践问题，逻辑上自洽并不能保证事实上准确。由此，人性之善恶不应该从程朱所谓高高在上的"天理"中找根由，而应该从人们不可须臾离开的现实生活和精神世界相互契合中寻找答案。

人性问题本来是为了说明人的善恶品质的形成，说明人的善恶行为的根据。朱熹引出"气质"是要为人之不善寻找到理论根据。他说："及周子出，始复推太极阴阳五行之说，以明人物之生，其性则同，而气质之所从来，其变化错揉有如此不齐者。至于程子，则又始明性之为理，而与张子皆有气质之说，然后性之为善者，无害于气质之有不善，气质之不善者，终亦不能乱性之必为善也。"[1]朱熹告诉人们，从周敦颐到二程，理学气质之说所要解决的问题：一是说明人的品质何以存在差别；一是着重说明气质的不善是人的恶之品质的根源。

需要说明的是，朱熹又曾批判"气质之性"乃"别有一性也"的说法，他说："气质之性，便只是天地之性。只是这个天地之性却从那里过。好底性如水，气质之性如杀些酱与盐，便是一般滋味。"[2]在此，朱熹表达了一个非常重要的观点，即"气质之性""非别有一性也"，反对将天地之性与气质之性视作并立的两个人性，而强调本然之性是气质之性的本体的思想。那么朱熹到底是人性一元论还是二元论呢？鉴于朱熹总是从理气两方面解释人性，在此意义上可以说仍是二元论的思想[3]。朱熹所讲的气质之性已经不同于张载与二程的说法，如张载的气质之性是指气的攻取之性[4]，而二程所说的气质之性更是气的性[5]。所以，本然之性是比气质之性更深一个层次的概念，由此将朱熹的人性论称之为二元论证据似显不足，而称之为"一元而多层次"可能更为合理："这样本然之性与气质之性被规定为

---

① 朱熹：《孟子或问》（卷十一），《朱子全书》（修订本第6册），第982页。
② 朱熹：《朱子语类》（卷四），《朱子全书》（修订本第14册），第197页。
③ 在理气关系上，刘述先并不认同朱熹是理一元论者，而是理气二元、不离不杂的形上学。
④ 张载说："故气质之性，君子有弗性者焉。"见《张载集》，第23页。
⑤ 程颢说："'生之谓性'，性即气，气即性，生之谓也。"见《二程集》（全二册），第10页。

两层而不是两个人性,在这种意义上亦可谓采取了一元而多层次的形式。"①

总之,在宋代理学家看来,人性分为"天地之性"与"气质之性"二本(元),前者纯善,体现天理的先天之性;后者有善有恶,体现人欲的后天之性。他们本以为如此分疏便可以回归和捍卫先秦儒家原典和人性理论,用以抗拒来自于佛家和道家人性论的冲击和批评。然而,程朱人性二元论历经明代中叶以来日益加剧的政治社会危机,越来越受到儒者质疑与批判。戴震从批评宋儒理气二元论入手,以阴阳五行构建自己的宇宙气化理论,寓理于气、理存乎欲,严厉批评乃至终结了宋儒所谓天地之性与气质之性的长久争论,鲜明地提出自己独具特色的人性一本理论。

其二,戴震的人性一本论。明中叶以后,在陆王心学和反理学思潮的双重冲击下,程朱精心构筑而成的人性二本论已经曲高和寡、步入颓势。戴震的人性一本论也正是在批判程朱人性二本论基础上而形成的。针对理学家人性二本论,戴震针锋相对、釜底抽薪地认为,他们所谓的"二本论"实际不过是对老、庄、释诸家之说的"杂糅傅合"而已,他说:

> 程子、朱子尊理而以为天与我,犹荀子尊礼义以为圣人与我也。谓理为形气所污坏,是圣人而下形气皆大不美,即荀子性恶之说也;而其所谓理,别为凑泊附著之一物,犹老、庄、释氏所谓"真宰""真空"之凑泊附著于形体也。理既完全自足,难于言学以明理,故不得不分理气为二本而咎形气。②

戴震反对宋儒分"人性"为天地之性及气质之性的人性二本说,认为此说不过本于理气二元之谬误而来。他明确指出:"天下惟一本,无所外。有血气,则有心知;有心知,则学以进于神明,一本然也;有血气心知,则发乎血气心知之自然者,明之尽,使无几微之失,斯无往非仁义,一本然也。苟岐而二之,未有不外其一者。"③也就是说天下没有所谓"二本",只有"一本"。血气心知是性的实体,所以气质之性也是性,也是善的;而程朱的性论,分血气心知之性为一本,义理之性又为一本,实际上背离

---

①陈来:《朱子哲学研究》,华东师范大学出版社,2000,第208页。
②戴震:《孟子字义疏证》(卷上),《戴震全书》(修订本第6册),第165页。
③同上书,第170页。

孔孟圣门之传，只是借阶释氏老庄，名尊孟子，暗袭荀子而已。当然，戴震的人性一本论也不是"空所依傍"，而是渊源于他对于儒家经典的博采众收、兼容并蓄。《礼记·乐记》是为宋儒和戴震都极为关注的儒家经典之作，他们均力图找到其中真意、各寻自得之见，然而结论却是见仁见智、大相径庭。

　　《记》曰："夫民有血气心知之性，而无哀乐喜怒之常；应感起物而动，然后心术形焉。"凡有血气心知，于是乎有欲，性之征于欲，声色臭味而爱畏分；既有欲矣，于是乎有情，性之征于情，喜怒哀乐而惨舒分；既有欲有情矣，于是乎有巧与智，性之征于巧智，美恶是非而好恶分。生养之道，存乎欲者也；感通之道，存乎情者也；二者，自然之符，天下之事举矣。尽美恶之极致，存乎巧者也，宰御之权由斯而出；尽是非之极致，存乎智者也，贤圣之德由斯而备；二者，亦自然之符，精之以底于必然，天下之能举矣。①

　　道，犹行也；气化流行，生生不息，是故谓之道。《易》曰："一阴一阳之谓道。"《洪范》："五行：一曰水，二曰火，三曰木，四曰金，五曰土。"行亦道之通称。举阴阳则赅五行，阴阳各具五行也；举五行即赅阴阳，五行各有阴阳也。《大戴礼记》曰："分于道谓之命，形于一谓之性。"言分于阴阳五行以有人物，而人物各限于所分以成其性。阴阳五行，道之实体也；血气心知，性之实体也。有实体，故可分；惟分也，故不齐。古人言性惟本于天道，如是。②

同样的儒家经典，戴震的理解与宋儒却泾渭分明，戴震发挥《乐记》中"民有血气心知之性"的思想，将人性内在包含的欲、情、巧智都视为人们生存发展不可或缺的东西。所有这些又都是阴阳五行气化流行的结果。"分于道谓之命，形于一谓之性"，意思是说人和物都因分于道而各成其性。阴阳五行之气是道的实体，人从阴阳五行之气分得的血气心知，就是性的

①戴震：《原善》（卷上），同上书，第10页。
②戴震：《孟子字义疏证》（卷中），同上书，第173页。

实体。

朱熹也曾提出并论述过"实体"，他说："人多把这道理作一个悬空底物。《大学》不说穷理，只说个格物，便是要人就事物上理会，如此方见得实体。所谓实体，非就事物上见不得。且如作舟以行水，作车以行陆。今试以众人之力共推一舟于陆，必不能行，方见得舟果不能以行陆也，此之谓实体。"[1]朱熹以"实体"来指称"事物"和"天地造化"，这是一种非常理性和实际的见解，不过他还未将性与实体联系起来。戴震则以"实体"论述"性与天道"，是要为儒家最为关心的"性与天道"找到存在根据，"阴阳五行，道之实体也；血气心知，性之实体也"。不管是"阴阳五行"还是"血气心知"都因为"实体"而落到实处，它摈弃宋儒所谓"天地之性"的超越和玄妙，要求人们回到现实生活中来。

> 《记》又有之曰："人生而静，天之性也；感于物而动，性之欲也；物至知知，然后好恶形焉。好恶无节于内，知诱于外，不能反躬，天理灭矣。"人之得于天也一本，既曰"血气心知之性"，又曰"天之性"，何也？本阴阳、五行以为血气心知，方其未感，湛然无失，是谓天之性，非有殊于血气心知也。是故血气者，天地之化；心知者，天地之神；自然者，天地之顺；必然者，天地之常。[2]

人物之所以创生，人性、物性之所以形成，全在于阴阳五行；作为物质属性的人，各随自我的气质，各因自我的有形限制，从阴阳五行中塑造人性。戴震在此把"阴阳五行"看作是"道之实体"，而把"血气心知"又视为"性之实体"，是历史上儒家人性论绝对不可能出现的。虽然戴震既说"天之性"，又说"血气心知之性"，但两者均为源于一本之性，由此他反对宋儒把性分为本然和气质两截的做法。程朱为反对释氏道家人性论的挑战而将目光投向孔孟，然而他们对孔孟人性论的理解全然是一种"六经注我"的心态，以致他们误读了孔孟而实际落入到释老和荀子之窠臼。在《孟子字义疏证·性》中，戴震有着一段极其精彩的论述，其中孔子、孟子、荀子、扬雄、韩愈、张载、二程和朱熹之人性观点悉数登场，表明

---

① 朱熹：《朱子语类》（卷十五），《朱子全书》（修订本第 14 册），第 469 页。
② 戴震：《原善》（卷上），《戴震全书》（修订本第 6 册），第 11 页。

戴震人性一本论思想并非自说自话,而是在搜罗拔择、陟罚臧否中树立己见,兹引如下:

> 问:孟子曰:"口之于味也,目之于色也,耳之于声也,鼻之于臭也,四肢之于安佚也,性也,有命焉,君子不谓性也;仁之于父子也,义之于君臣也,礼之于宾主也,智之于贤者也,圣人之于天道也,命也,有性焉,君子不谓命也。"宋儒以气质之性非性,其说本此。张子云:"形而后有气质之性;善反之,则天地之性存焉。故气质之性,君子有弗性者焉。"程子云:"论性不论气,不备;论气不论性,不明。"在程、朱以理当孟子之所谓善者,而讥其未备。然于声色、臭味、安佚之为性,不能谓其非指气质,则以为据世之人云尔;于性相近之言,不能谓其非指气质,是世之人同于孔子,而孟子别为异说也。朱子答门人云:"气质之说,起于张、程。韩退之《原性》中说'三品',但不曾分明说是气质之性耳;孟子谓性善,但说得本原处,下面不曾说得气质之性,所以亦费分疏;诸子说性恶与善恶混;使张、程之说早出,则许多说话自不用纷争。"是又以荀、扬、韩同于孔子。至告子亦屡援性相近以证其生之谓性之说,将使告子分明说是气质之性,孟子不得而辩之矣;孔子亦未云气质之性,岂犹夫告子,犹夫荀、扬之论气不论性不明欤?程子深訾荀、扬不识性,以自伸其谓性即理之异于荀、扬。独性相近一言见《论语》,程子虽曰"理无不善,何相近之有",而不敢以与荀、扬同讥,苟非孔子之言,将讥其人不识性矣。①

孟子"性命"之论为宋明理学家深为关注,戴震尤其对"不谓性"之"谓"字有独到理解,他不同意宋儒的解释:"性者,有于己者也;命者,听于限制也。'谓性',犹云藉口于性耳,君子不藉口于性之自然以求遂其欲,不藉口于命之限之而不尽其材。后儒未详审文义,失孟子立言之指。不谓性,非不谓之性;不谓命,非不谓之命。"②戴震不仅承认仁义礼智为人之性,

---

①戴震:《孟子字义疏证》(卷中),同上书,第190-191页。
②戴震:《绪言》(卷上),《戴震全书》(修订本第6册),第102页。

耳目鼻口之欲又何尝不是人性，两者本为人性所共有，所以张载和二程的人性二分俨然误解了孔孟之人性。在宋儒看来，孟子有别于孔子，孟子因其性善论而与荀（性恶论）、扬（性善恶混论）、韩（性三品，也即性善恶混论）有异，而把三者与孔子等同，戴震当然不能同意。不过，程朱并未敢将孔子"与荀、扬同讥"，不过已经大胆说出"以荀、扬、韩同于孔子"的话，只是慑于孔子"圣人"之名，不敢"讥其人不识性矣"罢了。

二、主要内容

人生哲学理应包括对于天人关系、理欲关系、圣凡关系、知行关系等方面的哲学思考。戴震的讨论广泛而又深刻，体现着传承、批判、继承与创新的品格。

（一）理者存乎欲的理欲关系

理与欲关系问题是宋元明清时期思想家们最为关注而又激烈争论的重要问题之一。戴震所以提出"理者存乎欲"正是不满于程朱所主张的"存天理，灭人欲"。毋庸置疑，程朱理欲之辨有其自身的历史必然性与现实合理性，但随着社会发展和历史进步，它受到来自戴震等反理学思潮的批判同样也是不可避免。

1. 批评"存天理，灭人欲"

宋明理学家以接续圣人"道统"为己任，通过广泛吸收佛家、道家思想资源融汇而成。理学在中国哲学史上具有重要价值，标志着自原始儒学之后的儒家哲学进入了一个新的历史阶段。理学之"理"是一个具有强烈思辨色彩的范畴，程朱理学选择以"理"为核心，无论是"尊德性"，还是"道问学"，均围绕着"理"而展开，把"理欲之辨"作为构建自己理论体系的核心论题。"严辨理欲"成为理学最重要的特质之一。朱熹有一句话说得最为精要："圣人千言万语，只是教人明天理，灭人欲。"[1] 王阳明也说："学者学圣人，不过是去人欲而存天理耳，犹炼金而求其足色。"[2]

---

① 朱熹：《朱子语类》（卷十二），《朱子全书》（修订本第 14 册），第 367 页。
② 王阳明：《传习录》（上），《王阳明全集》（卷一），上海古籍出版社，2012，第 25 页。

宋明理学将"存天理，灭人欲"作为学术宗旨，表明"理欲之辨"已成为探知和辨析反理学思潮内在主旨的试金石。

就朱熹而言，他将由张载肇其端、二程绝对化的"理欲对立"观作为理论范式融入自己"理学"体系。朱熹试图通过理学呼吁人们尤其是士大夫知识分子"革尽人欲，复尽天理"，为封建社会提供了一套对人民"治心"的思想武器。这种"存理灭欲"的学说虽以孔孟正统儒家的卫道士面孔出现，而实质上与佛教的僧侣主义并无二致。"朱熹的理学观对他身后七八百年的中国的知识界思想信仰与认识规范发生了巨大影响，它在维护封建统治长久治安的同时，也铸就了中国正统思想哲学僵硬无情的非理性的一面。"①

宋儒"存天理，灭人欲"的思想从何而来的，是他们心中玄想，还是假以外求？原始儒家的经典果真是教导人们"明天理，灭人欲"吗？我们来看《礼记·乐记》中一段论述：

> 人生而静，天之性也。感于物而动，性之欲也。物至知知，然后好恶形焉。好恶无节于内，知诱于外，不能反躬，天理灭矣。夫物之感人无穷，而人之好恶无节，则是物至而人化物也。人化物也者，灭天理而穷人欲者也。于是有悖逆诈伪之心，有淫佚作乱之事，是故强者胁弱，众者暴寡，知者诈愚，勇者苦怯，疾病不养，老幼孤独不得其所，此大乱之道也。②

这是一段被宋儒理学家极其关注的经典语录，宋儒的很多思想观点渊源于此。在原始儒家那里，它体现了人们对正义、公道的渴望，尊礼重节则是实现人们合理欲望的最佳途径，相反则社会大乱、民不聊生。然而在宋儒那里，则被他们演绎成"存天理，灭人欲"的理学教条。二程从这里首先分疏出天地之性与气质之性："盖'生之谓性'、'人生而静'以上不容说，才说性时，便已不是性也。"③朱子承继二程，继续发挥说：

> "人生而静以上"，即是人物未生时。人物未生时，只可谓

① 胡明：《从朱熹到胡适——关于哲学文化的思考兼及徽学研究范围问题》，《徽学》（第三卷），安徽大学出版社，2004，第212页。
② 陈戍国：《四书五经校注本》（第一册），第584页。
③ 程颢、程颐：《河南程氏遗书》（卷第一），《二程集》（全二册），第10页。

之理，说性未得，此所谓"在天曰命"也。"才说性时，便已不是性"者，言才谓之性，便是人生以后，此理已堕在形气之中，不全是性之本体矣，故曰"便已不是性也"，此所谓"在人曰性"也。①

以天地之性与气质之性为内容的人性二本论成为宋儒人性论的重要标志，"存天理"与"灭人欲"主张也由此而衍生。二程首先将"感于物而动"的"人欲"理解为"私欲"，他们认为人的思想分为两类：一是出于"私欲"，一是出于"天理"，二者非此即彼，"不是天理，便是私欲。人虽有意于为善，亦是非礼。无人欲即皆天理。"②有"私欲"，便会妨碍对"天理"的体认，"人心莫不有知，惟蔽于人欲，则亡天德（理）也"③。二程更将《尚书·大禹谟》的"人心惟危，道心惟微，惟精惟一，允执厥中"，与《礼记·乐记》中"天理""人欲"的思想相贯通，进而认为：" '人心惟危'，人欲也。'道心惟微'，天理也。'惟精惟一'，所以至之。'允执厥中'，所以行之。"④"人心私欲，故危殆。道心天理，故精微。灭私欲，则天理明矣。"⑤二程的理学主旨在于，人（主要是指统治者）应顺乎"天理"自然，无所为而为。这是否意味着，程颐就要倡导僧侣式的禁欲主义呢？实际并非如此，他们说："以富贵为贤者不欲，却反人情。"⑥意思就是说，"富贵"只要取之有道，也同样可视为"理"。二程虽然强调严辨理欲，其思想主张本身也并非不合理性，完全不近人情，但他们所阐释"存理灭欲"思想在中国思想史上毋庸置疑地产生了消极而又负面的影响。

朱熹继承程颐"性即理也"的基本思想，但他比程颐更明确地将性区分为两种：一是天地之性，系"专指理言"；一是气质之性，是"理"在人身上的表现，系"以理与气杂而言之"。天地之性为天所命，所以又叫天命之性。天命之性与气质之性不相分离，"性只是仁义礼智。所谓天命之与气质，亦相衮同。才有天命，便有气质，不能相离"⑦。天命之性是善的，

①朱熹：《朱子语类》（卷九十五），《朱子全书》（修订本第17册），第3196页。
②程颢、程颐：《河南程氏遗书》（卷第十五），《二程集》（全二册），第144页。
③程颢、程颐：《河南程氏遗书》（卷第十一），同上书，第123页。
④同上书，第126页。
⑤程颢、程颐：《河南程氏遗书》（卷第二十四），同上书，第312页。
⑥程颢、程颐：《河南程氏遗书》（卷第六），同上书，第88页。
⑦朱熹：《朱子语类》（卷四），《朱子全书》（修订本第14册），第192页。

气质之性则受气所累而有不善。禀气之清者为圣为贤，禀气之浊者为愚为不肖。人的目的，从性方面说就是要变化气质，克服"气质之性"带来的不善因素，恢复天命之性的至善。天命之性与气质之性两者不能和平共处，相反则是"人只有个天理人欲，此胜则彼退，彼胜则此退，无中立不进退之理。凡人不进便退也"①。所以，他否认"天理"可以自发"扩充"的可能性，而强调只有"革尽人欲"，才能"复尽天理"。继而朱熹还从心与性情、人心道心两个方面阐述"存理灭欲"的重要性。从心方面来说，未发之前，是心的本体，也就是天命之性；已发之际，是心的作用，也就是情。所以说："性者，心之理；情者，性之动；心者，性情之主。"②性是善的，情则有善有不善；流于不善，即受物欲的引诱与蒙蔽。

再看朱熹的"人心"与"道心"之论，他说：

> 人心便是饥而思食，寒而思衣底心。饥而思食后，思量当食与不当食；寒而思衣后，思量当着与不当着，这便是道心。圣人时那人心也不能无，但圣人是常合着那道心，不教人心胜了道心。道心便只是要安顿教是，莫随那人心去。这两者也须仔细辨别，所以道"人心惟危，道心惟微"。这个便须是常常戒慎恐惧，精去拣择。若拣得不精，又便只是人心。大概这两句，只是个公与私；只是一个天理，一个人欲。那"惟精"，便是要拣教精；"惟一"，便是要常守得恁地。今人固有其初拣得精，后来被物欲引从人心去，所以贵于惟一。这"惟精惟一"，便是舜教禹做工夫处。它当时传一个大物事与他，更无它说，只有这四句。且如"仁者先难而后获"，那先难便是道心，后获便是人心。又如"未有仁而遗其亲，未有义而后其君"，说仁义时，那不遗亲而后君自在里面了。若是先去计较那不遗亲、不后君，便是人心，便不是天理之公。③

朱熹千言万语，一言以蔽之，即要人心服从道心，就是"遏人欲而存

---

①朱熹：《朱子语类》（卷十三），同上书，第389页。
②朱熹：《朱子语类》（卷五），《朱子全书》（修订本第14册），第224页。
③朱熹：《朱子语类》（卷七十八），《朱子全书》（修订本第16册），第2672页。

天理"①。从程朱到陆王，尽管作为理学两大学派存在着诸多区别，但是在"存天理，灭人欲"方面却得到了惊人一致。"存天理，灭人欲"在物欲横流、人心不古的社会交替和精神虚无的非常时期应该有它产生和存在的历史必然性，但是由于它以"立人极""成圣贤"作为高尚、纯粹的道德境界加以提倡，从而唤起人们心中崇高的道德感，成为历代知识分子甚至普通百姓奉为圭臬的人生信条。然而由于道学目标的太过玄远，充满诱惑的现实生活早已让各种道德和理想变得难以企望。"它实际造成人格的分裂，一方面他会自欺欺人地宣布自己是圣人之徒，另一方面他为自己克制不尽的人欲思想及行为自愧自责，甚焉者，即成满口仁义道德，满脑子男盗女娼的'假道学'，尤其在世风日下，社会上人们相蒙相欺、无所不伪的时候，'存天理，灭人欲'的主张，不仅唤不起道德崇高感，相反，却成为人们讥笑嘲骂的口实。"②

面对宋明理学"理欲之辨"的理论失误和现实危害，立足现代辩证思维，去反思和揭明宋明理学"理欲之辨"的失误根源是大有裨益的。陶清将程朱理学"理欲之辨"的失误归之于"理学思辨模式"实为创见，他说："所谓'理学思辨模式'，是指由宋明理学家所发明的，并通过'理'与'气'、'理'与'欲'、'理'与'心'等概念间辨析和逻辑推演所形成的理论思维模式；其根本特点是一体二分、二元对立，并最终归结于非此即彼且是此非彼的思想方法和价值理念。二元对立的思维方法和辨别是非善恶的价值评判的统一，体现了中国传统哲学理论思维方式的特点。因此，应当将之概括为'理学思辨模式'既'思'且'辨'的思维模型和价值范式的和合，而非纯粹的理论思维方式。"③戴震哲学的突出理论贡献正在于通过"理者存乎欲"的"理欲之辨"揭示了这种理学思辨模式的"适成忍而残杀之具，为祸又如是"的反人道的社会本质，彰显了戴震思想中弥足珍贵的知识分子良知和社会责任感。

2. 主张"理者，存乎欲者也"

针对宋明理学"存天理，灭人欲"的谬论，戴震进行了针锋相对的批判，进而指出，宋明理学家的"天理人欲之辩"是挟势居位的封建统治者残杀广大劳苦民众的口实与工具，这种"以理杀人"甚至比酷吏"以法杀人"更加酷烈。戴震揭示理学之危害在于它不仅杀人而且害道。"尊者以理责卑，长者以理责幼，贵者以理责贱，虽失，谓之顺；卑者、幼者、贱者以理争之，虽得，谓之逆。于是下之人不能以天下之同情、天下所同欲达之于上；上以理责其下，而在下之罪，人人不胜指数。人死于法，犹有怜之者；死于理，其谁怜之！"①他因此严厉批评理学对于人民所造成的戕害："酷吏以法杀人，后儒以理杀人。"②宋儒名为回到儒家原始经典，实为杂糅歪曲释老、贼害六经孔孟的"害道"，他说："自宋儒杂荀子及老、庄、释氏以入六经、孔、孟之书，学者莫知其非，而六经、孔、孟之道亡矣。"③又说：

> 宋以前，孔、孟自孔、孟，老、释自老、释，谈老、释者高妙其言，不依附孔、孟。宋以来，孔、孟之书尽失其解，儒者杂袭老、释之言以解之。于是有读儒书而流入老、释者；有好老、释而溺其中，既而触于儒书，乐其道之得助，因凭借儒书以谈老、释者。……以此解经，而六经、孔、孟之书，彼皆得因程、朱之解，援而借之为彼所依附。譬犹子孙未睹其祖父之貌者，误图他人之貌为其貌而事之，所事固己之祖父也，貌则非矣；实得而貌不得，亦何伤。然他人则持其祖父之貌以冒吾宗，而实诱吾族以化为彼族，此仆所由不得已而有《疏证》之作也。④

戴震的批判深刻揭露了程朱理学的僧侣主义本质，可谓一针见血，振聋发聩；他揭露宋儒思想渊源、恢复六经的本来面目，不惧权威、力透纸背。在理学的长期演变中，没有一位思想家像戴震这样尖锐而深刻地揭露、批判理学"祸斯民"；也没有哪一位思想家像戴震这样对"存天理，灭人欲"

---

① 戴震：《孟子字义疏证》（卷上），《戴震全书》（修订本第6册），第159页。
② 戴震：《与某书》，同上书，第479页。
③ 戴震：《孟子字义疏证》（卷上），同上书，第170页。
④ 戴震：《答彭进士允初书》，同上书，第351页。

公开提出控诉，发出谴责"以理杀人"的呐喊。与王廷相、罗钦顺、李贽、王夫之、颜元、李塨等思想家对理学所进行的种种批判相比，戴震的批判则达到了一个前所未有的历史高度。戴震向宋儒"理欲之辨"发出的挑战使理学家们六七百年构筑起来的道德大厦大有摇摇欲坠之势。如在同为朱熹与戴震故里的徽州地区，甚至出现了章学诚所惊惧的"不知诵戴遗书而兴起者尚未有人，听戴口说而加厉者，滔滔不已。至今徽歙之间，自命通经服古之流，不薄朱子，则不得为通人"①的局面，说明戴氏的程朱理学批判在当时已经产生明显社会效应。正如有学者所云："戴震因揭出'以理杀人'，而震撼天下后世。对理学的批判，至此已达到顶巅。就这个意义说，可以说戴震终结了理学。"②此论可谓一语中的。

为了正本清源，针对宋明理学的虚伪性和危害性，戴震做了大量摧陷廓清的工作。天理人欲之辨是戴震思想中最为成熟的形态，既是《孟子字义疏证》全书论说的核心，也是戴震人性论的重要载体。戴氏赋予"天理""人欲"以崭新的意义，一种完全不同于宋明理学的"新理学"在人们的误解、批评和嘲讽中诞生。自二程体贴出"天理"二字之后，后来的追随者们又以理得之于天而居于心，从而使天理具有至上和超越的地位。在戴震看来，程朱理学之所谓"理"，实质上是尊者、贵者、长者用以欺骗和镇压卑者、贱者、幼者的工具。程朱理学为了维护君主专制统治，提出"存天理，灭人欲"的命题。戴震回归先秦原典，正本清源，执着于从儒家典籍中找出"理"字的真实意义，认为理为事物自身固有的规定，可分为分理、条理和情理："理者，察之而几微必区以别之名也，是故谓之分理；在物之质，曰肌理，曰腠理，曰文理；得其分则有条而不紊，谓之条理。"③"理也者，情之不爽失也；未有情不得而理得者也。……在己与人皆谓之情，无过情无不及情之谓理。"④戴震坚决反对宋儒视"理"为"如有物焉，得于天而具于心"，从而直接否定程朱形上学的本体之理。综合考察戴震之"理"，主要包括两个层面：

①章学诚：《书朱陆篇后》，《戴震全书》（修订本第6册），第381-382页。
②王茂、蒋国保、余秉颐、陶清：《清代哲学》，安徽人民出版社，1992，第655页。
③戴震：《孟子字义疏证》（卷上），《戴震全书》（修订本第6册），第149页。
④同上书，第150页。

其一，在理论层面，戴震主张"气"在"理"先，"理"在"事"中，认为"理"存于"欲"，"欲者，血气之自然"①。也就是说，人欲是合理的，性即为气质之性、血肉之性；欲与性相通，欲是人的本性，"天理者，节其欲而不穷人欲"②。在《答彭进士允初书》中，戴震曾明确为"天理"下个定义，他说：

> 在宋儒惑于老、释无欲之说，谓"义亦我所欲"为道心，为天理，余皆为人心，为人欲。欲者，有生则愿遂其生而备其休嘉者也。情者，有亲疏、长幼、尊卑感而发于自然者也。理者，尽夫情欲之微而区以别焉；使顺而达，各如其分寸毫厘之谓也。欲，不患其不及而患其过。过者，狃于私而忘乎人，其心溺，其行愈邪恶，故孟子曰："养心莫善于寡欲。"情之当也，患其不及而亦勿使之过。未当也，不惟患其过；而务自省以救其失。欲不流于私则仁，不溺而为愿则义，情发而中节则和，如是之谓天理。情欲未动，湛清静然无失，是谓天性。非天性自天性，情欲自情欲，天理自天理也。③

从中可以看出，人之天性、情欲和天理绝非彼此敌视、互不相干，相反却是一个现实个体安身立命的必备要素，戴震同样没有忽视对原始儒学中仁、义、节的重视，从而将程朱理学捧到天上的冷冰冰的"天理"放落到人间活生生的"人欲"之中。

其二，在现实层面，戴震从天地之气化流行去论及其"道"，"道，犹行也"④；又从人伦日用和生养之道去阐释人道，"人道，人伦日用身之所行皆是也"⑤。天道与人道并非截然两途，而是由人性联结两端，这是戴震人性理论非常独特的精彩之处："人道本于性，而性原于天道。"⑥这里，没有宋儒们"天理"的超越至上，而只有对"体民之情，遂民之欲"的真

---

① 同上书，第169页。
② 同上书，第169页。
③ 戴震：《答彭进士允初书》，同上书，第357页。
④ 戴震：《孟子字义疏证》（卷中），同上书，第173页。
⑤ 戴震：《孟子字义疏证》（卷下），同上书，第197页。
⑥ 同上书，第198页。

切呼唤,戴震人性理论无不彰显关注现实、体贴民生的求实精神和平民品格。

综上所述,宋儒以理气二元、理欲二分为根基而确立了"存理灭欲"的人性二元论,而戴震反其道而行之,以血气心知即人性一本论融合理气、沟通理欲,提出了与宋儒不同的理欲合一的人性论,这是一种在批判、借鉴、总结前人正反两方面思想成果的基础上所提出的迥异于宋明理学的伦理价值观。虽然天理与人欲的概念依旧,然而它们经由戴震的创造性诠释被赋予新的意义。戴震的哲学贡献厥功至伟,胡适说:"戴震的哲学,从历史上看来,可说是宋明理学的根本革命,也可以说是新理学的建设——哲学的中兴。"[1]通过理欲之辨,让极端排斥人欲的宋儒理欲二元论弊端赤条条地曝光于大庭广众之下,束缚人性、冷酷残忍的封建礼教也因戴震批判而终于蜕下不可撼动的神圣光环。作为"反抗这种排斥人欲的礼教的第一个人"[2],戴震由此被誉为十八世纪中国早期的启蒙思想家,成为思想解放的先行者、引领者和推动者。

当然,对于戴震哲学肯定有之,质疑与批评也有之。现代新儒家刘述先说:"清初儒学新典范的另一特色乃顺着气质、情、才之肯定而进一步肯定人欲,并反对宋明儒天理人欲对立之说……其中以朱子'存天理,灭人欲'的说法最具有代表性但亦同时引来了最多的误解……明末清初诸儒如乾初、东原乃据之指责宋明儒走上释氏之途主张灭欲。然细考朱子所论,这恐怕是出于误解。宋明儒从来都不否定人有生命欲望,只是其中有正当与不正当的分别。这一点朱子早就交待的极其清楚。"[3]刘述先既指出了戴震义理之学的"新典范"特色,又批评戴氏指责宋明儒灭欲主张乃"出于误解"。果真是戴震"误解"吗?不能否认,朱子的理欲之辨具有深刻的思想内涵与实践指向。诸如"天理人欲如砚子""人欲中自有天理"以及"饮食者,天理也;要求美味,人欲也"[4]等等,正是表明朱子对于理欲一体的认同以及欲望有节的肯定。但是同样也不能否认,朱子的理欲之

①胡适:《戴东原的哲学》,岳麓书社,2010,第50页。
②同上书,第41页。
③刘述先:《儒家思想意涵之现代阐释论集》,台湾"中研院"中国文哲研究所,2000,第97页。
④朱熹:《朱子语类》(卷十三),《朱子全书》(修订本第14册),第388—389页。

辨却也隐含着理欲对立和存理灭欲的理论倾向，由此导致"未有不以意见为理而祸天下者"的严重社会后果。作为思想大家，戴震不可能看不到程朱理欲之辨所内涵的积极与肯定因素，但他更是希望通过自己的理欲关系讨论去改变尊者、长者与贵者"以意见为理而祸天下者"的不合理现实。

（二）圣人亦人的圣凡关系

儒家既有希圣成贤的最高理想，又有"尧舜与人同"的普世情怀，体现了儒家对于圣凡关系的基本态度。戴震的圣凡关系论述体现了继承与创新的统一，对于我们理解戴氏的人生哲学理想具有重要启发意义。

1. 仁智中和曰圣人

戴震以"观圣人之道"为志业，进而用孟子"四端"诠释心目中的圣人理想。他说：

> 是故生生者仁，条理者礼，断决者义，藏主者智，仁智中和曰圣人；智通礼义，以遂天下之情，备人伦之懿。至贵者仁，仁得，则父子亲；礼得，则亲疏上下之分尽；义得，则百事正；藏于智，则天地万物为量；同于生生条理，则圣人之事。①

戴震借用孟子的仁义礼智"四端"来诠释"圣人"理想，并在具体内涵方面更加细化，"仁者，生生之德也"②。亦即一个人的生存得到满足，推而广之使天下人的生存都能得到满足，这是最为可贵也是最高等级的仁爱；"礼者，天地之条理也"③，亦即礼仪形式和度量标准都是圣人根据自然界之条理制定而作为天下和万世的规则；"精义也，断乎亲疏上下，不爽几微"④，即对于亲疏远近、上下尊卑都能明确区分，就是对"义"的精通；"举仁义礼可以赅智，智者，知此者也"⑤，仁义礼与智之间是相互包含，不可分离，智本身就是对仁、义、礼的认知与掌握。总之，人伦日用之中的仁、义、礼作为人道中最精美的至高准则，三者集于一身彰显着智、仁、勇三种美德，既有对于孔子君子"三道"（"仁者不忧，知者不惑，勇者不惧"）

---

① 戴震：《原善》（卷上），同上书，第8页。
② 戴震：《孟子字义疏证》（卷下），同上书，第203页。
③ 同上书，第204页。
④ 同上书，第203页。
⑤ 同上书，第203页。

的肯定，又体现对于荀子"君道"观的回应与认同。

以荀子的君道观为例，荀子重视为君之道，将君道与圣人理想相结合，他说：

> 故君子之于礼，敬而安之；其于事也，径而不失；其于人也，寡怨宽裕而无阿；其所为身也，谨修饰而不危……是故，穷则必有名，达则必有功，仁厚兼覆天下而不闵，明达用天地理万变而不疑，血气和平，志意广大，行义塞于天地之间，仁智之极也。夫是之谓圣人，审之礼也。（《荀子·君道》）

荀子认为，圣人的仁爱智慧与行义和循礼密不可分，或者说圣人就是仁义礼智的极致状态，体现与孟子仁义礼智四端学说的高度一致。这些无疑也成为戴震"仁智中和曰圣人"思想的直接思想来源。

再以戴震的诚信观为例，他非常重视"诚"对于理想人格养成的重要意义。在《疏证》中专列一节加以讨论，他说：

> 诚，实也。据《中庸》言之，所实者，智仁勇也；实之者，仁也，义也，礼也……是故善之端不可胜数，举仁义礼三者而善备矣；德性之美不可胜数，举智仁勇三者而德备矣。曰善，曰德，尽其实之谓诚。[①]

"诚"是"仁义礼"善端和"智仁勇"（三达德）的融合，也是人们善心、美德和懿行的完美体现。戴震特别强调"仁智中和"之于圣人的本质意义，指出"无妄"对于"四端"和圣人之事的重要价值，并且认为，智、仁、勇三者是君子的才质之美、德性之核，表现在人伦日用方面对于仁、义、礼的持续学习与极致追求，圣人即是智、仁、勇、义、礼的完满融合。孟子以"我固有之"的"四端"给人类成圣理想难免增添了神秘色彩。戴震则更强调"学习"之于"成圣"的重要性，他认为"因才质而进之以学，皆可至于圣人"，因此也为普通人打开通往希贤成圣的可资可鉴的一条通道。

2. 圣人亦人也，人伦日用尽乎其必然

儒家文化以培养儒家理想人格为鹄的，由于受孔子"生知""学知""困

---

① 同上书，第205—206页。

知"以及"困而不学，民斯为下"观点的影响，不管是先秦儒家"修己以安人"，还是宋明理学"涵养须用敬"，都不免带有精英文化的倾向。作为传统文化主干的儒家文化，如何对待"困而不学"者的教化呢？孔子因说过"唯上知与下愚不移"（《论语·阳货》），历史上屡遭"愚民"诟病，但戴震并不如此认同，他说：

> 生而下愚，其人难与言理义，由自绝于学，是以不移。……苟悔而从善，则非下愚矣；加之以学，则日进于智矣。以不移定为下愚，又往往在知善而不为，知不善而为之者，故曰不移，不曰不可移。虽古今不乏下愚，而其精爽几与物等者，亦究异于物，无不可移也。①

戴震虽然承认人与人智愚有别，但又认为这种差别并非天地悬殊。即使所谓"生而下愚"者，也只是源于他们"自绝于学，是以不移"，如果"悔而从善，则非下愚矣；加之以学，则日进于智矣"，戴震不仅是对孔子言论的辩解，也为"生而下愚"者寻找到一条"日进于智"、改善命运的光明大道，而这条道路就是"学习"。戴震的理解与程颐的说法基本一致，程颐说：

> "惟上智与下愚不移"，非谓不可移也，而有不移之理。所以不移者，只有两般：为自暴自弃，不肯学也。使其肯学，不自暴自弃，安不可移哉？②

虽然戴震对于程朱理学有诸多批评，但他们在圣凡观上却有诸多相似之处。首先戴震坚持"圣人亦人"的圣人观：

> 圣人亦人也，以尽乎人之理，群共推为圣智。尽乎人之理非他，人伦日用尽乎其必然而已矣。③

与之相似，二程一方面强调"圣人之道，更无精粗，从洒扫应对至精义入神，通贯只一理。虽洒扫应对，只看所以然者如何"④；一方面又说"'鼓

---

①同上书，第183页。
②程颢、程颐：《河南程氏遗书》（卷第十九），《二程集》（全二册），第252页。
③戴震：《孟子字义疏证》（卷上），《戴震全书》（修订本第6册），第162页。
④程颢、程颐：《河南程氏遗书》（卷第十五），《二程集》（全二册），第152页。

万物而不与圣人同忧'。圣人，人也，故不能无忧；天则不为尧存，不为桀亡者也"①。

相比之下，如果说二程在圣凡关系方面倾向于精英阶层，而戴震则更有平民情怀。在戴震心目中，"圣人"也是人，是能够完满践行做人道理的人，亦即在人们日常生活中自觉遵守必然法则的人。戴震既为人们培养理想人格树立了"圣人"高标，也为"下愚之人""日进于智"指明方向与道路。可见，戴震的理想人格体现了理想与现实的结合、目标与路径的统一。回眸历史，孟子曾说过"尧舜与人同耳"，朱子也曾将之解释为"圣人亦人耳"，他们无疑成为戴震理想人格的思想源头。不过戴震对于"慎习贵学"的强调更像是对孔子"好学"精神的回归。芸芸众生，生而圣人者能有几何？大多数都是普通的凡客，身为凡人甚至愚人也并不可怕，因为"人之幼稚，不学则愚……学以养其良，充之至于贤人圣人"②。戴震所倡导的"圣人亦人"以及"下愚之人""加之以学，则日进于智"等主张，必然会给那些"下愚之人"以巨大的精神动力与思想鼓舞，这也是戴震留给后人宝贵的精神财富。

（三）重行需先重知的知行关系

知行学说是儒家学说的重要内容，彰显儒家对于人生与社会的认知及其参与的态度。回溯和比较戴震与传统儒家知行观念，对于正确理解和转化吸收传统儒家知行学说的丰富内涵与思想精华理当具有借鉴意义。

1. 先秦儒家和宋明理学的知行观

儒家论域的知与行具有怎样的内在规定性呢？虽然他们并未对此下过确切的定义，但透过文本还是可以窥知其内在蕴含。"在中国哲学史上，孔丘是第一个自觉地探讨了知行问题的思想家……从孔丘开始，中国哲学史上的知行问题就不单纯是一个认识论问题，道德上的知和行往往成为讨论的主题，它既有一般认识论的意义，同时又有特殊的伦理学的意义。"③在"知"的问题上，孔子以知识为标准，将人划分为四个等级："生而知之者，

① 程颢、程颐：《河南程氏遗书》（卷第十一），同上书，第 119 页。
② 戴震：《孟子字义疏证》（卷下），《戴震全书》（修订本第 6 册），第 115 页。
③ 方克立：《中国哲学史上的知行观》，人民出版社，1982，第 23 页。

上也；学而知之者，次也；困而学之，又其次也；困而不学，民斯为下矣。"（《论语·季氏》）这段话可谓是孔子认识论思想最为集中最为完整的表述，蕴含着对于知识来源、认知主体、认知内容和认知动力的思考。孔子在这里承认有"生而知之"的圣人，奠定儒家圣贤人格的思想基石，为自己和后人树立学习标杆。虽然这种理想人格是一种超越现实的悬置，也无需否认这种差序格局蕴含着一种等级与偏见，但同样不能忽视它对于人们的激励与引领。从孔子对于"生而知之者"的自我定位，尤其从他对于"十室之邑必有忠信如丘者焉，不如丘之好学"（《论语·公冶长》）的期许，我们后人还有什么理由去苛求孔老夫子呢？

那么孔子"学而知"的内容是什么呢？总结起来大体包括以下几个方面：一是向古人学。学习古代文化典籍，包括《诗》《书》《礼》《乐》《易》《春秋》等。二是向他人（包括善者与不善者）学习。既学习"善者"的优点与特长，又注意向"不善者"吸取经验与教训。"三人行，必有我师焉：择其善者而从之，其不善者而改之。"（《论语·述而》）三是向环境学习。孔子说："盖有不知而作之者，我无是也。多闻，择其善者而从之；多见而识之；知之次也。"（《论语·述而》）孔子在此要求人们要通过"多闻""多见"去获取知识。四是向行动学。"贤贤易色，事父母能竭其力，事君能致其身，与朋友交言而有信，虽曰未学，吾必谓之学矣。"孔子将学习的范围扩展到人们日常生活行为和道德实践，也就是人们常说的"行"。由此可以归纳孔子的知行思想，即他在总体上坚持知与行统一，强调学习的重要，又突出对于行动的偏好，既强调"敏于行而讷于言"，又警示人们："故君子名之必可言也，言之必可行也。君子于其言，无所苟而已矣！"（《论语·子路》）孔子"言行一致"所表现出的"知行统一"的价值追求显然被后世儒者各取所需地吸收并发展着。

以私淑孔子为荣的孟子既深受孔子思想的影响，又有结合时代特征的继承与变通。孔子"罕言性与天道"，将思想触角投向现实人生，试图将仁学思想推广至天下；孟子则畅谈心性，为仁政学说寻找"吾心固有"内在根据。"仁义礼智，非由外铄我也，我固有之也，弗思耳矣。"（《孟子·告子上》）既然"仁""义""礼""智"为人所本有的天然本性，人们自然要努力实现这些先天的道德原则，并以此为准则去规范与修养自身。与孔子强调"学而知之"相比，孟子更是推崇"吾心固有"的"生而知之"，如此在知行关系方面，孟子明确主张知先行后。"求知的途径就不是向外界探索通过实践去认识客观事物及其规律，而是通过内心的追求，去认识自己的先天本性，把那丧失了的先天本性找回来。"①孟子曾声称："学问之道无他，求其放心而已矣。"（《孟子·告子上》）当然，孟子对于个人精神层面的强调并未否认对于外在行动的承认。归纳起来看，孟子之行主要包括两个方面的含义：一是指对于道义仁政、礼节法治的遵照与执行，如"君行仁政，斯民亲其上、死其长矣"（《孟子·梁惠王下》）。一是对于公共政治和日常事务的履行，如"齐卿之位，不为小矣；齐滕之路，不为近矣。反之而未尝与言行事，何也？"（《孟子·公孙丑下》）

从对知与行两方面的重视以及两者孰轻孰重未置可否可以看出，孟子同样主张知行统一。不过由于他对于"劳心"与"劳力"的分工，以及"耳目之官"与"心之官"的对立，为孟氏知行之辨增添了理论深度和实践关照。

作为宋明理学家们大都有出入佛道的亲身遭遇与思想经历，他们的知行观无疑也都是在受到佛道学说碰撞与冲击之下对于先秦儒家知行学说的整合与改造。诚如孟子的知与行主要是指对于忠孝仁义之类的价值概念的追求，由此包括"学问、慎思、明辨、力行"在内的几个环节更多应归属于"道德知识论"范畴。虽然后世儒家所谓"知"概念包含两个方面内容：一者是与道德哲学相一致的道德之"知"，一者是关于外部事物之"知"，而前者自然是儒家们关注的重中之重。"以外部事物为对象的'知识'，属于科学认知的范畴，其性质是事实性的，其结果是通过理论理性来把握客观的真理；而以道德伦理为对象的'知识'，则属于道德实践的范畴，其性质是观念性的，其结果是通过实践理性来形成某种主观上的道德'信念'。"②传统儒家对于理论理性与实践理性的不同态度以及知行关系的分疏，凸显了传统儒家知行观的宗旨与特点。朱熹与王阳明分别代表宋明理

①方克立：《中国哲学史上的知行观》，人民出版社，1982，第27页。
②陈嘉明：《儒家知行学说的特点与问题》，《学术月刊》2013年第7期。

学的理学与心学两个派别。虽然他们同属于理学，然而他们知行观却表现出很大不同：朱熹不同意《伪古文尚书·说命中》"非知之艰，行之惟艰"的知行观，强调知难行易、知先行后；王守仁则反对传统儒家将知行分先后轻重的观点，明确提出了知行合一的理论。

朱熹作为理学的集大成者，对知行观有非常集中而鲜明的论述，他说：

> 知、行常相须，如目无足不行，足无目不见。论先后，知为先；论轻重，行为重。①

> 知与行，工夫须著并到。知之愈明，则行之愈笃；行之愈笃，则知之益明。二者皆不可偏废。如人两足相先后行，便会渐渐行得到。若一边软了，便一步也进不得。然又须先知得，方行得。所以《大学》先说致知，《中庸》说知先于仁、勇，而孔子先说"知及之"。然学问、慎思、明辨、力行，皆不可阙一。②

"知、行常相须""知与行，工夫须著并到"，以及"知为先、行为重"，显示出朱熹对于程颐"知先行后"与孔子"行有余力，则以学文"思想的综合继承，体现朱熹知行学说的辩证性与全面性。不过朱熹的知行学说又具有自身的局限性。由于朱熹的知与行都是以"理"为最后的形上依据，所以"知行观中的'知'是一个同时包容主体与客体内在普遍性的对象化的知识论与智慧论的范畴，而'行'则主要指伦理道德规范方面的躬行践履，体现着深厚实践理性传统精神的概念"③。

通过对于传统知行观"知易行难"、崇行尚习的改造，朱熹的知与行学说因此具有超越功利和脱离现实的倾向，暗藏着以主体同化客体、以实践理性取代理论理性的可能。"朱熹也重行，却是在知先说的基础上讲'行为重'。他所重的行不是我们说的社会实践，不是作为知之来源的行，而是贯彻、实现已知之理的行，是将先验的封建道德原则践其实之行。"④

程朱理学对于知与行的矛盾态度到了王阳明这里尽然以"知行合一"

① 朱熹：《朱子语类》（卷九），《朱子全书》（修订本第 14 册），第 298 页。
② 朱熹：《朱子语类》（卷十四），同上书，第 457 页。
③ 胡小林：《朱熹与王守仁的知行观》，《孔子研究》2005 年第 6 期。
④ 方克立：《中国哲学史上的知行观》，人民出版社，1982，第 23 页。

方式而巧妙化解了。不过旧矛盾暂时解决，新矛盾随之重新生成。针对朱熹"知先行重"的知行论说，王阳明针锋相对提出了"知行合一"思想。在王阳明看来，由于朱熹坚持理本论，形而上本体论世界与现象形而下世界以及先验本体论，与感性现实世界分属于两个世界，前者是本原、第一性的，后者是从属、第二性的，反映到知行关系自然也是二分的，导致道德知识与道德行为的分离与冲突。他给出的解决之道就是把心提升到统摄理与气、太极与阴阳、道与器的最高地位，将二者统一起来才有可能。

"心即理"是"知行合一"说的理论基础，"致良知"是"知行合一"说的进一步发挥。王阳明一生的学问，不外乎"心即理""知行合一"和"致良知"三句话。深受传统儒家知行理论的影响，人们对王阳明提出的知行合一理论屡屡质疑，他在晚年（1526年）《答友人问》中有过一段经典论述。

问："自来先儒皆以学问思辩属知，而以笃行属行，分明是两截事。今先生独谓知行合一，不能无疑。"

曰：此事吾已言之屡屡。凡谓之行者，只是著实去做这件事。若著实做学问思辩的工夫，则学问思辩亦便是行矣。学是学做这件事，问是问做这件事，思辩是思辩做这件事，则行亦便是学问思辩矣。若谓学问思辩之，然后去行，却如何悬空先去学问思辩得？行时又如何去得个学问思辩的事？行之明觉精察处，便是知；知之真切笃实处，便是行。若行而不能精察明觉，便是冥行，便是"学而不思则罔"，所以必须说知；知而不能真切笃实，便是妄想，便是"思而不学则殆"，所以必须说个行；元来只是一个工夫。凡古人说知行，皆是就一个工夫上补偏救弊说，不似今人截然分作两件事做。某今说知行合一，虽亦是就今时补偏救弊说，然知行体段亦本来如是。吾契但著实就身心上体履，当下便自知得。今却只从言语文义上窥测，所以牵制支离，转说转糊涂，正是不能知行合一之弊耳。[1]

因为承袭程朱知难行易、知先行后说的明儒把知与行"截然分作两件

① 王守仁：《王阳明全集》（简体版），吴光等编，上海古籍出版社，2012，第176页。

事做"①，"以为必先知了然后能行"②。王阳明所要"补偏救弊"的正是这种现象，他批判朱氏"顾物理吾心，终判为二"，"此知行之所以二也"。因为在他看来，心即是理，万事万物之理都在吾心之中，那么就根本不需要一个向外求知的过程。"知之真切笃实处，即是行；行之明觉精察处，即是知：知行工夫本不可离。只为后世学者分作两截用功，失却知行本体，故有合一并进之说。"③

王阳明的知行合一学说作为朱熹知行学说的对立面，将朱熹学说中尚且关注的格物穷理彻底回归人们内心的端正。他的所谓"知"是"道德之知"，决非反映客观事物存在的认识论、知识论；他的所谓"行"是"道德之行"，决非是变革现实的实践，知与行合一于"吾心"。今天如何看待王阳明的知行合一理论呢？作为王阳明本人无疑实现了立德、立功与立言的有机统一，成为封建时代传统儒者的典范与楷模。他所谓"行"具有现在意义上人类活动（社会实践）的内涵，当然也确有王学右派流于"狂禅"而导致王学的没落，也使知行合一学说蒙尘纳垢而遭人非议。

当然，我们又无需回避王阳明与程朱在知行观上的思想的内在联系。"程朱的知先行后说和王阳明的知行合一说之间并没有一条绝对不可逾越的鸿沟，从前者向后者的转化是有其思想上的必然联结。"④明清之际以来，他们的知行理论同样遭遇到来自王夫之、黄宗羲、颜元和戴震等思想家的质疑与批判。

2. 重行不先重知，非圣学也

回顾历史，孔孟、朱熹与王阳明的知行观在继承与变革中越发丰富与系统，体现着时代精神与人们价值追求，既有可贵的思想探索，也有深刻的经验教训。戴震继承明清之际对于程朱理学的批判态度，形成了自己的知行学说。

在明清以来反理学思潮的影响下，乾隆中叶戴震的理学批判乃是明清

①同上。
②同上书，第4页。
③同上书，第37页。
④方克立：《中国哲学史上的知行观》，人民出版社，1982，第190页。

之际反理学思潮的继续和深化，但由于学术环境和时代要求的改变，他的批判明显地具有不同于早期批判思潮的特点。为什么会出现这种重知哲学，有学者总结道：

> 影响戴震重知哲学产生的因素是多方面的，就主要因素言，大体上可以归结为以下几个方面：首先，明清之际诸儒批判理学的视角到清代中叶发生了的转变，从拆除理学的基本概念入手否定理学成了戴震哲学的任务；其次，伴随考据学的兴起学术领域出现了重视实证的观念，作为考据学重镇的戴震将实证思想和实证方法从一般考据原则提升为哲学思想和哲学方法；再次，西学的传入以及戴震本人对科学的研究也为他的哲学提供了重要工具。①

戴震的重知哲学无疑为他批判宋明理学的知行主张提供了理论武器。针对理学的知行之辨，他指出后儒"重行，不先重知"主张背离先儒学说，具有很大欺骗性，他说："凡异说皆主于无欲，不求无蔽；重行，不先重知。人见其笃行也，无欲也，故莫不尊信之。圣贤之学，由博学、审问、慎思、明辨而后笃行，则行者，行其人伦日用之不蔽者也，非如彼之舍人伦日用，以无欲为能笃行也。"②

戴震借《中庸》批判"异说"（老庄释）以"无欲为能笃行"，指出他们所谓"重行，不先重知"的欺骗性：

> 人之患，有私有蔽；私出于情欲，蔽出于心知。无私，仁也；不蔽，智也；非绝情欲以为仁，去心知以为智也。是故圣贤之道，无私而非无欲；老、庄、释氏，无欲而非无私；彼以无欲成其自私者也；此以无私通天下之情，遂天下之欲者也。③

在戴震看来，圣贤之道并非高不可攀，惟在做好仁智二事（无私，仁也；不蔽，智也）。"异说"错在不识"私""欲"之别，误把"欲望"当作"私欲"。实际"欲望"并不可怕且人人皆有，他说：

---

① 王艳秋：《戴震哲学重知之因探析》，《湖南师范大学社会科学学报》2009 年第 2 期。

② 戴震：《孟子字义疏证》（卷下），《戴震全书》（修订本第 6 册），第 210 页。

③ 同上书，第 210 页。

> 天下必无舍生养之道而得存者，凡事为皆有于欲，无欲则无为矣；有欲而后有为，有为而归于至当不可易之谓理；无欲无为又焉有理！①

如此，"异说"所标榜的"无欲"就成了自欺欺人的梦呓，"以无欲为能笃行"的结果自然就称不上真正"笃行"，更不是所谓"无私"："老氏之'长生久视'，释氏之'不生不灭'，无非自私，无非哀其灭而已矣，故以无欲成其私。"②

戴震推崇《中庸》"由博学、审问、慎思、明辨而后笃行"思想，"重知"并不否认"笃行"，"笃行"正是"博学、审问、慎思、明辨"的归宿与目标。"行其人伦日用之不蔽"，这可谓是戴氏版的知行合一。如何"不蔽"，只能依靠"解蔽"，戴震把它视为儒者的事业和义命所在，他说："儒者之学，将以解蔽而已矣。解蔽，斯能尽我生；尽我生，斯欲尽夫义命之不可已；欲尽夫义命之不可已，而不吾慊志也。吾之行己，要为引而极之当世与千古而无所增，穷居一室而无所损。"③这是戴震年届不惑之年的治学宣言：用一生的力量兴利除弊、完成义命，无愧吾心，不管人生腾达，还是面临逆境。戴震一生都是在践行自己的治学格言。

第二节　笃实闻道的经学思想

上节从人生哲学角度考察戴震的哲学思想，他对于人生的思考与他吸收经学智慧分不开，故而探讨戴震的经学思想非常必要。首先需就"经"与"经学"两个概念加以简要说明。一般说来，"经"有广义与狭义之分。"狭义的'经'专指部分由封建政府'法定'的儒家典籍；广义的'经'则可包括儒经在内并旁及一些被崇奉为典范的著作和宗教典籍，如旧传郭璞撰《水经》、陆羽撰的《茶经》，以及佛教、道教、伊斯兰教和基督教

---

① 同上书，第214页。
② 戴震：《答彭进士允初书》，同上书，第356页。
③ 戴震：《沈处士戴笠图题咏序》，同上书，第394页。

的经书"①。"经学"概念则有其特定含义，它特指儒学的一种发展和演变形态；经学始于汉初，至今已有两千多年历史。"据目前所知，最早记载'经学'一词的文献是《汉书》……关于'经学'的含义，学术界争论不大，基本上都同意是指对儒家经典注释解说、阐发经义的学问。"②

戴震既是一位考据学家，又是一位经学家和义理学家。戴震的考据学就是以经学为中心，而衍及小学、音韵、天算、方志、典章制度、校勘和辑佚等。戴震自幼"志乎闻道"，而"道"就存乎经书及典章制度之中，他从十七岁时就已尽通《十三经注疏》，对其《经》《注》甚至熟读成诵。讨论戴震"经学"思想就是要考察他在儒家经典诠释中所体现出的具体观点与主张。

一、研究内容

作为经学家的戴震如何从事他的经学研究的呢？或者说，他主要从事了哪些儒学经典的研究与诠释，下面试从两个方面加以说明。

（一）经学与儒学

经学是儒学的特殊形态。汉代罢黜百家、独尊儒术，儒学开始经学化；清末废除科举、提倡新学，经学最终走向解体。儒家典籍的经学化经历了一系列发展过程。从汉代开始，《诗》《书》《礼》《乐》《易》《春秋》这些史称经过孔子删修整理的典籍，就被尊称为"六经"，由于"乐经"失传，只将《易》《诗》《书》《礼》《春秋》立于学官，称为"五经"，后来儒家典籍数目陆续增加。唐代，《春秋》分为"三传"（即《左传》《公羊传》《穀梁传》），《礼经》分为"三礼"（即《周礼》《仪礼》《礼记》），再加上《易》《书》《诗》，立于学官、开科取士，并称为"九经"；晚唐，唐文宗开成年间（836—840 年）国子学刻石，内容除了"九经"之外，还加上了《论语》《尔雅》《孝经》，被称为"十二经"。五代十国时，后蜀国主孟昶刻"十一经"，在原"九经"基础上，收入《论语》和《孟子》，

① 庞朴主编：《中华文化通志·学术典》，许道勋、徐洪兴撰：《经学志》，上海人民出版社，1998，第 7 页。
② 同上书，第 8 页。

而排除《孝经》《尔雅》，称为"十一经"。南宋时，《孟子》正式成为"经"，和《论语》《尔雅》《孝经》一起，加上原来的"九经"，构成"十三经"。宋代，又有"四书"之目：《大学》《中庸》《论语》《孟子》。"四书"同样具有经典的重要地位。经学是研究儒家之"经"的学问，即是"关于这些经典的训诂注疏、义理阐释以及学派、传承、演变等等的学问。"①

戴震对于经学的兴趣与研究是终其一生的，他从少年时代即已打下坚实的经学基础，正如年谱所言："先生十六七以前，凡读书，每一字必求其义。塾师略举传、注训诂语之，意每不释。塾师因取近代字书及汉许氏《说文解字》授之，先生大好之，三年尽得其节目。又取《尔雅》《方言》及汉儒传、注、笺之存于今者，参伍考究。一字之意，必本六书、贯群经以为定诂。由是尽通前人所合集《十三经注疏》，能全举其辞。"②

戴震多次表示对于《六经》孔、孟之学的强烈兴趣以及"群经六艺之未达，儒者所耻"③的自省精神。从大的方面看，戴震的经学研究范围包括在他于友人假借的《十三经注疏》之中，因为戴震年纪轻轻就已能够全举其辞；从小的方面看，戴震的经学研究范围可指他早有预想而又未能完成的《七经小记》。据弟子段玉裁介绍："《七经小记》者，先生朝夕常言之，欲为此以治经也。所谓《七经》者，先生云：'《诗》《书》《易》《礼》《春秋》《论语》《孟子》是也。'治经必分数大端以从事，各究洞原委，始于六书、九数，故有《诂训篇》，有《原象篇》，继以《学礼篇》，继以《水地篇》，约之于《原善篇》，圣人之学如是而已矣。假令先生如申公、伏生之年，安见不如其志哉？"④

戴震凡四十年致力于经学，成就斐然。虽然天不假年，他试图将一生经学研究成果汇编而成《七经小记》的宏愿未能完成，我们仍然按照其初步设想，将其经学成果加以展现。

---

① 姜广辉主编：《中国经学思想史》（第一卷），中国社会科学出版社，2003，《前言》第 2 页。

② 段玉裁著、杨应芹订补：《段著东原年谱订补》，《戴震全书》（修订本第 7 册），第 134 页。

③ 戴震：《与是仲明论学书》，《戴震全书》（修订本第 6 册），第 370 页。

④ 段玉裁著、杨应芹订补：《段著东原年谱订补》，《戴震全书》（修订本第 7 册），第 179 页。

（二）经学与西学

戴震的经学研究与西学是否发生关联？如果说有关联，又在多大程度上影响了戴震的经学研究？学术界探讨主要包括充分肯定和基本肯定两个方面。

1. 充分肯定方面

有的学者对于戴震经学是否受到西学影响持充分肯定态度，如邓实、梁启超及李天纲等。作为晚清国粹派成员，邓实于 1905 年在《国粹学报》发表《古学复兴论》，充分肯定明清西学对国学的影响，他说："至若江永、戴震之徒，则非但涉猎其历数之学，且研究其心性，而于彼教中之大义真理，默契冥会，时窃取之，以张汉学之炽，而与宋儒敌，今其所著之书可按也。"[①]并在这段文字后附注说："如《孟子字义疏证》中，时有天主教之言。"[②]邓实认为"亚洲古学复兴"犹如欧洲文艺复兴，他一方面坚持"西学中源"立场，主张"亚洲古学复兴"，在社会出现"订孔排孔"、不断向往新学的势头面前，邓实对国学所表现的忧思与责任感值得充分肯定；但他对于戴震所谓"于彼教中之大义真理，默契冥会，时窃取之，以张汉学之炽"的指摘，显然有失武断之嫌，如其所说"《孟子字义疏证》中，时有天主教之言"也实难成为定谳。后文还有说明，此处不论。

再说梁启超，他在《中国近三百年学术史》中把"明清西学"与"晋唐佛学"同列为中国历史上两次"中外知识线"的大接触，并从整体上高度评价西学东传对于中国学术文化的影响："要而言之，中国知识线和外国知识线相接触，晋唐间的佛学为第一次，明末的历算学便是第二次（中国元代时和阿拉伯文化有接触，但影响不大），在这种新环境之下，学界空气，当然变换。后此清朝一代学者，对于历算学都有兴味，而且最喜欢谈经世致用之学，大概受利、徐诸人影响不小。"[③]梁氏又说："戴震全属西洋思想，而必自谓出孔子。"[④]和邓实相比，梁启超有过之而无不及，极

①邓实：《古学复兴论》，《国粹学报》1905 年第 9 期。
②同上。
③梁启超：《梁启超论清学史两种》，朱维铮校注，复旦大学出版社，1986，第99—100 页。
④梁启超：《清代学术概论》，《梁启超论清学史两种》，第 72 页。

力夸大西学对于戴震的影响，甚至说"戴震全属西洋思想"。这种说法显然经不起推敲，不过它所产生的影响还是挺大的①。当代学者李天纲基本持有上述观点，张晓林对此有过关注，后者认为：

> 李天纲在其《中国礼仪之争——历史、文献和意义》一书中认为，戴震虽身处"中西交恶"的特殊时期，但彼时的士林"仍流行阅读西方神学著作，一些学术和社会地位较低的儒生，还在公开谈论西方神学"②。李天纲虽未直接说戴震本人阅读了西方神学著作，但言下显然包括此意。在更早的《〈孟子字义疏证〉与〈天主实义〉》文中，李天纲则直截了当地揣测戴震不仅读过西方神学者作，而且读过《天主实义》。③

张晓林所论属实，评价中肯。李天纲对于戴震与西学关系的研读与其自身学术关注点密切相关，他于 2007 年出版专著《跨文化的诠释：经学与神学的相遇》再次强调了上述观点。他在该著中单列专题讨论《天主实义》与《孟子字义疏证》的关系。他说："《天主实义》应该是与《疏证》有关的西学著作。这是一部答问辩驳式教理著作，其创造性在于第一次在中国文化背景里讨论了'天主'存在，而使用的方法是严格的经院哲学(Scholastik，亦译作'士林哲学')。"④ 他在考察了戴震与西学关系之后说道：

> 四库全书开馆以后，戴震在纪昀手下，负责"天文、算法、水经、小学、方言诸书"，《四库全书总目提要》的有关部分，其实为戴震所作。据查，《提要》中收入标明耶稣会士撰著的作品就有二十五种。这是戴震系统研究西学的好机会。现在暂时无法考清"存目"中有关天主教理的数目为何人所作，但戴震不会自守其天文历算，而对西方教理有所不窥。戴震校的《几何原本》与《实义》，曾分别收入李之藻编《天学初函》的"器编"和"理编"，原

---

① 参见湛晓白、黄兴涛：《清代初中期西学影响经学问题研究述评》，《中国文化研究》2007 年春之卷。
② 李天纲：《中国礼仪之争——历史、文献和意义》，上海古籍出版社，1998，第 321 页。
③ 张晓林：《戴震的"诽言"——论〈天主实义〉与〈孟子字义疏证〉之关系》，《华东师范大学学报》（哲学社会科学版）2002 年第 4 期。
④ 李天纲：《跨文化的诠释：经学与神学的相遇》，新星出版社，2007，第 147 页。

属同一丛书。四库全书馆该丛书两编二十种书均为两江总督采进本，可见为整套采进。极有可能的情况是这套丛书统一存放，戴震得以"理编""器编"一起读，因而也就一道读到了《天主实义》。①

李天纲从发现戴震"极有可能"读到《天主实义》入手，继而从义理角度寻找戴震与利玛窦的精神契合，乃至认为戴震就是"儒学阿奎那"，他说："戴震是要把宋儒以主观心性为准绳的'理'，换成一种基于人类共同经验的'理'。这一点上，《疏证》最接近的与其说是孟子，不如说是经利玛窦介绍的托马斯·阿奎那。"②李天纲对于戴震是否吸收西学态度无疑是积极肯定的，但论证是否令人信服就难以让人满意了。张晓林说："从哲学上看，《孟子字义疏证》从方法到原理，都有《天主实义》间接和直接影响的痕迹。但《天主实义》对《孟子字义疏证》的影响并非根本性质的。"③又说："必须承认，李天纲对戴震和利氏两人之间在哲学的学理关系方面所作的研究，挖掘很深，但他的一些提法是值得商榷的。"④我们必须承认，对于戴震与西学关系的讨论不仅很有必要而且也非常重要，但所有的讨论都必须建基于"言之有据""持之有故"，而不能仅仅满足于所谓的"可能"与"相似"。

2. 部分肯定方面

至于戴震与西学关系，部分肯定者也有之，如许苏民、张晓林等。许苏民在其《戴震与中国文化》一书中推测戴震在天文历算和心性之学上均有可能受到西学影响，他说：

> 明末清初的西学东渐，影响是很大的……在中国学者的密切合作下，传教士们在中国出版了大量的西学著作，除了介绍西方科学技术、哲学、逻辑学、教育学等方面的知识外，传教士们亦积极参与了中国思想界的争鸣，认为原始儒学是"真儒"，而宋明新儒学则是"伪儒"，为正在中国兴起的早期启蒙思潮推波助澜。

①同上书，第152页。
②同上书，第154页。
③张晓林：《戴震的"讳言"——论〈天主实义〉与〈孟子字义疏证〉之关系》，《华东师范大学学报》（哲学社会科学版）2002年第4期。
④同上。

清朝康熙末年虽然开始驱逐西方传教士，但仍然不得不任用少数精通天文历算、建筑及绘画的传教士在朝为官，并保留了北京的两所天主教堂（南堂与北堂）……既然明末清初西方传教士的著作未被列为禁书，那么就能在中国流传，戴震就有可能读到西方传教士在中国出版的各种著作。尽管不敢随便引用，特别是在心性之学的方面，如果引用了来攻击程朱理学和专制统治，本来不是禁书的也会成为禁书了。鉴于以上分析，我们也有理由相信邓实先生所说的戴震《孟子字义疏证》受了西学影响的话。然而，这毕竟也还是一种"大胆假设"，有待于"小心求证"。①

许苏民对于戴震与西学关系作"大胆假设"自然无妨，事实上西方的天文历算对戴震产生影响是铁的事实，无须假设；而要论证两者在心性之学方面有多大交集，着实还需进一步"小心求证"。

张晓林就李天纲关于《天主实义》与《孟子字义疏证》相互关系问题发表论文，他认为：

> 已有研究者指出《天主实义》对《孟子字义疏证》之影响，但侧重史学的学理依据，而缺乏哲学的学理依据。从哲学上看，《孟子字义疏证》从方法到原理，都有《天主实义》间接和直接影响的痕迹。但《天主实义》对《孟子字义疏证》的影响并非根本性质的。《孟子字义疏证》的思想仍处在新儒家语境内，与《天主实义》的神哲学实有本质区别。这是戴震虽受了《天主实义》的影响但却讳言其影响的学理原因。②

两者比较而言，我更倾向于后者。因为戴震的经学研究与他对于自然科学的研究关系密切。戴震对于吸收西方自然科学秉承包容与开放的态度，对于西方义理之学的吸收自然就没有多少接受障碍。但要考察具体受到何种思想观念的影响，则应该有充分而有效的文献依据，这些都需要在前人研究的基础上进一步深耕与挖掘。由于第三节将讨论戴震的西学思想，故

---

① 许苏民：《戴震与中国文化》，贵州人民出版社，2000，第179页。
② 《戴震的"讳言"——论〈天主实义〉与〈孟子字义疏证〉之关系》，《华东师范大学学报》（哲学社会科学版）2002年第4期。

此处不作赘述。

二、研究方法

戴震在《郑学斋记》中说："是故由六书、九数、制度、名物，能通乎其词，然后以心相遇。是故求之茫茫，空驰以逃难，歧为异端者，振其稿而更之，然后知古人治经有法。"[1]戴震就是这样"治经有法"的经学大师。

（一）"由字以通其词，由词以通其道"

戴震自称"十七岁时，有志闻道，谓非求之六经、孔、孟不得，非从事于字义、制度、名物、无由以通其语言"[2]。这虽是戴震晚年治经心得，但也是他自青年伊始的治经之道。早在三十岁时，他就于《与是仲明论学书》中明确提出自己的治经主张："经之至者道也，所以明道者其词也，所以成词者字也。由字以通其词，由词以通其道，必有渐。"[3]戴震继承了前代学者的思想观点，认为只有从字义训诂、名物制度的考释着手，才能读懂圣人之道。如果语言文字不通，则无从体察圣人之意。

不仅如此，鉴于今之去古已远，六经之中的名物典章制度已经不易读通。戴震特别关注离词、辩言对于闻道的意义所在，他说："以今之去古既远，圣人之道在六经。当其时，不过据夫共闻习知，以阐幽而表微。然其名义制度，自千百世下，遥溯之至于莫之能通。是以凡学始乎离词，中乎辩言，终乎闻道。离词，则舍小学故训无所藉；辩言，则舍其立言之体无从而相接以心。"[4]所谓"离词"，就是解释词义；"辩言"，就是辨析句意；"闻道"，就是掌握经典的思想内容；离词、辩言，是训诂之手段，闻道是训诂的宗旨。"'离词—辩言—闻道'，构成了戴震哲学的主体框架。在戴震看来，故训明物，乃是明道之具，两者是不能分开的。"[5]由此，可以理解戴震为什么强调对于《尔雅》与《说文解字》的学习与运用，因为文字是治经的根本，每个

---

① 戴震：《郑学斋记》，《戴震全书》（修订本第 6 册），第 404 页。
② 戴震：《与段茂堂等十一札·第九札》，同上书，第 531 页。
③ 戴震：《与是仲明论学书》，《戴震全书》（修订本第 6 册），第 368 页。
④ 戴震：《沈学子文集序》，同上书，第 391 页。
⑤ 欧阳祯人：《戴震：中国文化现代转型的先行者》，2007 年 2 月 16 日《光明日报》理论版。

人都要做有根柢的学问，而不能空凭胸臆，主观臆断。①

（二）"不以人蔽己，不以己自蔽"

戴震治经既不盲信古人，又不自我蒙蔽，他说："仆以为考古宜心平，凡论一事，勿以人之见蔽我，勿以我之见自蔽。"②如何做到避免"人蔽"和"己蔽"？戴震认为：要不受"人弊"，就必须"空所依傍"："平心体会经文，有一字非其的解，则于所言之意必差，而道从此失。"③要破除"己蔽"，就须运用科学方法获得"十分之见"："所谓十分之见，必征诸古靡不条贯，合诸道而不留余议，巨细毕究，本末兼察。若夫依于传闻以拟其是，择于众说以裁其优，出于空言以定其论，据于孤证以信其通，虽溯流可以知源，不目睹源泉所导，循根可以达杪，不手披枝肆所歧，皆未至十分之见也。"④

戴震坚持"十分之见"鲜明地体现于辨章学术和考订真伪等方面。如在《尚书义考》"平章百姓，百姓昭明"条目下，戴震另加案语说：

> 《诗·小雅》"平平左右"，《韩诗》作"便便"，可证。《史记》"便章"，乃《书》之本文。《索隐》云："今文作辩章。"郑所注者古文，其本亦作"辩章"矣。《诗·小雅》"群黎百姓，遍为尔德"，毛《传》曰："百姓，百官族姓也。"《周语》"百姓兆民"，韦昭注曰："百姓，百官也。官有世功受氏姓也。"《楚语》子期对昭王曰："民之彻官百，王公之子弟之质能言能听彻其官者，有百官也。质，有贤行。物，事也。以功事赐之姓，官有世功，则有官族，若太史、司马之属。"据此，则百姓之称，周时犹不指民，而谓唐虞时即以指民，非也。"罔咈百姓"，语见《伪古文》，不足引以相证。⑤

由考证可知，"百姓"在上古时不称民众，而为"百官"之名。《伪古文》不明古义，显为误用。"戴震《尚书义考》虽为考证疏义之作，然于辨伪

---

① 李红英：《通经致用——戴震对经典意义的追求》，《安徽史学》2005年第1期。
② 戴震：《声类表卷首》，《戴震全书》（修订本第3册），第361页。
③ 戴震：《与某书》，《戴震全书》（修订本第6册），第478页。
④ 戴震：《与姚孝廉姬传书》，同上书，第370页。
⑤ 戴震：《尚书义考》，《戴震全书》（修订本第1册），第29页。

之事多有涉足，可以补证阎氏不足。"① 作为考据学大家，戴震对古人作伪之书和原为真书而被后人妄疑者，皆能考镜源流，辨伪存真，充分体现出"不以人蔽己，不以己自蔽"的治学风格。戴震卓然"不存今文古文、汉学宋学门户之见，与同时代人相比，显示出一代宗师的大度"②。

三、研究宗旨

"圣人之道在六经。"③ 戴震认为：要求道就要治经，治经是为了求道，治经要从文字入手，通过理解词句来理解整部经书，而理解整部经书的目的在于寻找蕴育之道。"求道是最为关键的一项。如果没有这一项，戴震的成就充其量只是一个小学家和考据家，不能成为清代最重要的思想家。戴震的这个治学宣言，可以说在当时的学界无异于是一声惊雷。"④ 戴震的经学研究体现了制义为经、民本至上以及笃实求是的为学宗旨。

（一）制义从经

"先生之言曰：'六书、九数等事，如轿夫然，所以舁轿中人也。以六书、九数等事尽我，是误认轿夫为轿中人也。'"⑤ 戴震强调文字训诂，目的却不限于故训；他研究经学，宗旨也不在于经学本身。戴震以形象比喻表达六书九数在他心目中的地位，尽管在六书九数方面取得骄人成绩，但那不是他的精神归宿："仆生平论述最大者，为《孟子字义疏证》一书，此正人心之要。今人无论正邪，尽以意见误名之曰理，而祸斯民，故《疏证》不得不作。"⑥ 也就是说：戴震以一个不畏权威的义理与哲学家自警，他要向"尽以意见误名之曰理"的现象发起挑战。

戴震不满足于做"轿夫"，而是要做"轿中人"，这与他所说"正人心"相一致。戴震认为，治经者不能满足于懂得名物度数等所谓"制义"，"制义"必须服务治经并贯穿于始终，他说："辞不淳朴高古亦不贵，此存乎

---

① 徐道彬：《戴震辨伪成就述论》，《古籍整理研究学刊》2007 年第 1 期。
② 蒋立甫：《尚书义考说明》，《戴震全书》（修订本第 1 册），第 4 页。
③ 戴震：《与方希原书》，《戴震全书》（修订本第 6 册），第 374 页。
④ 姜广辉：《中国经学思想史》（第四卷上），中国社会科学出版社，2010，第 311 页。
⑤ 段玉裁：《戴东原集序》，《戴震全书》（修订本第 7 册），第 229 页。
⑥ 戴震：《与段茂堂等十一札·第十札》，《戴震全书》（修订本第 6 册），第 533 页。

行文之气体格律者也。因题成文，如造化之生物，官骸毕具，根叶并茂，少缺则非完物，此存乎冶铸之法者也。精心于制义一事，又不若精心于一经，其功力同也，未有能此而不能彼者。"①李开认为："这里强调名物度数和研经的结合，实际上是强调名物度数当用于通经通道。至于将治经通道的成果展示出来，很需要'纯朴高古'之词，要有冶铸群经、通观文献的本领，最后才能著成伟词。"②

宋代学者黄震虽然依归朱学，却也兼采诸家，以求是致用为归，他评点宋学："摆落训诂，直寻义理。""由故训以明义理"的戴震义理之学与此恰恰相反："然宋以来儒者皆力破老、释，不自知杂袭其言而一一傅合于经，遂曰六经、孔、孟之言；其惑人也易而破之也难，数百年于兹矣。"③王茂讨论戴震如何"执义理而后能考核"成为孤独的思想者，他说："乾隆间的学术空气是'时人方贵博雅考订'，以为'空谈义理，可以无作'。但戴震不囿于时人俗见。他四十岁后作《原善》，开始形成自己哲学见解，他要执自己的义理从事考核了。'执义理而后能考核'的提出，曾使时人视之为'光怪陆离'，'莫能名其为何等学'。甚至连他的弟子段玉裁也感到不能理解，难以接受。"④

戴震选择一条"制义从经"的孤独之路，虽不为时人所理解与认同，但他对于思想的探寻与追求终究随着时代与历史召唤而熠熠生辉、光照千秋。

（二）民本至上

"戴震始终是以一个经学家的身份活跃在当时的学术界，他的学术成就之高，影响之大，是那个时代任何一位学者都不能比拟的。他的研究方法，是对东汉古文经学的继承；他的研究立场，则是对先秦原始儒学的回归。由于从社会现实和人民疾苦角度思考问题，戴震成了在经学领域反映那个时代要求的代言人，从而也造就了他的经学思想鲜明的人民性特色。"⑤

---

① 戴震：《与某书》，同上书，第478页。
② 李开：《戴震评传》，南京大学出版社，1992，第174页。
③ 戴震：《孟子字义疏证》（卷下），《戴震全书》（修订本第6册），第214页。
④ 王茂：《戴震哲学思想研究》，安徽人民出版社，1980，第173页。
⑤ 姜广辉：《中国经学思想史》（第四卷上），中国社会科学出版社，2010，第304页。

作为经学家的戴震具有与众不同的伟大,源于他"从社会现实和人民疾苦角度思考问题",反映时代要求、回应人民呼声。杨应芹赞誉戴震说:"他一生之所以要治六书、九数,则是为了构建他的'正人心'的哲学而奠定理论基础的。戴震自谓'十七有志闻道',这个'道'不是别的,正是他要以经学大师的身份,按照他的人生价值和社会价值的取向,去重新解说儒家经典,从而达到'正人心'的目的,以改变'酷吏以法杀人,后儒以理杀人'的社会悲惨现状。"①

在文字狱盛行的乾隆时期,戴震敢于为百姓代言,向官方程朱理学发起挑战,无疑冒着巨大风险。

(三)笃实求是

晚清学者中,梁启超是较多关注且高度评价戴震的思想家之一,他对于乾嘉汉学的吴皖两派有过精彩评价:

> 戴、段、二王之学,其所以特异于惠派者:惠派之治经也,如不通欧语之人读欧书,视译人为神圣,汉儒则其译人也,故信凭之不敢有所出入;戴派不然,对于译人不轻信焉,必求原文之正确然后即安。惠派所得,则断章零句,援古正后而已。戴派每发明一义例,则通诸群书而皆得其读。②

> 汉学派中也可以分出两个支派:一曰吴派,二曰皖派。吴派以惠定宇栋为中心,以信古为标帜,我们叫他做"纯汉学"。皖派以戴东原震为中心,以求是为标帜,我们叫他做"考证学"。③

相比而言,"以求是为标帜"的戴震汉学显然要比"以信古为标帜"的惠栋汉学更为科学与合理,戴震也因此取得了比后者更大也更有影响的学术成就。

笃实求是而不迷信盲从成为戴震治学的重要特色,他也因此深得同时代乃至后世学者的盛赞:"戴震治学既广且深,每立一说必参验互稽,曲

① 杨应芹:《戴震与江永》,《安徽大学学报》(哲学社会科学版)1995 年第 4 期。
② 梁启超:《清代学术概论》,上海古籍出版社,2005,第 36—37 页。
③ 梁启超:《中国近三百年学术史(新校本)》,夏晓红、陆胤校,商务印书馆,2011,第 26 页。

证旁通，无征不信，见解多精当，常发前人所未发。钱大昕称赞他'实事求是，不偏主一家'，刘师培谓其'好学深思'，'厚积薄发'，章炳麟说他'分析条理，皆多密严瑮，上溯古义，而断以己之律令'。这些评价并非过誉之辞。客观严谨，由博返约，有识断且精审，确是戴氏治学的特色。"①

以戴震《诗经》研究为例，足见他用功甚勤、成果斐然，深为后世学者所关注与肯定。洪湛侯对于戴震治《诗》思想作过探讨，并从三个方面加以概括②：一是不强分门户。作为典型的《诗》古文学派，戴震崇信《毛传》《郑笺》，他的最后也是最有代表性《诗经》著作就命名为《毛郑诗考正》，但他诠释诗义只求符合诗意，而不强分门户，不吝指出"毛、郑之说非也"。二是不盲目信古。戴震在《经考》卷三《王风鲁颂》条加按语说："《毛诗序》云：'季孙行父请命于周，而史克作是《颂》。'未闻其所据。"③"未闻其所据"表现了戴震"无征不信"的求实精神。三是不信无稽之说。戴震对于周祖帝喾之说表示存疑："使喾为周家祖之所自出，何《雅》《颂》中言姜嫄言后稷竟无一语上溯及喾？且姜嫄有庙，而喾无庙。若曰履迹感生，不得属之喾，则喾明明非其祖之自出。曾谓王者事祖祢之大义，而可蒙昧其间乎？由是以言，周祖后稷于上更无可推。"④

上述三点鲜明地体现出戴震无征不信、笃实求是的严谨学风，这也是他在经学方面取得巨大成就的内在动因，对于后世学者求学问道无疑具有重要启示意义。

第三节　存意开源的西学思想

雍正禁教，历经一个半世纪的中西文化交流受到巨大冲击，然西方传教士的活动并未因此戛然而止，它不仅在原有各省持续发展，甚至还在向

---

①孙以昭：《戴震经学方法论初探》，《安徽大学学报》(社会科学版)1979年第2期。
②洪湛侯：《戴震与诗经研究——祝贺〈戴震全集〉出版》，《黄山高等专科学校学报》2000年第1期。
③戴震：《经考卷三》，《戴震全书》(修订本第2册)，第250页。
④戴震：《毛郑诗考正卷三》，《戴震全书》(修订本第1册)，第645页。

边远地区推进。由传教士传播而来的西学在皖南腹地找到了知音，从江永到戴震，他们对于西学都表现出了浓厚兴趣。戴震对西学的态度体现于他的科学研究，如天文学、数学、工程学等。透过他的西学研究，探知他的西学态度与科学思想，其中经验与教训对于今天仍然有所启迪。

一、研究内容

雍乾时代的徽州地区，商业兴盛，文脉绵长。由于勤学好问和乡贤提携，戴震自小就对天文历算表现出特别的天分和兴趣，对于"东渐"西学也密切关注。只有 22 岁的戴震就在经学家、数学家江永的指导下，完成了第一部数学著作《策算》，之后又撰写和考订《算学初稿四种》《勾股割圆记》《九章算术订讹补图》和《五经算术考证》等数学著作。戴震所著的《策算》就是西洋筹算，它是由苏格兰数学家纳皮尔（J·Napier，1550—1617年）发明的一种数学计算工具和方法，为了区别西洋筹算与中国传统筹算，戴震将纳皮尔之"筹"称为"策"，故又称为"策算"。在《策算序》中，戴震说道："以九九书于策，则尽乘除之用，是为策算。策取可书，不曰筹而曰策，以别于古筹算，不使名称相乱也。"①另外，戴震所著《勾股割圆记》以西法为之作注（假托友人吴思孝之名），戴氏以"简古"的文字、中式的语言把西方几何学中"除余弦定理外，平面三角和球面三角的基本公式都已包括，并用图形来证明和说明"②。戴震所取得的数学成就引人注目。戴氏弟子汪灼盛赞《勾股割圆记》为"集天官书、梅氏、利玛窦之大成"③。阮元更将戴震比肩宣城梅文鼎，他说："天下学者，乃不敢轻言算数，而其道始尊。然则戴氏之功，又岂在宣城下哉？"④戴震没有局限于西方数学的为我所用，对于西方语言学、天文学和水利等方面也十分关注。如在语言学方面，戴震将传统小学变为实证科学。"第一次西学东渐时期的古代语文学和语言学，最重要的西学烙印是变传统的小学为系统的实证

①戴震：《策算序》《戴震全书》（修订本第 5 册），第 5 页。
②戴震：《绪言》（卷中），《戴震全书》（修订本第 6 册），第 120 页。
③汪灼：《四先生合传》，《戴震全书》（修订本第 7 册），第 44 页。
④阮元：《畴人传》（卷四十二），载《戴震全书》（修订本第 7 册），第 61 页。

科学。戴震是这一学术变革的集大成者。"①戴震在古音学上用功甚勤，他说："昔人既作《尔雅》《方言》《释名》，余以为犹阙一卷书，创为是篇，用补其阙，俾疑于义者以声求之，疑于声者以义正之。"②戴氏所谓"一卷书"即指已佚失的《转语二十章》③，现仅存《序》文一篇。戴震所作语源学的探索就是一个"体现西学实证和逻辑条理的名例"，《转语二十章》"是从内在音理讲声韵转换规律的，从而找出意义联系的声韵依据，它既是古音学，又是以古音音理为方法的词源学，它确实是前无古人的'一卷书'"④。另外，在吸收西方天文学、水利工程、机械制造知识等方面，戴震涉猎广泛、兼摄中西，在理论和实践两个方面都有不俗表现。例如，戴震根据数学原理发明的龙骨水车以及为家乡设计的珠塘坝，至今仍服务于当地农民抗旱汲水和防汛排涝。在天文学方面，戴震不仅专注传统天文学改造和天文学史研究，撰写《原象》和《续天文略》，而且信奉丹麦天文学家第谷（第谷·布拉赫（Tycho Brahe，1546—1601年）理论，试图用西方天文学本轮、均轮概念来解释"日月盈缩迟疾"问题。虽然他志在洋为中用，由于对第谷体系之"地心说"深信不疑，而对当时已经传入中国的"日心说"漠然无视，不免引人感慨："作为一代学术巨擘，没有对哥白尼学说予以足够重视，不能不说是一件憾事。"⑤

　　数学、天文、考据和应用之学等跟随"西学东渐"传入中国的同时，西方的哲学、人文和社会科学也局部地被翻译和引介过来。首先西方宗教著作随着耶稣教徒的翻译传教大量传入中国，如《天主实义》（利玛窦著，1559年）、《天主实录》（罗明坚著，1584年）等自不必言，哲学方面的著作有古希腊亚里士多德逻辑学及相关著作，如傅汎际《名理探》（1631年）和南怀仁《穷理学》（1689年），其他还有政治学（王丰肃著《西学治平》和《民治西学》，未刊印）、教育学（王丰肃著《童幼教育》）、语言学（金

---

① 李开：《第一次西学东渐与乾嘉学派》，《传统文化与现代化》1999年第2期。
② 戴震：《转语二十章序》，《戴震全书》（修订本第6册），第303页。
③ 有学者认为《转语二十章》并未佚失，它就是《声类表》，如赵邦彦在《戴氏声类表蠡测》中说："《转语二十章》即《声类表》九卷，略备一说。"
④ 李开：《第一次西学东渐与乾嘉学派》，《传统文化与现代化》1999年第2期。
⑤ 李开：《戴震评传》，南京大学出版社，1992，第231页。

尼阁、王徵著《西儒耳目资》）、音乐（徐日升编《律吕正义续编》）和西方学术（艾儒略刊刻《西学凡》，1623 年）等方面著作也相继传入。不过，与数学、天文学等作为西方"技""器"的"质测"之学被中国士大夫们借"西学补益王化"而为我所用不同，那些被称为"义""理"的"通几"之学（如哲学、政治学、法律等）不仅种类上非常有限，而且因为朝廷极力推行程朱理学而大都被束之高阁。不过，作为中国儒家重要典籍的《四书》由利玛窦居住江西南昌（1595—1598 年）之时译成拉丁文并传回意大利，以供来华传教士学习参考；《五经》则于 1626 年由耶稣会士金尼阁译为拉丁文并刊印于杭州，成为中国经籍最早正式出版的外文译本。相比较而言，由传教士传入中国的西方哲学著作屈指可数（局限于逻辑学和政治学等），且影响有限。乾隆严厉推行"禁教"政策，以实用主义态度利用传教士服务于自己的物质享乐，而对于西方先进的科学技术则"只觉视等平常耳"，由此引来法国传教士钱德明①抱怨道："自传教士来中国以来，从来没有一个皇帝像乾隆这样利用过他们服务。然而，也从来没有一个皇帝像这个皇帝这样虐待过他们，并对他们所传播的天主教颁布过最可怖的禁令。"②西方传教士"西学东渐"之途由此几乎音沉响绝。那么，处于汉学如日中天、"西学东渐"近乎止息环境的戴震能在多大程度上关注和吸收西方哲学文献呢？有学者认为：戴震所作的《孟子字义疏证》"遵循《几何原本》中的定义、公理、证明、演绎等逻辑程序展开。这种逻辑方法虽然在十七、十八世纪风行欧洲，但在中国哲学史上运用这种方法，戴震却是第一人。它不仅给人以耳目一新，而且标志着戴震在思维方式上已经突破传统而迈入近代"③。相反，也有学者从戴震数学以及义理之学的传统资源中寻找思想和理论线索，否认戴震对于西方哲学的吸收和借鉴。"从《几何原本》在中国的流传过程来看，乾嘉时期，以戴震为代表的一代算学家以传统算学为框架，融会西方算学的内容，并没有采纳《几何原本》的公理化演绎

---

①钱德明（Jean-Joseph-Marie Amiot，1718-1793 年），法国汉学家，把《孙子兵法》介绍到欧洲的第一人，是入华耶稣会士中最后一位大汉学家。

②引自法国传教士钱德明于 1745 年 10 月 17 日写给 P. 杜尔的信，载《清史译文》第 10 辑，中国人民大学清史所资料室 1979 年油印版。

③徐道彬：《戴震学术地位的确立与"西学中源"论》，《清史研究》2010 年第 3 期。

方法作为重构传统算学的框架；从《孟子字义疏证》的建构方法来看，戴震主要采取的是训诂考据的方法，它在本质上属于归纳法，与《几何原本》的方法论相去甚远。由此可见，《几何原本》对戴震哲学并未产生什么影响。科学有古今之分、地域之异，而科学精神却是永恒的，那就是对'真'的不懈追求，正所谓东海西海，心同理同。戴震哲学是否具有科学精神并非一定要与《几何原本》联系起来，无论在义理方面还是在考据方面，戴震都强调要达到'十分之见'，这就是科学精神。"① 其实，戴震所著《孟子字义疏证》，就题目之"疏证"而言，阎若璩之《尚书古文疏证》已有先例；就内容而言，选取《孟子》"理""天道""性""仁义礼智"等概念自设对话以期回归孔孟、批判程朱，也与朱熹弟子陈淳撰写的《北溪字义》方法相近，陈淳选取"命""性""心""仁义礼智信""理""中和"等概念，通过"字义"疏释来阐述程朱理学用以"卫护师门、排击异说"。两相比较，戴震和陈淳虽然对程朱理学态度泾渭分明、势如冰炭，但在论证手段与方法上何其相似。在我看来，否定两者具有必然联系的论述或许更有说服力，因为这也与自清朝中叶开始的中国文化开放性下降、保守性增强的基本事实大体相符。正如学者所指出，此时的中西历史正走向不同的发展途径："中国方面吸取了中世纪的科学走向了经学研究的道路；而西方则开辟了近代科学而走向了反经学的近代道路。"② 戴震早年究心于考据与科学，晚年却执着于经学注解，正是这一个发展路向的真实反映。

二、西学思想

戴震的西学思想具有双重性特点，体现了传统士人们既渴望睁眼看世界、又恪守"夷夏之防"的矛盾心态，主要表现在以下两个方面：

第一，中西各取所长，兼中西而会通。面对西学东渐之风劲吹，戴震认为中西科学技术不应相互排斥，而应各取所长、互补发展，正如《天文算法类提要》所言："中西两法权衡归一，垂范亿年，海宇承流，递相推衍，

① 王世光：《戴震哲学与〈几何原本〉关系考辨》，《史学月刊》2002 年第 7 期。
② 何兆武：《中西文化交流史论》，湖北人民出版社，2007，第 97 页。

一时如梅文鼎等，测量撰述，亦具有成书。"① 戴震以哲学家的思维从事科学研究。"戴震作为一名哲学家从事自然科学研究的，因而比同时代的单纯从事自然科学研究的学者具有更多的辩证法观点，这就毫不奇怪了。中国古代有着丰富的辩证法思想资料……戴震熟谙古代典籍，以辞通道，就包括通那些不自觉、半自觉、自觉的古代辩证法之道。辩证法就是在普遍联系中观察对象。"② 我们也可以从戴震给常熟屈曾发所作《九数通考序》找到佐证，他盛赞好友"兼中西而会通"，已经超越梅文鼎，他说："常熟屈君省园，嗜古，好深湛之思，于书靡不披览，尤加意实学，俾足以致用。既撰万言《肆雅》为识字津涉。其治算数也，妙尽其能，亦兼中西而会通之，乃举而分隶九章，则又梅氏所志焉未逮也。"③ 戴震对于西学的清醒认识使其乐为西方数学、天文学等的学习、借鉴和传播倾心尽力，也因此吸引了一批拥趸和志同道合者。被梁启超推崇为乾嘉学术"护法神"的阮元始终襄举戴震朴学大旗，不仅主持编纂《皇清经解》《十三经注疏》等鸿篇巨制，而且还倾四年之力撰写了汇聚古今中外近三百名科学家的专著《畴人传》。《畴人传》彰显了阮氏对于中西古今之学的态度，表现出与戴震一脉相承的西学思想。张立文指出："阮元提出对待外来文化（西学、西法）和传统文化的'取其精华，去其糟粕'的方法，对于今天，也还有其重要的现实意义。"④ 戴震及其同仁后学所主张的"会通中西""去粗取精"思想也正是中国传统文化精髓中海纳百川、有容乃大品质的具体展现。当然中国传统知识分子又难免自身的局限性，当强势的外来异质文化不期而遇、破门而入时，他们一时难以接受，藏诸心底的"华夷之辨"和"严夷夏之防"观念便会油然而生，汩汩而出。

第二，存古法之意，开西法之源。作为中国传统知识分子，戴震出于对华夏文明尊崇之情，同样没有摆脱明清之际流传而来的"西学中源"说，反而从理论上大加论证，使"西学中源"说成为当时朝野上下和士大夫们

---

① 《四库全书总目》，中华书局，1965，第 891 页。
② 李开：《戴震评传》，南京大学出版社，1992，第 244 页。
③ 戴震：《九数通考序》，《戴震全书》（修订本第 6 册），第 553 页。
④ 张立文：《戴震》，东大图书股份有限公司，1991，第 313 页。

评判中西之学的思维定式。从上面所谓"中西权衡归一"中也可以略见端倪，它强调中西学术有共同之源，即中国。戴震在《四库全书》的《周髀算经提要》中强调："西法出于《周髀》，此皆显证。特后来测验增修，愈推愈密耳"，因而《周髀》"皆足以存古法之意，开西法之源"①。虽然它表现出对西方科学技术的充分欣赏和肯定，但却是以坚持"西方文化东往"（即"西学中源"）说为前提的。戴震的"存意开源"即是以明末"西学中源"说为思想嚆矢。面对异质而强势的西方文化，徐光启、李之藻为代表的明末士大夫们以一种超然的世界眼光，提出"欲求超胜，必先会通。会通之前，必先翻译"的学习西方文化三部曲。为了中华文化能超胜西方文化，他们虚心向西方求教，成了第一批真正睁眼看世界的中国人，尚且没有纠缠于中西文化源与流的争论。随着明清鼎革、世事变幻，一批有强烈民族和文化抗争精神的明朝遗民思想家如黄宗羲、方以智、王锡阐等人，面对西学思潮开始反思中西文化的优劣和源流问题。虽然他们也不得不接受西方文化显然的优势和强势，但出于文化的自尊心，他们不约而同地要为西方文化寻找一个中国文化的源头。进入清代，随着康熙帝以帝王之口宣布"即西洋算法亦善，原系中国算法，彼称为阿尔朱巴尔。阿尔朱巴尔者，传自东方之谓也"②，"西学中源"说更是一呼百应，应声隆隆。作为清代最著名的天算学家，梅文鼎是"西学中源"的鼓吹者。他从多方面论证西学原本即为中学，指出西人所说的"地圆说"在《周髀》中早已存在，只是在它传入西方后，才被西方人所认识。由于梅文鼎在学界的崇高地位，使"西学中源"说在当时产生了重要影响力；戴震所主张的"存古法之意，开西法之源"无疑就是"西学中源"说的翻版。

三、若干评价

置身西学东渐大潮，明清之际的士大夫对西学态度产生了明显的分化，既有以天朝上国自居、固守"夷夏之辩"的保守派，如杨光先就提出"宁

---

① 戴震：《校书提要·周髀算经》，《戴震全书》（修订本第6册），第627-628页。
② 尚智丛：《传教士与西学东渐》，山西教育出版社，2008，第102页。

可使中夏无好历法，不可使中夏有西洋人"①；也有对西学保持着清醒、公正态度，以理性眼光看待西学的开放派，如赵翼认为"西洋远在十万里外，乃其法更胜，可知天地之大，到处有开创之圣人，固不仅羲、轩、巢、燧已也"②；还有既主张学习吸收西学，又坚持西学中源、中西兼容的会通折衷派，被认为是最早提出"西学中源"思想的熊明遇就认为："上古之时，六符不失其官，重黎氏叙天地而别其分主。其后三苗复九黎之乱德，重黎子孙窜乎西域，故今天官之学，裔土有端门。"③相比较而言，戴震属于最后者，他近乎矛盾的西学思想对于中西文化交流同样具有双重效应。

首先，戴震对西学保持一种欢迎和学习的心态，积极探索西学向中学的引进转化之路，值得充分肯定。勾股测望术和割圆术是中国古典数学的传统内容，元朝郭守敬创用勾股弧矢法求赤道积度和内外度，开始球面三角的研究。然而历史发展到明清之际，传统数学已经趋于衰势，甚至近乎失传。虽然欧式几何、三角学等随西学东渐而传入，可是真正能懂的人却寥寥无几，只因天算学家梅文鼎等人的不懈疏解，才有所传播。梅文鼎的数学成就在古徽州地区影响深远，代有传人。戴震承前启后，精心撰就《勾股割圆记》三卷，就是以中国传统的勾股弧矢割圆术为立法根据，推演三角学的基本公式，以求中西算学之会通。不仅如此，戴震还非常讲究变通，洋为中用，"将西化中"。他在《与是仲明论学书》中说："中土测天用勾股，今西人易名三角、八线，其三角即勾股，八线即缀术。然而三角之法穷，必以勾股御之，用知勾股者，法之尽备，名之至当也。"④戴震使用了一种"旧瓶装新酒"的变通方法，为西方学术穿上一套中学外衣，既使中国古学巧妙地吸收西学内容，又让士人们避免纠缠于无谓的"夷夏之争"。

其次，戴震坦然接受前人的"西学中源"论，虽然有它历史上的客观必然性，但其负面影响毋庸置疑。戴震出于一颗中华赤子之心大力阐扬"西

①杨光先：《不得已（附二种）》，黄山书社，2000，第79页。
②赵翼：《檐曝杂记》（卷二），中华书局，1982，第36页。
③转引自王扬宗：《"西学中源"说在明清之际的由来及其演变》[《大陆杂志》（台北）1995年第6期]，作者于该文认为，熊明遇（1579-1649年，江西南昌人）在《格致草·自叙》中最早提出"西学中源"说思想。
④戴震：《与是仲明论学书》，《戴震全书》（修订本第6册），第368页。

学中源"说，在当时也不无其正面意义，有利于促进人们从情感上去接受并喜欢西学，有助于中国知识分子从中西文化比较中找出自身文化的弊端，去反思作为西学之源的中国文化何以停滞落后的内外原因。但是消极作用同样不容忽视，因为它在客观上中断了由徐光启开创的自西向中的、开放进取的"会通超越"之路，不知不觉地走上了一条由今到古、封闭退后的"存意开源"之途。主张"西学中源"论的戴震显然不及其师江永理性与清醒。江永，虽身为一介布衣学者，没有随声附和已成学界主潮的"西学中源"论，而是以一种务实和客观态度充分否定"西学中源"，肯定西学的"创始之劳"，他说："至今日而此学昌明，如日中天，重关谁为辟？鸟道谁为开？则远西诸家，其创始之劳，尤有不可忘者。"[①]江永因此而招致当时很多学者的不满和指责，数学家梅毂成（1681—1764 年，梅文鼎之孙）就书写一副对联劝其要"殚精已入欧逻室，用夏还思亚圣言"；戴震的私淑弟子焦循则直言江永和戴震师徒有别："徽士谈天，师弟异辙。江永宗西法，戴震重中法。"[②]可以说，被视为"西学派"的江永几乎成为当时的"另类"，他那清醒而又孤独的呐喊终究淹没于"西学中源"的历史洪流。有学者指出："'西学中源'说的盛行正表明了这一点，因为西学既然源自中学，那么西学即中国的古学，因而完全可以纳入传统经学的体系。因此，他们的'会通'与'超胜'，与徐光启相比，追求西方科学的热忱已经大大地萎退，证明西学为中国古已有之则成了'会通以求超胜'的主要内容。"[③]也有学者更尖锐地批评道："'西学中源'是一种根本上错误的看法，因为这种逻辑导向的是不必再钻研与吸收西学，更谈不上从深层次考虑中西两种文化的异同与发展。这样一种认识在思想界长期盘踞，造成的恶果可想而知……把乾隆以来清朝文化在整体上呈现出的封闭状态归结为一种思想的影响或许显得太片面，但支持'西学中源'说的文化思维与政治思维对造成这样一种局面实在是重责难逃。"[④]乾隆一朝，"禁教"甚严。不管清廷"禁教"

---

①江永：《数学又序》，商务印书馆，1936，第 3 页。

②焦循：《雕菰集》（卷十二），丛书集成初编本，第 182 页。

③陈卫平：《从"中西会通"到"西学东源"——明清间科学家比较中西科学的思想趋向》，《自然辩证法通讯》1989 年第 2 期。

④张国刚、吴莉苇：《中西文化关系史》，高等教育出版社，2006，第 514 页。

有多少迫不得已原因，却从客观上切断了传教士对于西方科学技术的西学东渐之路，再加之"西学中源"的深入人心必然大大降低士人们外求西学的兴趣和愿望，中西科技之差距已经相去不可以道里计了。

复次，戴震对待中西文化坚持"中西归一""存意开源"，表现出一种文化保守主义倾向。虽然文化保守主义概念是由西方学者首先提出的，用来指称"五四"时期那种"立足于传统文化，力图融会古今，也有选择地吸收纳来文化，以适应时代需要的思想倾向或思想派别"[①]，但同样也正是历史上处于异质文化交流、冲突和碰撞之弱势一方为了维护文化主体性和民族自尊心的一种自我保护和理性选择。戴震所谓"存意开源"既要发掘本土传统文化（天文历算等）优秀资源，又要为西方优秀文化寻找中国之源头，足见他对中国文化的自信和热忱。这种"对待民族文化传统却很谨慎、很保守，温情脉脉，谨守先业，唯恐弃我故常"[②]是文化保守主义心态的真实写照。由于"在近代思想的发展中，文化保守主义本质上是一个与反传统思想相反对的文化的主张"，所以戴震的"存意开源"思想与之有几分相似，又不可等而视之。事实上，文化保守主义在任何国家都广泛存在，而在中国从"老子化胡""西学中源""中体西用"到"返本开新"等称得上历史悠久，形异神同。今天，人们对文化保守主义虽然表现出更多理性和情感的认同，但务必坚持一个前提，即对待民族本土文化要自信而不自大、自尊而不自负，同时以海纳百川、有容乃大的气魄，尊重差异、兼容并包的精神，在各种不同文明交流交融、互学互鉴之中，推动中华文明创造性转化和创新性发展。

最后，戴震笃信"西学中源"说，对自身学术思想演进也产生不可忽视的影响。戴震所持"西学中源"说不仅对于推进中西文化交流具有双重效应，而且对于其自身学术思想的演进也必然产生影响。由于相信"西学中源"说，戴震对于西学总体上缺乏一种批判精神，他笃信第谷体系中的"地心说"，以致对于已经传进中国的哥白尼"日心说"没有表现出应有的惊奇、开放的心态。另一方面，既然相信西学"古已有之"，那么对于西方科学

①方克立：《现代新儒学与中国现代化》，长春出版社，2008，第40页。
②同上。

的探索兴趣必然要大打折扣。被戴震视为"生平论述最大者"，不是探索天人关系的自然科学著作，而是旨在"正人心之要"的义理之学——《孟子字义疏证》。在考据（科学）与义理（哲学）之间，戴震显然更为执着于义理，他早在青年时代就已确立学问方向："古今学问之途，其大致有三：或事于理义，或事于制数，或事于文章。事于文章者，等而末者也。"① 对于人们视其为专注"六书、九数"诸事，他并不认可，而是以"轿"设喻，以喻明志："六书、九数等事，如轿夫然，所以舁轿中人也。以六书、九数等事尽我，是犹误认轿夫为轿中人也。"② 此段言论由他的学生段玉裁记录于 1792 年所作的《戴东原集序》，从此不难看出，戴震内心不愿去做"事于制数"的"轿夫"，而要做"事于理义"的"轿中人"。由于"西学"被纳入传统"制数"之学，随着学术兴趣和人生目标定位于"求观圣人之道"，被誉为"百科全书式的学者"③ 的戴震只能踯躅于中世纪科学畛域，止步于近代科学的门前。

戴震作为乾嘉汉学的旗帜和中坚，他对于西学的态度和认知也是当时封建传统士大夫的整体反映。虽然"在华夏中心论牢不可破的明清两朝，'西学中源'说无疑是主张向西方学习的中国进步士人所采取的不得已而为之的明智之举"④，但是它留给我们的教训至今仍然值得反省。裹挟于全球化浪潮之中的人们，面对日趋加快的中西文化的交流、碰撞和融合，如何正确地看待本土和外来文化，回溯思想先贤们的所思所想、所得所失，定然有助于我们寻找答案。

第四节　切于民用的方志思想

作为考据大家，戴震在地理与方志方面做出了显著贡献，取得了骄人的成就。戴震在地理方面贡献主要集中在《水经注》注释和《直隶河渠书》

---

① 戴震：《与方希原书》，《戴震全书》（修订本第 6 册），第 373 页。
② 段玉裁：《戴东原集序》，《戴震全书》（修订本第 7 册），第 229 页。
③ 杨应芹：《戴震全书序四》，《戴震全书》（修订本第 1 册），第 17 页。
④ 张允熠：《中国文化哲学构建的三大话语平台》，《学术界》2008 年第 4 期。

编纂两个方面。戴震从乾隆十九年（1754年）入都前后就已关注《水经注》，留下了《水地记初稿》《水地记手稿残卷》《水经考次》《水地记》《水经注》自刻本与《水经注》聚珍版等一系列成果；应直隶总督方观承之邀，接替赵一清参与《直隶河渠书》的编纂工作，修得清稿102卷，因方观承不久去世，继任杨廷璋不能以礼相待而辞职入京，未成书稿最后被王履泰冒窃涂改，易名《畿辅安澜志》由武英殿刊刻出书①。方志方面，戴震除亲自参与撰修《汾州府志》（1769年）、《汾阳县志》（1771年）之外，还撰有《汾州府志序》《宁乡县志序》《寿阳县志序》《汾阳县志序》《汾州府志例言》《汾阳县志例言》《应州续志序》等文字，对方志的性质、体例以及编撰方法等发表独到见解。综览戴震地理方志成就，可以从如下几个方面归纳他的地理方志思想。

一、修志宗旨

（一）经邦济世，切于民用

戴震以经邦济世为鹄的从事地理与方志学研究，遵循重民利民之宗旨从事方志的修纂工作。

"国之本莫重于民，利民病民之本莫重于吏。"② 这是戴震民本思想的响亮宣示，他所有学术活动无不体现民本思想。"他在主修《汾州府志》时，采用以水统川的办法，遍及泽泊、堤堰、井泉，并详录自古以来引渠灌溉之法，筑防疏通之事，集形势、风气、农政、水利于一体，达到了'府境虽广，山川虽繁，按文而稽，各归条贯，务求切于民用'的目的。"③ 与此同时，戴震非常重视田赋、盐税之事，将它们列为事关民生的大事，他说："政之大体，民之利病所系，胥役豪右，其滋弊不可不穷诘也。知民之所苦及旱潦之不常，以达其情，尤亲民之吏，宜务图者矣。"④ 经邦济世，切于民用鲜明地体现了戴震地理方志学的治学宗旨，也成为贯穿其全部学术

① 段玉裁于《戴东原先生年谱·三十三年戊子》作如此认为，实际上《直隶河渠书》公案还有其他观点，请参见第一章第二节"地理方志·直隶河渠书"。
② 戴震：《送巡抚毕公归西安序》，《戴震全书》（修订本第6册），第390页。
③ 李发红：《戴震的方志学理论及启示》，《广西地方志》2010年第2期。
④ 戴震：《汾阳县志例言》，《戴震全书》（修订本第6册），第584页。

活动的根本指针。

（二）详善略恶，隐恶扬善

人类社会五彩斑斓，真善美、假恶丑交织。虽然《史记》有《佞幸传》，《汉书》也有《奸佞传》，但戴震认为志与史不同，他说："史善恶并书，志详善而略恶也。"[①] 因此，"名宦必其德泽及民，操持可法；流寓非名贤不录，此二者所以著爱慕也。人物必大节卓然，义行必为善足风……志之人物，以人品、学问、德业，而忠孝固德之大端也。有德有文者，于人物见之；专以文著者，于科目、仕实中散见之，无庸复列；至于名教所弃，犹巧饰诬欺，虽曾祀乡贤，邀声誉，今削而不录。"[②] 戴震要求志书"志详善而略恶"，体现他对于传统儒家文化隐恶扬善精神的体认与坚持。既然社会负面信息和丑陋现象客观存在，人们要做的不是非得做过多的抱怨和揭露，而是去努力、全面地记录、表扬和传颂正面人物与事件，好人好事就会愈来愈多，整个社会风气就会趋善避恶，德播四方。

由此，《汾州府志》中有《于清端传》《范忠贞传》《万光禄传后序》《王廉士传》等传记，如《于清端传》表彰于成龙"清严忠直、勤劳治事，官吏无不敬畏，归于廉慎"[③]，可见戴震表彰先贤、树立新风之旨甚明。

二、修志原则

戴震修志成果丰硕，至少体现如下两个原则。

（一）古今沿革，志首为重

"古今沿革，作志首以为重。"[④] 戴震以一个考据学家功夫从事方志编纂工作。他认为：方志就是一方地理书，修志首务就是要辨明一方的地理沿革。

一方面，戴震将修志凡例贯穿于修志实践。"志之首沿革也，有今必先有古……昔人考之不审，徒检史书中涉乎西河、汾州、中都……之名者，

① 戴震：《汾州府志例言》，《戴震全书》（修订本第6册），第579页。
② 同上书，第579页。
③ 张军：《考辨求真的理论与实践——从〈汾州府志·例言〉看戴震纂乾隆〈汾州府志〉的特点》，《黑龙江史志》2014年第20期。
④ 戴震：《应州续志序·己丑代》，《戴震集》，上海古籍出版社，2009，第139页。

取而列诸名宦人物……论其世、考其地，实非官于斯、产于斯者也；而此地之名宦人物往往遗失之。故沿革定而上考往古，乃始无惑。"①"沿革不明，则志中述古，未有能免于谬悠者，故考沿革为撰志首事。"②

另一方面，戴震用之与章学诚的修志论战（1773 年）。戴震认为："夫志以考地理，但悉心于地理沿革，则志事已竟。侈言文献，岂所谓急务哉？"③他进一步强调说："沿革苟误，是通部之书皆误矣。名为此府若州之志，实非此府若州也而可乎？"④

（二）实事求是，破旧立新

实事求是、破旧立新作为戴震的修志原则，主要表现在以下几个方面：

第一，"古今沿革，作志首以为重"。这本身就体现了实事求是精神，戴震修志也由此取得了卓越成就。如他纂修《直隶河渠书》，段玉裁称赞说是"考之古而无不贯通，核之近今而无不确实⑤。"《汾州府志》的编纂更是奠定了戴震在志书方面的坚实地位，乾隆御史曹学闵在该志序言中评价道："体大思精，文约义赡，追常璩（东晋史学家——引者注）之审，匹刘炳（唐代史学家——引者注）之该博，所称传世行远，而有益于史家者，其在斯乎！"

另外，从实事求是出发，戴震认为人物类不应仿史书设列传，应有与正史列传不同的收录标准，他说："史之列传以爵位，故有爵位不尊及无爵位者，不得不列为目以纪之。志之人物，以人品、学问、德业，而忠孝固德之大端也。"⑥在编纂方法上，戴震对地图编制以及地理沿革考证方法等进行创新，加强志书的实用性，强调修志以为民用⑦。

第二，"沿革之外，非无别裁卓见者也"。虽然戴震主张修志要遵守俗例，他同样也有破旧立新之论，他说："余于沿革之外，非无别裁卓见者也。

---

①戴震：《汾州府志例言》，《戴震全书》（修订本第 6 册），第 577 页。
②戴震：《汾阳县志例言》，同上书，第 582 页。
③章学诚：《记与戴东原论修志》，《文史通义校注》（下），叶瑛校注，中华书局，1985，第 869 页。
④同上。
⑤段玉裁：《戴东原先生年谱》，《戴震集》，第 469 页。
⑥戴震：《汾州府志例言》，《戴震全书》（修订本第 6 册），第 579 页。
⑦陈旭：《试析戴震方志思想》，《中国地方志》2003 年第 5 期。

旧志人物门类，乃首名僧，余欲删之，而所载实事，卓卓如彼，又不可去。然僧岂可以为人？他志编次人物之中，无识甚矣。余思名僧必居古寺，古寺当归古迹，故取名僧事实，归之古迹，庸史不解此创例也。"① 此为戴震在宁波与章学诚修志辩论，它一方面表现出戴震一贯的反佛思想，另一方面也是他关照社会现实的反映。这种做法招致章氏的讥讽："削僧事而不载，不过俚儒之见耳。"② 实际上，戴震并非章氏所谓"怪妄"，而只是"取名僧事实，归之古迹"，看来他们只是对于名僧归属的认知不同，相比之下，章学诚比戴震要显得更为偏激。

三、修志方法

（一）不贵古雅，皆从世俗

戴震遵循切于民用之宗旨，提倡修志不贵古雅，皆从世俗，他说："此于体例，则甚古雅，然修志不贵古雅。余撰《汾州》诸志，皆从世俗，绝不异人，亦无一定义例，惟所便尔。"③ 由此不难看出戴震与章学诚修志的分歧所在：章学诚主张修志以征存文献为主、注重人文活动、讲求文语古雅等"古雅"做法，这种所谓"古雅"主张不为戴震认同，戴震主张修志皆从世俗，体现了他一贯的民本思想与平民情怀。戴震对于修志之"雅"有着自己理解："只有从俗并考其沿革以求实，才能使方俗史志发挥'雅'的作用。"④ 因此，戴震反对以往各州县旧志中将所谓八景、十景漫列于卷端的作法，他认为这种做法"最为鄙陋，悉汰之以还雅"⑤。戴震之"雅"虽主张以"俗"为基础，但他又反对人为的杜撰与堆砌。

（二）注重考据，佐以文献

戴震以考据见长，修志注重考据顺理成章。但他并非只重考据，而是注意将考据和文献相结合，强调直观绘图与实地考察相统一，他说："作

---

① 章学诚：《记与戴东原论修志》，《文史通义校注》（下），叶瑛校注，中华书局，1985，第 870 页。
② 同上书，第 871 页。
③ 同上书，第 869 页。
④ 李开：《戴震评传》，南京大学出版社，1992，第 258 页。
⑤ 戴震：《汾州府志例言》，《戴震全书》（修订本第 6 册），第 581 页。

图无法，则失其实，检图考地适足滋惑。"① 戴震 "以历史沿革为时间横坐标，以疆域、山川、城池为空间纵坐标，参以文献史料的实证与梳理，达到自然与历史的融合、宏观与微观相统一"②。由此，戴震与章学诚的考据与文献之争，章学诚从 "六经皆史" 出发，"章提出重文献，是以一般历史科学的文献要求来要求地方志，未免不合方志需实情的体例，戴震重沿革实际上就是重历史和现实的实际情况"③。戴震在实际修志过程中，历史沿革考订离不开对于历史文献的考订，两者从未真正分离过。由此缘故，戴震修志才能取得巨大成就，如他在《应州续志序》中对于应州旧址的考证就充分体现了对于文献考订的高度重视与熟练运用，经过《汉书·地理志》《汉书·武五子传》《说文解字》《魏书》《太平寰宇记》《水经注》《读史方舆纪要》《一统志》等文献的综合比照，最终纠正了旧《应州志》的错误结论。由此，李开评论说："戴震十分重视文献，文献功夫是历史科学的基本功，戴震岂有不重视之理。当文献不足证时，应考之实地，以求地史沿革究竟。文献是手段，考证史实，弄清原委是目的。而这些归根到底又服从于修志以'利民'这个总要求。"④

上述戴震地理方志思想的讨论无疑粗浅且不充分。为了更深入理解戴震作为百科全书式的思想家的地位，对此问题的探讨有待继续进行。

第五节　相师为学的教育思想

作为乾嘉时期首屈一指的思想家，戴震因其长期的教学实践形成了丰富而又深刻的教育思想，不仅成就了自己 "乾嘉学者第一人" 的盛誉，也培养了诸如段玉裁、王念孙、孔广森、任大椿等汉学传人。因此，深入挖掘戴震的教育思想对于更加全面领会戴震思想无疑具有重要意义。

———————

① 戴震：《汾阳县志例言》，同上书，第 585 页。
② 张军：《考辨求真的理论与实践——从〈汾州府志·例言〉看戴震纂乾隆〈汾州府志〉的特点》，《黑龙江史志》2014 年第 20 期。
③ 李开：《戴震评传》，南京大学出版社，1992，第 256 页。
④ 同上书，第 259 页。

一、教育目的

戴震一生授徒治学，其教育目的可用"正心解蔽"概括：正心是目的，解蔽是手段，两者共同构成戴震的教育宗旨。

（一）正心

戴震在与弟子段玉裁的书信中说："仆生平论述最大者，为《孟子字义疏证》一书，此正人心之要。今人无论正邪，尽以意见误名之曰理，而祸斯民，故《疏证》不得不作。"①"正人心"不仅是《疏证》之作的思想宗旨，而且也贯穿于戴震的授徒治学全部实践。"正人心"即"正心"之意，它源于《大学》的"八条目"（欲修其身者，先正其心）。"正心"作为儒家实现"三纲领"的重要途径之一，被历代儒者所遵循与发挥；先秦儒家导其源，宋明儒家赓其续。程朱诸子推崇《伪古文尚书·大禹谟》中所谓"人心惟危，道心惟微，惟精惟一，允执厥中"的"十六字心法"，程颐解释说："'人心'，私欲也；'道心'，正心也。"②在戴震看来，这种对于人心与道心、私与欲的分疏和对立因为受到释道影响而违背了先儒传统。戴震认为："是故圣贤之道，无私而非无欲；老、庄、释氏，无欲而非无私；彼以无欲成其自私者也；此以无私通天下之情，遂天下之欲者也。"③

程朱因为深受老释两家影响而混淆了私与欲之别，以致将人心等同于私欲，显然既不够严谨，也并非事实。儒家之圣贤不正是要"以无私通天下之情，遂天下之欲者"？欲望不可怕，可怕的是"欲之失为私，私则贪邪随之矣"④。戴震对于老释的批判是深刻的，他们以"无欲"相标榜，逃避尘世、隐迹山林，追求一己之私的"空有"与"逍遥"，实乃"以无欲成其自私者也"，可谓真正的"自私"。

由此，儒家不必追求"无欲"，因为"遂己之欲，亦思遂人之欲，而仁不可胜用矣"⑤；儒家提倡"去私"，"去私的最好办法是'强恕'。恕，就是反躬静思，推己及人，以自己的感受去体验别人的感受，以此确定自

---

① 戴震：《与段茂堂等十一札·第十札》，《戴震全书》（修订本第 6 册），第 533 页。
② 程颢、程颐：《二程集》（全二册），第 256 页。
③ 戴震：《孟子字义疏证》（卷下），《戴震全书》（修订本第 6 册），第 209 页。
④ 同上书，第 195 页。
⑤ 戴震：《原善》（卷中），《戴震全书》（修订本第 6 册），第 27 页。

己的欲望满足是否适度，便可去除欲之私而明理"①。

戴震从反躬静思，到推己及人；从著书立说，到传道授业，无不以"正人心为要"。戴震在主张"正心"的同时，还特别关注"解蔽"，体现了戴震积极开明的教育理念。

（二）解蔽

如果说"正心"属于德育层面，那么"解蔽"更偏向于智育要求。在《沈处士戴笠图题咏序》一文中，戴震抒发自己的儒者情怀："儒者之学，将以解蔽而已矣。解蔽，斯能尽我生；尽我生，斯欲尽夫义命之不可已；欲尽夫义命之不可已，而不吾慊志也。吾之行己，要为引而极之当世与千古而无所增，穷居一室而无所损。"②戴震将"解蔽"作为儒者矢志不渝的神圣使命，它不以时间的久远绵长而增加，也不以生活困窘而减损。何谓"蔽"是以一己之见为理，它包括两个方面："不以人蔽己，不以己自蔽。"③如何解蔽呢？戴震说："去私莫如强恕，解蔽莫如学。"④

通过学习圣贤之道，知道为人处世之标准，并使之在生活中实践，培养自己良好的道德品质。"圣贤之学，由博学、审问、慎思、明辨而后笃行，则行者，行其人伦日用之不蔽者，非如彼之舍人伦日用，以无欲为能笃行也。"⑤

二、教育内容

就戴震的教育内容而言，至少包括以下两个方面：

（一）"圣人之道在六经"

作为儒家学者，戴震青年时代就已确定回归儒家六经的学术方向。在他避难入京写给好友方希原的书信中就已明确提出"圣人之道在六经"的主张，他说："圣人之道在六经。汉儒得其制数，失其义理；宋儒得其义理，失其制数。譬有人焉，履泰山之巅，可以言山；有人焉，跨北海之涯，可

---

① 韩先梅：《戴震论道德和道德教育》，《江淮论坛》1997年第1期。
② 戴震：《沈处士戴笠图题咏序》，《戴震全书》（修订本第6册），第394页。
③ 戴震：《答郑丈用牧书》，同上书，第371页。
④ 戴震：《原善三篇》，同上书，第346页。
⑤ 戴震：《孟子字义疏证》（卷下），同上书，第209页。

以言水。二人不相谋，天地间之巨观，目不全收，其可哉? 抑言山也、言水也，时或不尽山之奥、水之奇。奥奇，山水所有也，不尽之，阙物情也。今足下同郑君、汪君相与聚处，勉而薄乎巅涯，究乎奥奇不难。"①

早在入都之前，戴震已在数学（《策算》）、文字学（《六书论》《尔雅文字考》）、经学（《考工记图注》《毛诗补传》）、考据学（《屈原赋注》等）等方面留下精深思考，对于宋儒与汉儒之是非得失有过评判，所以才可能与好友直抒胸臆、畅谈自己学术主张。戴震由于兼采汉宋、不偏一家的学术风格而铸就自己"百科全书"式的学术大师。直到晚年，戴震仍以这种学术旨趣为傲，夙兴夜寐、至死不渝。

戴震去世当年在写给弟子段玉裁的书信中仍然表达了上述心声，他说:

> 仆自十七岁时，有志闻道，谓非求之六经、孔、孟不得，非从事于字义、制度、名物，无由以通其语言。宋儒讥训诂之学，轻语言文字，是欲渡江河而弃舟楫，欲登高而无阶梯也。为之卅余年，灼然知古今治乱之源在是。②

作为一代学术大师，戴震所治学与讲授的内容蔚然大观，作为同乡后学的洪榜对此有过全面而准确的概括，他总结说:"先生日夜孳孳，搜集比勘，凡天文、历算、推步之法，测望之方，宫室衣服之制，鸟兽、虫鱼、草木之名状，音和、声限古今之殊，山川、疆域、州镇、郡县相沿改革之由，少广、旁要之率，钟实、管律之术，靡不悉心讨索，知不可以雷同剿说，瞻涉皮傅。"③ 洪榜所论足见戴震治学与传授内容的广博与精深，体现了戴震对于传统经学思想的传承性。与此同时，戴震学术思想的实用性同样值得肯定。

（二）"学以讲明人伦日用"

戴震既强调"圣人之道在六经"，主张"求观圣人之道，必自孟子始"，又反对理学家脱离训诂而空谈心性，关注普通百姓生养之道。《中庸》同为朱熹与戴震所高度关注，朱熹作《中庸章句》，戴震作《中庸补注》，

---

① 戴震：《与方希原书》，同上书，第372页。
② 戴震：《与段茂堂等十一札·第九札》，《戴震全书》（修订本第6册），第531页。
③ 洪榜：《戴先生行状》，《戴震全书》（修订本第7册），第7页。

来看他们对于《中庸》首句的诠释：

> 命，犹令也。性，即理也。天以阴阳五行化生万物，气以成形，而理亦赋焉，犹命令也。于是人物之生，因各得其所赋之理，以为健顺五常之德，所谓性也。率，循也。道，犹路也。人物各循其性之自然，则其日用事物之间，莫不各有当行之路，是则所谓道也。修，品节之也。性道虽同，而气禀或异，故不能无过不及之差，圣人因人物之所当行者而品节之，以为法于天下，则谓之教，若礼、乐、刑、政之属是也。盖人之所以为人，道之所以为道，圣人之所以为教，原其所自，无一不本于天而备于我。学者知之，则其于学知所用力而自不能已矣。故子思于此首发明之，读者所宜深体而默识也。①

> 生而限于天，是曰天命。凡分形气于父母，即为分于阴阳五行。人与百物，各以类滋生，皆气化之自然。《大戴礼记》曰："分于道谓之命，形于一谓之性。"分于道者，分于阴阳、五行也。性之大别，各以气类，而同类之中，又复不齐，故曰"天命之谓性"。有生以后，则有相生养之道，亦如气化之不可已。经传中或言天道，或言人道。天道，气化流行，生生不息是也。人道也，以生以养，行之乎君臣、父子、夫妇、昆弟、朋友之交是也。凡人伦日用，无非血气心知之自然，故曰"率性之谓道"。然心知有明暗，当其明则所行不失，当其暗则有差谬之失。修者，察其得失而使一于善，非于道之外别为法制也，故曰"修道之谓教"。篇内又以修身、修道连言。身之实事是为道，道不可不修，明矣！②

从对于《中庸》首句的解释，可以看出他们立场与观点的不同。朱熹从理学立场出发，强调圣人与人的"无一不本于天而备于我"，"天"成为"理"的代名词。"性，即理也"。他虽然也承认"人物各循其性之自然，则其日用事物之间，莫不各有当行之路"，但更突出"圣人因人物之所当行者而品节之，以为法于天下，则谓之教"。戴震则回归先秦、立足阴阳五行，

①朱熹：《中庸章句》，《四书章句集注》，中华书局，2011，第19页。
②戴震：《中庸补注》，《戴震全书》（修订本第2册），第51页。

以气化流行论天道、以人伦日用说人道。他不认同朱熹的"性，即理也"，认为"血气心知即性"，将理学的"天理"还原为"气化之自然"，"身之实事是为道"，修身、修道谓之"教"。正因如此，戴震摈弃高高在上的天理，厌烦理学家们的凌空蹈虚，而强调人伦日用对于人们学习的重要性。他在《孟子字义疏证·诚》中明确提出"学以讲明人伦日用"的要求，不仅如此，这种学习还是充分彰显仁礼义、提升智仁勇乃至达到圣人盛德的阶梯。

在戴震看来，不仅需要"学以讲明人伦日用"，而且还得"学成而民赖以生"，如果这种学习不能提高百姓生活，甚至走向反面成为百姓的加害者，那么这种学习有害而且可怕。戴震说："古人之学在行事，在通民之欲，体民之情，故学成而民赖以生。后儒冥心求理，其绳以理严于商、韩之法，故学成而民情不知，天下自此多迂儒，及其责民也，民莫能辩。彼方自以为理得，而天下受其害者众也！"①戴震以一颗为民之心从事他的传道志业，这与他有强大的教育思想与理念分不开的，值得认真学习与总结。

三、教育思想

戴震的教育思想非常丰富，具体说来包含以下几个方面：

（一）相师为学

我们一方面素有注重师道尊严的传统，荀子说："国将兴，必贵师而重傅，贵师而重傅，则法度存。国将衰，必贱师而轻傅；贱师而轻傅，则人有快；人有快则法度坏。"（《荀子·大略》）但另一方面，又有注重师生平等的思想源泉。韩愈认为，民主平等的师生关系才是最佳的师生互动模式。戴震非常重视师友之间相互学习，提出"孤学而无友，泯焉不彰"②的格言。

戴震平等的教育理念不仅体现于他对于接受弟子的审慎态度，也体现于他对于"上智下愚不移"观点的诠释与否定。前者可以从戴震与其师江永及其弟子段玉裁的相互交往看得很清楚，也可以从他对于姚鼐求师的委婉拒绝得到反证；后者可以从戴震的"圣人亦人"的圣凡平等观念得以应验。

①戴震：《与某书》，《戴震全书》（修订本第 6 册），第 479 页。
②戴震：《辑五王先生墓志铭》，同上书，第 431–434 页。

戴震的这种教育平等思想深受后人赞赏，容肇祖说："戴氏的学说，以今日的眼光看，他的注重强恕与学，或可称为今日注重教育与平等主义的先河。"[1]

需要补充的是，戴震关于"大国手"的思想与其教育平等思想有关。据段玉裁编写的《戴东原先生年谱》记载："先生言：大国手门下，不出大国手；二国手、三国手门下，教得出大国手。"[2] 戴震意思是说：大国手门下，由于弟子受制于老师的权威而不敢越雷池一步，以致走不出老师思想的制约，反而培养不出大国手；相反，二国手、三国手，由于自身的权威不足，门下弟子倒是能够发挥各自特长，创造出比老师更大的成就。这与韩愈在《师说》中指出的"弟子不必不如师，师不必贤于弟子"有异曲同工之妙。

（二）学贵专精

关于博约之辨，孔子与孟子都曾有过论述，不过各有侧重。

> 子曰："君子博学于文，约之以礼，亦可以弗畔矣夫！"（《论语·雍也》）

> 孟子曰："博学而详说之，将以反说约也。"（《孟子·离娄下》）

首先，孔孟对于"博学"态度一致，然而对于"约"的解释有所不同：前者是约束、规范；后者是简约、深刻。在戴震看来，孟子之"约"谓得其至当；又说：

> 守约而施博者，善道也；君子之守，修其身而天下平。约谓修其身。六经、孔、孟之书，语行之约，务在修身而已，语知之约，致其心之明而已；未有空指一而使人知之求之者。致其心之明，自能权度事情，无几微差失，又焉用知一求一哉？[3]

戴震在此肯定孔孟之约（精当、简约），批评宋儒"知一求一"是多此一举。与此相应，戴震强调学习"贵精，不贵博"，他说："学贵精不贵博，

①容肇祖：《戴震说的理及求理的方法》，《戴震全书》（修订本第7册），第541页。
②段玉裁：《戴东原先生年谱》，《戴震集》，第489页。
③戴震：《孟子字义疏证》（卷下），《戴震全书》（修订本第6册），第212页。

吾之学，不务博也。"① 他还告诫人们："知得十件而都不到地，不如知得一件却到地也。"②

再看戴震的一封书信所说："凡学未至贯本末，彻精粗，徒以意衡量，就令载籍极博，犹所谓'思而不学则殆'也。"③ 戴震从孔子的学思之辨入手，再次强调了读书"贯本末，彻精粗"的重要性。一个人虽然学富五车、涉猎广博，但如果读书不专精，不解书中真义，那所谓的博便失去了应有意义。戴震坚持学贵专精、脚踏实地做学问对于我们很有启发意义。

（三）贵化包容

贵化思想在戴震教育思想中非常突出、尤显可贵。他说：

> 人之问学犹饮食，则贵其化，不贵其不化。记问之学，食而不化也。自得之，则居之安，资之深，取之左右逢其源，化而为我之心知也。大致善识善记，各如其质，昔人云"魂强善识，魄强善记"。凡资于外以养者，皆由于耳目鼻口，而魄强则能记忆，此属之魄者存之已尔。至于无取乎记忆，问学所得，非心受之而已，乃化而为我之心知，我之心知，极而至乎圣人之神明矣。神明者，犹然心也，非心自心而理藏于中之谓也。心自心而理藏于中，以之言学，尚为物而不化之学，况以之言性乎！④

戴震在此提出了自己的认识论，血气心知本乎天，心知之资于问学。他对于"人之问学犹饮食"的比喻形象而又贴切；他提醒人们做自己思想的主人，而不是做别人思想的传声筒与储存器。戴震的"贵化"思想对于乾嘉汉学的形成起到重要推动作用。因为它"不仅有力地批驳了程朱唯心主义的先验论和教育方法论，而且也否定了陆派心学'以我观书''致良知'的修身养性方法。这种对于教育方法革新的论点无疑对空疏的宋学起到摧枯拉朽的作用，对建立起朴实谨严的乾嘉学派的学风起到重要作用"⑤。也就是说，读经的关键在于修身，致心知之明，而不是死背经书条文。

---

① 段玉裁：《戴东原先生年谱》，《戴震集》，第 489 页。
② 同上。
③ 戴震：《与任孝廉幼植书》，《戴震全书》（修订本第 6 册），第 367 页。
④ 戴震：《绪言》（卷下），同上书，第 135 页。
⑤ 敬元述：《戴震对教育方法的革新》，《教育评论》1985 年第 5 期。

与贵化思想一致，戴震的"吾如大炉"比喻表现出海纳百川、包容开放的气魄，段玉裁说：

> 尝言："做文章极难，如阎百诗极能考核，而不善做文章。顾宁人、汪钝翁文章较好。吾如大炉然，金银铜锡入吾炉一铸，而皆精良矣。"盖先生合义理、考核、文章为一事，知无所蔽，行无少私，浩气同盛于孟子，精义上驾乎康成、程、朱，修辞俯视乎韩、欧焉。①

戴震的"熔炉"说体现了不拘守前人、不附会凿空，善于敢于吸收借鉴他人的思想；他把人们从对古代权威的迷信中解放出来，从理论上动摇了程朱理学的基础。

（四）循序渐进

循序渐进是学习务必遵守的客观规律，戴震对此有着深刻认识，他说："经之至者，道也；所以明道者，其词也；所以成词者，未有能外小学文字者也。由文字以通乎语言，由语言以通乎古圣贤之心志，譬之适堂坛之必循其阶，而不可以蹴等。"②戴震既表明了自己的求学路径，又突出了学习"不可以蹴等"的主张。为了更好地申述己见，戴震对此有过更为精彩的论述。他说道：

> 颜子之言又曰："夫子循循然善诱人，博我以文，约我以礼。"《中庸》详举其目，曰博学、审问、慎思、明辨、笃行，而终之曰："果能此道矣，虽愚必明，虽柔必强。"盖循此道以至乎圣人之道，实循此道以日增其智，日增其仁，日增其勇也，将使智仁勇齐乎圣人。其日增也，有难有易，譬之学一技一能，其始日异而月不同；久之，人不见其进矣；又久之，己亦觉不复能进矣；人虽以国工许之，而自知未至也。颜子所以言"欲罢不能，既竭吾才，如有所立，卓尔，虽欲从之，末由也已"，此颜子之所至也。③

由此我们可以看出：戴震既指出学习之艰辛，不可一蹴而就，又给人

---

①段玉裁：《戴东原先生年谱》，《戴震集》，第 487 页。
②戴震：《古经解钩沉序》，《戴震全书》（修订本第 6 册），第 376 页。
③戴震：《孟子字义疏证》（卷下），同上书，第 202 页。

们"使智仁勇齐乎圣人"的信心；既要人们坚定信念、仰望天空，又要人们脚踏实地、戮力前行。

戴震思想博大精深、教育思想丰赡，上述梳理肯定是浅显而又不够全面。希望对此研究能够持续深入，通过创造性转化与创新性发展，将戴震教育思想服务于新时代的中国特色社会主义教育事业。

第六节　贵民重吏的治世思想

作为乾嘉汉学巨擘和清代哲学重镇，戴震在致力于阐发其学术思想的同时，以一种赤子情怀表达了对于民生疾苦、吏治整饬和国家治理的关注。他以布衣之身，不忘胸怀天下，体现了传统儒者忧国忧民、为民请命的优秀品质。立足学者视野，戴震的治世思想既体现儒家入世思想普遍性，又具有其自身的独特性，主要表现在以下几个方面：

一、民本思想

戴震以私淑孟子为荣，曾作《孟子私淑录》，他秉承孟子"民本"思想，主张统治者"为政必有道"。他说：

> 《孟子》论"民无恒产，因无恒心"；论"施仁政于民，省刑罚，薄税敛，深耕易耨；壮者以暇日修其孝悌忠信，入以事其父兄，出以事其长上"；论"死徙无出乡，乡田同井，出入相友，守望相助，疾病相扶持，则百姓亲睦"，明乎怀土怀惠，则为政必有道矣。①

由此可见，戴震对孟子民本思想的笃信与坚持，这种民本思想不仅体现在他自己著作中，还体现于他与毕沅等士大夫的文字往来中。毕沅，乾隆二十五年（1760年）状元、学者、政治人物，他官至兵部尚书、湖广总督，又博通经史、小学、金石、地理之学，著述颇盛。毕沅生平最爱礼贤下士，曾邀请戴震入幕，戴震因为路途遥远，未能随行。戴震曾为他作《送巡抚毕公归西安序》一文，从中可以看出他们二人的深厚情谊，也反映了戴震

---

① 戴震：《原善》（卷下），同上书，第29页。

强烈的民本思想与情怀。他说：

> 夫天以亿兆之民哀乐安危授之官，君以民之哀乐安危倚任大臣。国之本莫重于民，利民病民之本莫重于吏，有一念及其民，则民受一念之福。察吏者，恻隐之实之至于民者也。①

戴震以凝练的语言揭示了官吏、百姓与国家的关系：重民是目的，重吏是手段，两者有效结合才是治国之本。

戴震具有怎样的治国目标呢？从他对于毕沅的肯定与赞誉中可以窥斑知豹。戴震提出，只有满足"体民之情，遂民之欲"的社会，才能称得上"圣人之治"，他说："圣人治天下，体民之情，遂民之欲，而王道备。"②理想的丰满难掩现实的骨感。由于在位者的缺德、欺骗、暴虐和贪婪，百姓生活举步维艰、困难重重，戴震深为同情，由此发出"乱之本，鲜不成于上"的感慨。他说：

> 《诗》曰："民之罔极，职凉善背；为民不利，如云不克。民之回遹，职竞用力；民之未戾，职盗为寇。"在位者多凉德而善欺背，以为民害，则民亦相欺而罔极矣；在位者行暴虐而竞强用力，则民巧为避而回遹矣；在位者肆其贪，不异寇取，则民愁苦而动摇不定矣。凡此，非民性然也，职由于贪暴以贼其民所致。乱之本，鲜不成于上，然后民受转移于下，莫之或觉也，乃曰"民之所为不善"，用是而雠民，亦大惑矣！③

由于上位者的不作为、乱作为和妄作为，百姓愁苦不堪，不得不相欺自保、虚与委蛇，反而污蔑百姓为非作歹，作乱犯上。"乱之本，鲜不成于上"，这个在帝王时代极为大不敬的话，戴震敢为百姓代言，直陈背后缘由，表现出强烈的民本思想与平民精神。

二、平等思想

戴震对"乱之本，鲜不成于上"的呐喊，体现了对社会等级制度的不

---

① 戴震：《送巡抚毕公归西安序》，《戴震全书》（修订本第 6 册），第 391 页。
② 戴震：《孟子字义疏证》（卷上），同上书，第 159 页。
③ 戴震：《原善》（卷下），同上书，第 30 页。

满与实现社会平等的渴望。他说：

> 圣人治天下，体民之情，遂民之欲，而王道备……故今之治
> 人者，视古贤圣体民之情，遂民之欲，多出于鄙细隐曲，不措诸意，不
> 足为怪；而及其责以理也，不难举旷世之高节，著于义而罪之，尊
> 者以理责卑，长者以理责幼，贵者以理责贱，虽失，谓之顺；卑者、幼
> 者、贱者以理争之，虽得，谓之逆。于是下之人不能以天下之同情、天
> 下所同欲达之于上；上以理责其下，而在下之罪，人人不胜指数。
> 人死于法，犹有怜之者；死于理，其谁怜之！①

这是戴震哲学中最富革命与启蒙精神的响亮宣示。戴震以古论今、借古讽今，肯定与推崇古圣贤"体情遂欲"的圣人之治，大胆揭示自以为拥有"天理"尚方宝剑的尊者、长者与贵者，如何掌握与控制着诸如卑者、幼者和贱者的命运与话语权。戴震站在后者的立场，表现出对于平等社会的期盼。

为了更好地说明这个问题，可以通过戴震对于《洪范》思想的肯定加以印证。

> 《洪范》曰："无偏无党，王道荡荡；无党无偏，王道便便
> （平平——引者注）。"言无私于其人而党，无蔽于其事而偏也。
> 无偏矣，而无党，则于天下之人，大公以与之也；无党矣，而无偏，则
> 于天下之事，至明以辩之也。《洪范》之言又曰："无反无侧，王
> 道正直。""反侧"云者，窃阖辟之机而用之，非与天地同其刚柔、动
> 静、显晦也。②

戴震从反对行偏与结党入手，提出了"大公以与之"与"至明以辩之"的光辉思想。前者是就为人而言，要求人们具有光明坦荡、天下为公的思想与情怀；后者是就做事而言，要求人们具有明察秋毫、洞晓天下的聪明与睿智。戴震追求"无偏无党""无反无侧"的"坦荡、公平、正直"的王道政治，虽然在帝王专制时代只能是一种乌托邦空想，但这种想象无疑构成后人追求理想社会的思想范本与精神源头。

---

① 戴震：《孟子字义疏证》（卷上），同上书，第159页。
② 戴震：《原善》（卷下），《戴震全书》（修订本第6册），第29页。

三、用人思想

孔子说："政者，正也，子帅以正，孰敢不正？"（《论语·颜渊》）孔子在此向统治者提出了务必为下位者作表率的根本要求。政治本来就是众人之事，既包括统治者与被统治者之间的关系，也包含他们内部之间的相互关系。如何使用和培养人才，无疑是一个合格统治者务必认真思考的问题，用人不仅包括发现使用人才，也包括人才的自我成长问题。

戴震对于如何"人尽其才"有个精辟的论述，他说：

> 人之不尽其才，患二：曰私，曰蔽。私也者，生于其心为溺，发于政为党，成于行为愿，见于事为悖、为欺，其究为私己。蔽也者，其生于心也为惑，发于政为偏，成于行为谬，见于事为凿、为愚，其究为蔽之以己。①

> 天下古今之人，其大患，私与蔽二端而已。私生于欲之失，蔽生于知之失；欲生于血气，知生于心。②

用"私""弊"二字诠释人之成才与大患，是戴震哲学非常精彩的篇章，体现了戴震治世思想的综合性、辩证性和创造性。戴震分疏"欲"与"私"，不仅为评判程朱理欲之辨提供了前提，也为提出人才主张提供了可能。要做到人尽其才，人们首先要破除私心，欲望本身不是私心，只有失去了节制和正义的欲望才是私心，私心危害甚大：存其于心则沉迷不悟，施之于政则党同伐异，用之于行则邪恶丛生，见之于事则悖逆欺瞒，这是戴震从道德论层面对于人们莫存私心的告诫。其次，人们还需要革除弊端，这是从知识论层面对人们增长知性的要求，戴震具有"不以人蔽己，不以己自蔽"③的自省，所以他要求人们时刻不忘"去蔽"：蔽生于心则必然迷惑，蔽发于政则必然偏颇，蔽成于行则必然荒谬，蔽见于事则凿空愚昧。

戴震对于人尽其才的讨论深刻而富有现实性。这是就人才本身而言。那么作为上位者如何发现人才呢？这是戴震又一认真思考的问题，他在《送巡抚毕公归西安序》中，提出"天下受其不知人之弊，古今通患"的判断，

---

① 同上书，第23页。
② 戴震：《孟子字义疏证》（卷上），同上书，第158页。
③ 戴震：《答郑丈用牧书》，同上书，第371页。

赞誉毕沅"惟知人是务，不愧古大臣矣"。

> 震对曰："公今外为大府，自兹以往，至内为宰相，诚兢兢惟知人是务，不愧古大臣矣。知人之难，由尧、舜至于今，莫敢易言之。……无知人之责，不贤者不必自饰于其前，不贤者之嫉贤当不贤，亦不必巧进毁誉于其前。有知人之责，而工诈欺之人至矣，潜妒诬之人至矣。又况情好或偏，彼探窥得之入焉。疏不及觉，方自信明于知人，天下受其不知人之弊，古今通患也。若《皋陶谟》之九德，《文王官人》之六征，《孔子三朝记》之论观器视才，与夫传志子史，备言人之变态，则公究之也固有素。《中庸》曰：'人莫不欲食也，鲜能知味也。'言乎存诸心而已耳。公诚兢兢惟知人是务，不愧古大臣矣。"①

从《皋陶谟》之"九德"、《文王官人》之"六征"、《孔子三朝记》之"论观器视才"到"传志子史"对于人之种种形态的考察，足见戴震对于毕沅人才观念的肯定与赞同，诚如老子所言的"知人者智，自知者明"（《老子·第三十三章》），知人与自知都是聪明表现。只有知人，才能识别人之高下与好歹，才能不被小人所中伤。

《易》有"大君有命，开国承家，小人勿用"的警示，《诗》也有"惠此中国，以绥四方；无纵诡随，以谨无良；式遏寇虐，憯不畏明"的教诲，戴震提出"官人之至道"，他说：

> 自古知人之难，以是观其行，其人可知也，故曰"亦行有九德"；以是论官，则官必得人也，故曰"亦言其人有德，乃言曰载采采"；德不求备于一人，故曰"翕受敷施，九德咸事，俊乂在官，百僚师师"。此官人之至道也。②

孔子说过"听其言而观其行"（《论语·公冶长》），戴震同样强调"观其行，其人可知"。如何知人呢？戴震既有对于人们"九德"的期许，也有"德不求备于一人"的开明，体现了戴震用人之原则性与灵活性的统一。

戴震一生不管是南北讲学，还是出任四库纂修官，皆以立志闻道相自砺，

---

① 戴震：《送巡抚毕公归西安序》，《戴震全书》（修订本第6册），第390页。
② 戴震：《原善》（卷下），同上书，第28页。

他对于那时代的官场与思想家既有金刚怒目的严厉批评，也有基于百姓立场与社会秩序的积极建言。当然戴震的治世思想作为历史与时代的产物，必然具有其历史局限性，值得人们总结与反思。

其一，民本与官本思想的纠结。"乱之本，鲜不成于上"，"圣人治天下，体民之情，遂民之欲，而王道备"，无不彰显戴震鲜明的民本思想，实得孟子民本思想的真传，可谓古代民本思想的高峰：戴震矢志寻找千百世治乱之故，既大胆揭示古来治乱之本，鞭辟入里、振聋发聩，又期盼"体民之情，遂民之欲"的王道之治，探寻天下之治的奥秘。不过作为传统儒者一员，戴震的思想不可能跳跃历史与时代从而表现出历史的局限性，表现出民本与官本思想并存的特点。

例如，对于明末农民起义军进攻北京，以"贼"斥责农民起义军，戴震在所写的《查氏七烈女墓志铭》中说：

> 宛平查氏烈女九人，死者七人，葬于某原……贼攻城急，九人惧城破见辱，决志莫如死……考崇祯甲申三月，以十八日贼入外城。翌日黎明，内城陷，而查氏一门就缢，在十七日之夕，咸不忍缓须史死，其德同，其志决，恐少遵缓，将有求死不得者矣……由九人之爱身不避死，可以知其生矣。①

查氏七烈女事迹着实令人感动，戴震评价甚高无可厚非。不过对于农民起义军以"贼"相称，无疑说明戴震已经站在统治阶级立场来看待农民起义与起义军，这与他自己所说"乱之本，鲜不成于上"观点相背离。封建社会农民起义原因在于官逼民反，因此而导致的国破家亡不能全怪罪到农民起义军身上，作为始作俑者的荒淫无道、枉顾百姓生死的封建统治者才是真正罪人。我们虽然不能苛求戴震能正确评价农民起义，但民本与官本思想并存确也显示他民本思想的局限性。

其二，圣凡等差与平等的矛盾。戴震以一个平民哲学家情怀从事哲学思考，从他批判程朱理学"以理杀人"到追求"无偏无党"的王道政治都体现了这一点。他既承认智愚之别，肯定由愚转智的可能；又主张"圣人

———
① 戴震：《查氏七烈女墓志铭》，同上书，第 441 页。

亦人"，提倡圣凡平等理念。他说：

> 曰：人之相去，远近明昧，其大较也，学则就其昧焉者牖之明而已矣。人虽有智有愚，大致相近，而智愚之甚远者盖鲜。智愚者，远近等差殊科，而非相反；善恶则相反之名，非远近之名。①

承认智愚差别毋庸置疑，但对待智愚的态度却各不相同。孔子说："唯上知与下愚不移。"（《论语·阳货》）人们对这句话争议很大，甚至从对立两极去理解。戴震承认智愚之别，他"同情理解"孔子意图，认为：

> 论语曰："性相近也，习相远也；唯上知与下愚不移。"人与物，成性至殊，大共言之者也；人之性相近，习然后相远，大别言之也。凡同类者举相似也，唯上智与下愚，明暗之生而相远，不因于习。然曰上智，曰下愚，亦从乎不移，是以命之也。"不移"者，非"不可移"也；故曰，"生而知之者，上也；学而知之者，次也；困而学之，又其次也；困而不学，民斯为下矣。"君子慎习而贵学。②

戴震认为，有人片面地理解孔子意思，认为上知下愚不可改变，实际上孔子所谓"'不移'者，非'不可移'"，孔子强调学习的重要性，不就是承认人们能够通过学习改变自己、改变命运吗？当然，孔子承认存在"生而知之者"，又是经不住推敲的。

君子正确的态度是"慎习而贵学"，戴震的智愚观既有传承，也有创新，体现出更高的合理性。与此同时，戴震又提出"圣人亦人"主张，他说：

> 圣人亦人也，以尽乎人之理，群共推为圣智。尽乎人之理非他，人伦日用尽乎其必然而已矣。③

"圣人亦人"是对传统儒家圣群思想的继承，这种追求平等的美好愿望无疑值得肯定，不过它掩盖不了人与人之间诸多事实上的不平等。当然，戴震关于圣凡等差与"圣人亦人"看似矛盾的主张，又为广大的弱者、卑者与贱者点亮了一盏盏希望的明灯。

戴震不仅以考据学大师引领乾嘉汉学，更以一份忧国忧民情怀致力义

---

① 戴震：《孟子字义疏证》（卷中），同上书，第184页。
② 戴震：《原善》（卷下），同上书，第24页。
③ 戴震：《孟子字义疏证》（卷上），同上书，第162页。

理研究，形成了较为丰富的治世思想，体现了传统儒家修齐治平的精神追
求与社会理想。

第三章　戴震思想简评

　　上一章，围绕戴震思想主要内容进行讨论，虽然努力想多角度、全方位地展现戴震思想的丰富蕴涵，但由于水平有限，所做讨论难免浅尝辄止，甚至不乏偏颇。本章试图从理论旨趣、现实关照和历史影响等方面就戴震思想加以简要评述，以期深化对于戴震思想的领会与把握。

第一节　理论旨趣

　　历史进入十八世纪，乾嘉汉学以其庞大的学者群体和卓越的考据成就引领潮流、彪炳史册。作为百科全书式学者，戴震涉猎广泛，思想深邃，理论自觉。本节试图从理论深度与理论广度两个方面探讨戴震学说的理论旨趣，试图展现他作为乾嘉思想巨星的光彩与魅力。

一、理论深度

　　理论深度是就理论内涵而言，表现为对传统理论的继承、批判与创新。下面就从上述角度来论证戴震学说如何达到了他那个时代所能达到的最高理论深度。

　　（一）继承性

　　任何理论的产生都是历史逻辑与理论逻辑的辩证统一。戴震虽然主张"志存闻道，必空所依傍"①，但他又毫不讳言对于《六经》、孔孟思想的吸收与借鉴，不满宋儒背离《六经》与孔孟之道，他说："《六经》、孔、

_____

①戴震：《与某书》，同上书，第478页。

孟而下，有荀子矣，有老、庄、释氏矣，然《六经》、孔、孟之道犹在也。自宋儒杂荀子及老、庄、释氏以入六经、孔、孟之书，学者莫知其非，而六经、孔、孟之道亡矣。"① 在天道观上，戴震继承了先秦阴阳五行学说——"天道，阴阳五行而已矣"②——他尤其重视《礼记·乐记》关于"灭天理而穷人欲"的论述，回归庄子"天然之分理"的原有含义；在人性论上，遵循《大戴礼记》"分于道谓之命，形于一谓之性"命题，确立"血气心知即性"的人性一本论；在人道观上，他主张"五者之伦，相亲相治，则随感而应为喜、怒、哀、乐。合声、色、臭、味之欲，喜、怒、哀、乐之情，而人道备"③，以人伦日用论人道体现了对于孟子与《礼记》思想的综合继承。

戴震对于传统思想的继承当然不局限于《六经》与孔孟思想，而是历代儒家思想都有不同程度的吸收与借鉴。这种承继不仅使传统文化借助经典文献而在更高程度上得以保存与传承，又使戴震能够吮吸传统学说之精华，使其学说在赓续传承中得以发扬光大。

（二）批判性

质疑与批判精神是哲学与人文学者应有品质，因为批评使得思想得以进步、理论得以升华，进而推动社会与人类发展。如果说批判精神是哲学家们共有品质的话，戴震的质疑和批判精神要显得更加鲜明、更加强烈。正如他在《孟子字义疏证序》中所说："苟吾不能知之亦已矣，吾知之而不言，是不忠也，是对古圣人贤人而自负其学，对天下后世之仁人而自远于仁也。吾用是惧，述《孟子字义疏证》三卷。韩退之氏曰：'道于杨、墨、老、庄、佛之学而欲之圣人之道，犹航断港绝潢以望至于海也。故求观圣人之道，必自孟子始。'呜呼，不可易矣！"④ 与柏拉图的"哲学源于惊讶"不同，孔孟则主张"哲学源于恐惧"，从"孔子惧，作春秋"（《孟子·滕文公下》），到孟子的"杨墨之道不怠，孔子之道不著，是邪说诬民，充塞仁义也。仁义充塞，则率兽食人，人将相食。吾为此惧"（《孟子·滕文公下》），可以看出，儒家哲学有着强烈的现实关怀与可贵的批判精神。这种"恐惧"源于他们对于现实的不满与理想的渴望。戴震继承了这种传统，"恐惧"于"贤智君子之害天下后世也，相率趋之以为美言，其入人心深，祸斯民也大，而终莫之或寤"①的现状，他奋笔疾书而撰写《孟子字义疏证》三卷。

出身于新安理学故乡的戴震无疑曾是程朱理学的拥趸，但随着走进理学堂奥，他终于发现程朱自诩至善的"天理"已然变成尊者、长者和贵者的"意见"，甚而变成"以理杀人"工具的时候，他便以其勇敢无畏的批判精神和缜密细致的理论思维向程朱理学发出挑战。由戴氏发起的理学批判所产生的影响甚是巨大，以致在他生活的徽歙地区出现了"不知诵戴遗书而兴起者尚未有人，听戴口说而加厉者，滔滔不已。至今徽歙之间，自命通经服古之流，不薄朱子，则不得为通人"②的局面，说明戴氏的理学批判在当时已经产生明显社会效应。回想之前半个世纪，当康熙皇帝称赞朱熹"集大成而绪千百年绝传之学，开愚蒙而立亿万世一定之规"，配享孔庙大成殿使朱子获得了孔子之后儒者所能达到的最高地位，这是何等的荣耀和至高无上。随着戴震的理学批判，顶在程朱理学头上的神圣光环已经风光不再。"戴震因揭出'以理杀人'，而震撼天下后世。对理学的批判，至此已达到顶巅。就这个意义说，可以说戴震终结了理学"。③后世学者如此宏论一语中的，彰显戴氏追求真理、不畏权威的批判精神。

（三）创新性

创新是理论发展的灵魂。戴震学说从考据到义理处处彰显创新之特质，创新性是戴震学说的不竭动力与显著标志。"善质疑，不盲从，重考证，贵创新，是戴震治学的可贵风格"④。从孩童时代的"问学难师"，到治学生涯的"勿为株守"无不体现这种风格。

戴震作为十八世纪的科学先驱，他在数学、语言、天文、水利等方面从理论到实践等诸多环节都有非凡表现。如数学方面，戴震所著《勾股割

① 同上书，第 145 页。
② 章学诚：《书朱陆篇后》，《戴震全书》（修订本第 7 册），第 381—382 页。
③ 王茂、蒋国保、余秉颐、陶清：《清代哲学》，安徽人民出版社，1992，第 655 页。
④ 沈善洪、王凤贤：《中国伦理思想史》（下册），人民出版社，2005，第 206 页。

圆记》以西法为之作注（假托友人吴思孝之名），戴氏以"简古"的文字、中式的语言把西方几何学中"除余弦定理外，平面三角和球面三角的基本公式都已包括，并用图形来证明和说明"①。戴氏弟子汪灼盛赞《勾股割圆记》为"集天官书、梅氏、利玛窦之大成"②。戴震没有局限于西方数学的为我所用，对于西方语言学、天文学和水利等方面也十分关注。如在语言学方面，戴震将传统小学变为实证科学。"第一次西学东渐时期的古代语文学和语言学，最重要的西学烙印是变传统的小学为系统的实证科学。戴震是这一学术变革的集大成者"③。这种学术变革的实现依赖于戴震开放的眼光与创新的思维。

与此同时，戴震在义理之学方面同样坚持"不以人蔽己，不以己自蔽"④的学术理路，在哲学创新方面成绩斐然。在天理观方面，戴震立足先秦"天理"思想从"情""欲""心之所同然"三个方面确立天理概念，他指出："盖程子、朱子之学，借阶于老、庄、释氏，故仅以理之一字易其所谓'真宰''真空'者而余无所易。"⑤戴震通过否定"天理"概念从而动摇程朱理学大厦的做法无疑非常成功，这可以从上述"不薄朱子，则不得为通人"的社会思潮变更得到证明，这也是胡适赞誉戴氏"摧破五六百年推崇的旧说"，实现宋明理学根本革命的"哲学中兴"，而又要以"新理学"来称谓戴震哲学的根本原因所在。在人性论方面，宋儒以理气二元、理欲二分为根基而确立了"存理灭欲"的人性二元论，而戴震反其道而行之，以血气心知即人性一本论融合理气、沟通理欲，提出了与宋儒不同的理欲合一的人性论，这是一种在批判、借鉴、总结前人正反两方面思想成果的基础上所提出的迥异于宋明理学的伦理价值观。虽然天理与人欲的概念依旧，然而它们的内涵经由戴震的创造性诠释被赋予新的意义。

①戴震：《戴震全书》（修订本第 6 册），第 120 页。
②汪灼：《四先生合传》，《戴震全书》（修订本第 7 册），第 44 页。
③李开：《第一次西学东渐与乾嘉学派》，《传统文化与现代化》1999 年第 2 期。
④戴震：《答郑丈用牧书》，《戴震全书》（修订本第 6 册），第 371 页。
⑤戴震：《孟子字义疏证》（卷上），同上书，第 170 页。

二、理论广度

理论广度主要是就理论延展度而言，戴震学说具有广阔的理论视域，体现着宽广而又丰富的理论旨趣。

（一）古今学问三途

何谓古今学问之途？戴震在《与方希原书》中说："古今学问之途，其大致有三：或事于理义，或事于制数，或事于文章。事于文章者，等而末者也。"① 从上述学问三途的排序来看，戴震更为看重理义之学，继而是制数之学，文章之学则居于末端。虽然三者有轻重之分，戴震对它们用功程度以及取得成果的确轩轻有别，不过毋庸置疑他在三个方面都有卓越表现。戴震在义理与考据方面取得的成就有目共睹，戴震的文学成就同样不可忽视。仅以戴震的《屈原赋注》为例，他青年时代就推崇屈原著作，不仅留下了《屈原赋注初稿》三卷，还在此基础上完成《屈原赋注》十二卷，戴震的屈原研究成就卓尔，受到时人盛赞。卢文弨在《屈原赋注序》称赞它"指博而辞约，义创而理确"，推崇戴震"此其识不亦远过班孟坚、颜介、刘季和诸人之所云乎？"② 因为勤奋与执着，戴震在理义、制数与文章学问三途方面虽然有所侧重，但总体来说他均能出类拔萃、卓尔不群。

（二）兼中西而会通

自明末开始的西学东渐思潮至乾隆年间已百有余年，在西学东渐思潮因为清廷的禁教禁海逐渐音尘绝响之时，戴震却能对西学诸如数学、天文、水利等采取开放和学习的态度，成为这场中西文化交流的见证者和推动者。一方面，戴震主张中西权衡归一、兼中西而会通。正因为这种"兼中西而会通"使得他能以开放的胸怀和宽广的视野去接纳与研究西方学术，也因此撰写了诸如《策算》《勾股割圆记》《转语二十章》《原象》和《续天文略》等数学与天文学著作，这从侧面证明了中国传统文化海纳百川、有容乃大的可贵品质。另一方面，由于传统知识分子固有的夷夏之辨思想，他们对待外来文化又保持谨慎与拒斥的态度。明末以来就已出现的"西学中源说"正是这种思维的典型写照。戴震提出的"存古法之意，开西法之源"论断

---

① 戴震：《与方希原书》，《戴震全书》（修订本第 6 册），第 373 页。
② 卢文弨：《屈原赋注序》，《戴震全书》（修订本第 7 册），第 245 页。

无疑接榫了"西学中源说"的精神要旨。

"兼中西而会通"与"存意开源"思想体现了戴震西学思想的双重性，体现了传统士人们既渴望睁眼看世界、又固守"夷夏之防"的矛盾心态。所有这些都拓展了戴震学术的理论广度，大大深化了戴震思想的内在蕴涵。

（三）科学人文兼顾

戴震不仅专注于"学问三途"，而且主张"中西会通"，体现了一个学术大家的渊博学识和广阔胸襟。以今日学术分野观之，戴震还是努力将科学与人文双重探索完美结合的思想巨匠。通览戴震学术，现代意义上的自然科学、社会科学与人文学科的内容均可找到，而且成就卓越：自然科学方面，如数学、天文学、工程学、水利学等；社会科学方面，如伦理学、政治学和地理学；人文学科方面，如经学、义理学、语言学、文学、历史学等。这些不同学科方面的具体著作已在第一部分有所胪列，戴震由此被称为是十八世纪百科全书式的大学问家与大思想家，可谓名副其实、实至名归。

本节从理论深度与理论广度两个方面回顾与讨论了戴震学术的理论蕴涵和内在宗旨，从中探知戴震思想的综合条贯与博大精深。戴震绝不究心于理论的完满与建构，而是将理论的触角投向现实，究心社会、关注民生，体现着格致诚正、修齐治平的儒者情怀。

第二节　现实关照

戴震思想不仅在理论深度与广度方面表现卓越，而且有着强烈的入世情怀与现实关照，体现出他重民重吏的民本思想以及黜虚崇实的务实精神。

一、民本思想

儒家学说有着鲜明的民本思想，从先秦儒家到乾嘉汉学莫不如此。戴震不仅具有儒家共同的民本思想，而且还具有显著的个性风格。

首先，"乱之本，鲜不成于上"。戴震说："在位者多凉德而善欺背，以为民害，则民亦相欺而罔极矣；在位者行暴虐而竞强用力，则民巧为避而回遹矣；在位者肆其贪，不异寇取，则民愁苦而动摇不定矣。凡此，非民性然也，职由于贪暴以贼其民所致。乱之本，鲜不成于上，然后民受转移于下，莫之或觉也，乃曰'民之所为不善'，用是而仇民，亦大惑矣！"①儒家追求一种国泰民安的大同之世，然而现实往往总很残酷：战争频仍，社会动荡，民不聊生。对于乱世的根源，儒家出于一种精英立场考虑，常常将之归咎于百姓与群氓。戴震所言针锋相对、力透纸背，他站在民本立场，将社会动乱的根源归于上位者的恶德、暴虐和贪婪，表现出对抗强权、同情弱者的平等精神和平民意识。

其次，"国之本莫重于民，利民病民之本莫重于吏"。戴震说："夫天以亿兆之民哀乐安危授之官，君以民之哀乐安危倚任大臣。国之本莫重于民，利民病民之本莫重于吏，有一念及其民，则民受一念之福。察吏者，恻隐之实之至于民者也。谨书之，以先士民之颂。"②这是戴震为好友陕西巡抚毕沅所作序言中讨论为官之道所说的文字，体现了戴氏对于官德与民本思想重视，这种重民且重吏的思想显然不及孟子民贵君轻思想具有革命性，将百姓幸福系于官员的一念之想反映了戴震民本思想的保守性。戴震出身小商旅家庭，备尝生活艰辛，加之族豪欺凌，背井离乡，更懂普通百姓生活之艰辛、更渴望人间平等的可贵，当然历史与身份造就了戴震的民本思想只能是儒家式的有限度的民本思想。

二、务实精神

戴震出身微寒，科举坎坷，直至晚年入馆四库，一直在求学、授业、颠沛流离中践行一个儒者生命历程。戴震的务实精神既是对传统儒家务实精神的继承，同时也体现出他个人独特的生活境遇和特征风貌。

首先，这种务实精神来源于他对于普通百姓生产生活的关注。戴震生长于皖南乡村，严重的人地矛盾和频繁的自然灾害使得当时普通家庭生存状况非常窘迫；人们除了外出经商之外，不得不应对频发的旱涝灾害。戴震积极参与其间，用自己的数学知识与工程技术，不仅为家乡设计珠塘坝，

①戴震：《原善》（卷下），《戴震全书》（修订本第6册），第30页。
②戴震：《送巡抚毕公归西安序》，同上书，第390页。

而且还制造龙骨水车，服务于当地农民抗旱汲水和防汛排涝。出于对百姓清苦生活的感同身受，戴震始终保持浓厚的平民意识，乐为百姓代言。

其次，这种务实精神还来源于他对于后儒们借阶老释的批判。戴震的务实精神体现于他的所有学术活动。在考据学方面，他秉承实事求是的学风和求真、求实、求是的治学精神，成为乾嘉朴学大师；在义理之学方面，他以一种高度的学术自觉和学术良知，致力于儒家哲学的学术探源与思想重建。程朱诸子以批判释老、复兴儒学为己任，程朱理学就是他们融合儒释道、实现治国安邦的重要思想成果。斗转星移、时移世易，宋明理学在成为官方哲学近五六个世纪后，遭受明清之际实学思潮的质疑与社会的批判，这种批判以黄宗羲、顾炎武、王夫之和颜元等为代表。戴震继承并深化了这种理学批判，他从程朱的天理观、人性论和理欲之辨等方面进行理论反思与交锋。程朱曾以批判释老为鹄的，而戴震又以批判程朱借阶释老为目标，他们虽然都遵守儒家黜虚崇实、济世安邦之教化，但前者在实际运行过程发生偏差，甚至出现将真理化作意见、"以理杀人"的时候，戴震的批判就顺理成章且合情合理。

戴震关照现实、直面问题，追求真理、服务民生，体现出儒家求真、务实和求是的品质，自然而必然作为乾嘉学术的重要代表载入中国学术思想史。

三、入世情怀

与民本思想与务实精神相一致，戴震表现出鲜明而积极的入世情怀。与程朱兼收释老的入世态度不同，戴震的入世情怀主要以批判释老出世思想为表征。戴震的入世情怀主要表现在以下两个方面：

一是回归先儒精神。包括孔孟荀等在内的先秦儒家旨在为后人开创一条格物致知、修齐治平的积极入世道路，从孔子"未能事人，焉能事鬼"，到孟子"仁者爱人""仁者无敌"，再到荀子"明于天人之分""制天命而用之"，无不彰显对于人类主体意识与能动精神的肯定与赞扬。人在先秦儒家那里至高无上，而外在超越力量并不为之关注，这些思想都为戴震所肯定与继承。他重视儒家"五常",从《原善》三篇三卷,到《孟子字义疏证》"仁义礼智二条",凸显儒家"善"与"五常"思想的深刻内涵;他以"行"释"道"("道,犹行也"),以"阴阳五行"论"道"("阴阳五行,道之实体"),探寻先秦诸子尤其儒家天道的内在真谛。

二是严辨儒释之界。戴震所以批判程朱借阶老释,源于他坚持"孔孟归孔孟、老释归老释"的思想主张。著者曾言:"戴震是以一种'上帝的归上帝,凯撒的归凯撒'理念严守儒释之辨,要求孔孟归孔孟、老释归老释。尽管在中国传统儒释道已经愈发融合的大环境下,戴震回归先秦儒家设想是否可能值得探讨,但他那颗'破图貌之误,以正吾宗而保吾族'的儒者情怀值得钦佩。"① 客观地说,程朱理学批判与借阶老释是以复兴儒学为己任,并且这种努力不可谓不成功;然而戴震秉承"破图貌之误,以正吾宗而保吾族"的救世情怀,对于程朱理学借阶老释的批判同样值得尊重与赞誉。我们也因此可以更好地领会戴震这种正宗保族入世情怀的深刻蕴含与时代价值。

第三节　历史影响

乾嘉汉学是与先秦子学、两汉经学、魏晋玄学、隋唐佛学、宋明理学并称的中国古代学术思想史上的一大学术思潮与流派,它在学术思想史上有着重要地位和历史影响。作为乾嘉汉学巨擘,戴震不仅在考据学方面成就灿然,而且在自然科学与义理之学方面都取得骄人成绩。戴震学术博大精深、影响深远,由章学诚最先提出的"戴学"已成为学术界长期关注的研究课题。

一、朴学大师

戴震学术最响亮的标签无疑是他作为"朴学大师"的称号。所谓朴学,亦即汉学,由于汉学家们多以文字音韵、章句训诂、典章制度为主要研究对象,以朴实无华的经史考证为研究方法,学风推崇朴实简洁、尚古求真。

---

① 陶武:《严儒释之辨,破图貌之误——论戴震的佛学观》,《学术界》2013年第8期。

"以戴震为首的皖派与以惠栋为首的吴派并非两个对立的学派，而是先后相承，互为师友，体现了清代汉学发展、演进历史轨迹的两支劲旅。如果说，吴派学者有开创之功，那么，皖派学者则多发展之力。正是戴震及其皖派学者的崛起，使一代学术得以发展至高峰。"① 戴震以其学识渊博与精深考证，在考据学方面取得卓越成就，不仅成就其作为乾嘉汉学集大成者的地位，也因为他所开辟的皖派朴学群体，推动整个乾嘉汉学的走向更加发展与壮大。

戴震考据学成就有目共睹，围绕考据学派划分问题同样值得分梳。关于吴派与皖派地域分类问题，这个由章炳麟所作分期几成学界共识，但也有学者提出质疑。有学者认为皖派说法并不确切，应以"徽派"称之为好，洪湛侯认为："经学史上有所谓吴派、皖派，吴派大致以苏州为基地，皖派则崛起于徽州。谓之皖派，并不确切，若以与吴派对举，亦以称徽派为是。"② 也有学者认为："不能简单地以传统吴、皖、扬、常的分野来概括18 世纪汉学的多元性，汉学只代表了乾隆一朝的学术，而其转型，则早在道咸之先的乾嘉之交已告完成，并且一直影响到近代学术的形成。"③ 陈居渊从家学传承（"学人经学圈"）讨论十八世纪汉学建构，指出吴、皖、扬、常分野的偏颇，无疑新颖而独到，不过就他所论"如果从学术传承而言，皖学也应该是吴地学人经学圈的延伸与拓展"④，则似乎仍有讨论的空间，因为惠栋多大程度上影响戴震学术思想形成与发展于学界仍然未有定论。戴震既是毋庸置疑的杰出汉学大师，又是世所公认的卓越哲学巨人。他虽起自考据，归于义理，然而终其一生秉承"训故明则古经明，古经明则贤人圣人之理义明，而我心之所同然者，乃因之而明"的治学格言，在训诂（汉学）与理义（宋学）两个方面均无所偏颇，兼而擅之。至于汉宋学派的分疏，只是后人出于研究便利所为，是否符合学术史实则另当别论。

---

①黄爱平：《朴学与清代社会》，河北人民出版社，2003，第 60 页。
②洪湛侯：《徽派朴学》，安徽人民出版社，2005，《自序》第 1 页。
③陈居渊：《十八世纪汉学的建构与转型》，《学术月刊》2009 年第 2 期。
④同上。

二、科学先驱

戴震不仅是学界公认的乾嘉汉学巨擘,同时也是颇负盛名的科学先驱。"科学"概念由康有为于 1897 年最先从日本引进并使用[①]。这是狭义层面的"科学",亦即 1915 年陈独秀创办《新青年》杂志所提出的"赛先生"(science 科学),它"是指在近代欧洲出现的科学理论、实验方法、机构组织、评判规则等一整套东西"[②]。由此可见,中国古代并无严格意义上的"科学"("分科之学"),而只有文史学不分的博通之学,东西方表现出完全不同的文化传统。在吴国盛看来,"在中国文化里,知识当然是重要的,但不是最重要的,最重要的是道德、品行、做人。中国传统文化中最重要的学问和学术是伦理学,而不是知识论。换而言之,西方的理知传统与中国的伦理传统是完全不同的两种传统。"[③]

作为两种不同文化传统,中国与西方在科学与技术、理知与伦理、个体与群体、理性与感性等方面均表现出鲜明差异。正是这种差异,导致人们评价中国传统科学成就时难免产生争论与分歧。即便是编纂煌煌七卷《中国科学技术史》巨著的英国著名科学史家李约瑟也同时发出"李约瑟之问":即在近代以前的漫长岁月中,中国人在应用自然知识满足人的需要方面,曾经胜过欧洲人,那么为什么近代科学和工业革命没有在中国发生呢?

虽然"李约瑟范式的中国科学史编史方式,是按照现代科学给出的数(学)、(物)理、化(学)、天(文学)、地(学)、生(物学)的分科方式先进行分科史研究,然后简单汇总"[④],但中国古代毕竟没有自己走向西方近代科学发展的道路。然而,将戴震定位为"科学先驱"或许是可能与恰当的,主要基于以下两方面考虑:

(一)多闻阙疑的实事求是精神

"多闻阙疑"是戴震秉承的一贯原则,不管是早年数学和天文、地理研究,还是中晚年的义理与音韵研究,无不主张心无旁骛、不务虚名、寻

---

① "科学"一词由日本学者西周时懋(1829-1897 年)于 1874 年从法文 science 翻译生造而成,并由康有为于 1897 年刻成的《日本书目志》中最先引进中国。
② 江晓原:《中国古代技术文化》,中华书局,2017,第 198 页。
③ 吴国盛:《什么是科学》,广东人民出版社,2016,第 43 页。
④ 吴国盛:《博物学:传统中国的科学》,《学术月刊》2016 年第 4 期。

根求源、探真求实，正如他自己所言："此数十年得于行事者，其得于学，不以人蔽己，不以己自蔽，不为一时之名，亦不期后世之名。"①戴震主张哲学与科学的良性互动，由此创造出引领时代的伟大学术成就。李约瑟曾经分析说："戴震认为，把'理'看作天赐的对个人本性的启蒙原理，其社会后果曾给中国社会造成了很大的危害……戴震极力主张，任何个人意见都不能叫作'理'……必须记住，我们现在所谈的是，由耶稣会士引进的后文艺复兴时期的近代科学，正在使人们感受到它本身的充分重要性的时代。鉴于这条渠道的神学性质，特别有趣的事实是，中国本土的自然主义传统仍然是如此之强大，以致出现了像戴震和洪亮吉这样的思想家，他们的世界观确实要比同时的耶稣会士的世界观更符合于近代科学的世界观。"②李约瑟对于戴震学说的研究与判断应是不带有感情与虚夸的客观评价。实际上，处于自文艺复兴直至启蒙运动的来华西方传教士，传播西学无疑是以服务传教为最高宗旨，一些在西方当时已经流行的近代科学与技术（哥白尼日心说、牛顿经典力学等）被他们有意无意地忽视与回避。戴震多闻阙疑的求真务实精神使他得以几乎触摸到西方近代科学边界，而他所秉持开放包容的中西交流态度又显然地增大了这种可能。

（二）开放包容的中西会通理念

随着禁教政策厉行，乾隆对于西方传教士和西学态度已经远不及明朝末年与康熙时期。雍乾之际的戴震虽然并无记载与传教士有往来机会，但他对西学却始终保持欢迎和学习心态。例如，戴震在为《九数通考》作序时，他盛赞著者屈曾发"治算数也，妙尽其能，亦兼中西而会通之，乃举而分隶九章，则又梅氏所志焉未逮也。"③正是因为这种"兼中西而会通"的开放理念，戴震从思想与行动两方面主张中西文化会通。戴震撰写的第一部书就是数学著作《策算》，这是一种区别于中国传统筹算的西洋筹算，它是由苏格兰数学家纳皮尔（J·Napier，1550-1617 年）发明的一种数学

①戴震：《答郑丈用牧书》，《戴震全书》（修订本第 6 册），第 371-372 页。
②李约瑟：《中国科学技术史第二卷·科学思想史》，科学出版社，上海古籍出版社，1990，第 547-548 页。
③戴震：《九数通考序》，《戴震全书》（修订本第 6 册），第 553 页。

计算工具和方法，于明末传入中国。经由清初梅文鼎（撰《筹算》七卷等）和戴震的共同努力，纳皮尔算筹实现了中国式改造，它对后来制造手摇计算机产生一定影响。

凭借这种开放思维与学习态度，戴震积极探索西学向中学的引进转化路径。以对中国传统勾股割圆术研究为例，面临传统数学式微窘境，戴震基于清初王锡阐和梅文鼎研究成果开创一条中西会通之路。"中土测天用勾股，今西人易名三角、八线，其三角即勾股，八线即缀术。然而三角之法穷，必以勾股御之，用知勾股者，法之尽备，名之至当也"。① 戴震试图使用"旧瓶装新酒"的变通方法，为西方学术穿上一套中学外衣，既使中国古学巧妙地吸收西学内容，又避免了无谓的"夷夏之争"。戴震研究振衰起敝、卓有成效，为传统数学复兴作出了重要贡献。戴氏弟子汪灼盛赞其师所著《勾股割圆记》为"集天官书、梅氏、利玛窦之大成"②。阮元更将戴震比肩于宣城梅文鼎，他说："天下学者，乃不敢轻言算数，而其道始尊。然则戴氏之功，又岂在宣城下哉？"③ 李开在《戴震评传》中高度评价戴氏对中西科学交流所作的贡献："戴震选择的道路是，总结本国超越世界的科学成就，吸收西方文化，融贯中西，摸索科学文化发展的东方之路。"④

我们不能否认近代科学没有在传统中国产生的客观事实，但是我们也同样不能否认以戴震为代表的儒家士者对于突破传统科学界限、促进东西科学交流所作的创造性努力。从这个角度来看，戴震被梁启超、胡适称之为中国近代"科学界的先驱者"就显得十分恰当与客观。

三、哲学中兴

如果说朴学大师与科学先驱于戴震而言实至名归，那么胡适所谓"哲学中兴"尚未成为共识，表明学界对于戴震哲学地位评判的多重性与复杂性。正面评价者有之，前有洪榜、焦循、阮元、凌廷堪、黄式三，后有梁启超、

① 戴震：《与是仲明论学书》，同上书，第368页。
② 汪灼：《四先生合传》，《戴震全书》（修订本第7册），第44页。
③ 阮元：《畴人传》（卷四十二），同上书，第61页。
④ 李开：《戴震评传》，南京大学出版社，1992，第180页。

胡适、张立文、王茂、陶清、吴根友等；负面贬低者同样有之，不仅有同道好友纪昀、朱筠，更有理学卫道者姚鼐、方东树，还有港台新儒家牟宗三、刘述先等。相比之下，笔者更为认同前者。"哲学中兴"意味着传统哲学的衰落甚至终结，又预示着新哲学的肇启与发展：

（一）理学的终结

理学从北宋中叶借阶老释、融合三教而兴，到元明清三朝再借力科举走向鼎盛，经历一段由兴而衰的发展变化过程。伴随明清之际经世实学思潮的兴起，程朱理学与陆王心学末流遭遇来自朱之瑜、陈确、顾炎武、黄宗羲、王夫之、方以智、毛奇龄、颜元等杰出思想家的质疑与批判。

顾炎武批评理学清谈远胜于魏晋，他说："孰知今日之清谈，有甚于前代者。昔之清谈，谈老庄，今之清谈，谈孔孟……不习六艺之文，不考百王之典，不综当代之务，举夫子论学论政之大端，一切不问，而曰一贯，曰无言，以明心见性之空言，代修己治人之实学。股肱惰而万事荒，爪牙亡而四国乱，神州荡覆，宗社丘墟。"[1]顾炎武指责理学家们夸夸其谈以致"神州荡覆，宗社丘墟"可谓振聋发聩；颜元将理学家所崇拜的董仲舒名言彻底扭转实为釜底抽薪，他说："后儒乃云'正其谊，不谋其利'，过矣！宋人喜道之，以文其空疏无用之学。予尝矫其偏，改云'正其谊以谋其利，明其道而计其功'"。[2]颜元冲破传统禁锢，使中国古代义利之辨已达近乎科学高度，并把自己治学之道归结为实学、实习、实行，此是对宋明后儒所推崇心性之学的纠偏与斧正。

如果说"清谈误国"代表明清之际思想家对于理学的普遍共识，那么走出理学几乎成为当时主流思想家的不二选择。

作为乾嘉汉学中坚，戴震所以勇敢挑起批判理学大旗正在如此。相比之下，戴震的理学批判更为犀利深刻，他那"酷吏依法杀人，后儒以理杀人"名句已让理学的耀眼光环黯然失色，理学由此跌落神坛。章学诚于此痛心疾首，他说道："戴君笔于书者，其于朱子有所异同，措辞与顾氏宁人、阎氏百诗相似，未敢有所讥刺，固承朱学之家法也。其异于顾、阎诸君，

①顾炎武：《日知录校注》（卷七），陈垣校注，安徽大学出版社，2007，第384页。
②颜元：《四书正误》（卷一），《颜元集》，中华书局，1987，第163页。

则于朱子间有微辞，亦未敢公然显非之也……不知诵戴遗书而兴起者尚未有人，听戴口说而加厉者，滔滔未已。至今徽歙之间，自命通经服古之流，不薄朱子，则不得为通人。而诽圣排贤，毫无顾忌，流风大可惧怕也。"①"流风大可惧怕"显示了章学诚那样理学追随者的普遍心态，"不薄朱子，则不得为通人"反衬戴震理学批判已经产生了巨大社会反响。

如果说明清之际主流思想家是以"走出理学"作为自己学术宗旨，那么戴震的理学批判则已彰显"终结理学"的理论诉求。当然"理学终结"特指理学因遭遇批判跌落顶峰而言，即使清末也还出现了短期的"理学中兴"，但步入颓势的宋明理学无论如何也阻止不了一个新型学术派别——戴学——的兴起。

（二）戴学的肇启

在中国学术思想长河中，自先秦至清末的不同朝代与特定时期，都产生了诸多影响深远的重要学派与思想家。戴震以思想的批判性、独特性与前瞻性成为中国学术史上一个学术大师；而"戴学"在由章学诚首次提出之后，经历一个从遭人无视、误解詈骂到受人关注和发扬光大的曲折过程。

戴震以考据声震京华，但是他并不以此为然，"戴学"宗旨也不以此为重。章学诚说："凡戴君所学，深通训诂，究于名物制度，而得其所以然，将以明道也。时人方贵博雅考订，见其训诂名物，有合时好，以为戴之绝诣在此。及戴著《论性》《原善》诸篇，于天人理气，实有发前人所未发，时人则谓空说义理，可以无作，是固不知戴学者矣。"②章学诚可谓真正知戴之人，虽然他批判戴震也毫不隐晦，尤其针对戴氏义理之学。戴学精华就是要人们做指点江山、关注民生的仁爱者与轿中人，而不要做六书九数、默默无闻的老学究与抬轿人。弟子段玉裁所言就颇能证明，他说："先生之言曰：'六书、九数等事，如轿夫然，所以舁轿中人也。以六书、九数等事尽我，是犹误认轿夫为轿中人也。'又尝与玉裁书说：'仆生平论述最大者，为《孟子字义疏证》一书，此为正人心之要。'噫！是可以知先生矣。"③

①章学诚：《文史通义·书朱陆后》，载《戴震全书》（修订本第7册），第381—382页。
②章学诚：同上书，第380页。
③段玉裁：《戴东原集序》，同上书，第229页。

从戴震"正人心之要"的自我期许，到章学诚"将以明道"的独到点评，人们由此看清戴学"绝诣"所在。鉴于以明道为宗旨的戴学常被泛化为包含义理与考据在内的广义"戴震学术"，此处"戴学"特指狭义戴学，虽然它包括戴震自著义理之学，又包括他者所做阐释之学。基于后者发端于前者，限于篇幅，故仅以前者立论。

作为理学的终结者，戴学具有与理学针锋相对和截然不同的理论诉求，主要表现在以下三个方面：

1. 批评理学之"理"，提出自己的新理学

戴震批评程朱"以理为'如有物焉，得于天而具于心'，未有不以意见当之者也"①，进而用分理、条理与情欲赋予"理"以新的蕴涵，"理"从天上落到人间，"理"不再是尊者、长者和贵者的个人"意见"，取而代之的是"心之所同然"的普遍共识。虽然近代著名经学家皮锡瑞曾经说过："戴震作《原善》《孟子字义疏证》，虽与朱子说抵牾，亦只是争辩一个理字。"②然而殊不知戴震之辩剥茧抽丝、切中肯綮，让程朱理学"大厦将倾"，胡适赞誉"说是宋明理学的根本革命，也可以说是新理学的建设，——哲学的中兴"。③胡适充分肯定戴震"理"论的历史意义，将戴震哲学研究提到一个崭新高度。

2. 解构理学之"道"，建立自己的新道论

理学即道学。"道学"由张载首先提出，至南宋初年广为流行。《宋史》专立《道学传》介绍周敦颐、程颢、程颐、张载、朱熹等二十余人。明朝中期，一些道学家被批评为"假道学"，遭受污名的"道学"渐被"理学"取代。程朱以继承儒家道统为己任，并将儒家之"道""天理"化，他们尤其欣赏《周易·系辞》"形而上者谓之道，形而下者谓之器"的道器之辩④，基于理学

---

① 戴震：《孟子字义疏证》（卷上），《戴震全书》（修订本第 6 册），第 153 页。
② 皮锡瑞：《经学历史》，中华书局，1959，第 313 页。
③ 胡适：《戴东原的哲学》，岳麓书社，2010，第 50 页。
④ 《易》曰："形而上者谓之道，形而下者谓之器。"程子云："惟此语截得上下最分明，元来只此是道，要在人默而识之。"后儒言道，多得之此。朱子云："阴阳，气也，形而下者也；所以一阴一阳者，理也，形而上者也；道即理之谓也。"朱子此言，以道之称惟理足以当之。今但曰"气化流行，生生不息"，乃程、朱所目为形而下者；其说据《易》之言以为言，是以学者信之。载《戴震全书》（修订本第 6 册），第 173—174 页。

立场的阐发显然提升了中国传统哲学的思辨性和丰富性。然而在戴震看来，朱子的"以理称道"和理气之辩与《易》之本义并不相符，从而提出包括天道与人道在内的新道论，在《孟子字义疏证》中特设《天道》与《道》两目专门讨论。就天道观而言，戴震不认同程朱以"天理"论"天道"，而是从《易》之"一阴一阳之谓道"出发，强调"阴阳五行，道之实体也"①，"气化流行，生生不息，是故谓之道"②。与程朱突出天道的形上性与超越性不同，戴震反对这种超越性，强调"道也者一阴一阳之谓也"③，即天道不是什么玄妙的东西，就是一阴一阳的交替运动。《易》"形而上者谓之道，形而下者谓之器"的真义也非程朱所说，它们"本非为道器言之，以道器区别其形而上形而下耳。形谓已成形质，形而上犹曰形以前，形而下犹曰形以后"。如此，阴阳、五行之气才是真正的形而上者，焉有朱子"所以一阴一阳者，理也"的存在？

就人道而言，儒家均有着强烈的价值追求与人文关怀，然而由于天道观的不同，程朱所倡导的圣贤气象和孔颜乐处总是显得缥缈高远，尤其是"存天理、灭人欲"的道德说教非但没有让人们都去希圣成贤，相反成为普罗大众的精神桎梏。在戴震看来，"宋儒合仁义礼而统谓之理，视之'如有物焉，得于天而具于心'，因以此为'形而上'，为'冲漠无朕'；以人伦日用为'形而下'，为'万象纷罗'。盖由老、庄、释氏之舍人伦日用而别有所（贵）〔谓〕道，遂转之以言夫理。在天地，则以阴阳不得谓之道，在人物，则以气禀不得谓之性，以人伦日用之事不得谓之道。六经、孔、孟之言，无与之合者也。"④戴震高举《六经》孔孟大旗，倡导"人伦日用身之所行"，体现着与程朱不一样的具有平民情怀的人道观。

3. 疏解理学之"性"，构建自己的新性论

人性论是中国传统哲学高度关注且内容丰赡的重要论题，程朱理学人性论又是其主要代表。作为程朱人性论的重要特征，人性二本论是由张载

①戴震：《孟子字义疏证》（卷中），《戴震全书》（修订本第 6 册），第 173 页。
②同上。
③戴震：《孟子字义疏证》（卷中），同上书，第 174 页。
④戴震：《孟子字义疏证》（卷下），同上书，第 200-201 页。

最先提出，经过二程和朱熹的发挥与充实，成为一种更加理论化、完整化、系统化的人性论体系。这是一种建立在程朱天理学说基础上的人性论，包括天地之性与气质之性在内的人性二本论貌似合理地解释了人性善恶的来源，也试图为人们趋善避恶、成就圣贤人格提供了方法与路径。然而在戴震看来，"程子、朱子见于生知安行者罕睹，谓气质不得概之曰善，荀、扬之见固如是也。特以如此则悖于孟子，故截气质为一性，言君子不谓之性；截理义为一性，别而归之天，以附和孟子。"①

虽然如此，程朱这种人性二本论并非符合《六经》与孔孟人性论的原有本义，他们不过是"于老、庄、释氏既入其室，操其矛矣，然改变其言，以为六经、孔、孟如是，按诸荀子差近之，而非六经、孔、孟也。"②

戴震立足"天下惟一本，无所外"的鲜明立场，以充分的理论自觉，疏解并批评程朱人性二本论，构建自己"血气心知，性之实体"③的人性一本论。作为程朱人性二本论说的批判者，戴震人性一本论表现出科学性、系统性与战斗性特征，为丰富中国传统人性论做出重要理论贡献。张岱年推崇戴震的人性论，他认为："性一元论之大成者是戴震。戴东原的性论，分析较细，论证较详，在中国过去人性论中，实是最缜密的。"④与此同时，戴震的人性论同时又表现出很强的实践品质和平等精神。综观戴震的人性论说，可以强烈地感受到他内心那种"观圣人之道""正人心之要"的强烈的社会责任感与乐为天下百姓代言的平民情怀。

综上所述，著者试着从新理学、新道论与新性学等角度初步考察戴震义理之学的内在要义，虽然它们不是戴学的全部，但对于把握戴学的理论特质、价值追求、实践指向以及历史地位应该具有参考意义。

---

① 戴震：《孟子字义疏证》（卷中），同上书，第189页。
② 同上书，第190页。
③ 同上书，第173页。
④ 张岱年：《中国哲学大纲》，中国社会科学出版社，1982，第228页。

戴震文选

戴震　著　　陶武　注释

哲学思想

闽中师友渊源考序

宋之有朱子，近数百年以来学者宗之。前夫宋，则汉郑康成氏，其为世所宗千有余年，而宋儒始兴，师师相传，讲求者不外六艺之文。时之相隔，判若殊科，岂无故哉！

方《诗》《书》初出，承残灭之余，绝而复续，诂训制度，几荡然无征，则其时治经所重，断可识矣。康成氏者，集汉儒之大成者也。降自魏、晋，师法渐失。隋、唐义疏，流而为繁碎，于是宋初诸君子主于辞理晓畅。迨二程子、张子，尤多微论。朱子者，集宋儒之大成者也，稽其少时，师事胡原仲宪、刘彦冲子翚、刘致中勉之，既又受学于李愿中侗；愿中受之罗仲素从彦，仲素受之杨中立时，中立与游定夫酢、王信伯苹皆程门高弟。盖闽中之学，自三君子为之倡，数传而得朱子，浸以益大，门人交友，翕然至盛，此《闽中师友渊源考》①所为有作也。

余窃谓授经之事，一二人启其端，必同时英彦笃守之，以广其传，夫然后师友之气振，而其学久而弥著。今李公撰次是考，虽专溯闽学源流，世之尊信宋儒，宗之至于今者，实系乎是。公为安溪先生第几子②，家学相承，得二程子、朱子正传，故其所表章，辨别学绪，卓尔不惑。虽然，宋儒之相与讲贯于理义，非适当训诂详明之后，亦且汲汲为康成氏之所为也。余故因是书为知学之士进而表之。

[《戴震全集》（第5册），清华大学出版社，1997，第2679页；《戴震全书》（修订本第6册），黄山书社，2010，第550—551页。以下出版信息从略。]

①《闽中师友渊源考》：又名《闽中理学渊源考》，计92卷，《四库全书》收有其书。
②安溪先生本指清初理学名臣李光地（1642—1718年），此指李光地之子李钟伦（1663—1706年），李清馥（1703— ？）则为李钟伦之次子。李清馥于1749年耗时八年完成《闽中理学渊源考》。

法象论

《易》曰："法象莫大乎天地。"又曰："成象之谓乾，效法之谓坤。"又曰："仰则观象于天，俯则观法于地。"夫道无远迩，能以尽于人伦者凡身求之，则靡不尽也。作论以贻好学治经者。

观象于天，观法于地，三极之道，参之者人也。天垂日月，地窍于山川，人之伦类肇自男女夫妇。是故阴阳发见，天成其象，日月以精分；地成其形，山川以势会。日月者，成象之男女也；山川者，成形之男女也；阴阳者，气化之男女也；言阴阳于一人之身，血气之男女也。魂魄之合，官乎动静，精能之至也。魄之谓灵，魂之谓神。灵也者明聪，神也者慧圣，明聪慧圣，天德矣。立于一曰道，成而两曰阴阳，名其合曰男女，著其分曰天地，效其能曰鬼神。

天地之道，动静也，清浊也，气形也，明幽也，外内上下尊卑之纪也，明者施而幽者化也。地在天中，德承天，是以配天。凡天之文，地之义，人之纪，分则得其夺，合则得其和。分也者，道之条理也；合也者，道之统会也。条理明，统会举，而贵贱位矣。贵者君之，贱者臣之，而治化出矣。征之于臣道妻道无失，知其君道立矣。是故列星之垣卫拱所尊也，谓之天官，示于上，应于下也。

日行中道，月五星各由其道而宗之，各为迟疾而会归之，故日者，君之象也。月向日而生明，其精感常合，气物常分，化则为燥湿，为水火。日月者，水火之精；燥湿者，阴阳之交；山川者，燥湿之位。水以合而盛，火以分而盛；木火之德分也，金水之德合也。地之高者，山原丘陵本乎燥；其下者，川隰[1]溪谷本乎湿。气分则生燥，气合则生湿，气输则生变，气精则生神，神盛则无失道。山有分无合，川有合无分，燥湿水火之义也。山川之情，其初皆分，其究皆合，君臣夫妇之道也。

人中处天地之间，相亲而久，治道莫大于君臣。徒爱人不知治人者，不能以行于父子夫妇兄弟。故君道得，人纪所由得也。一人之身，血气和则夫妇；心得其正，百体从令则君臣。故心也者，含天德、君百体者也；

---

①隰（xí）：低湿的地方，出自《国风·邶风·简分》："山有榛，有苓"。

气者，有君道以能统乎血者也。

盈天地之间，道，其体也；阴阳，其徙^①也；日月星，其运行而寒暑昼夜也；山川原隰，丘陵溪谷，其相得而终始也。生生者，化之原；生生而条理者，化之流。分者其进，合者其止；进者其生，止者其息。生者动而应求，立乎至博；息者静而自正，立乎至约。博，故与为条理也；约，故与为统会也。草木之根干枝叶花实，谓之生；果实之白全其生之性，谓之息。君子之学也如生，存其心以合天地之心如息。为息为生，天地所以成化也。是故生生者仁，条理者礼，断决者义，藏主者智，智通仁发而秉中和谓之圣；圣合天，是谓无妄。无妄之于百物生生，至贵者仁。是故仁得则父子亲，礼得则亲疏上下之分尽，义得则百事正，藏于智则天地万物为量，归于无妄则圣人之事。天所以成象，地所以成形，圣人所以立极，一也，道之至也。

［《戴震全集》（第1册），第1-2页；《戴震全书》（修订本第6册），第463-465页。］

与方希原书

得郑君手札，言足下大肆力古文之学。仆尝以为此事在今日绝少能者，且其途易歧，一入歧途，渐去古人远矣。

古今学问之途，其大致有三：或事于理义，或事于制数，或事于文章。事于文章者，等而末者也。然自子长、孟坚、退之、子厚诸君子之为之，曰"是道也，非艺也"。以云道，道固有存焉者矣，如诸君子之文，亦恶睹其非艺欤？夫以艺为末，以道为本。诸君子不愿据其末，毕力以求据其本，本既得矣，然后曰"是道也，非艺也"。循本末之说，有一末，必有一本。譬诸草木，彼其所见之本，与其末同一株，而根枝殊而。根固者枝茂。世人事其枝，得朝露而荣，失朝露而瘁，其为荣不久。诸君子事其根，朝露不足以荣瘁之，彼又有所得而荣、所失而瘁者矣。且不废浸灌之资，雨露之润，此固学问功深而不已于其道也，而卒不能有荣无瘁。故文章有至有未至。至者，得于圣人之道则荣；未至者，不得于圣人之道则瘁。以圣人之道被乎文，犹

---

①徙：阴阳之气化流行。其他各本误作"徒"，应改正。

造化之终始万物也。非曲尽物情，游心物之先，不易解此。然则如诸君子之文，恶睹其非艺欤？诸君子之为道也，譬犹仰观泰山，知群山之卑；临视北海，知众流之小。今有人履泰山之巅，跨北海之涯，所见不又悬殊乎哉？足下好道，而肆力古文，必将求其本。求其本，更有所谓大本。大本既得矣，然后曰是道也，非艺也。则彼诸君子为道，固待斯道而荣瘁也者。

圣人之道在《六经》。汉儒得其制数，失其义理；宋儒得其义理，失其制数。譬有人焉，履泰山之巅，可以言山；有人焉，跨北海之涯，可以言水。二人不相谋，天地间之巨观，目不全收，其可哉？抑言山也、言水也，时或不尽山之奥、水之奇。奥奇，山水所有也，不尽之，阙物情也。今足下同郑君、汪君相与聚处，勉而薄乎巅涯，究乎奥奇不难。

仆奔走避难，向之所欣，久弃不治，数千里外闻足下为之，意志动荡，不禁有言。足下试察其言，漫散不可收拾，其近况可弗赘陈矣。置身无所如仆者，起古人于今日，必哀而怜之。凡事履而后知，历而后难。曾不如古人而思得古人怜我，若强其乞怜于异乎古人者，则亦不为也。

〔《戴震全书》（修订本第 6 册），第 374 页。〕

原善三卷

卷上

余始为《原善》之书三章，惧学者蔽以异趣也，复援据经言疏通证明之，而以三章者分为建首，次成上、中、下卷。比类合义，灿然端委毕著矣，天人之道，经之大训萃焉。以今之去古圣哲既远，治经之士，莫能综贯，习所见闻，积非成是，余言恐未足以振兹坠绪也。藏之家塾，以待能者发之。

善：曰仁，曰礼，曰义，斯三者，天下之大衡也。上之见乎天道，是谓顺；实之昭为明德，是谓信；循之而得其分理，是谓常。道，言乎化之不已也；德，言乎不可渝也；理，言乎其详致①也；善，言乎知常、体信、达顺②也；

①详致：详尽细密。
②知常、体信、达顺：人善所具有的内在品质。知常：懂得事物发展的规律；体信：践行诚实守信之德；达顺：洞达天地运行之道。

性，言乎本天地之化，分而为品物者也。限于所分，曰命；成其气类，曰性；各如其性以有形质，而秀发于心，征于貌、色、声，曰才。资以养者存乎事，节于内者存乎能，事能殊致存乎才，才以类别存乎性。有血气，斯有心知，天下之事能于是乎出，君子是以知人道之全于性也。呈其自然之符，可以知始；极于神明之德，可以知终。由心知而底于神明，以言乎事，则天下归之仁；以言乎能，则天下归之智。名其不渝谓之信，名其合变谓之权，言乎顺之谓道，言乎信之谓德，行于人伦庶物之谓道，侔于天地化育之谓诚，如听于所制者然之谓命。是故生生者，化之原；生生而条理者，化之流。动而输者，立天下之博；静而藏者，立天下之约。博者其生，约者其息；生者动而时出，息者静而自正。君子之于问学也，如生；存其心，湛然合天地之心，如息。人道举配乎生，性配乎息；生则有息，息则有生，天地所以成化也。生生者，仁乎；生生而条理者，礼与义乎！何谓礼？条理之秩然有序，其著也；何谓义？条理之截然不可乱，其著也。得乎生生者谓之仁，得乎条理者谓之智。至仁必易，大智必简，仁智而道义出于斯矣。是故生生者仁，条理者礼，断决者义，藏主者智，仁智中和曰圣人；智通礼义，以遂天下之情，备人伦之懿。至贵者仁，仁得，则父子亲；礼得，则亲疏上下之分尽；义得，则百事正；藏于智，则天地万物为量；同于生生条理，则圣人之事。

《易》曰："形而上者谓之道，形而下者谓之器。""形而下"者，成形质以往者也；"形而上"者，阴阳鬼神胥是也，体物者也。故曰"鬼神之为德，其盛矣乎！视之而弗见，听之而弗闻，体物而不可遗"。《洪范》曰："五行：一曰水，二曰火，三曰木，四曰金，五曰土。"五行之成形质者，则器也；其体物者，道也。五行阴阳，得之而成性者也。

《易》曰："一阴一阳之谓道，继之者善也，成之者性也。"一阴一阳，盖言天地之化不已也，道也。一阴一阳，其生生乎，其生生而条理乎？以是见天地之顺，故曰"一阴一阳之谓道"。生生，仁也，未有生生而不条理者。条理之秩然，礼至著也；条理之截然，义至著也；以是见天地之常。

三者咸得，天下之懿德也①，人物之常也；故曰"继之者善也"，言乎人物之生，其善则与天地继承不隔者也。有天地，然后有人物；有人物而辨其资始曰性。人与物同有欲，欲也者，性之事也；人与物同有觉，觉也者，性之能也。欲不失之私，则仁；觉不失之蔽，则智；仁且智，非有所加于事能也，性之德也。言乎自然之谓顺，言乎必然之谓常，言乎本然之谓德。天下之道尽于顺，天下之教一于常，天下之性同之于德。性之事，配五行阴阳；性之能，配鬼神；性之德，配天地之德。人与物同有欲，而得之以生也各殊；人与物同有觉，而喻大者大，喻小者小也各殊；人与物之一善同协于天地之德，而存乎相生养之道，存乎喻大喻小之明昧也各殊；此之谓本五行阴阳以成性，故曰"成之者性也"。善，以言乎天下之大共也；性，言乎成于人人之举凡自为。性，其本也。所谓善，无他焉，天地之化，性之事能，可以知善矣。君子之教也，以天下之大共正人之所自为；性之事能，合之则中正，违之则邪僻；以天地之常，俾人咸知由其常也。明乎天地之顺者，可与语道；察乎天地之常者，可与语善；通乎天地之德者，可与语性。

《易》曰："天地之大德曰生。"气化②之于品物，可以一言尽也，生生之谓欤！观于生生，可以知仁；观于其条理，可以知礼；失条理而能生生者，未之有也，是故可以知义。礼也，义也，胥仁之显乎！若夫条理得于心，其心渊然而条理，是为智；智也者，其仁之藏乎！生生之呈其条理，显诸仁也；惟条理，是以生生，藏诸用也。显也者，化之生于是乎见；藏也者，化之息于是乎见。生者，至动而条理也；息者，至静而用神也。卉木之（株）〔枝〕③叶华实，可以观夫生；果实之白④，全其生之性，可以观夫息。是故生生之谓仁，元也；条理之谓礼，亨也；察条理之正而断决于事之谓义，利也；得条理之准而藏主于中之谓智，贞也。

《记》⑤曰："夫民有血气心知之性，而无哀乐喜怒之常；应感起物而动，然后心术形焉。"凡有血气心知，于是乎有欲，性之征于欲，声色臭味而

---

① 懿德：国图本作"至善"。
② 气化：阴阳二气化生万物。
③ 凡误字衍文，用圆括号（ ）标出，改正用方括号〔 〕标出，增补用尖括号〈 〉标出。
④ 白：指核仁。
⑤《记》：指《礼记》之《乐记》。

爱畏分；既有欲矣，于是乎有情，性之征于情，喜怒哀乐而惨舒分；既有欲有情矣，于是乎有巧与智，性之征于巧智，美恶是非而好恶分。生养之道，存乎欲者也；感通之道，存乎情者也；二者，自然之符，天下之事举矣。尽美恶之极致，存乎巧者也，宰御之权由斯而出；尽是非之极致，存乎智者也，贤圣之德由斯而备；二者，亦自然之符，精之以底于必然，天下之能举矣。《记》又有之曰："人生而静，天之性也；感于物而动，性之欲也；物至知知，然后好恶形焉。好恶无节于内，知诱于外，不能反躬，天理灭矣。"人之得于天也一本，既曰"血气心知之性"，又曰"天之性"，何也？本阴阳五行以为血气心知，方其未感，湛然无失，是谓天之性，非有殊于血气心知也。是故血气者，天地之化；心知者，天地之神；自然者，天地之顺；必然者，天地之常。

　　《孟子》曰："尽其心者，知其性也；知其性，则知天矣。"耳目百体之所欲，血气资之以养，所谓性之欲也，原于天地之化者也。是故在天为天道，在人，咸根于性而见于日用事为，为人道。仁义之心，原于天地之德者也，是故在人为性之德。斯二者，一也。由天道而语于无憾，是谓天德；由性之欲而语于无失，是谓性之德。性之欲，其自然之符也；性之德，其归于必然也。归于必然适全其自然，此之谓自然之极致。《诗》曰："天生烝民，有物有则；民之秉彝，好是懿德。"凡动作威仪之则，自然之极致也，民所秉也。自然者，散之普为日用事为；必然者，秉之以协于中，达于天下。知其自然，斯通乎天地之化；知其必然，斯通乎天地之德，故曰"知其性，则知天矣"。天人道德，靡不豁然于心，故曰"尽其心"。

　　《孟子》曰："口之于味也，目之于色也，耳之于声也，鼻之于臭也，四肢之于安佚也，性也，有命焉，君子不谓性也；仁之于父子也，义之于君臣也，礼之于宾主也，知之于贤者也，圣人之于天道也，命也，有性焉，君子不谓命也。"存乎材质所自为，谓之性；如或限之，谓之命。存乎材质所自为也者，性则固性也，有命焉，君子不以性而求逞其欲也；如或限之也者，命则固命也，有性焉，君子不以命而自委弃也。

《易》曰："成性存存，道义之门。"五行阴阳之成性也，纯懿中正，本也；由是而事能莫非道义，无他焉，不失其中正而已矣。民不知所以存之，故君子之道鲜矣。

《中庸》曰："天命之谓性，率性之谓道，修道之谓教。"莫非天道也，其曰"天命"，何也？《记》①有之"分于道，谓之命；形于一，谓之性。"言分于五行阴阳也。天道，五行阴阳而已矣，分而有之以成性。由其所分，限于一曲，惟人得之也全。曲与全之数，判之于生初。人虽得乎全，其间则有明暗厚薄，亦往往限于一曲，而其曲可全。此人性之与物性异也。言乎其分于道，故曰"天命之谓性"。耳目百体之欲，求其故，本天道以成性者也。人道之有生则有养也；仁以生万物，礼以定万品，义以正万类，求其故，天地之德也，人道所由立也；咸出于性，故曰"率性之谓道"。五行阴阳者，天地之事能也，是以人之事能与天地之德协。事与天地之德协，而其见于动也亦易。与天地之德违，则遂己之欲，伤于仁而为之；从己之欲，伤于礼义而为之。能与天地之德协，而其有所倚而动也亦易。远于天地之德，则以为仁，害礼义而有不觉；以为礼义，害仁而有不觉。皆道之出乎身，失其中正也。君子知其然，精以察之，使天下之欲，一于仁，一于礼义，使仁必无憾于礼义。礼义必无撼于仁，故曰"修道之谓教"。

《中庸》曰："修身以道，修道以仁。仁者，人也，亲亲为大；义者，宜也，尊贤为大；亲亲之杀②，尊贤之等，礼所生也。"仁，是以亲亲；义，是以尊贤；礼，是以有杀有等。仁至，则亲亲之道得；义至，则尊贤之道得；礼至，则于有杀有等，各止其分而靡不得。"修身以道"，道出于身也；"修道以仁"，三者至，夫然后道得也。

《易》曰："乾以易知，坤以简能；易则易知，简则易从。""易"也者，以言乎乾道，生生也，仁也；"简"也者，以言乎坤道，条理也，智也。仁者无私，无私，则猜疑悉泯，故易知；易知则有亲，有亲则可久，可久则贤人之德，非仁而能若是乎！智者不凿，不凿，则行所无事，故易从；易从则有功，有功则可大，可大则贤人之业，非智而能若是乎！故曰"易

---

① 此《记》指《大戴礼记》。
② 杀（shā）：等级，等差。

简而天下之理得矣"，于仁无不尽也，于礼义无不尽也。

卷中

物之离于生者，形存而气与天地隔也。卉木之生，接时能芒达已矣；飞走蠕动之俦①，有觉以怀其生矣；人之神明出于心，纯懿中正，其明德与天地合矣。是故气不与天地隔者生，道不与天地隔者圣，形强者坚，气强者力，神强者巧，知德者智。气之失，暴；神之失，凿；惑于德，愚。是故一人之身，形得其养，不若气得其养；气得其养，不若神得其养；君子理顺心泰，廓然性得其养。人有天德之知，有耳目百体之欲，皆生而见乎才者也，天也，是故谓之"性"。天德之知，人之秉节于内以与天地化育侔②者也；耳目百体之欲，所受中而不可逾也。是故义配明，象天；欲配幽，法地。五色，五声，五臭，五味，天地之正也。喜怒哀乐、爱隐感念、愠懆怨愤、恐悸虑叹、饮食男女、郁悠蹙咨、惨舒好恶之情，胥成性则然，是故谓之道。心之精爽以知，知由是进于神明，则事至而心应之者，胥事至而以道义应，天德之知也。是故人也者，天地至盛之征也，惟圣人然后尽其盛。天地之德，可以一言尽也，仁而已矣；人之心，其亦可以一言尽也，仁而已矣。耳目百体之欲喻于心，不可以是谓心之所喻也，心之所喻则仁也；心之仁，耳目百体莫不喻，则自心至于耳目百体胥仁也。心得其常，于其有觉，君子以观仁焉；耳目百体得其顺，于其有欲，君子以观仁焉。

《传》③曰："心之精爽，是谓魂魄。"凡有生则有精爽，从乎气之融而灵，是以别之曰"魄"；从乎气之通而神，是以别之曰"魂"。《记》有之："阳之精气曰神，阴之精气曰灵；神灵者，品物之本也。"④有血气，夫然后有心知；有心知，于是有怀生畏死之情，因而趋利避害。其精爽之限之，虽明昧相远，不出乎怀生畏死者，血气之伦尽然。故人莫大乎智足以择善也，择善则心之精爽进于神明，于是乎在。是故天地之化，呈其能，曰"鬼神"；其生生也，殊其用，曰"魂魄"。魂以明而从天，魄以幽而从地；魂官乎动，

---

①俦（chóu）：同辈，伴侣。
②侔（móu）：相等。
③《传》：指《春秋左传》。
④引文出自《大戴礼记·曾子天圆》。

魄官乎静；精能之至也。官乎动者，其用也施；官乎静者，其用也受。天之道施，地之道受；施故制可否也，受故虚且听也。魄之谓灵，魂之谓神；灵之盛也明聪，神之盛也睿圣；明聪睿圣，其斯之谓神明欤！

孟子曰："形色，天性也；惟圣人然后可以践形。"血气心知之得于天，形色其表也。由天道以有人物，五行阴阳，生杀异用，情变殊致。是以人物生生，本五行阴阳，征为形色。其得之也，偏全厚薄，胜负杂糅，能否精粗，清浊昏明，烦烦员员，气衍类滋，广博袭衍，闳①巨琐微，形以是形，色以是色，咸分于道。以顺则煦以治，以逆则毒。性至不同，各呈乎才。人之才，得天地之全能，通天地之全德。从生，而官器利用以驭；横生，去其畏，不暴其使。智足知飞走蠕动之性，以驯以拏；知卉木之性，〔以生以息〕，良农〔任〕以莳刈，良医任以处方。圣人神明其德，是故治天下之民，民莫不育于仁，莫不条贯于礼与义。

《洪范》曰："敬用五事：一曰貌，二曰言，三曰视，四曰听，五曰思。"道出于身，此其目也。"貌曰恭，言曰从，视曰明，听曰聪，思曰睿。"幼者见其长，知就敛饬也，非其素习于仪者也；鄙野之人或不当义，可诘之使语塞也。示之而知美恶之情，告之而然否辨；心苟欲通，久必豁然也。观于此，可以知人之性矣，此孟子之所谓"性善"也。由是而达诸天下之事，则"恭作肃，从作义②，明作哲，聪作谋，睿作圣"。

孟子曰："心之所同然者，何也？谓理也，义也。圣人先得我心之所同然耳。"当孟子时，天下不知理义之为性，害道之言纷出以乱先王之法，是以孟子起而明之。人物之生，类至殊也；类也者，性之大别也。孟子曰："凡同类者举相似也，何独至于人而疑之？圣人与我同类者。"诘告子"生之谓性"，则曰："犬之性犹牛之性，牛之性犹人之性与？"盖孟子道性善，非言性于同也；人之性相近，胥善也。明理义之为性，所以正不知理义之为性者也；是故理义，性也。由孟子而后，求其说而不得，则举性之名而曰理也，是又不可。耳之于声也，天下之声，耳若其符节也；目之于色也，天下之色，目若其符节也；鼻之于臭也，天下之臭，鼻若其符节也；口之

①闳（hóng）：宏大。
②义（yì）：治理，安定。

于味也，天下之味，口若其符节也；耳目鼻口之官接于物而心通其则，心之于理义也，天下之理义，心若其符节也；是皆不可谓之外也，性也。耳能辨天下之声，目能辨天下之色，鼻能辨天下之臭，口能辨天下之味，心能通天下之理义，人之才质得于天，若是其全也。孟子曰："非天之降才尔殊"。曰："乃若其情，则可以为善矣，乃所谓善也；若夫为不善，非才之罪也。"惟据才质为言，始确然可以断人之性善。人之于圣人也，其才非如物之与人异。物不足以知天地之中正，是故无节于内，各遂其自然，斯已矣。人有天德之知，能践乎中正，其自然则协天地之顺，其必然则协天地之常，莫非自然也；物之自然不足语于此。孟子道性善，察乎人之才质所自然，有节于内之谓善也；告子谓"性无善无不善"，不辨人之大远乎物，概之以自然也。告子所谓"无善无不善"也者，静而自然，其神冲虚，以是为至道；及其动而之善之不善，咸目为失于至道，故其言曰"生之谓性"。及孟子诘之，非豁然于孟子之言而后语塞也，亦穷于人与物之灵蠢殊绝，犬牛类又相绝，遂不得漫以为同耳。主才质而遗理义，荀子告子是也。荀子以血气心知之性，必教之理义，逆而变之，故谓"性恶"，而进其劝学修身之说。告子以上焉者无欲而静，全其无善无不善，是为至矣；下焉者，理义以梏之，使不为不善。荀子二理义于性之事能，儒者之未闻道也；告子贵性而外理义，异说之害道者也。

凡远乎《易》《论语》《孟子》之书者，性之说大致有三：以耳目百体之欲为说，谓理义从而治之者也；以心之有觉为说，谓其神独先，冲虚自然，理欲皆后也；以理为说，谓有欲有觉，人之私也。三者之于性也，非其所去，贵其所取。彼自贵其神，以为先形而立者，是不见于精气为物，秀发乎神也；以有形体则有欲，而外形体，一死生，去情欲，以宁其神，冥是非，绝思虑，以苟语自然。不知归于必然，是为自然之极致，动静胥得，神自宁也。自孟子时，以欲为说，以觉为说，纷如矣；孟子正其遗理义而已矣。心得其常，耳目百体得其顺，纯懿中正，如是之谓理义。故理义非他，心之所同然也。何以同然？心之明之所止，于事情区以别焉，无几微爽失，则理义以名。专以性属之理，而谓坏于形气，是不见于理之所由名也。以有欲有觉为私者，荀子之所谓性恶在是也；是见于失其中正之为私，不见于得其中正。且以验形气本于天，备五行阴阳之全德，非私也，孟子之所谓性善也。人之材质良，其本然之德违焉而后不善，孟子谓之"放其良心"，谓之"失其本心"。虽放失之余，形气本于天，备五行阴阳之全德者，如物之几死犹可以复苏。故孟子曰："其日夜之所息，平旦之气，其好恶与人相近也者几希。"以好恶见于气之少息犹然，是以君子不罪其形气也。

孟子曰："耳目之官不思而蔽于物，物交物，则引之而已矣。心之官则思，思则得之，不思则不得也，此天之所与我者。先立乎其大者，则其小者弗能夺也。"人之才，得天地之全能，通天地之全德，其见于思乎！诚，至矣；思诚，则立乎其大者矣。耳目之官不思，物之未交，冲虚自然，斯已矣；心之官异是。人皆有天德之知，根于心，"自诚明"也；思中正而达天德，则不蔽；不蔽，则莫能引之以入于邪，"自明诚"也。耳之能听也，目之能视也，鼻之能臭也，口之知味也，物至而迎而受之者也；心之精爽，驯而至于神明也，所以主乎耳目百体者也。声之得于耳也，色之得于目也，臭之得于鼻也，味之得于口也，耳目百体之欲，不得则失其养，所谓养其小者也；理义之得于心也，耳目百体之欲之所受裁也，不得则失其养，所谓养其大者也。"人之所以异于禽兽者几希"，虽犬之性，牛之性，当其气无乖乱，莫不冲虚自然也，动则蔽而罔罔以行。人不求其心不蔽，于是恶外物之惑己而强御之，可谓之所以异乎？是以老聃、庄周之言尚无欲，君子尚无蔽。尚无欲者，主静以为至；君子动静一于仁。人有欲，易失之盈；盈，斯悖乎天德之中正矣。心达天德，秉中正，欲勿失之盈以夺之，故孟子曰："养心莫善于寡欲。"禹之行水也，使水由地中行；君子之于欲也，使一于道义。治水者徒恃防遏，将塞于东而逆行于西，其甚也，决防四出，泛滥不可救；自治治人，徒恃遏御其欲亦然。能苟焉以求静，而欲之羁抑窜绝，君子不取也。君子一于道义，使人勿悖于道义，如斯而已矣。

卷下

人之不尽其才，患二：曰私，曰蔽。私也者，生于其心为溺，发于政为党，成于行为慝^①，见于事为悖，为欺，其究为私己。蔽也者，其生于心也为惑，发于政为偏，成于行为谬，见于事为凿，为愚，其究为蔽之以己。凿者，其失诬；愚者，其失为固；诬而罔省，施之事亦为固。私者之安若固然为自暴，蔽者之不求牖^②于明为自弃，自暴自弃，夫然后难与言善，是以卒之为不善，非才之罪也。去私莫如强恕，解蔽莫如学，得所主莫大乎忠信，得所止莫大乎明善。是故谓之天德者三：曰仁，曰礼，曰义，善之大目也，行之所节中也。其于人伦庶物，主一则兼乎三，一或阙焉，非至善也。谓之达德者三：曰智，曰仁，曰勇；所以力于德行者三：曰忠，曰信，曰恕。竭所能之谓忠，履所明之谓信，平所施之谓恕。忠则可进之以仁，信则可进之以义，恕则可进之以礼。仁者，德行之本，体万物而与天下共亲，是故忠其属也；义者，人道之宜，裁万类而与天下共睹，是故信其属也；礼者，天则之所止，行之乎人伦庶物而天下共安，于分无不尽，是故恕其属也。忠近于易，恕近于简，信以不欺近于易，信以不渝近于简。斯三者，驯而至之，夫然后仁且智；仁且智者，不私不蔽者也。得乎生生者仁，反是而害于仁之谓私；得乎条理者智，隔于是而病智之谓蔽。用其知以为智，谓施诸行不缪矣，是以道不行；善人者信其行，谓见于仁厚忠信为既知矣，是以道不明。故君子克己之为贵；独而不咸之谓己。以己蔽之者隔于善，隔于善，隔于天下矣；无隔于善者，仁至，义尽，知天。是故一物有其条理，一行有其至当，征之古训，协于时中，充然明诸心而后得所止。君子独居思仁，公言言义，动止应礼。达礼，义无弗精也；精义，仁无弗至也；至仁尽伦，圣人也。易简至善，圣人所欲与天下世同之也。

《论语》曰："性相近也，习相远也"；"惟上知与下愚不移。"人与物，成性至殊，大共^③言之者也；人之性相近，习然后相远，大别^④言之也。凡同类者举相似也，惟"上智"与"下愚"，明暗之生而相远，不因于习。然曰"上智"，曰"下愚"，亦从乎"不移"，是以命之也。"不移"者，

---

①慝（tè）：奸邪，邪恶。
②牖（yǒu）：开启。
③大共：《荀子》中的逻辑术语，指反映普遍性最高的类概念，如"物"概念就是大共名。
④大别：大略，大致。

非"不可移"也，故曰，"生而知之者，上也；学而知之者，次也；困而学之，又其次也；困而不学，民斯为下矣。"君子慎习而贵学。

《中庸》曰："道也者，不可须臾离也；可离非道也。是故君子戒慎乎其所不睹，恐惧乎其所不闻。""《诗》云：'相在尔室，尚不愧于屋漏'，故君子不动而敬，不言而信。"睹、闻者，身之接乎事物也；言、动者，以应事物也；道出于身，其孰能离之！虽事物未至，肆其心而不检柙^①者，胥失道也。纯懿中正，道之则也。事至而动，往往失其中正，而可以不虞于疏乎！

《中庸》曰："莫见乎隐，莫显乎微。故君子慎其独也。""《诗》云：'潜虽伏矣，亦孔之昭。'故君子内省不疚，无恶于志。君子之所不可及者，其惟人之所不见乎？""独"也者，方存乎志，未著于事，人之所不见也。凡见之端在隐，显之端在微，动之端在独。民多显失德行，由其动于中，悖道义也。动之端疚，动而全疚。君子内正其志，何疚之有！此之谓知所慎矣。

《中庸》曰："喜怒哀乐之未发，谓之中；发而皆中节，谓之和。中也者，天下之大本也；和也者，天下之达道也。致中和，天地位焉，万物育焉。"人之有欲也，通天下之欲，仁也；人之有觉也，通天下之德，智也。恶私之害仁，恶蔽之害智；不私不蔽，则心之精爽是为神明。静而未动，湛然全乎天德，故为"天下之大本"；及其动也，粹然不害于私，不害于蔽，故为"天下之达道"。人之材质良，性无有不善，见于此矣。"自诚明"者，于其中和，道义由之出；"自明诚"者，明乎道义中和之分，可渐以几于圣人。"惟天下至诚，为能尽其性；能尽其性，则能尽人之性；能尽人之性，则能尽物之性"，自诚明者之致中和也。"其次致曲，曲能有诚，诚则形，形则著，著则明，明则动，动则变，变则化"，自明诚者之致中和也。天地位，则天下无或不得其常者也；万物育，则天下无或不得其顺者也。

《中庸》曰："君子尊德性而道问学，致广大而尽精微，极高明而道中庸，温故而知新，敦厚以崇礼。"凡失之蔽也，必狭小；失之私也，必卑暗；

---

① 检柙（jiǎn xiá）：规矩，法度。

广大高明之反也。"致广大"者，不以己之蔽害之，夫然后能"尽精微"；"极高明"者，不以私害之，夫然后能"道中庸"。"尽精微"，是以不蔽也；"道中庸"，是以不私也。人皆有不蔽之端，其"故"也，问学所得，德性日充，亦成为"故"；人皆有不私之端，其"厚"也，问学所得，德性日充，亦成为"厚"。"温故"，然后可语于"至广大"；"敦厚"，然后可语于"极高明"；"知新"，"尽精微"之渐也；"崇礼"，"道中庸"之渐也。

《中庸》曰："思修身，不可以不事亲；思事亲，不可以不知人；思知人，不可以不知天。"君子体仁以修身，则行修也；精义以体仁，则仁至也；达礼以精义，则义尽也。

《论语》曰："弟子入则孝，出则弟[1]；谨而信，泛爱众，而亲仁；行有余力，则以学文。"《大学》言致知、诚意、正心、修身，为目四；言齐家、治国、平天下，为目三。弟子者，履其所明，毋怠其所受，行而未成者也。身有天下国家之责，而观其行事，于是命曰"大学"。或一家，或一国，或天下，其事必由身出之，心主之，意先之，知启之。是非善恶，疑似莫辨，知任其责也；长恶遂非，从善不力，意任其责也；见夺而沮丧，漫散无检柙，心任其责也；偏倚而生惑，身任其责。故《易》曰："君子永终知弊。"绝是四弊者，天下国家可得而理矣。其曰"致知在格物"，何也？事物来乎前，虽以圣人当之，不审察，无以尽其实也，是非善恶未易决也；"格"之云者，于物情有得而无失，思之贯通，不遗毫末，夫然后在己则不惑，施及天下国家则无憾，此之谓"致其知"。

《记》[2]曰："饮食男女，人之大欲存焉。"《中庸》曰："君臣也，父子也，夫妇也，昆弟也，朋友之交也，五者，天下之达道也。"饮食男女，生养之道也，天地之所以生生也。 一家之内，父子昆弟，天属也；夫妇，胖[3]合也。天下国家，志纷则乱，于是有君臣；明乎君臣之道者，无往弗治也。凡势孤则德行行事，穷而寡助，于是有朋友；友也者，助也，明乎朋友之道者，交相助而后济。五者，自有身而定也，天地之生生而条理也。是故去生养

①弟：通"悌"（tì），敬爱哥哥，引申为顺从长（zhǎng）上。
②《记》指《礼记》。
③胖（pàn）：一半，两个结合中的一方。

之道者，贼道者也。细民得其欲，君子得其仁。遂己之欲，亦思遂人之欲，而仁不可胜用矣；快己之欲，忘人之欲，则私而不仁。饮食之贵乎恭，贵乎让，男女之贵乎谨，贵乎别，礼也；尚廉耻，明节限，无所苟而已矣，义也。人之不相贼者，以有仁也；人之异于禽兽者，以有礼义也。专欲而不仁，无礼无义，则祸患危亡随之，身丧名辱，若影响然。为子以孝，为弟以悌，为臣以忠，为友以信，违之，悖；为父以慈，为兄以爱，为君以仁，违之，亦悖也。父子之伦，恩之尽也；昆弟之伦，洽之尽也；君臣之伦，恩比于父子，然而敬之尽也；朋友之伦，洽比于昆弟，然而谊之尽也；夫妇之伦，恩若父子，洽若昆弟，敬若君臣，谊若朋友，然而辨之尽也。孝悌、慈爱、忠信，仁所务致者也；恩、洽、敬、谊、辨，其自然之符也；不务致，不务尽，则离、怨、凶、咎随之；悖，则祸患危亡随之。非无憾于仁，无憾于礼义，不可谓能致能尽也。智以知之，仁以行之，勇以始终；夫仁智，期于仁与礼义俱无憾焉，斯已矣。

《虞夏书》曰："日宣三德，夙夜浚明有家。"宽也，柔也，愿也，是谓三德。宽，言乎其容也；柔，言乎其顺也；愿，言乎其愨[1]也。宽而栗，则贤否察；柔而立，则自守正；愿而恭，则表以威仪。人之材质不同，德亦因而殊科。简也，刚也，强也，是谓三德。简，言乎其不烦也；刚，言乎其能断也；强，言乎其不挠也。简而廉，则严利无废怠；刚而塞，则恻怛[2]有仁恩；强而义，则坚持无违悖。此皆修之于家者，其德三也。《书》之言又曰："日严祗[3]敬六德，亮采有邦。"乱也，扰也，直也；或以宽、柔、愿而兼之者是谓六德，或以简、刚、强而兼之者是谓六德。乱，言乎其得治理也；扰，言乎其善抚驯也；直，言乎其无隐匿也。乱而敬，则事无或失；扰而毅，则可以使民；直而温，则人甘听受。此用之于邦者，其德六也。以三德知人，人各有所近也；以六德知人之可任，其人有专长也。自古知人之难，以是观其行，其人可知也，故曰"亦行有九德"；以是论官，则官必得人也，故曰"亦言其人有德，乃言曰载采采"；德不求备于一人，

---

①愨（què）：诚实，谨慎。
②怛（dá）：忧伤，悲苦。
③祗（zhī）：敬，恭敬。

故曰"翕受敷施，九德咸事，俊乂在官，百僚师师"，此官人之至道也。

《论语》曰："君子怀德，小人怀土；君子怀刑，小人怀惠。"其君子，喻其道德，嘉其典刑；其小人，咸安其土，被其惠泽。斯四者，得士治民之大端也。《中庸》论"为政在人，取人以身"，自古不本诸身而能取人者，未之有也。明乎怀德怀刑，则礼贤必有道矣。《易》曰："安土敦乎仁，故能爱。"《书》曰："安民则惠，黎民怀之。"《孟子》论"民无恒产，因无恒心"；论"施仁政于民，省刑罚，薄税敛，深耕易耨；壮者以暇日修其孝悌忠信，入以事其父兄，出以事其长上"；论"死徙无出乡，乡田同井，出入相友，守望相助，疾病相扶持，则百姓亲睦"，明乎怀土怀惠，则为政必有道矣。

《洪范》曰："无偏无党，王道荡荡；无党无偏，王道便便。"言无私于其人而党，无蔽于其事而偏也。无偏矣，而无党，则于天下之人，大公以与之也；无党矣，而无偏，则于天下之事，至明以辨之也。《洪范》之言又曰："无反无侧，王道正直。""反侧"云者，窃阖辟之机而用之，非与天地同其刚柔、动静、显晦也。

《易》曰："大君有命，开国承家，小人勿用。"自古未闻知其人而目之曰"小人"而用之者。《易》称"小人"，所以告也。言乎以小利悦上，以小知自见；其奉法似谨，其奔走似忠；惟大君灼知其小，知乱之恒由此起，故曰"必乱邦"也。《论语》曰"巧言、令色，鲜矣仁"，亦谓此求容悦者也。无恻隐之实，故避其恶闻而进其所甘，迎之以其所敬而远其所慢。所为似谨似忠者二端：曰刑罚，曰货利。议过则亟疾苛察，莫之能免；征敛则无遗锱铢，多取者不减，寡取者必增，已废者复举，暂举者不废，民以益困而国随以亡。乱生于甚细，终于不救，无他故，求容悦者，为之于不觉也。是以君子难进而易退，小人反是；君子日见惮，小人日见亲。

《诗》曰："惠此中国，以绥四方；无纵诡随，以谨无良。式遏寇虐，憯^①不畏明。"言小人之使为国家，大都不出"诡随""寇虐"二者，无纵诡迎阿从之人，以防御其无良；遏止寇虐者，为其曾不畏天而毒于民。斯

---

①憯（cǎn）：副词，乃，竟。

二者，悖与欺，是以然也。凡私之见为欺也，在事为诡随，在心为无良；私之见为悖也，在事为寇虐，在心为不畏天明。无良，鲜不诡随矣；不畏明，必肆其寇虐矣。

《诗》曰："民之罔极，职凉善背；为民不利，如云不克。民之回遹，职竞用力；民之未戾，职盗为寇。"在位者多凉德而善欺背，以为民害，则民亦相欺而罔极矣；在位者行暴虐而竞强用力，则民巧为避而回遹①矣；在位者肆其贪，不异寇取，则民愁苦而动摇不定矣。凡此，非民性然也，职由于贪暴以贼其民所致。乱之本，鲜不成于上，然后民受转移于下，莫之或觉也，乃曰"民之所为不善"，用是而雠②民，亦大惑矣！

《诗》曰："泂酌③彼行潦④，挹⑤彼注兹，可以餴饎⑥。岂弟⑦君子，民之父母。"言君子得其性，是以锡于民也。《诗》曰："敦⑧彼行苇，牛羊勿践履，方苞方体，维叶泥泥"，仁也。

[《戴震全集》（第1册），第9-27页；《戴震全书》（修订本第6册），第7-31页；《戴震集》，上海古籍出版社，2009，第330-350页。]

孟子私淑录

卷上

问：《论语》曰："性相近也，习相远也。"朱子引程子云："此言气质之性，非言性之本也。若言其本，则性即是理；理无不善，孟子之言性善是也，何相近之有哉！"据此，似《论语》所谓性，与《孟子》所谓性者，其指各殊。孔子何以舍性之本而指气质为性？且自程朱辨别孰言气质孰言性，后人信其说，以为各指一性，岂性之名果有二欤？

曰：性一而已矣。孟子以闲⑨先圣之道为己任，其要在言性善，使天下

---

① 回遹（huí yù）：邪僻，曲折。
② 雠（chóu）：同"仇"。
③ 泂（jiǒng）酌：从远处酌取。
④ 行潦（háng lǎo）：路上的流水、积水。
⑤ 挹（yì）：把液体盛出来。
⑥ 餴饎（fēn xī）：蒸煮酒食。
⑦ 岂弟（kǎi tì）：即"恺悌"，本义和乐平易，此喻恩德深长广大。
⑧ 敦（tuán）：聚集的样子。
⑨ 闲：古同"娴"，熟习，文雅。

后世晓然于人无有不善，斯不为异说所淆惑。人物之生，分于阴阳气化，据其限以所分谓之命，据其为人物之本始谓之性。后儒求其说而不得，于是创言理气之辨，其于天道也，先歧而二之。苟知阴阳气化之为天道，则知性矣。

问：何谓天道？

曰：古人称名，道也、行也、路也，其义交互相通，惟路字专用途路。《诗》三百篇多以行字当道字。大致道之名义于行尤近。谓之气者，指其实体之名；谓之道者，指其流行之名。道有天道、人道。天道以天地之化言也，人道以人伦日用言也。是故在天地，则气化流行，生生不息，是谓道；在人物，则人伦日用，凡生生所有事，亦如气化之不可已，是谓道。《易》曰"一阴一阳之谓道"，此言天道也；《中庸》曰"率性之谓道"，此言人道也。

问：《易》曰："形而上者谓之道，形而下者谓之器。"程子云："惟此语截得上下最分明，元来只此是道，要在人默而识之。"后儒言道，多得之此。朱子云："阴阳，气也，形而下者也；所以一阴一阳者，理也，形而上者也，道即理之谓也。"朱子此言，以道之称惟理足以当之。今但曰"气化流行，生生不息"，非程朱所目为形而下者欤？

曰：气化之于品物，则形而上下之分也。形乃品物之谓，非气化之谓。《易》又有之："立天之道，曰阴与阳。"直举阴阳，不闻辨别所以阴阳而始可当道之称，岂圣人立言皆辞不备哉？一阴一阳，流行不已，夫是之谓道而已。古人言辞，"之谓""谓之"有异：凡曰"之谓"，以上所称解下，如《中庸》"天命之谓性，率性之谓道，修道之谓教"，此为性、道、教言之。若曰：性也者，天命之谓也；道也者，率性之谓也；教也者，修道之谓也。《易》"一阴一阳之谓道"，则为天道言之，若曰，道也者，一阴一阳之谓也。凡曰"谓之"者，以下所称之名辨上之实。如《中庸》"自诚明谓之性，自明诚谓之教"，此非为性、教言之，以性、教区别"自诚明""自明诚"二者耳。《易》"形而上者谓之道，形而下者谓之器"，本非为道、器言之，以道、器区别其形而上、形而下耳。形，谓已成形质；形而上犹曰形以前，形而下犹曰形以后。如"千载而上""千载而下"。《诗》："下武维周。"

郑《笺》云："下犹后也。"阴阳之未成形质，是谓形而上者也，非形而下明矣。器言乎一成而不变，道言乎体物而不可遗。不徒阴阳非形而下，如五行水火木金土，有质可见，固形而下也，器也；其五行之气，人物咸禀受于此，则形而上者也。《易》言"一阴一阳"，《洪范》言"初一曰五行"，《中庸》言"鬼神之为德"，举阴阳即赅五行，赅鬼神；举五行亦赅阴阳，赅鬼神；而鬼神之"体物而不可遗"，即物之不离阴阳五行以成形质也。由人物溯而上之，至是止矣。《六经》、孔、孟之书，不闻理气之辨，而宋儒创言之，遂以阴阳属形而下，实失道之名义也。

问：宋儒论阴阳，必推本"太极"，云："无极而太极，太极动而生阳；动极而静，静而生阴；静极复动。一动一静，互为其根；分阴分阳，两仪立焉。"朱子云："太极生阴阳，理生气也。阴阳既生，则太极在其中，理复在气之内也。"又云："太极，形而上之道也；阴阳，形而下之器也。"虽"形"字借以指"气"，洵有未协，"而上""而下"及"之谓""谓之"，亦未详审，然"太极""两仪"出于孔子，非即理气之辨欤？

曰：后世儒者纷纷言太极，言两仪，非孔子赞《易》太极、两仪之本指也。孔子曰："《易》有太极，是生两仪，两仪生四象，四象生八卦。"曰仪，曰象，曰卦，皆据作《易》言之耳，非气化之阴阳得两仪、四象之名。《易》备于六十四，自八卦重之，故八卦者，《易》之小成，有天、地、山、泽、雷、风、水、火之义焉。其未成卦画，一奇以仪阳，一偶以仪阴，故称两仪。奇而遇奇，阳已长也，以象太阳；奇而遇偶，阴始生也，以象少阴；偶而遇偶，阴已长也，以象太阴；偶而遇奇，阳始生也，以象少阳。伏羲氏睹于气化流行，而以奇偶仪之象之。孔子赞《易》，盖言《易》之为书起于卦画，非漫然也，实有见于天道一阴一阳为物之终始会归，乃画奇偶两者从而仪之，故曰："《易》有太极，是生两仪。"既有两仪，而四象，而八卦，以次生矣。孔子以太极指气化之阴阳，承上文"明于天之道"言之，即所云"一阴一阳之谓道"，万品之流形，莫不会归于此。极有会归之义，太者，无以加乎其上之称；以两仪、四象、八卦指《易》画。后世儒者以两仪为阴阳，而求太极于阴阳之所由生，岂孔子之言乎！谓"气生于理"，岂其然乎！况《易》起卦画，后儒复作图于卦画之前，是伏羲之画奇偶，不惟未精，抑且未备，而待后人补苴①罅漏②矣。

问：宋儒之言形而上下，言道器，言太极两仪，今据孔子赞《易》本文疏通证明之，洵③于文义未协。其见于理气之辨也，求之《六经》中无其文，故借太极两仪、形而上下之语以饰其说，以取信学者欤？

曰：舍圣人立言之本指，而以己说为圣人所言，是诬圣也；借其语以饰吾之说，以求取信，是欺学者也。诬圣欺学者，程朱之贤不为也。盖见于阴阳气化，无非有迹可寻，遂以与品物流行同归之粗，而空言乎理，似超迹象以为其精，是以触于形而上下之云，太极两仪之称，恍然觉悟理气之辨如是，不复详审文义。学者转相传述，于是《易》之本指，其一区别阴阳之于品物，其一言作《易》之推原天道是生卦画者，皆置不察矣。

问：朱子云："道者，日用事物当然之理，皆性之德而具于心。"其于"达道五"，举孟子所言"父子有亲，君臣有义，夫妇有别，长幼有序，朋友有信"以实之。又《答吕子约书》云："阴阳也，君臣父子也，皆事物也；人之所行也，形而下者也，万象纷罗者也。是数者各有当然之理，即所谓道也，当行之路也，形而上者也，冲漠无朕④者也。"如是言道，故于《易》称"一阴一阳"，《中庸》举"君臣、父子、夫妇、昆弟、朋友之交"，皆似语未备。且其目之为性，目之为道者，已属纯粹以精，故于修道不可通，以修为品节之而已。至"修身以道，修道以仁"，修道与修身并言，而修字不得有异。但云"能仁其身"而不置解。其举孟子之言，实"天下之达道五"也，在孟子称"教以人伦"，是亲、义、序、别、信明属修道之教，既曰"率性之谓道"，又曰"修道以仁"，如后儒之云"率其仁之性""率其义之性"，岂可通哉！然《易》称"立人之道，曰仁与义"，后儒殆通于此而阂隔于彼欤？

曰：日用饮食之谓道，亦如阴阳气化之为道也；据其实而言谓之事，

---

①补苴（bǔ jū）：补缀，缝补，引申为弥补缺陷。
②罅漏（xià lòu）：疏漏，遗漏。
③洵（xún）：诚实，实在。
④冲漠无朕：冲漠，虚寂恬静；无朕，没有征兆。

以本诸身行之不可废谓之道。天地无心而成化，非得理失理之可议也。生于陆者入水而死，生于水者离水而死；生于南者习于温而不耐寒，生于北者习于寒而不耐温。此资之以为养者，彼受之以害生。"天地之大德曰生"，物之不以生而以杀者，岂天地之失德哉？故语道于天地，道之实体即理之精微。《易》言"一阴一阳之谓道"，言"立天之道，曰阴与阳；立地之道，曰柔与刚"是也。质言之此道，精言之即此（道）〔理〕。人之心知有明暗，当其明，则不失；当其暗，则有差谬之失。故语道于人，人伦日用为道之实事，"率性之谓道""修身以道""天下之达道五"是也。此所谓道不可不修者也，"修道以仁"及"圣人修之以为教"是也。人伦日用之事，实责诸身，观其行事，身之修不修乃见，故曰"修身以道"。道之责诸身，往往易致差谬，必协乎仁，协乎义，协乎礼，然后于道无憾，故曰"修道以仁"。举仁以赅义礼，便文从略，故下即详之。此道之实事与理之精微，分而为言，质言之此道，精言之循而得理，斯乃道之至，所谓"中节之谓达道"，所谓"君子之道""圣人之道"是也。"中节之为达道"者，中正不失，推之天下而准也，君臣、父子、夫妇、昆弟、朋友之交，五者之为达道，但举实事而已。智仁勇以行之，而后中正不失。然而即谓之达道者，达诸天下而不可废也。彼释氏弃人伦以成其自私，不明乎此也。《易》列仁义以配天之阴阳，地之柔刚，在天地质言之，而在人必精言之。然则人伦日用，固道之实事，行之而得，无非仁也，无非义也；行之而失，犹谓之道，不可也。古人言道恒赅理，言理必要于中正不失。而道理二字对举，或以道属动，理属静，如《大戴礼记》孔子之言曰："君子动必以道，静必以理。"道，谓用其心知之明，行之乎人伦日用而不失；理，谓虽不见诸行事，湛然有其心而不放。或道主统，理主分；或道赅变，理主常，此皆虚以会之于事为，而非言夫实体也。以君臣、父子、夫妇、昆弟、朋友之交五者为形而下，为万象纷罗，不可谓之道，是〈显〉[1]指《中庸》"天下之达道五"而背之，而别求诸"冲漠无朕"，惟老、释谓万事为幻、谓空妙为真则然，奈何以老、释之言，衡论《易》与《中庸》之言，而粗视君臣父子哉！彼释氏之弃人伦而不顾，

---

[1]显：据国图、北大图书馆本及照旷阁（清代江苏常熟张仁济藏书阁）本补。参见《戴震全书》（修订本第6册），第47页注〔四〕。

率天下之人同于禽兽者，由不知此为达道也。

问：宋儒尝反复推究，先有理抑先有气，问"先有理后有气"之说。朱子曰："不消如此说。而今知得他合下先有理后有气邪？后有理先有气邪？皆不可得而推究。然以意度之，则疑此气是依傍道理行，及此气之聚，则理亦在焉。盖气则能凝结〈造〉作，理却无情意，无制度，无造作，只此气凝聚处，理便在其中。且如天地间人物草木禽兽，其生也莫不有种；定不会无种了，白地生出一个物事；这个都是气。若理则只是个净洁空阔底世界，无形迹，他却不会造作，气则能酝酿凝聚生物也。"又譬之"二物浑沦，不害其各为一物"，朱子云："理与气决是二物，但在物上看，则二物浑沦，不可分开各在一处，然不害二物各为一物也。若在理上看，则虽未有物而已有物之理，然亦但有其理而已，未尝实有是物也。"及"主宰""枢纽""根柢"之说，目阴阳五行为空气，以理为之主宰，陈安卿①云："二气流行，万古生生不息，不成只是空气，必有主宰之者，理是也。"为"男女万物生生之本"，饶仲元云："极者至极之义，枢纽、根底之名。圣人以阴阳五行阖辟不穷，而此理为阖辟之主，男女万物生生不息，而此理为生生之本。"抑似实有见者非欤？

曰：非也。阴阳流行，其自然也；精言之，通乎其必然不可易，所谓理也；语阴阳而精言其理，犹语人而精言之曰圣人耳。圣人而后尽乎人之理，尽乎人之理非他，人伦日用尽乎其必然而已矣。推而极于不可易之为必然，乃语其"至"，非原其"本"。宋儒从而过求，徒以语其"至"者之意言思议目为一物，谓与气浑沦而成，主宰枢纽其中，闻之者因习焉不察，莫知其异于《六经》、孔、孟之言也。况气之流行既为生气，则生气之灵乃其主宰，如人之一身，心君乎耳目百体是也，岂待别求一物为阴阳五行之主宰、枢纽！下而就男女、万物言之，则阴阳五行乃其根柢，乃其生生之本，亦岂待别求一物为之根柢，而阴阳五行不足生生哉！

问：后儒言理，与古贤圣言理异欤？

曰：然。举凡天地、人物、事为，不闻无可言之理者也。《诗》曰"有物有则"是也。就天地、人物、事为求其不易之则是谓理。后儒尊大之，不徒曰"天地、人物、事为之则"，而转其语曰"理无不在"，以与气分

①陈淳：字安卿，世称北溪先生，谥文安，福建漳州人；崇奉、宣扬朱子理学，著有《北溪全集》。

本末，视之如一物然，岂理也哉！就天地、人物、事为求其不易之则，以归于必然，理至明显也；谓"理气浑沦，不害二物之各为一物"，将使学者皓首茫然，求其物不得，合诸古贤圣之言扤捂不协。姑舍传注，还而体会《六经》《论语》《孟子》之书，或庶几矣！

问：古人言天道、天德、天理、天命，何以别？

曰：一阴一阳，流行不已，生生不息。主其流行言，则曰道；主其生生言，则曰德。道其实体也，德即于道见之者也。"天地之大德曰生"，天德不于此见乎？其流行，生生也，寻而求之，语大极于至钜，语小极于至细，莫不各呈其条理；失条理而能生生者，未之有也。故举生生即赅条理，举条理即赅生生；信而可征曰德，征而可辨曰理，一也。孟子言"孔子集大成"，不过曰"始条理者，智之事也；终条理者，圣之事也"，圣人之于天道，至孔子而极其盛，条理得也。知条理之说者，其知理之谓矣。天理不于此见乎？凡言命者，受以为限制之称，如命之东则不得而西。故理义以为之限制而不敢逾，谓之命；气数以为之限制而不能逾，亦谓之命。古人言天之所定，或曰天明，或曰天显，或曰明命，盖言乎昭示明显曰命，言乎经常不易曰理，一也。天命不于此见乎？

问：理之名起于条理欤？

曰：凡物之质，皆有文理，亦呼文缕。理、缕，语之转耳。粲然昭著曰文，循而分之，端绪不乱曰理。故理又训分，而言治亦通曰理。"理"字偏旁从"玉"，玉之文理也。盖气初生物，顺而融之以成质，莫不具有分理，得其分则有条理而不紊，是以谓之条理。以植物言，其理自根而达末，又别于干为枝，缀于枝成叶，根接土壤肥沃以通地气，叶受风日雨露以通天气，地气必上至乎叶，天气必下返诸根，上下相贯，荣而不瘁者，循之于其理也。以动物言，呼吸通天气，饮食通地气，皆循经脉散布，周溉一身，血气之所循，流转不阻者，亦于其理也。理字之本训如是。因而推之，虚以明夫不易之则曰理。所谓则者，匪自我为之，求诸其物而已矣。《诗》曰："天生烝民，有物有则；民之秉彝，好是懿德。"孔子曰："（作）〔为〕[①]

---

① 为：据《孟子·告子上》改。

此诗者，其知道乎！"孟子申之曰："故有物必有则，民之秉彝也，故好是懿德。"理也者，天下之民无日不秉持为经常者也，是以云"民之秉彝"。凡言与行得理之谓懿德，得理非他，言之而是、行之而当为得理，言之而非、行之而不当为失理。好其得理，恶其失理，于此见理者，"人心之同然"也。

问：理为"人心之同然"，其大致可得闻欤？

曰：孟子有言："规矩，方圆之至也；圣人，人伦之至也。"此可以察理矣。夫天地之大，人物之蕃，事为之条分委曲，苟得其理矣，如直者之中悬，平者之中水，圆者之中规，方者之中矩，夫然后推诸天下万世而准。《易》称"先天而天弗违，后天而奉天时；天且弗违而况于人乎！况于鬼神乎"，《中庸》称"考诸三王而不谬，建诸天地而不悖，质诸鬼神而无疑，百世以俟圣人而不惑"，皆言乎天下之理得也。惟其为人心之同然，故一人以为不易，天下万世以为不易也。所以为同然者，人心之明之所止也。尊是理而遂谓天地阴阳不足以当之，必非天地阴阳之理则可。天地阴阳之理，犹圣人之圣也，尊其圣而谓"圣人不足以当之"，可乎？

卷中

问：宋儒以气为理所凑泊附著，朱子云："人之所以生，理与气合而已。天理固浩浩不穷，然非是气，则虽有是理，而无所凑泊，故必二气交感，凝结生聚，然后是理有所附著。"又谓"理为生物之本"。朱子云："理也者，形而上之道也，生物之本也；气也者，形而下之器也，生物之具也。是以人物之生，必禀此理，然后有性；必禀此气，然后有形。"人与禽兽得之为性也同，而致疑于孟子。朱子云："孟子言'人之所以异于禽兽者几希'，不知人何故与禽兽异；又言'犬之性犹牛之性，牛之性犹人之性与'，不知人何故与牛犬异。此两处似欠中间一转语，须著说是'形气不同，故性亦少异'始得。恐孟子见得人性同处，自是分晓直截，却于这些子未甚察。"今据《易》之文，证明"一阴一阳"即天道之实体，其为气化，未为品物，乃孔子所称"形而上"；及既为品物，乃孔子所称"形而下"。然则古贤圣所谓性，专就气禀言之欤？

曰：气化生人、生物以后，各以类孳生久矣；然类之区别，千古如是也，循其故而已矣。在气化分言之曰阴阳，曰五行；又分之，则阴阳五行杂糅万变，是以及其流行，不特品类不同，而一类之中又复不同。孔子曰："一阴一阳之谓道，继之者善也，成之者性也。"人物各成其性，明乎性至不同也。语于善，咸与天地继承不隔；语于性，则以类区别，各如其所受。《六经》中言性，统举人物之全，见于此，人物之生本于天道。阴阳五行，天道之实体也。《大戴礼记》曰："分于道谓之命，形于一谓之性。"分于道者，分于阴阳五行也。一言乎分，则其所受有偏全、厚薄、清浊、昏明之不齐，不特品类不同，而一类之中又复不同是也，各随所分而形于一，各成其性也。《中庸》首言"天命之谓性"，不曰天道而曰天命者，人物咸本于天道，而成性不同，由分于道不能齐也，以限于所分，故曰天命。从而名其禀受之殊曰性，因是日用事为皆由性起，故曰"率性之谓道"，身之动应无非道也，故曰"不可须臾离，可离非道"。"可"如"体物而不可遗"之"可"，君子不使其身动应或失，故虽无事时，亦如有事之戒慎恐惧而不敢肆，事至庶几少差谬也。然性虽不同，大致以类为之区别，故《论语》曰"性相近也"，此就人与人相近言之者也。孟子曰："凡同类者举相似也，何独至于人而疑之？圣人与我同类者。"言同类之相似，则异类之不相似明矣；故诘告子"生之谓性"曰，"然则犬之性犹牛之性，牛之性犹人之性与"，明乎其必不可混同言之也。"孟子道性善，言必称尧舜"，以"人皆可以为尧舜"，谓之性善，非尽人生而尧舜也。自尧舜至于凡民，其等差凡几，则其气禀固不齐，岂得谓非性有不同？然存乎人者，皆有仁义之心，其趋于善也利，而趋于不善也逆其性而不利，所谓"人无有不善，水无有不下"，善乃人之性，下乃水之性，而非以善概之于物。所谓"故者以利为本"，出于利乃性之本然也，顺而非逆，是以利也。然则孟子固专言"人之性善"，且其所谓善者，初非无等差之善，即孔子所云"相近"；孟子所谓"苟得其养，无物不长；苟失其养，无物不消"，所谓"求则得之，舍则失之，或相倍蓰而无算者，不能尽其才者也"，即孔子所云"习至于相远"，孟子所谓"梏之反复""违禽兽不远"，即孔子所云"下愚之不移"。宋儒未审其文义，遂彼此阂隔。在天道为阴阳五行，在人物分而有之以成性，由成性各殊，故材质亦殊。材质者，性之所呈也；离材质，恶睹所谓性哉！

故孟子一则曰"非才之罪"，再则曰，"非天之降才尔殊"，才、材，古字通用。人之材得于天独全，故物但能遂其自然，人能明于必然。孟子言"圣人与我同类"，又言"犬马之不与我同类"，是孟子就人之材之美断其性善明矣。材与性之名，一为体质，一为本始，所指各殊，而可即材之美恶以知其性，材于性无所增损故也。合《易》《论语》《孟子》之书言性者如是，咸就其分阴阳五行以成性为言，奈何别求一凑泊附著者为性，岂人物之生莫非二本哉？返而求之，知其一本，或庶几焉。

问：朱子本程子"性即理也"一语，释《中庸》"天命之谓性"，申之云："天以阴阳五行化生万物，气以成形而理亦赋焉，犹命令也。于是人、物之生，因各得其所赋之理以为健顺五常之德所谓性也。"其释《孟子》云："以气言之，知觉运动，人与物若不异也：以理言之，则仁义礼智之禀，岂物之所得而全哉？告子不知性之为理，而以所谓气者当之，盖徒知知觉运动之蠢然者人与物同，而不知仁义礼智之粹然者人与物异也。"两解似相阂隔。其作《中庸》《或问》有云："虽鸟兽草木之生，仅得形气之偏，而不能通贯乎全体，然其知觉运动，荣瘁开落，亦皆循其性而各有自然之理焉。至于虎狼之父子，蜂蚁之君臣，豺獭之报本，雎鸠之有别，则其形气之偏，又反有以存其义理之所得。"合观朱子言性，不出"性即理也"之云，故云"告子不知性之为理"。既以性属之理，理即其所谓"仁义礼智之禀"，天地、人物、事为，不闻无可言之理，故释《中庸》合人物言之；以物仅得形气之偏，故孟子言"岂物所得而全"，言"仁义礼智之粹然者，人与物异"。《或问》一条，于两注可谓融矣。程子云："论性不论气不备，论气不论性不明。"故朱子言性专属之理，而又及"形气之偏"，皆出于程子也。程朱之说，谓"理无不善，而形气有不善"，故以"孟子道性善"归之本原，以孔子言"性相近"，下而及于荀子言"性恶"，杨子言"善恶混"，韩子言"三品"[1]，悉归气质之性，是荀、杨、韩皆有合于孔子；

朱子答门人云："气质之说，起于张程。韩退之《原性》中说'三品'，但不曾分明说是气质之性耳；孟子说性善，但说得本原处，下面不曾说得气质之性，所以亦费分疏；诸子说性

---

①三品：即人性三品说。由董仲舒首倡，韩愈加以阐扬。

恶与善恶混，使张程之说早出，则许多说话自不用纷争。"又以告子之说为合于荀、杨，朱子于告子"杞柳"之喻云："告子言人性本无仁义，必待矫揉而后成，如荀子性恶之说也。"于"湍水"之喻云："告子因前说而小变之，近于杨子善恶混之说。"合于孔子。程子云："凡言性处，须看立意如何。且如言人性善，性之本也，生之谓性，论其所禀也。孔子言'性相近'，若论其本，岂可言相近？只论其所禀也。告子所云固是，为孟子问他，他说便不是也。"使告子明云"气质之性"，孟子将不辨之与？孔子言"性相近"，亦未明云"气质之性"，程子云："性一也，何以言相近？此只是气质之性，如俗言性急性缓之类。性安有缓急？此言性者，生之谓性也。"将与告子、荀子诸人同与？此宋儒之说虽极完备，弥启后人之疑。《近思录》程子云："人生而静以上不容说，才说性时，便已不是性也。"朱子云："人生而静以上，是人物未生时，只可谓之理，未可名为性，所谓'在天曰命'也。才说性时，便是人生以后，此理已堕在形气之中，不全是性之本体矣，所谓'在人曰性'也。"然则孟子乃追溯人物未生未可名性之时而曰性善，若就名为性之时，已是人生以后，已堕在形气之中，恶得断之曰善？程子云："孟子言性，当随文看。"本以告子"生之谓性"为不然者，此亦性也，被命受生以后谓之性耳，故不同。继之以"犬之性犹牛之性，牛之性犹人之性与"，然不害为一。若乃孟子之言善者，乃极本穷源之性。由是言之，将天下古今惟上圣之性不失其性之本体，自上圣而下，论人之性皆失其本体。孔子以不全是性之本体者言性相近，孟子以未可名性者言性善。于孔子不敢显言不明，而直斥孟子不备。朱子云："孟子说性善，是论性不论气。荀杨而下，是论气不论性。孟子终是未备，所以不能杜绝荀杨之口。然不备，但少欠耳；不明，则大害事。"陈器之云："孟子时，诸子之言性，往往皆于气质上有见，而遂指气质作性，但能知其形而下者耳，故孟子答之，只就义理上说，以攻他未晓处。气质之性，诸子方得于此，孟子所以不复言之；义理之性，诸子未通于此，孟子所以反复详说之。程子之说，正恐后学死执孟子义理之说而遗失气质之性，故并二者而言之，曰'论性不论气不备，论气不论性不明'。程子之论举其全，孟子之论所以矫诸子之偏。"宋儒剖析至此，愈令人惑。学者习闻宋儒之说，完备剖析，以孔子所言者一性，孟子所言者一性，任其阂隔，不复求通。苟还而体会《易》《论语》《中庸》《孟子》于传注，洵疑惑不解矣。宋儒之所以失者安在？

曰：性之名，自古及今，虽妇人孺子亦矢口举之不谬者也，本尽人可知之通名也，儒者转过求，失之。如飞潜动植，举凡品物之性，皆就其气类别之。人物分于阴阳五行以成性，舍气类更无性之名。医家用药，在精辨其气类之殊；不别其性，则能杀人。使曰"此气类之殊者已不是性"，良医信之乎？试观之桃与杏：取其核而种之，萌芽甲坼^①，根干枝叶，为华为实，香色臭味，桃非杏也，杏非桃也，无一不可区别，由性之不同，是以然也。其性存乎核中之白，即俗呼桃仁、杏仁者。香色臭味无一或阙也。凡植禾稼卉木，畜鸟兽虫鱼，皆务知其性。知其性者，知其气类之殊，乃能使之硕大蕃滋也。何独至于人而指夫分于阴阳五行以成性者，曰"此已不是性也"？岂其然哉？天道，阴阳五行而已矣。人物之性，分于道而有之，成其各殊者而已矣；其不同类者各殊也，其同类者相似也。孟子曰："如使口之于味也，其性与人殊，若犬马之与我不同类也，则天下何耆皆从易牙之于味也！"又言"动心忍性"，是孟子矢口言之，亦即别于气类，尽人而知性。孟子言性，曷尝自歧为二哉！于告子"生之谓性"必致辨者，成则各殊，徒曰生而已矣，将同人于犬牛而不察其殊；告子闻孟子诘之不复曰"然"者，非见于"仁义礼智之粹然者，人与物异"而语塞也，犬与牛之异，又岂属"仁义礼智之粹然者"哉？况朱子言"性之本，物与人同，至形气之偏，始物与人异"，是孟子又舍其"理之同"而就"形气"以为言矣。且谓"告子徒知知觉运动之蠢然者人与物同"，在告子既以知觉运动者为性，何不可直应之曰"然"？斯以见告子亦穷于知觉运动不可概人物，而目为蠢然同也。观孟子以气类之殊诘告子，知孟子未尝谓性之为理亦明矣。

问：知觉运动不可概人物而目为"蠢然同"，其异安在？

曰：凡有生即不隔于天地之气化。阴阳五行之运而不已，天地之气化也，人物之生本乎是，由其分而有之不齐，是以成性各殊。知觉运动者，统乎生之全言之也，由其成性各殊，是以得之以生，见乎知觉运动也亦殊。气之自然潜运，飞潜动植皆同，此生生之机，原于天地者也，而其本受之气与所资以养者之气则不同。所资以养者之气，虽由外而入，大致以本受

_____

①坼（chè）：裂开。

之气召之。五行有生克，遇其克之者则伤，甚则死，此可知性之各殊矣。本受之气及所资以养者之气，必相得而不相逆，斯外内为一；其得于天地之气本一，然后相得不相逆也。气运而形不动者，卉木是也；凡有血气者，皆形能动者也。由其成性各殊，故形质各殊，则其形质之动而为百体之用者，利用不利用亦殊。知觉云者，如寐而寤曰觉，心之所通曰知，百体皆能觉，而心之知觉为大。凡相忘于习则不觉，见异焉乃觉。鱼相忘于水，其非生于水者不能相忘于水也，则觉不觉亦有殊致矣。闻虫鸟以为候，闻鸡鸣以为辰，彼之感而觉，觉而声应之，又觉之殊致有然矣，无非性使然也。若夫虎狼之父子，蜂蚁之君臣，其自然之知觉，合于人之所谓理义者矣，而各由性成。人则无不全也，全而尽之无憾者，圣人也，知之极其量也。知觉运动者，人物之生；知觉运动之所以异者，人物之殊其性。孟子曰："心之所同然者，谓理也，义也，圣人先得我心之所同然耳。"于义外之说必致其辨，以人能全夫理义，故曰性善，言理之为性，非言性之为理。人之生也，分于阴阳五行以成性，而其得之也全。声色臭味之欲，资以养其生；喜怒哀乐之情，感而至乎物；美恶是非之知，思而通于天地鬼神。凡日用事为，皆性为之本，而所谓人道也。上之原于阴阳五行，所谓天道也。言乎天地之化曰天道，言乎天地之中曰天德。耳目百体之所欲，血气资之以养者，原于天地之化者也。故在天为天道，在人为性，而见于日用事为为人道。仁义之心，原于天地之中者也。故在天为天德，在人为性之德，然而非有二也。就天地之化而于语无憾曰天地之中，就日用事为而语于无失曰仁义。凡达诸天下而不可废者，未有非性使之然者也。古人言性，但以气禀言，未尝明言理义为性，盖不待言而可知也。至孟子时，异说纷起，以理义为圣人治天下之具，设此一法以强之从，害道之言，皆由外理义而生。人但知耳之于声，目之于色，鼻之于臭，口之于味之为性，而不知心之于理义，亦犹耳目鼻口之于声色臭味也，故曰"至于心独无所同然乎"，盖就其所知以证明其所不知，举声色臭味之欲归之于耳目鼻口，举理义之好归之心，皆内也，非外也，比而合之以解天下之惑，俾晓然无疑于理义之为性，害道之言庶几可以息矣。孟子明人心之通于理义，与耳目鼻口之通于声色臭味，咸根诸性而非后起。后儒见孟子言性，则曰理义，则曰仁义礼智，不得其说，遂谓孟子以理为性，推而上之，以理为生物之本，匪徒于道于性不得其实体，而于理之名亦失其起于天地、人物、事为不易之则，使人茫然求其物不得矣。

问：声色臭味之欲亦宜根于心，今专以理义之好为根于心，于"好是懿德"固然矣，抑声色臭味之欲徒根于耳目鼻口欤？心，君乎百体者也，百体之能，皆心之能也，岂耳悦声，目悦色，鼻闻臭，口悦味，非心悦之乎？

曰：否。心能使耳目鼻口，不能代耳目鼻口之能，彼其能者各自具也，故不能相为。人物受形于天地，故恒与之相通。盈天地之间，有声也，有色也，有臭也，有味也；举声色臭味，则盈天地间者无或遗矣。外内相通，其开窍也，是为耳目鼻口。五行有生克，生则相得，克则相逆，血气之得其养、失其养系焉，资于外足以养其内，此皆阴阳五行之所为。外之盈天地之间，内之备于吾身，外内相得无间而养道备。"民之质矣，日用饮食"，自古及今，以为道之经也。血气各资以养，而开窍于耳目鼻口以通之，既于是通，故各成其能而分职司之。孔子曰："少之时，血气未定，戒之在色；及其壮也，血气方刚，戒之在斗；及其老也，血气既衰，戒之在得。"血气之所为不一，举凡身之嗜欲根于血气明矣，非根于心也。孟子曰"理义之悦我心，犹刍豢之悦吾口"，非喻言也。凡人行一事，有当于理义，其心气必畅然自得；悖于理义，心气必沮丧自失，以此见心之于理义，一同乎血气之于嗜欲，皆性使然耳。耳目鼻口之官，臣道也；心之官，君道也；臣效其能，而君正其可否。理义非他，可否之而当，是为理义。声色臭味之欲，察其可否，皆有不易之则。故理义者，非心出一意以可否之；若心出一意以可否之，何异强制之乎！因乎其事，察其不易之则，所谓"有物必有则"，以其则正其物，如是而已矣。

问：人物分于阴阳五行，其成性各不同。人之生也，禀天地之气，则亦肖乎天地之德。物之得于天者，非禀气而生，遗天地之德也。而孟子道性善，但言"人之异于禽兽"概举之，独人之性善，其故安在？

曰：耳目鼻口之官各有所司，而心独无所司，心之官统主乎上以使之，此凡血气之属皆然。其心能知觉，皆怀生畏死，因而趋利避害，凡血气之属所同也；虽有不同，不过于此有明暗耳。就其明暗以制可否，不出乎怀生畏死者，物也。人之异于禽兽不在是。禽兽知母而不知父，限于知觉也；然爱其生之者及爱其所生，与雌雄牝牡之相爱，同类之不相噬，习处之不相啮，进乎怀生畏死矣。一私于身，一及于身之所亲，皆仁之属也。私于身者，仁其身也；及于身之所亲者，仁其所亲也；本天地生生之德，发乎自然有如是。人之异于禽兽亦不在是。人物分于气化，各成其性，一阴一阳，流行不已，生生不息，观于生生，可以言仁矣。在天为气化之生生，在人为其生生之心，是乃仁之为德也，非别有一物以与人而谓之仁。由其生生有自然之条理，惟条理所以生生，观于条理之秩然有序，可以言义矣；亦非别有其物而谓之礼，谓之义。合而言之，举义可以赅礼，"立人之道，曰仁与义"是也；举礼亦可以赅义，而举仁贵全乎礼义，《论语》曰"克己复礼为仁"是也。若夫条理〈之〉①得于心，为心之渊，然而条理则名智，故智者，事物至乎前，无或失其条理；不智者异是。《中庸》言："修道以仁"，连举义又连举礼而不及智；言以达德行达道，举智仁勇而不及礼义，互文也。礼义有愆，由于不智。告子曰："食色，性也；仁，内也，非外也；义，外也，非内也。"即其"生之谓性"之说，同人于犬牛而不察其殊也。彼以自然者为性使之然，以义为非自然，转制其自然，使之强而相从。老聃、庄周、告子及释氏，皆不出乎以自然为宗，惑于其说者，以自然直与天地相似，更无容他求，遂谓道之至高。宋之陆子静、明之王文成及才质过人者，多蔽于此。孟子何尝以自然者非性使之然哉？以义亦出于自然也，故曰："恻隐之心，人皆有之；羞恶之心，人皆有之；恭敬之心，人皆有之；是非之心，人皆有之。"孟子之言乎自然，异于告子之言乎自然，盖自然而归于必然。必然者，不易之则也，非制其自然使之强而相从也。天下自然而无失者，其惟圣人乎！孔子言："从心所欲不逾矩。""从心所欲"者，自然也；"不逾矩"者，归于必然也。必然之与自然，非二事也，就其自然明之尽，而无几微之失焉，是其必然也；如是而后无憾，如是而后安，是乃古贤圣之

———————

①据《绪言》（卷上），此处有一个"之"字。

所谓自然也。彼任其自然而失者无论矣。贵其自然，静以保之，而视问学为用心于外，及乎动应，如其材质所到，亦有自然不失之处，不过材质之美，偶中一二，若统计行事，差谬多矣。且一以自然为宗而废问学，其心之知觉有所止，不复日益，差谬之多，不求不思，以此终其身而自尊大，是以君子恶其害道也。老聃、庄周、告子、释氏之说，贵其自然，同人于禽兽者也。圣人之教，使人明于必然，所谓"考诸三王而不谬，建诸天地而不悖，质诸鬼神而无疑，百世以俟圣人而不惑"，斯为明之尽。人与物咸有知觉，而物之知觉不足与于此。人物以类区分，而人所禀受，其气清明，远于物之不可开通。礼义者，心之所通也，人以有礼义异于禽兽，实人之智大远乎物。然则天地之气化，生生而条理，生生之德，鲜不得者；惟人性开通，能不失其条理，则生生之德因之至盛。物循乎自然，人能明于必然，此人物之异，孟子以"人皆可以为尧舜"断其性善，在是也。

卷下

问：荀子之所谓性，亦孟子之所谓性；孟子知性之全体，其余皆不知性之全体，故惟孟子与孔子合。然指为性者，实古今所同谓之性。至告子所谓性，朱子谓一似荀子言性恶，一似扬子言善恶混，一似释氏言作用是性。今以荀扬不与释氏同，则告子不得与荀扬同矣，岂独与释氏所谓性相似欤？

曰：然。老聃、庄周之书，其所贵焉者咸此也，"杞柳""湍水"之喻，胥是物也。其视仁义，视善不善，归之有欲有为以后事；而其保此性也，主于无为自然，即释氏云"不思善，不思恶，时认本来面目"是也，实一说而非有三说。

问：告子、释氏指何者为性？

曰：神气形色，古贤圣一视之，修其身，期于言行无差谬而已矣，故孟子曰："形色，天性也，惟圣人然后可以践形[1]。"人物成性不同，故形色各殊。人之形，官器利用，大远乎物，然而几如物之蠢然，是不践形也；

---

[1] 践形：朱子主张"惟圣人有是形，而又能尽其理，然后可以践其形而无歉也"。戴震要求"修其身，期于言行无差谬"。解释不尽相同，但是都强调道德高尚、言行一致和无愧无怍。

于人之道无憾无失，斯为践形耳。老聃、庄周、告子、释氏，其立说似参差，大致皆起于自私，皆以自然为宗。彼视一身之中，具形气以生，而神为之主宰，因贵此神以为形气之本，究之神与气不可相离，故老子曰："一生二，二生三，三生万物，万物负阴而抱阳，冲气以为和。"其言乎天地间也，曰："有物混成，先天地生。"从此而分阴阳，一生二也；阴阳与此而三，二生三也；言乎人物三者咸具，阴也，阳也，冲气以为和，即主宰之者也。彼见于气可言有，神存乎其有而不可谓有，又不可谓无，然不离气者也，故曰"冲气"。上之原于"有物混成，先天地生"之道，不离气而别于气，故曰："道之为物，惟恍惟忽，忽兮恍兮，其中有像；恍兮忽兮，其中有物。"庄子言神之主宰于身，则曰"若有真宰而特不得其朕"，曰："其有真君①存焉，如求得其情与不得，无益损乎其真"，继之曰："一受其成形，不亡以待尽，与物相刃相靡，其行尽如驰而莫之能止，不亦悲乎。"言此神受形而生，则不去以待，形化而有血气，乃有情欲，皆足以戕之，趋于速敝也。又曰："终身役役②而不见其成功，薾然③疲役而不知其所归，可不哀邪"，言求诸外者徒劳其神者也。又曰："人谓之不死，奚益！其形化，其心与之然，可不谓大哀乎"，言人寿有修短，虽不死之日，不知保此心为形君之神，至与形俱敝也。释氏"人死为鬼，鬼复为人"之说，与庄子此条同。老氏言"长生久视"，释氏言"不生不灭"，语似异，而以死为返其真，视形体为假合，从而空之，不过恐害其神之自然，指归不异也。告子同于释氏，以神识④为性，释氏谓之曰"真空"，谓之曰"作用"。谓"真空"则能摄众有而应变，谓"即此识情便是真空妙智"，谓"湛然常寂，应用无方，用而常空，空而常用，用而不有，即是真空"，空而不无，即成妙有，故言"空是性"，又言"作用是性"。释氏书中，问："如何是佛？"曰："见性是佛。""如何是性？"曰："作用为性。""如何是作用？"曰："在目曰见，在耳曰闻，在鼻臭香，在口谈论，在手执捉，在足运奔，偏见俱该法界，收摄在一微尘，识者知是佛性，不识唤作精魂。"此皆"生之谓性"之说也，固无取乎善恶之分。其显然道破处，如云"不思善，不思恶，时认本来面目"，即告子"性无善无不善"宗旨。后

---

① 真君：亦称帝君、仙君、真人，此指万物的主宰。
② 役役：老而不休的样子。
③ 薾（ěr）然：萎靡不振的样子。
④ 神识：佛教用语，指众生的心和识。

世禅家，不云"不思善"而浑其语，如《传灯录》云："饥来吃饭困来眠。"即老子所云："上士闻道，勤而行之；中士闻道，若存若亡；下士闻之，大笑之。不笑不足以为道。"彼"饥食困眠"，闻之即可大笑，此即"致虚极，守静笃"，即"勤而行之"也；致虚未极，守静未笃，乃"若存若亡"也。其说大都主于一切空之，便妙用无方。老聃、庄周、告子、释氏立言不同，而同出一辙如是！宋时如陆子静、杨敬仲及明王文成诸人，其言论皆如此。子静之言曰："收拾精神，自作主宰，万物皆备于我，何有阙欠！当恻隐时，自然恻隐；当羞恶时，自然羞恶；当宽裕温柔时，自然宽裕温柔；当发强刚毅时，自然发强刚毅。"又曰："恶能害心，善亦能害心。"敬仲之言曰："目能视，所以能视者何物？耳能听，所以能听者何物？口能嚐，鼻能嗅，所以能嚐能嗅者何物？手能运用，足能步趋，心能思虑，所以能运用、步趋、思虑者何物？"王文成之言曰："圣人致知之功，至诚无息。其良知之体，皦如明镜，妍媸之来，随物见形，而明镜曾无留染，所谓'情顺万事而无情'也。'无所住而生其心'，佛氏曾有是言，未为非也。明镜之应，妍者妍，媸者媸，一照而皆真，即是'生其心'处；妍者妍，媸者媸，一过而不留，即〈是〉'无所住'处。"又曰："'本来面目'，即吾圣门所谓'良知'，随物而格，是致知之功，即佛氏之'常惺惺'，亦是'常存他本来面目'耳。体段工夫，大略相似。"文成释"格物"为"扞御外物"。在老聃、庄周、告子、直据己见而已。故告子言"无善无不善"，言"无分于善不善"，言"义外"者，后人因孟子尝辨之，则以此为善已无可复加，为仁义礼智皆备，且所称者出《中庸》《大学》《孟子》之书以饰其说，学者不可不辨别疑似也。

问：邵子云："神无方而性有质。"又云："性者，道之形体；心者，性之郭郭。"又云："人之神即天地之神。"合其言观之，所谓道者，指天地之"神无方"也；所谓性者，指人之"神有质"也。此老聃、庄周、告子、释氏之所谓道，所谓性，而邵子亦言之，何也？

曰：邵子之学，深得于老、庄，其书未尝自讳。以心为性之郭郭，谓人之神宅此郭郭之中也。朱子于其指神为道、指神为性者，皆转而以理当之。邵子之书有曰："道与一，神之强名也。"几以道为不足当神之称矣。其书又曰："神统于心，气统于肾，形统于首；形气交而神主乎其中，三才之道也。"此以神周乎一身而宅于心，为之统会也。又曰："气则养性，性则乘气；故气存则性存，性动则气动也。"此即导养①之说，指神之炯炯而不昧者为性，气之絪缊②而不息者为命，神乘乎气而资气以养也。王文成云："夫良知一也，以其妙用而言谓之神，以其流行而言谓之气。"立说亦同。

问：张子云："由太虚③，有天之名；由气化，有道之名；合虚与气，有性之名；合性与知觉，有心之名。"别性于知觉，其所谓性，似同于程子所云"性即理也。"与邵子指神为性者有异。陈器之云："仁义礼智者，义理之性也；知觉、运动者，气质之性也。有义理之性而无气质之性，则义理必无附著；有气质之性而无义理之性，则无异于枯死之物。故有义理以行乎血气之中，有血气以受义理之体，合虚与气而性全。"然以虚指理，古贤圣未尝有是称，不几犹释氏言"空是性"欤？

曰：释氏所谓"空是性"者，指神之本体；又言"作用是性"，则指神在形质之中而能知觉运动也。张子云："神者，太虚妙应之目。"是其所谓虚，亦未尝不以为神之本体，而又曰："天之不测谓神，神而有常谓天。"然则"由太虚有天之名"者，以"神而有常"为言。释氏有见于自然，故以神为已足；张子有见于必然之为理，故不徒曰神，而曰"神而有常"，此其所见近于孔孟而异于释氏也。然分理气为二，视理为"如一物"，故其言理也，求其物不得，就阴阳不测之神以言理，以是为性之本源，而目气化生人生物曰"游气纷扰，合而成质者，生人物之万殊"，则其言合虚与气，虚指神而有常，气指游气纷扰，乃杂乎老释之见，未得性之实体也。惟"由气化有道之名"一语，合于《易》言"一阴一阳之谓道"；又曰："神，天德；化，天道。"道以化言，是也；德以神言，非也。彼释氏自贵其神，亦以为足乎天德矣。

张子之书又有之曰："气有阴阳，推行有渐为化，合一不测为神。"圣人复起，不易斯言。邵子言"形可分，神不可分"，语可参观。以人物验之，耳目百体会归于心；心者，合一不测之神也。如耳目鼻口之官，是形可分也；而统摄于心，是神不可分也。夫天地间，有阴阳，斯有人物，

---

① 导养：摄生养性。
② 絪缊（yīn yūn）：指天地阴阳二气交互作用的状态。
③ 太虚：语出《庄子·知北游》，指气的原初状态。

于其推行谓之化，于其合一谓之神，天道之自然也；于其分用为耳目百体，于其合一则为心，生物之自然也。是故就天地言，化，其事也，神，其能也；事能俱俱无憾，天地之德也。人之血气本乎化，人之心知配乎神；血气心知无失，配乎天地之德，无憾无失，夫是之谓理而已矣。由化以知神，由化与神以知德。"天之生物也，使之一本"，而以性专属之神，则目形体为假合，以性专属之理，则谓"才说性时，已不是性"，皆二本故也。

问：宋儒言"禀理然后有性，禀气然后有形"，虽虚揣以为说，谓"理气浑沦，不害二物之各为一物"，实求其物，不得若老聃、庄周、告子、释氏之言。夫性则确有指实，不过区别于形气之中，言其主之者耳。曰形、曰气、曰神，三者求之一身，俨然如三物，凡血气之属，未有或阙者也。荀子谓"性者，天之就"，虽专属形气之自然，（故）〔固〕①不遗夫神，而以为非天之就也。其称性也，兼以恶概之，而伸其重学崇礼义之说，何以论荀子则曰不知性之全体而已，论告子、释氏则断为异说，何也？

曰：性者，分于阴阳五行，品物区以别焉，各为之本始，统其所有之事，所具之能，所全之德而名之，非以知觉运动者名之，《易》言"成之者性"是也。其一身中，分而为言，曰形、曰气、曰神者，材也，《易》言"精气为物"是也。心为形君。耳目百体者，气融而灵；心者，气通而神。告子贵其神而不知性者也，其不动心，神定而一无责焉之为不动也。性可以根柢言，材可以纯驳清浊言，由其成性也殊，则其材亦殊，成是性斯为是材；神可以主宰枢纽言，思可以敏钝得失言，知可以浅深精粗言，皆根于性存乎材者也。理，譬之中规中矩也，气通而神，是以能思，资于学以导其思，以极其知之量，古贤圣之教也。荀子不知性之全体，而其说至于重学崇礼义，犹不失为圣人之徒，特未闻道耳。老聃、庄周、告子、释氏，以自然为宗，不知性之区别而徒贵其神，去其情欲之能害是者即以为已足，与古贤圣立教，由博学、审问、慎思、明辨以求无差谬者异，是故断之为异说，不得同于荀子也。

问：周子《通书》有云："'圣可学乎？'曰：'可。''有要乎？'曰：

---

① 固：据国图、北大图书馆及照旷阁抄本改。参见《戴震全书》（修订本第6册），第76页注〔一五〕。

'有。''请问焉。'曰：'一为要。'一者，无欲也。无欲则静虚动直，静虚则明，明则通；动直则公，公则溥。明通公溥，庶矣哉！"此与老氏"为道日损"，释氏"六用不行，真空妙智"之说，及陆子静言"人心至灵，此理至明；人皆有此心，心皆具是理"，王文成言"圣人致知之功，至诚无息，其良知之体，皦如明镜"者，立言不殊。后儒于周子则以为切要之指，莫敢违议，于老、释、陆、王则非之，何也？

曰：周子之学，得于老、释者深，而其言浑然与孔、孟相比附，后儒莫能辨也。朱子以周子为二程子所师，故信之笃、考其实固不然。程叔子撰《明道先生行状》，言"自十五六时，闻周茂叔论道，遂厌科举之业，慨然有求道之志，未知其要，泛滥于诸家，出入于老、释者几十年，返求诸六经，然后得之。"其不得于周子明矣；且直字之曰周茂叔，其未尝师事亦明矣；见周茂叔后，乃出入于老、释。张横渠亦访诸释、老之书累年；朱子年四十以前，犹驰心空妙。宋儒求道，往往先以老、释为借阶，虽终能觉寤老、释之非，而受其蔽，习于先入之言不察者亦不少。周子论学圣人主于无欲，王文成论致知主于良知之体，皆以老、释废学之意论学，害之大者也。

问：程子、朱子以性为"足于己"，其语学则曰"复其初"，程子云："圣贤论天德，盖自家元是天然完全自足之物，若无所污坏，即当直而行之；若小有污坏，即敬以治之，使复如旧。"朱子于《论语》首章，于《大学》"明明德"，皆以"复其初"为言。"复其初"之云，出庄周书。《庄子·缮性篇》曰："缮性于俗学以求复其初，滑欲于俗知以求致其明，谓之蔽蒙之民。"又曰："文灭质，博溺心，然而民始惑乱，无以返其性情而复其初。"无异释氏所谓"本来面目"。然孟子亦曰："大人者，不失其赤子之心者也。"岂彼以神言，此以理言，不嫌于语同而指异欤？

曰：孟子言性善，非无等差之善，不以性为"足于己"也，主扩而充之，非"复其初"也。人之形体，与人之心性比而论之：形体始乎幼小，终于长大，方其幼小，非自有生之始即撄疾病小之也。今论心性而曰"其初尽人而圣人，自有生之始即不污坏者鲜"，岂其然哉！形体之长大，资于饮食之养，乃长日加益，非"复其初"；心性之资于问学，进而贤人圣人，非"复其初"

明矣。形体无亏阙，故可以长大，而夭伤者失其可长大者也；赤子之心，皆有仁义礼智之端，可以扩充，而不充之者，失其能充之心者也。人物分于阴阳五行以成性，而人异于物者，其性开通，无不可以牖其昧而进于明，较其材质，等差凡几。古贤圣知人之得于天有等差，是以重问学，贵扩充。老聃、庄周、告子、释氏，谓得之以性皆同其神，与天地等量，是以守己自足，主于去情欲以勿害之，不必问学以充之。宋儒或出焉，或入焉，故习其说者不得所据，多流于老释。读古人书，所慎尤在疑似，此亦当辨之大端也。

问：神为形气之主宰，庄子谓："一受其成形，不亡以待尽。"释氏"人死为鬼，鬼复为人"之说同此。在古人制祭祀之礼，以人道事鬼神，而《传》称"鬼犹求食"，及"伯有为厉"；又宇宙间怪见不一，愚夫妇亦往往耳闻目见，不得不惑于释氏所云。而言仙者又能盗气于天地间，使其神离血气之体以为有。故其言性也，即神之炯炯而不昧者；其言命也，即气之絪缊而不息者，有所指实也如是。老聃、庄周、告子、释氏，静以会夫一身，见莫贵于此，莫先于此。今以形、气、神统归之材，而曰性可以根柢言，神可以主宰枢纽言，理则譬之中规中矩，不以神先形气，不以理为主宰、枢纽、根柢。老、释之说，宋儒之说，指归不同而失同，何也？

曰：孔子言："原始（要）〔反〕终①，故知死生之说；精气为物，游魂为变，是故知鬼神之情状。"人物分于阴阳五行以成性，成是性斯为是材以生，可以原始而知也；形敝气散而死，可以反终而知也。其生也，精气之融以有形体，凡血气之属，有生则能运动，能运动则能知觉，知觉者，其精气之秀也。人之知觉，能通乎天地之德，因行其所知底于无失，斯无往非仁，无往非礼义矣。《左氏春秋》曰："人生始化曰魄，既生魄，阳生魂。"魂魄非他，其精气之能知觉运动也，是以又谓之神灵。曾子言"阳之精气曰神，阴之精气曰灵"是也。至于形敝而精气犹凝，是谓游魂，言乎离血气之体也。精气为物者，气之精而凝，品物流行之常也；游魂为变者，魂之游而存，其后之有敝有未敝也，变则不可穷诘矣。彼有见于游魂为变，而主其一偏，昧其大常，遂以其盗天地生生之机者为己之本体。彼之以神先形气，

---

①反：原作"要"，此据《十三经注疏·易系辞上》改。

圣人所谓游魂为变中之一端耳。在老、释就一身分言之，有形气，有神识，而以神识为本；推而上之，以神为有天地之本，遂求诸无形无象者为实有，而视有形有象为幻。在宋儒以形气、神识同为己之私，而理得于天；推而上之，于理气截之分明，以理当其无形无象之实有，而视有形有象为粗。天之生物也，使之一本，荀子以礼义与性为二本，宋儒以理与气质为二本，老聃、庄周、告子、释氏以神与形体为二本。然而荀子推崇礼义，宋儒推崇理，于圣人之教不害也，不知性耳。老聃、庄周、告子、释氏，守己自足，不惟不知性而已，实害圣人之教者也。

问：程叔子撰《明道先生行状》云："泛滥于诸家，出入于老、释者几十年，返求诸六经，然后得之。"吕与叔撰《横渠先生行状》云："范文正公劝读《中庸》，先生读其书虽爱之，犹以为未足，于是又访诸释、老之书，累年，尽究其说，知无所得，返而求之六经。"《朱子语类》廖德明《录癸巳所闻》云："先生言：二三年前见得此事尚鹘突①，为他佛说得相似，近年来方看得分晓。"癸巳，朱子四十四岁。朱子《答汪尚书书》云："熹于释氏之说，盖尝师其人，尊其道，求之亦切至矣。然未能有得。其后以先生君子之教，校乎前后缓急之序，于是暂置其说而从事于吾学。其始盖未尝一日不往来于心也，以为俟卒究吾说而后求之未为甚晚。而一二年来，心独有所自安，虽未能即有诸己，然欲复求之外学以遂其初心，不可得矣。"考朱子慕禅学在十五六时，年二十四见李愿中，教以看圣贤言语，而其后十余年，有《答何京叔》二书，意见乃与释氏不殊，信彼为有实得，此为支离，反用圣贤言语指其所得于释氏者。及五十内外，所见渐定，不惑于释氏。合观程子、朱子、张子皆先入于老、释，究之能觉悟其非，何也？

曰：四君子②皆志圣贤之志者也，其学主乎求是，故于此于彼，期在自得，不在虚名。考之六经，茫然不得性道之实体，则必求诸彼矣。求诸彼而其言道言性确有指实，且言夫体用一致也似神，能靡不周。如说"性周法界，净智圆妙，体自空寂"。故朱子尝驰心空妙，冀得之以为衡鉴事物之本，极其致，所谓"明心见性"，不过"六用不行"，彼所以还其神之本体者，即本体得矣，

---

① 鹘突（hú tū）：亦作"鹘鸠"，模糊、混沌。
② 四君子：指张载、程颢、程颐与朱熹。

以为如此便足无欠阙矣，实动辄差谬。在彼以自然为宗本，不论差谬与否，而四君子求是之心，久之亦知其不可持以衡鉴事物，故终能觉寤其非也。夫人之异于物者，人能明于必然，百物之生遂其自然也。孔、孟之异于老聃、庄周、告子、释氏者，自"志学"以至"从心所欲不逾矩"，皆见夫天地、人物、事为有不易之则之为必然，而博文约礼以渐致其功。彼谓"致虚极，守静笃""为道日损，损之又损以至于无"，至于"道法自然"，无以复加矣。孟子而后，惟荀子见于礼义为必然，见于不可徒任自然，而不知礼义即自然之极则；宋儒亦见于理为必然，而以理为太极，为"生阳生阴之本"，为"不离阴阳，仍不杂于阴阳"，指其在人物为性，为"不离气质，仍不杂于气质"。盖不知理者，自然之极则也，视理俨如一物，加以主宰、枢纽、根柢之说，一似理亦同乎老释所指者之于人为本来面目。朱子之辨释氏也，曰："儒者以理为不生不灭，释氏以神识为不生不灭。"就彼言神识者，转之以言乎理，尊理而重学，远于老聃、庄周、告子、释氏矣。然以彼例此而不协乎此，故指孔、孟所谓道者非道，所谓性者非性。增一恍忽不可得而推究之主宰、枢纽、根柢，因视气曰空气，视心曰性之郛郭。是彼奉一自然者之神居此空气之上、郛郭之中，此奉一必然之理居此空气之上、郛郭之中也。苟知物必有则，不以则与物二视之，庶几于孔、孟之言道言性者始可通。物者，指其实体实事之名；则者，称其纯粹中正之名。实体实事，罔非自然而归于必然，天地、人物、事为之理得矣。自然之极则，是谓理，宋儒借阶于释氏，是故失之也。凡习于先人之言，往往受其蔽而不觉。宋儒言"道为气之主宰、枢纽"，如彼以"神为气之主宰、枢纽"也；以"理能生气"，如彼以"神能生气"也；以"理堕在形气之中，变化气质则复其初"，如彼以"神受形气而生，不以形气物欲累之则复其初"也。皆改其所指为神识者以指理。其终远于老、释而近于孔、孟，则彼以自然为指归，此以必然为指归也。

[《戴震全集》（第 1 册），第 33—63 页；《戴震全书》（修订本第 6 册），第 35—75 页；《戴震集》，第 407—442 页。]

绪言

卷上

问：道之名义。

曰：古人称名，道也，行也，路也，三名而一实，惟"路"字专属途路。《诗》三百篇多以"行"字当"道"字。大致在天地则气化流行，生生不息，是谓道；在人物则人伦日用，凡生生所有事，亦如气化不可已，是谓道。故《易》曰"一阴一阳之谓道"，此言天道也；《中庸》曰"率性之谓道"，此言人道也。

……

问：宋儒尝反复推究先有理抑先有气。朱子云："必欲推其所从来，须说先有是理，然理又非别为一物，即存乎是气之中。无是气则是理亦无挂搭处。"又譬之"二物浑沦，不害其各为一物"，朱子云："理与气决是二物，但在物上看，则二物浑沦，不可分开各在一处，然不害二物之各为一物也。若在理上看，则虽未有物而已有物之理，然亦各有其理而已，未尝实有是物也。"及"主宰""枢纽""根柢"之说，目阴阳五行为空气，以理为之"主宰"，陈安卿云："二气流行，万古生生不息，不成只是空气，必有主宰之者，理是也。"为"男女万物生生之本"，饶仲元云："极者至极之义，枢纽根柢之名。圣人以阴阳五行阖辟[①]不穷，而此理为阖辟之主，男女万物生生不息，而此理为生生之本。"抑似实有见者非与？

曰：非也。阴阳流行，其自然也；精言之，期于无憾，所谓理也。理非他，盖其必然也。阴阳之期于无憾也，犹人之期于无失也；能无失者，其惟圣人乎！圣人而后尽乎人之理，尽乎人之理非他，人伦日用尽乎其必然而已矣。语阴阳而精言其理，犹语人而精言之至于圣人也。期于无憾无失之为必然，乃要其后，非原其先，乃就一物而语其不可议，奈何以虚语夫不可议指为一物，与气浑沦而成，主宰枢纽其中也？况气之流行既为生气，则生气之灵乃其主宰，如人之一身，心君乎耳目百体是也，岂待别求一物为阴阳五行之主宰枢纽！下而就男女万物言之，则阴阳五行乃其根柢，乃其生生之本，亦岂待别求一物为之根柢，而阴阳五行不足生生哉！

……

---

① 阖辟（hé pì）：闭合与开启。

问：道之实体，一阴一阳，流行不已，生生不息是矣。理即于道见之与？

曰：然。古人言道，恒赅理气；理乃专属不易之则，不赅道之实体。而道、理二字对举，或以道属动、理属静，如《大戴礼记》孔子之言曰"君子动必以道，静必以理"是也。或道主统，理主分；或道赅变，理主常。此皆虚以会之于事为，而非言乎实体也。

……

问：宋儒以气为理所"凑泊附著"，朱子云："人之所以生，理与气合而已。夫理固浩浩不穷，然非是气，则虽有是理而无所凑泊，故必二气交感，凝结生聚，然后是理有所附著。"又谓"理为生物之本"。朱子云："理也者，形而上之道也，生物之本也；气也者，形而下之器也，生物之具也。是以人物之生，必禀此理，然后有性；必禀此气，然后有形。"今据《易》之文，证明"一阴一阳"即天道之实体，其为气化，未为品物，乃孔子所称"形而上"；及既为品物，乃孔子所称"形而下"。然则古圣贤所谓性，专就气化言之与？

曰：气化生人生物以后，各以类孳生久矣；然类之区别，千古如是也。循其故而已矣。在气化，分言之曰阴阳，又分之曰五行，又分之，则阴阳五行杂糅万变，是以及其流形，不特品类不同，而一类之中又复不同。孔子曰："一阴一阳之谓道，继之者善也，成之者性也。"人物各成其性，明乎性至不同也。《六经》中言性，统举人物之全，见于此，人物同本于天道。阴阳五行，天道之实体也。《大戴礼记》曰："分于道谓之命，形于一谓之性。"分于道者，分于阴阳五行也。一言乎分，则其所受有偏全、厚薄、清浊、昏明之不齐看，不特品类不同，而一类之中又复不同是也，各随所分而见于一，各成其性也。《中庸》首言"天命之谓性"，不曰天道而曰天命者，人物咸本于天道，而成性不同，由分于道不能齐也，以限于所分，故云"天命"。然性虽不同，而大致以类为之区分，故《论语》曰"性相近也"，此就人与人相近言之者也。孟子曰："凡同类者举相似也，何独至于人而疑之？圣人与我同类者。"言同类之相似，则异类之不相似明矣；故诘告子"生之谓性"曰："然则犬之性犹牛之性，牛之性犹人之性与？"明乎其必不混同言之也。"孟子道性善，言必称尧舜"，以"人皆可以为尧舜",谓之性善。合《易》《论语》《孟子》之书言性者如是,咸就其分于阴阳五行以成性为言,奈何别求一"凑泊附著"者为性,岂人物之生莫非二本哉?返而求之,知其一本,或庶几焉。

问:人物分于阴阳五行以成性,而人能循理义自治,物不能自治,何也?

曰:阴阳五行,以气化言也;精言之,期于无憾,是谓理义,是谓天地之德。人之生也,禀天地之气,即并天地之德有之,而其气清明,能通夫天地之德。物之得于天者,亦非专禀气而生,遗天地之德也,然由其气浊,是以锢①塞不能开通。理义也者,心之所通也。天之气化生生而条理,人物分于气化,各成其性,而清者开通,则能知性知天,因行其所知,底于无失,斯所以还于天地之德而已矣。

问:朱子本程子"性即理也"一语,释《中庸》"天命之谓性",申之云:"天之阴阳五行化生万物,气以成形而理亦赋焉,犹命令也。于是人物之生,因各得其所赋之理以为健顺五常之德,所谓性也。"其释《孟子》云:"以气言之,知觉运动,人与物若不异也;以理言之,则仁义礼智之禀,岂物之所得而全哉?""告子不知性之为理,而以所谓气者当之,(岂)〔盖〕②徒知知觉运动之蠢然者,人与物同,而不知仁义礼智之粹然者,人与物异也。"两解似相阂隔。其作《中庸或问》有云:"虽鸟兽草木之生,仅得形气之偏,而不能通贯乎全体,然其知觉运动,荣悴开落,亦皆循其性而各有自然之理焉。至于虎狼之父子,蜂蚁之君臣,豺獭之报本,雎鸠之有别,则其形气之偏,又反有以存其义理之所得。"今观朱子言性,不出"性即理也"之云,故云"告子不知性之为理"。既以性属之理,即理所谓"仁义礼智之禀",天地、人物、事为,不闻无可言之理,故释《中庸》合人物言之;以物仅得形气之偏,故释《孟子》言"岂物所得而全",言"仁义礼智之粹然者,人与物异"。《或问》一条,于两注可谓融矣。程子云:"论性不论气不备,论气不论性不明。"故朱子言性专属之理,而又及"形气之偏",皆出于程子也。程朱之说,谓"理无不善,而形气有不善",故以"孟子道性善"归之本原,以孔子言"性相近",下而及于荀子言"性恶",杨

---

① 锢(gù):封闭,关闭。
② 盖:据《孟子字义疏证·性》,"岂"当作"盖"。

子言"善恶混"，韩子言"三品"，悉归气质之性，是荀、杨、韩皆有合于孔子；程子于《论语》"性相近"云："此言气质之性，非言性之本也。若言其本，则性即是理。理无不善，孟子之言性善是也，何相近之有〈哉〉[1]！"朱子答门人云："气质之说，起于张程。韩退之《原性》中说'性有三品'，但不曾说是气质之性耳；孟子说性善，但说得本原处，下面不曾说得气质之性，所以亦费分疏；诸子说性恶与善恶混；使张程之说早出，则许多说话自不用纷争。"又云："孟子说性善，是论性不论气。荀杨而下，是论气不论性。孟子终是未备，所以不能杜绝荀杨之口。然不备，但少欠耳；不明，则大害事。"陈器之云："孟子时，诸子之言性，往往皆于气质上有见，而遂指气质作性，但能知其形而下者，故孟子答之，只就义理上说，以攻他未晓处。气质之性，诸子方得于此，孟子所以不复言之；义理之性，诸子未通于此，孟子所以反复详说之。程子之说，正恐后学死执孟子义理之说而遗失气质之性，故并二者而言之，曰'论性不论气不备，论气不论性不明。'程子之论举其全，孟子之论所以矫诸子之偏。"又以告子之说为合于荀、杨、韩，朱子于告子"杞柳"之喻云："告子言人性本无仁义，必待矫揉而后成，如荀子性恶之说也。"于"湍水"之喻云："告子因前说而小变之，近于杨子善恶混之说。"于"或曰性可以为善可以为不善"云："此即'湍水'之说。"于"或曰有性善有性不善"云："韩子'性有三品'盖如此。"合于孔子。程子云："凡言性处，〈须〉看〈他〉立意如何。且（知）〔如言〕[2]人性善，性之本也；生之谓性，论其〈所〉禀也。孔子言性相近，若论其本，岂可言相近？只论〈其〉[3]所禀也。告子所云固是，为孟子问他，他说便不是也。"又曰："孟子言性，当随文（者）〔看〕。（本）〔不〕以告子'生之谓性'为不然者，此亦性也，（被）〔彼〕[4]命受生以后谓之性耳，故不同。继之以'犬之性犹牛之性，牛之性犹人之性与？'然不害为一。若乃孟子之言善者，乃极本穷源之性。"使告子明云"气质之性"，孟子将不辨之与？孔子言"性相近"，亦未明云"气质之性"，将与告子、荀子诸子同与？宋儒之说虽极完备，弥启后人之疑。《近思录》程子云："人生而静以上不容说，才说性时，便已不是性也。"朱子云："人生而静以上，是人物未生时，只可谓之理，未可名为性，所谓'在天曰命'也。才说性时，便是人生以后，此理已堕

---

① 哉：据《孟子字义疏证·性》补。
② 如言：据中华书局本《二程集·河南程氏遗书》卷十八改。
③ 须，他，所，其：据中华书局本《二程集·河南程氏遗书》卷十八补。
④ 看，不，彼：据中华书局本《二程集·河南程氏遗书》卷三改。

在形气之中，不全是性之本体矣，所谓'在人曰性'也。"宋儒剖析至此，皆根于理气之分，以善归理，以有恶归形气，然则孟子乃追溯人物未生、未可名性之时而曰性善，若就名为性之时，已是人生以后，已堕在形气之中，恶得断之曰善？由是观之，将天下古今惟上圣之性不失其性之本体，自上圣而下，语人之性皆不是性。孔子以不是性者言相近，乃"论气不论性不明"；孟子以未可名性者言"性善"，乃"论性不论气不备"。宋儒剖析性之本体及气质之性，愈令人惑。学者习闻宋儒之说，完备剖析，今还而体会《易》《论语》《中庸》《孟子》，疑惑不解矣。宋儒之所以失者安在？

曰：性之名，自古及今，虽妇人孺子亦矢口举之不谬者也，本尽人可知之通名也，儒者转过求，失之。如飞潜动植，举凡品物之性，皆就其气类别之。人物分于阴阳五行以成性，舍气类更无性之名。医家用药，在精辨其气类之殊，不别其性，则能杀人。使曰"此气类之殊者已不是性"，良医信之乎？试观之桃与杏：取其核而种之，萌芽甲坼，根干枝叶，为华为实，香色臭味，桃非杏也，杏非桃也，无一不可区别，由性之不同，是以然也。其性存乎核中之白，_{即俗呼桃仁、杏仁者。}香色臭味无一或阙也。凡植禾稼卉木，畜鸟虫鱼，皆务知其性。知其性者，知其气类之殊，乃能使之硕大蕃滋也。何独至于人而指夫分于阴阳五行以成性者，曰"此已不是性也"？岂其然哉？天道，阴阳五行而已矣。人物之性，分于道而有之，成其各殊者而已矣；其不同类者各殊也，其同类者相似也。孟子曰："如使口之于味也，其性与人殊，若犬马之与我不同类也，则天下何耆皆从易牙之于味也？"又言"动心忍性"，是孟子矢口言之，所谓性，亦如后儒指为"已不是性"者矣。孟子言性，曷尝自歧而二之哉！于告子"生之谓性"必致辨者，成则各殊，徒曰生而已矣，固同人于犬牛而不察其殊；闻孟子诘之不复曰"然"者，非见于"仁义礼智之粹然者，人与物异"而语塞也，犬与牛之异，又岂属"仁义礼智之粹然者"哉？孟子非据仁义礼智诘告子明矣。况朱子言"禀理以有性，物与人同，至形气之偏，始物与人异"，是孟子又以"已不是"者折告子言性矣。且谓"告子徒知知觉、运动之蠢然者人与物同"，在告子既以知觉、运动者为性，何不可直应之曰"然"？

斯以见告子亦穷于知觉运动不可概人物，而目为蠢然同也。凡语人者，以我之说告其人；折人者，必就彼之说穷其人。非好辩也，君子之教也。

问：知觉、运动不可概人物而目为"蠢然同"，其异安在？

曰：凡有生即不隔于天地之气化。阴阳五行之运而不已，天地之气化也，人物之生本乎是，由其分而有之不齐，是以成性各殊。知觉运动者，统乎生之全言之也，由其成性各殊，是以得之以生，见乎知觉运动也亦殊。气之自然潜运，飞潜动植皆同，此生生之机原于天地者也，而其本受之气，与所资以生之气则不同。所资以生之气，虽由外而入，大致以本受之气召之。五行有生克，遇其克之者则伤，甚则死，此可知性之各殊矣。本受之气及所资以生之气，必相得而不相逆，斯外内为一；其得于天地之气本一，然后相得不相逆也。气运而形不动者，卉木是也；凡有血气者，皆形能动者也。论形气则气为形之本。人物分于阴阳五行，成性各殊，故形质各殊，则其形质之动而为百体之用者，利用不利用亦殊。知觉云者，如寐而寤曰觉，思之所通曰知，百体皆能觉，而心之觉为大。凡相忘于习则不觉，见异焉乃觉。鱼相忘于水，其非生于水者，不能相忘于水也，则觉不觉亦有殊致矣。闻虫鸟以为候，闻鸡鸣以为辰，彼之感而觉，觉而声应之，又觉之殊致有然矣，无非性使然也。若夫虎狼之父子，蜂蚁之君臣，豺狼之报本，雎鸠之有别，其自然之知觉，合于人之所谓理义者矣，而各由性成。人则无不全也，全而尽之无憾者，圣人也，知之极其量也。孟子曰："心之所同然者，谓理也，义也。"于义外之说必致其辨，以人能全乎理义，故曰性善，言理之为性，非言性之为理，若曰"理即性也"，斯协于孟子矣；不惟协于孟子，于《易》《论语》靡不协矣。凡由中出者，未有非性使之然者也。古人言性，但以气禀言，未尝明言理（气）〔义〕①为性，盖不待言而可知也。至孟子时，异说纷起，以理义为圣人治天下之具，设此一法以强之从，害道之言，皆由外理义而生。人但知耳之于声，目之于色，鼻之于臭，口之于味为性，而不知心之于理义，亦犹耳目口鼻之于声色味臭也，故曰"至于心独无所同然乎"，盖就其所知以证明其所不知，举声色臭味之欲归之耳目鼻口，举理义之好归之心，

---

① "气"应为"义"，据文义改正。

皆内也，非外也，比而合之以解天下之惑，俾晓然无疑于理义之为性，害道之言庶几可以息矣。孟子明人心之通于理义，与耳目鼻口之通于声色臭味，咸根于性而非后起。后儒见孟子言性则曰理义，则曰仁义礼智，不得其说，遂谓孟子以理为性，推而上之，以理为生物之本，匪徒于道于性不得其实体，而于理之名亦失其起于天地、人物、事为不易之则，使人茫然求其物不得矣。

问：声色臭味之欲亦宜根于心，今专以理义之好为根于心，于"好是懿德"固然矣，抑声色臭味之欲徒根于耳目鼻口欤？心，君乎百体者也，百体之能，皆心之能也，岂耳悦声，目悦色，鼻悦臭，口悦味，非心悦之乎？

曰：否。心能使耳目鼻口，不能代耳目鼻口之能，彼其能者各自具也，故不能相为。人物受生于天地，故恒与之相通。盈天地间，有声也，有色也，有臭也，有味也；举声色臭味，则盈天地间者无或遗矣。内外相通，其开窍也，是为耳目鼻口。五行有生克，生则相得，克则相逆，血气之得其养，失其养系焉，资于外足以养其内，此皆阴阳五行之所为，外之盈天地之间，内之备于吾身，外内相得无间而养道备。"民之质矣，日用饮食"，自古及今，以为道之经也。血气各资以养，而开窍于耳目鼻口以通之，既于是通，故各成其能而分职司之。孔子曰："少之时，血气未定，戒之在色；及其壮也，血气方刚，戒之在斗；及其老也，血气既衰，戒之在得。"血气之所为不一，举凡身之嗜欲根于血气明矣，非根于心也。曰："理义之悦我心，犹刍豢之悦我口。"非喻言也。凡人行事，有当于理义，其心气必畅然自得；悖于理义，心气必沮丧自失，以此见心之于理义，一同乎血气之于嗜欲，皆性使然耳。耳目鼻口之官，臣道也；心之官，君道也；臣效其能而君正其可否。理义非他，可否之而当，是谓理义。声色臭味之欲，察其可否，皆有不易之则。故理义者，非心出一意以可否之，若心出一意以可否之，何异强制之乎！因乎其事，得其不易之则，所谓"有物必有则"，以其则正其物，如是而已矣。

问：禽兽各以类区别其性各不同，而孟子道性善，但言"人之异于禽兽"，于禽兽则概举之。独人之性善，其故安在？

曰：耳目鼻口之官各有所司，而心独无所司，心之官统主乎上以使之，此凡血气之属皆然。其心能知觉，皆怀生畏死，因而趋利避害，凡血气之属所同也。虽有不同，不过于此有明暗耳。就其明暗以制可否，不出乎怀生畏死者，物也。人之异于禽兽不在是。禽兽知母而不知父，限于知觉也；然爱其生之者及爱其所生，与雌雄牝牡之相爱，同类之不相噬，习处之不相啮^①，进夫怀生畏死矣。一私于身，一及于身之所亲，皆仁之属也。私于身者，仁其身也；及于身之所亲者，仁其所亲也；本天地生生之德发夫自然有如是。人之异于禽兽亦不在是。告子曰："食色，性也；仁，内也，非外也。"即其"生之谓性"之说，同人于犬牛而不察其殊也。彼以自然者为性使之然，以义为非自然，转制其自然，使之强而相从。老聃、庄周、告子及释氏，皆不出乎以自然为宗；惑于其说者，以自然直与天地相似，更无容他求，遂谓为道之至高。宋之陆子静、明之王文成及才质过人者，多蔽于此。孟子何尝以自然者非性使之然哉？以义亦出于自然也，故曰："恻隐之心，人皆有之；羞恶之心，人皆有之；辞让之心，人皆有之；是非之心，人皆有之。"孟子之言乎自然，异于告子之言乎自然，盖自然而归于必然。必然者，不易之则也，非制其自然使之强而相从也。天下自然而无失者，其惟圣人乎！孔子言"从心所欲不逾矩"，"从心所欲"者，自然也；"不逾矩"者，归于必然也。必然之与自然，非二事也。就其自然明之尽，而无几微之失焉，是其必然也；如是而后无憾，如是而后安，是乃圣贤之所谓自然也。彼任其自然而失者无论矣。贵其自然，静以保之，而视问学为用心于外，及其动应，如其才质所到，亦有自然不失处，不过才质之美，偶中一二，若统其所行，差缪多矣。且一以自然为宗而废问学，其心之知觉有所止，不复日益，差缪之多，不求不思，以此终其身而自尊大，是以圣贤恶其害道也。告子、老聃、庄周、释氏之说，贵其自然，同人于禽兽者也。圣人之学，使人明于必然，所谓"考诸三王而不谬，建诸天地而不悖，质诸鬼神而无疑，百世以俟圣人而不惑"，斯为明之尽。人与物咸有知觉，而物之知觉不足与于此。物循乎自然，人能明于必然，此人物之异，孟子以"人皆可以为尧舜"断其性善，在此也。

---

①啮（niè）：用嘴咬。

问：仁义礼智之名义。

曰：《易》有之曰："天地之大德曰生。"一阴一阳流行不已，生生不息，观于生生，可以言仁矣。在天为气化之生生，在人为其生生之心，是乃仁之为德也。由其生生有自然之条理，惟条理所以生生，观于条理之秩然有序，可以言礼矣；失条理则生生之道绝，观于条理之截然不可乱，可以言义矣。生生，诚也；条理，明也。故行道在体仁，知道在达礼，在精义。合而言之，举义可以赅礼，"立人之道，曰仁与义"是也；举礼亦可赅义，而举仁贵全乎理义，《论语》曰"克己复礼为仁"是也，合三者亦谓之诚，诚未有不明者也。以是谓之命，则昭示明信也；以是谓之善，则纯粹不杂也；以是谓之理，则经常不易也；以是谓之矩，则循之为法也；以是谓之中，则时事之准也。若夫条理之得于心，为心之渊然而条理，则名智。故智者，事物至乎前，无或失其条理，不智者异是。孟子曰："始条理者，智之事也；终条理者，圣之事也。"举礼仪可以赅智，举智可以赅礼仪，礼义有愆，由于不智。《中庸》言"修道以仁"，连举义理而不及智，言以达德行达道，举智仁勇而不及礼义，互文也。由生生而条理，生生之谓仁，元也；条理之谓礼，亨也；察条理之正而断决于事之谓义，利也；得条理之准而藏主于中谓智，贞也。

问：孟子言"所性不存焉"，朱子释之云："其道大行，无一（物）〔夫〕①不被其泽，故君子乐之，然其所得于天者，则不在是也。"朱子论性，专举仁义礼智为得于天而别于气禀，本之《孟子》此章。夫仁义礼智，人之所同，何以独君子根于心？

曰：此孟子举"君子欲之"之事，"乐之"之事，皆无与于其"性之"之事也。人之所欲，君子非不欲之也，或重乎此而既得之，则乐之矣，下者惟此之务得，则性之矣。进而言乎可乐者，君子非不乐之也，或以此为主，务期于此而已矣，则性之矣。"君子所性"，如道德学问之事，无可遗者皆是。大行不过行其所学，穷居而其自得者无日不然，不以大行穷居为加损，大行亦吾分，穷居亦吾分，皆视为分之常，是谓分定。惟其性之之事不以大

---

① 夫：据中华书局本《四书章句集注·孟子集注》卷十三改。

行穷居加损，故无往非仁义礼智之由中；而达外章内，未尝举君子性之之事。后儒不详审文义，以所性为所得于天者，以分为所得于天之全体，非孟子立言之指也。

问：孟子曰："口之于味也，目之于色也，耳之于声也，鼻之于臭也，四肢之于安佚也，性也，有命焉，君子不谓性也。仁之于父子也，义之于君臣也，礼之于宾主也，智之于贤者也，圣人之于天道也，命也，有性焉，君子不谓命也。"张子云："气质之性，君子有弗性者焉。"程子云："仁义礼智，天道在人，则赋予命者所禀有厚薄清浊，然而性善可学而尽，故不谓之命。"宋儒分别义理之性、气质之性，本于《孟子》此章，以"气质之性君子不谓之性"，故专取义理之性。岂性之名君子得以意取舍欤？

曰：非也。性者，有于己者也；命者，听于限制也。"谓性"，犹云藉口于性耳，君子不藉口于性之自然以求遂其欲，不藉口于命之限之而不尽其材。后儒未详审文义，失孟子立言之指。不谓性，非不谓之性；不谓命，非不谓之命。

问：《左氏春秋》刘康公曰："民受天地之中以生，所谓命也。"宋儒言性专属之理，取证于此。既为民受以生，则宜曰"所谓性"，然古人不称性而称命，何也？

曰：性原于阴阳五行。凡耳目百体之欲，血气之资以养者，皆由中达外，性为之本始，而道其所有事也；命即人心同然之理义，所以限制此者也。古人多言命，后人多言理，异名而同实。耳目百体之所欲，由于性之自然，明于其必然，斯协乎天地之中，以奉为限制而不敢逾，是故谓之命。命者非他，就性之自然，察之精明之尽，归于必然，为一定之限制，是乃自然之极则。若任其自然而流于失，转丧其自然而非自然也。故归于必然，适完其自然，如是斯"与天地合其德，鬼神合其吉凶"。故刘子继之曰："是以有动作礼义威仪之则，以定命也。能者养之以福，不能者败以取祸。"夫耳目百体之所欲，血气之资以养者，生道也，纵欲而不知制之，其不趋于死也几希。然则民无日不受此以生，所以全其性在是。于古人不称性而称命，性之实体原于道之实体愈可见，命即其实体之无憾无失而已矣。

问：孟子言："尽其心者，知其性也，知其性则知天矣。"所谓心，所谓性，所谓天，其分合之故可言欤？

曰：人分于阴阳五行以成性，而其得之也全。喜怒哀乐之情，声色臭味之欲，是非美恶之知，皆根于性而原于天，其性全，故其材亦全，材即形气之为耳目百体而会归于心也。凡日用事为，皆性为之本，而所谓人道也；上之原于阴阳五行，所谓天道也。言乎天地之化曰天道，言乎天地之中曰天德，耳目百体之所欲，血气之资以养者，所谓性之欲也，原于天地之化者也。故在天为道，在人为性，而见于日用事为为"人道"。仁义之心，原于天地之中者也，故在天为天德，在人为性之德。《易》曰："立人之道，曰仁与义。"此合性之欲、性之德言之，谓原于天地之化而为日用事为者，无非仁义之实也。就天道而语于无憾曰天德，就性之欲而语于无失曰性之德。性之欲，其自然也；性之德，其必然也。自然者，散之见于日用事为；必然者，约之各协于中。知其自然，斯通乎天地之化；知其必然，斯通乎天地之德，故曰"知其性则知天矣"，以心知之，而天人道德靡不豁然于心，此之谓"尽其心"。"尽其心"，以知言；"尽其材"，兼知行言。

问：必然为自然之极则，而归于必然适完其自然，由是言之，惟性道之名有其实体。至若古人多言命，后人多言理，不过性道自然之极则，别无其实体矣。宋儒凡于天道、人道，于性，无不以理字概之，今何以剖析其致误，俾截然不相淆惑？

曰：学者体会古贤圣之言，宜先辨其字之虚实。今人谓之"字"，古人谓之"名"，《仪礼》云"百名以上书于策，不及百名书于方"，《周礼》云"谕书名，听声音"是也。以字定名，有指其实体实事之名，有称夫纯美精好之名。如曰"人"，曰"言"，曰"行"，指其实体实事之名也；曰"圣"，曰"贤"，称夫纯美精好之名也。曰"道"，曰"性"，亦指其实体实事之名也。道有天道人道：天道，阴阳五行是也；人道，人伦日用是也。曰"善"，曰"理"，亦称夫纯美精好之名也。曰"中"，曰"命"，在形象，在言语，指其实体实事之名也；在心思之审察，能见于不可易不可逾，亦称夫纯美精好之名也。

问："一阴一阳之谓道"，指天地之实体，至于天德、天命、天理，不复言之，而即云"继之者善也，成之者性也"。二语相对，似皆指人物矣，抑如后儒以善为未涉人物欤？

曰：天地之气化，流行不已，生生不息，其实体即纯美精好；人伦日用，其自然不失即纯美精好。生于陆者入水而死，生于水者离水而死，生于南者习于温而不耐寒，生于北者习于寒而不耐温。此资之以为养者，彼受之以害生。"天地之大德曰生"，物之不以生而以杀者，岂天地之失德哉？故语道于天地，实体即美好，不必分言也，《易》曰"一阴一阳之谓道"是也。人之心知有明暗，当其明则不失，当其暗则有差谬之失，故语道于人，人伦日用为道之实事，"率性之谓道""修身以道""天下之达道五"是也。此所谓道不可不修者也，"修道以仁"及"圣人修之以为教"是也；其纯美精好，则所谓"中节之谓达道"，所谓"君子之道""圣人之道"是也。"中节之谓达道"者，纯美精好，推之天下而准也，君臣、父子、夫妇、昆弟、朋友之交，五者为达道，但举实事而已矣。智仁勇以行之，而后归于纯美精好。然而即谓之达道者，达诸天下而不可废也。彼释氏弃人伦以成其自私，不明乎此也。人道本于性，而性原于天道，在天道为阴阳五行，在人物分而有之以成性；由成性各殊，故材质亦殊。材质者，性之所呈也，离材质恶睹所谓性哉！故孟子一则曰"非才之罪"，再则曰"非天之降才而殊"。才、材古字通用。人之才得于天独全，故物但能遂其自然，人能明于其必然。分言之，则存乎材质之自然者，性也，人物各以类区别，成性各殊也；其归于必然者，命也，善也，人物咸协于天地之中，大共者也。故《易》言天道而下及人物，曰"继之者善也，成之者性也"。继，谓人物于天地，其善固继承不隔，不以成性各殊而失其良也。善者，称其美好之名；性者，指其实体之名；在天道不分言，而在人物分言之始明，究之美好者即其实体之美好，非别有美好以增饰之也。

卷中

问：孟子言性善，门弟子如公都子已列三说，茫然不知性善之是而三说之非。荀子在孟子后，直以为性恶，而伸其崇礼义之说。其言曰："凡性者，天之就也，不可学，不可事；礼义者，圣人之所生也，人之所学而能，所事而成者也。""性善则去圣王息礼义矣，性恶则兴圣王贵礼义矣。"荀子既知崇礼义，与老子言"礼者忠信之薄而乱之首"及告子"外义"，所见悬殊；又闻孟子性善之说，于孟子言"心之所同然者，谓理也，义也"，亦必闻之矣，而犹与之异，何也？

曰：荀子非不知理义为人心之同然也，其言性恶也，曰："涂之人可以为禹。涂之人者，皆内可以知父子之义，外可以知君臣之正，其可以知之（实）〔质〕，可以能之具，在涂之人，其可以为禹明矣。使涂之人伏术为学，专心一志，思（虑）〔索〕熟察，加日悬久，积善而不息，则通于神明，参于天地矣。故圣人者，人之所积而致矣。圣可积而致，然而皆不可积，何也？可以而不可使也。涂之人可以为禹则然，涂之人能为禹，未必然也；虽不能为禹，无害可以为禹。"[①] 此于性善之说不惟不相悖，而且若相发明，终断之曰："足可以遍行天下，然而未尝有能遍行天下者也。能不能之与可不可，其不同远矣。"盖荀子之见，归重于学，而不知性之全体，其言出于尊圣人，出于重学崇礼义。首之以《劝学篇》有曰："诵数以贯之，思索以通之，为其人以处之，除其害者以持养之。"又曰："积善成德，神明自得，圣心备焉。"荀子之善言学如此。且所谓通于神明，参于天地者，又知礼义之极致，圣人与天地合其德在是，圣人复起，岂能易其言哉！而于礼义与性，卒视若阂隔不可通。以圣人异于常人，以礼义出于圣人之心，故曰"圣人之所生也"；常人学然后能明于礼义，若顺其性之自然，则生争夺；以礼义为制其性，去争夺者也，因其恶而加矫揉之功，使进于善，故贵礼义；使顺其自然而无争夺，安用礼义为哉？故曰"性善则去圣王，息礼义矣"。又以礼义虽人皆可以知，可以能，圣人虽人之可积而致，然必由于学。弗学而能，乃属之性；学而后能，弗学虽可以而不能，不得属之性。此荀子立说之所以异于孟子也。

问：荀子于礼义与性，视若阂隔而不通，其蔽安在？今何以决彼之非

---

① 据《荀子》，"实"当作"质"，"虑"作"索"。

而信孟子之是？

曰：荀子知礼义为圣人之教，而不知礼义亦出于性；知礼义为明于其必然，而不知必然乃自然之极则，适所以完其自然也。就孟子之书观之，明理义之为性，举仁义礼智以言性者，以为亦出于性之自然，人皆弗学而能，学以扩而充之耳。荀子之重学也，无于内而取于外；孟子之重学也，有于内而资于外。夫资于饮食，能为身之营卫血气者，所资以生之气，与其身本受之气，原于天地非二也。故所资虽在外，能化为血气以益其内，未有内无本受之气，与外相得而徒资焉者也。问学之于德性亦然。有己之德性，而问学以通乎圣贤之德性，是资于圣贤所言德性埤[1]益己之德性也。冶金若水，而不闻以金益水，以水益金，岂可云己不无善，己无天德，而积善成德，如罍[2]之受水哉！以是断之，荀子之所谓性，孟子非不谓之性，然而荀子举其小而遗其大也，孟子明其大而非舍其小也。

问：告子言"生之谓性"，言"性无善无不善"，言"食色性也"，"仁内""义外"，朱子以为同于释氏；朱子云："〈生〉[3]指人物之所以知觉运动者而言，与近世佛氏所谓'作用是性'"者略相似。又云："告子以人之知觉运动者为性，故言人之甘食悦色者即其性。"其"杞柳""湍水"之喻，又以为同于荀杨。朱子于"杞柳"之喻云"如荀子性恶之说"；于"湍水"之喻云"近于杨子'善恶混'之说"。然则荀杨亦与释氏同欤？

曰：否。荀杨所谓性者，实古今所同谓之性，人物以气类区别者也，宋儒称为"气质之性"。在孟子时，则公都子引或曰"性可以为善，可以为不善""有性善，有性不善"，言不同而所指之性同。荀子见于圣人生而神明者，不可概之人人，其下皆学而后善，顺其自然则流于恶，故以恶加之；论似偏，与"有性不善"合，实兼公都子两引"或曰"之说。杨子见于长善则为善人，长恶则为恶人，故曰"人之性也善恶混"，又曰"学则正，否则邪"，与荀子论断似参差而匪异。韩退之言"性之品有上中下三，上焉者善焉而已矣，中焉者可导而上下也，下焉者恶焉而已矣"。此即公

---

①埤（pí）：增加。
②罍（léi）：古代一种盛酒的容器。
③据《孟子字义疏证·性》，此处当补"生"字。

都子两引"或曰"之说会通为一。朱子云："气质之性固有美恶之不同矣，然以其初而言，皆不甚相远也，但习于善则善，习于恶则恶，于是始相远耳"，"人之气质，相近之中又有美恶，一定，而非习之所能移者。"直会通公都子两引"或曰"之说解《论语》矣。程子曰："有自幼而善，有自幼而恶，是气禀有然也。善固性也，然恶亦不可不谓之性也。"此似与"有性善，有性不善"合，而于"性可以为善，可以为不善"未尝不兼。由是观之，宋儒称气质之性，按之公都子两引"或曰"之说，下及荀杨论断，似参差而匪异。

问：郑康成注《中庸》"天命之谓性"云："木神则仁，金神则义，火神则礼，水神则信，土神则智。"后儒于智信互易之。韩退之作《原性》曰："其所以为性者五：曰仁，曰礼，曰信，曰义，曰智。"既就性分三品，而此云"所以为性，盖以其原于天不殊而成性殊也"。朱子称其言五性尤善。然退之讥荀杨"择焉不精，语焉不详"，而其《原性篇》亦不能确有根究。今以宋儒称为"气质之性"与公都子两引"或曰"之说，下及荀杨不异，是固然矣；其根究仁义礼智信为性，何以又不协于孟子？

曰：宋儒之异于前人者，以善为性之本量，如水之本清，而其后受污而浊，乃气禀使然。不善虽因乎气禀，如水之既受污，而不可谓浊者不为水也。盖见于气质不得概之曰善，且上圣生知安行者罕睹，其下必加澄治之功，变化气质，荀杨之见固如是也。特以如此则悖于孟子，求之不得，是以务于理气截之分明，以理为"性之本"，为"无不善"，以"气之流行则有善有不善"，视理俨如一物。虽显遵孟子性善之云，究之以"才说性时，便是人生以后，此理已堕在气质之中"，孟子安得概之曰善哉。若不视理为如一物，不以性专属之理，于《孟子》书益不可通，虽断然别举理以当孟子之概目为善者。夫自古及今，本以要于善谓之理，其谁曰理不善？孟子何难直截言之曰"理之为性"，而尽指古今所同谓之性者，从而断之曰"皆非性也"？然则孟子又安得举"犬之性""牛之性""人之性"各殊诘告子哉？宋儒立说，似同于孟子而实异如此。

问：孟子答公都子曰："乃若其情，则可以为善矣，乃所谓善也。若夫为不善，非才之罪也。"朱子曰："情者，性之动也。人之情，本但可以为善而不可以为恶，则性之本善可知矣""性既善，则才亦善；人之为不善，乃物欲陷溺而然，非其才之罪也。"又曰："恻隐、羞恶、辞让、是非，情也；仁义礼智，性也。心统性情者也，因其情之发而性之本然可得而见。"考之程子，言"形既生矣，外物触其情而动于中矣，其中动而七情出焉，曰喜、怒、哀、乐、爱、恶、欲；情既炽而益荡，其性凿矣"。程朱虽云性即理，而于情则不能专属之理。且喜怒哀乐之为情，夫人而知之也，恻隐、羞恶、恭敬、是非之心之为情，非夫人而知之者也。公都子问性列三说之与孟子言性善异者，乃舍性而论情，偏举情之发于善者为证，苟或举感而动于恶之情以相难，然后转一说曰"此情之根诸气质者"，何如分明语公都子"三说"皆气质而非性？况程朱之说，误以孟子言性为专属之理，而觉不及气质，立说不备，故言气质之性以补孟子之略，陈器之云："识气质之性，善恶各有着落，不然，则恶从何处生？孟子专说义理之性，专说理，则恶所以归，是论性不论气，孟子之说为未备；专说气禀，则善为无别，是论气不论性，诸子之论所不明夫大本也。程子兼气质论性。"吴幼清云："孟子道性善，是就气质中挑出其本然之理而言，然不曾分别性之所以有不善者，因气质之有浊恶而污坏其性也，故虽与告子言，而终不足以解告子之惑。至今人读《孟子》，亦见其未有折倒告子而使之心服也。"又以才无不善为未密，程子言："才禀于气，气有清浊，禀其清者为贤，禀其浊者为愚。"朱子引之而云："程子此说'才'字，与《孟子》本文小异。盖孟子专指其发于性者言之，故以为才无不善；程子专指其禀于气者言之，则人之才固有昏明强弱之不同矣。二说虽殊，各有所当，然以事理考之，程子为密。"终为之说曰："气质所禀，虽有不善，而不害性之本善。"夫其所谓"性之本善"者，在程朱之说，乃追溯于人物未生时可谓之理，未可名为性，及在人曰性，已有气质所禀之不善，于"有性不善"终难置辩。宋儒言性，至《孟子》此章尤不可通。然《孟子》之文，曰情，曰才，曰心，何不举性答之？

曰：恻隐、羞恶、恭敬、是非之心，孟子谓之心，不谓之情。心能辨是非，所以能辨者智也；智由于德性，故为心之能而称是非之心。心则形气之主也，属之材者也，恻隐、羞恶、恭敬、辞让之由于德性而生于心亦然。以人譬之器，材则其器之质也，分于阴阳五行而成性各殊，犹之取于木以为器，则其器木也，取于金以为器，则其器金也。此以类别者也，品物之不同如是矣。从而察之，木与金之质，其精良与否，其为器也，一如乎所取之木，所取之金。故材之美恶，于性无所增，亦无所损。夫木与金之为器，成而不变者也，人又进乎是。自圣人至于凡民，其等差凡几。或疑人之材非尽精良矣，而不然也。人虽有等差之不齐，无非精良之属也。孟子言"圣人与我同类"，又言"犬马之不与我同类"，是孟子就人之材之美断其性善明矣。材与性之名，一为体质，一为本始，所指各殊，而可即材之美恶以知其性，材于性无所增损故也。孟子言"非才之罪"，因举恻隐、羞恶、恭敬、是非之心，以见人之材之美，属之材不属之情亦明矣。首云"乃若其情"，非性情之情也。情，犹素也、实也。孟子不又云乎："人见其禽兽也，而以为未尝有才焉，是岂人之情也哉！"此云"乃若其情，则可以为善矣，乃所谓善也"，"情"字"以为"字皆与彼同，"其"字指"性"而言。公都子两引"或曰"之说，则孟子下两章一曰"陷溺其心"，一曰"放其良心"，正推原其不善之故，"非天之降才有殊也"。宋儒以不善归气禀，孟子所谓性、所谓才，俱指气禀，指其禀受之全曰性，指其体质之全曰才。禀受之全，无可据以为言。如桃、杏之性，含于核中之仁，其香色臭味，无一或阙，而无可见；及其萌芽甲坼，根干枝叶，桃与杏各殊；由是为华为实，香色臭味，无不区以别者，虽性则然，皆据材言之耳。成是性斯为是材，人之性善，故材亦美。孟子所谓善者，初非无等差之善，自圣人至于凡民，其等差凡几，则其气禀固不齐，岂得谓非性有不同？然存乎人者，皆有仁义之心，其趋于善也利，而趋于不善也逆其性而不利，所谓"人无有不善，水无有不下"，善乃人之性，下乃水之性也。所谓"故者以利为本"，出于利乃性之本然也，顺而非逆，是以利也。然则性虽有不同，论其善亦有差等，其可断之曰善则无疑。故孟子于性，本以为善，而此曰"则可以为善矣"，"可"之为言，因性有不同而断其善，则未见不可也。下云"乃所谓善也"，对上"今曰性善"之文言，非不分等差也。继之曰"若夫为不善，非才之罪也"，为，犹成也，卒之成为不善者，陷溺其心，放其良心，至于梏亡之尽，违禽兽不远者也。不曰非性之罪而曰非才之罪，就本始言之曰性，就体质言之曰材，其往往不善，未有非陷溺使然，善失其养，消之至尽，乃成不善。凡旦昼之为梏亡其天性者，由才受陷溺，不可谓性受陷溺，故"罪"字不可加于性。究之陷溺其心者，"非天之降才而殊"，故曰"非才之罪"。人苟自思充其固有之善，尽其才之能，皆可至于圣人。观此，则孟子所谓善，非无等差之善，即孔子所云"相近"；孟子所谓"苟得其养，无物不长；苟失其养，无物不消"，所谓"求则得之，舍则失之，或相倍徙而无算者，不能尽其才者也"，即孔子所云"习相远"；孟子所谓"梏之反复""违禽兽不远"，即孔子所云"下愚之不移"。宋儒未审其文义，虽彼此阂隔。倘如宋儒以性专属之理，而云"才说性时便已不是性也"，云"人生以后，此理已堕在形气之中，不全是性之本体矣"。以孟子言，性于陷溺梏亡之后，人见其不善，犹曰"非才之罪"；若宋儒于天之降才即罪才也，分性与才为二，本异于孟子，岂独才之一字哉！

问：天下古今之人，其材各有所近。大致近于纯者，慈惠忠信，谨厚和平，见善则从而耻不善；近于清者，明达广大，不惑于疑似，不滞于习闻，其取善去不善亦易。此或不能相兼，皆材之美者也。材虽美，犹往往不能无偏私。周子言性曰："刚：善为义，为直，为断，为严毅，为干固；恶为猛，为隘，为强梁。柔：善为慈，为顺，为巽；恶为懦弱，为无断，为邪佞。"而以"圣人然后协于中"，此亦就材见之而明举其恶，虽孟子所谓善非无等差之善，岂如周子所谓恶者亦得谓之善欤？

曰：此偏私之害，不可以罪材，尤不可以言性。"孟子道性善"，成是性斯为是材，性善则材亦美，然非无偏私之为善为美也。人之初生，不食则死；人之幼稚，不学则愚；食以养其生，充之使长；学以养其良，充之至于圣人；其故一也。材虽美，譬之良玉，成器而宝之，气泽日亲，久能发其光，可宝加乎其前矣；剥之蚀之，委弃不惜，久且伤坏无色，可宝减乎其前矣。又譬之人物之生，皆不病也，其后百病交侵，若生而善病者。或感于外而病，或受损于内身之阴阳五气胜负而病，指其病则皆发乎其体，而曰天与以多病之体，不可也。如周子所称猛隘、强梁、懦弱、无断、邪佞，是摘其材之病也；材虽美，失其养则然。孟子岂未言其故哉？因于失养，不可以是言人之材也。夫言材犹不可，况以是言性乎！

问：黄直卿[①]云："耳目之能视听者，魄为之也；此心之所以能思虑者，魂为之也；合魄与魂，乃阴阳之神，而理实具乎其中。惟其魂魄之中有理具焉，是以静则为仁义礼智之性，动则为恻隐、羞恶、恭敬、是非是情，胥此焉出也。"其以魂魄性情分四节言之，得失安在？

曰：人之体质，一天地之化也，子产所谓"人生始化曰魄"，盖凝而成体，能运动者也；所谓"既生魄，阳曰魂"，盖既生之后，心能知觉是也。魄属阴，而魂摄乎魄，是乃魄之阳，虽分为二，无害其一也。凡血气之属，自有生则能知觉运动，而由其分于阴阳五行者殊，则知觉运动亦殊。人之知觉，通乎天德，举其知之极于至善，斯仁义礼智全矣，极于至善之谓理。宋儒于理与心二视之，其说以为我之心受天之理，故黄氏云"魂魄之中有理具焉"，虽以理为天与我者，无异乎荀子之以我为圣人与我者也。孟子直云"恻隐、羞恶、恭敬、是非之心"，四者由心知而生，是乃仁义礼智之端绪也；既得端绪，则扩充有本，可以造乎仁义礼智之极，明仁义礼智，人皆有根心而生之端，非以仁义礼智为性，恻隐、羞恶、恭敬、是非为情也。人之性善，其血气心知异于物，故其自然之良，发为端绪，仁义礼智本不阙一耳。

问：《论语》言"礼与其奢也宁俭，丧与其易也宁戚"；子夏闻"绘事后素"，而曰"礼后乎"；朱子云"礼以忠信为质"，引《记》称"忠信之人，可以学礼"，重忠信如是。然《论语》又曰："十室之邑，必有忠信如丘者焉，不如丘之好学也。"曰："克己复礼为仁。"《中庸》于礼，以"知天"言之。孟子曰："动容周旋中礼，盛德之至也。"重学重礼如是，忠信又不足言，指归不一，何也？

曰：礼者，天地之条理也；言乎条理之极，非知天不足以尽之。即仪文度数，亦圣人见于天地之条理，定之以为万世法。礼之设所以治天下之情，或裁其过，或勉其不及，示之中而已矣。至于人情之漓，徒饰于貌，非因饰貌而情漓也，其人情自漓而以饰貌为礼也，非恶其饰貌，恶其情漓耳。礼以治其俭陋，使之协于中；丧以治其哀戚，使之远于径情直行。情漓者

---

① 黄干（1152-1221年），字直卿，福州闽县人，朱熹的得意门生及女婿。

视为文而已矣，徒驰骛于奢易，故不若俭戚之于礼，虽不足，犹近乎制礼之初也。由是可思制礼所起，故以答林放问礼之本。其所谓本，不过因俗失而欲究其初起，非问圣人制礼自然之极则也。"忠信之人，可以学礼"，言质美者进之于礼，无饰貌清漓之蔽，此亦因俗失言之。忠信乃其人之质美，犹曰"苟非其人，道不虚行"，明不可袭取尔。老子言"礼者，忠信之薄而乱之首"，则因俗失而欲并礼去之，意在还淳返朴，究之不能必天下之尽归淳朴，其生而淳朴者，直情径行，薄恶者，肆行无忌，是同人于禽兽，率天下而乱者也。若夫君子行礼，其为忠信之人固不待言；而不知礼，则事事爽其条理，不足以为君子。故礼可以赅忠信，忠信不可以赅礼。林放问"礼之本"，子夏言"礼后"，皆重礼而非轻礼也。《诗》言"素以为绚"，"素"以喻其人之娴于仪容；上云"巧笑倩""美目盼"者，其美益彰显，是谓"绚"也。喻意深远，故子夏疑之。"绘事后素"者，郑康成云："凡绘画，先布众色，然后以素分布其间以成文。"何平叔云《景福殿赋》所谓"斑间赋白，疏密有章"，盖古人画绘定法。其注《考工记》"凡画绘之事后素功"云："素，白采也；后布之，为其易渍污也。"是素功后施，始五彩成章烂然，貌既美而又娴于仪容，乃为诚美，"素以为绚"之喻昭然矣。子夏触于此言，不特于《诗》无疑，而更知凡美质皆宜进之以礼，斯君子所贵，其意指如此。若谓子夏后礼而先忠信则见于礼，仅仅指饰貌漓情者之所为，与林放问礼之本以饰貌漓情为非礼者，意指悬殊，孔子安得许之？忠信由于质美，圣贤论行，固以忠信忠恕为重，然如其质而见之行事，苟学不足，则失在知，而行因之谬，虽其心无弗忠弗信弗恕，而害道多矣。圣人"仁且智"，其见之行事，无非仁也，无非礼义也，三者无憾，即《大学》所谓"止于至善"也。故仁与礼义，以之衡断乎事，是为知之尽，因而行之，则实之为德行，而忠信忠恕更不待言。在下学如其材质所及，一以忠信忠恕行之，至于知之极其精，斯无不协于仁义。是以《论语》云"主忠信"，曾子曰"父子之道忠恕而已矣"，《中庸》曰"忠恕违道不远"。凡未至乎圣人，未可语于仁，未能无憾于礼义，但尽其所知所能，谓之忠信忠恕可也，曰仁曰诚，则圣人始足以当之。然而非有他也，忠信忠恕之极其量也。忠信、忠恕，能去私矣，仁与礼义必无或敝，而后可以言之，躬行而知未尽，曰仁曰诚，未易几也。

问：孟子明理义之为性，举仁义礼智以言性，今以为即据人生气禀言之，是与声色臭味之欲浑然并出于天性。于此不截之分明，则无以究其说；既截之分明，则性中若有二物矣。何以明其为性之全体而非合二者以为体？

曰：凡食味别声被色而生者皆有心，心者，耳目百体之灵之所会归也。子产曰："人生始化曰魄，既生魄，阳曰魂。"曾子曰："阳之精气曰神，阴之精气曰灵，神灵者，品物之本也。"郑康成注《礼》云："耳目之聪明为魄。"盖耳之能听，目之能视，鼻之能臭，口之能味，魄之为也，所谓灵也，阴主受者也；心之志虑，不穷于用，魂之为也，所谓神也，阳主施者也。主施者断，主受者听。故孟子曰："耳目之官不思，心之官则思。"是思者，心之能也。《春秋传》曰："心之精爽，是为魂魄。"魄属阴之精气，魂属阳之精气，而合言之曰"心之精爽"者，耳目百体统于心，无一时一事不相贯也。精爽有（藏）〔蔽〕①隔而不通之时，及其无蔽隔，无弗通，乃以神明称之。凡血气之属，皆有精爽。其心之精爽，巨细不同，如火光之照物，光小者，其照也近，所照者不谬也，所不照斯疑谬承之，不谬之谓得理；其光大者，其照也远，得理多而失理少。且不特远近而已，光之及又有明暗，故于物有察、有不察；察者尽其实，不察斯疑谬承之，同乎不照，疑谬之谓失理。失理者，限于质之昧，所谓愚也。惟学可以增益其不足而进于智，益之不已，至乎其极，如日月有明，容光必照，则圣人矣。圣人，神明之盛也，其于事靡不得理。故理义非他，所照所察者之当否也。何以得其当否？心之神明也。人之异于禽兽者，虽同有精爽，而人能进于神明也。理义岂别若一物，求之所照所察之外？而人之精爽能进于神明，岂求诸气禀之外哉！

问：《论语》称"唯上智与下愚不移"，此不待习而相远者，岂下愚亦可概目之曰性善欤？

曰：生而下愚，其人非无精爽也，精爽几与物等，难与言理义，而又

---

① 据下文，"藏"应作"蔽"。

自绝于学。然苟畏威怀惠，一旦触于所畏所怀之人，启其心而憬然觉悟，往往有之。苟悔而从善，则非下愚矣；加之以学，则进于智矣。以"不移"定为"下愚"，又往往在知善而不为，知不善而为之者，故曰"不移"，不曰"不可移"。虽古今不乏"下愚"，而其精爽几与物等者，亦究异于物，无不可移也。

问：孟子时，因告子诸人纷纷各立异说，故以性善断之。孔子但言相近，意在于警人慎习，非因论性而发，故不必直断曰善欤？

曰：然。圣贤之言至易知也。如古今之常语，凡指斥下愚者，矢口言之，每曰"此无人性"，稍举其善端，则曰"此犹有人性"。以人性为善称，是不言性者，其言皆协于孟子，而言性转穿凿失之。无人性即所谓人见其禽兽也，有人性即相近也，善也。《论语》言相近，正见"无有不善"；若不善，与善相反，其远已相绝，何近之有！分明性与习，正见习然后有不善，而不可以不善归性。凡得养失养及陷溺梏①亡，咸属于习。至下愚之不移，则生而蔽锢，其明善也难而流为恶也易，究之非不可移，则同乎人者固在也。

问：孟子言性，举仁义礼智四端，与孔子举人之智愚有异乎？

曰：人之相去，远近明昧，甚大较也，学则就其昧焉者牖之明而已矣。人虽有智有愚，大致相近，而智愚之甚远者盖尠②。智愚者，远近等差殊科，而非相反；善恶则相反之名，非远近之名。知人之成性，其不齐在智愚，亦可知任其愚而不学不思乃流为恶。愚非恶也，（性）〔人〕③无有不善明矣。举智而不及仁义礼者，智于天地、人物、事为咸足以知其不易之则，仁义礼有一不协，可谓不易之则哉？发明孔〔子〕④之道者，孟子也，无异也。

卷下

……

———————
①梏（gù）：束缚，压制。
②尠（xiǎn）：同"鲜"，少。
③据《孟子字义疏证·性》，"性"当作"人"。
④此脱一"子"字。

问：朱子云："道者，日用事物当行之理，皆性之德而具于心。"故其于"达道五"，举孟子所言"父子有亲，君臣有义，夫妇有别，长幼有序，朋友有信"以实之。又《答吕子约〈书〉》①云："阴阳也，君臣父子也，皆事物也；人之所行也，形而下者也，万象纷罗者也。是数者各有当然之理，即所谓道也，当行之路也，形而上者也，冲漠无朕者也。"如是言道，故于《易》称"一阴一阳"，《中庸》举"君臣、父子、夫妇、昆弟、朋友之交"，皆似道未备。然孟子明云"教以人伦"，则"亲、义、序、别、信"，宜属之"修道之教"。后儒求天命二字太过，以理当之；求性字太过，专属之理；求道字太过，又以日用事物当行之理始可云道；而于修道不可通，以修为品节之而已。至"修身以道，修道以仁"，"修道"与"修身"并言，两"修"字不得有异，但曰"能仁其身"而不置解。观修道之文，"性"字、"道"字不得概就理言亦可见。既曰"率性之谓道"，又曰"修道以仁"，如后儒之说"率其仁之性""率其义之性"，岂可通哉！又修道期于无差谬，宜重在智，而言以仁；行之乃力于身，宜重在仁，而先言智；《中庸》前后，其条贯可言欤？

曰：言"身本道德赅备之身"，而身往往不能尽道；言"性本全夫仁义礼智之性"，而孟子以前，言性往往不及仁义礼智。《易》曰"成之者性也"，承"一阴一阳之谓道"言，人物本之，各成其性云尔。《论语》曰"性相近也"，因"习"之至于"相远"，言其性本相近云尔。《中庸》曰"天命之谓性"，即《记》所云"分于道谓之命，形于一谓之性"，言分于气化以成性云尔。人物之血气，以类滋生，各禀受于天，言其禀受之殊曰性，因是而日用事为皆由性起，故云"率性之谓道"；身之动应，无非道也，故云"不可须臾离，可离非道"，可如"体物而不可遗"之可，无顷刻可必其不动应，故虽无事时亦如有事之戒慎恐惧而不敢肆，事至庶几少差谬也。道，即日用饮食之事，自身而周于身之亲，大致不出君臣、父子、夫妇、昆弟、朋友之交五者，略言之则曰亲曰贤，举二以赅乎五。"修身以道"，言"以道实责诸身"也，道之责诸身，往往易致差谬。"修道以仁"，言以协乎仁、协乎义、协乎礼为道之准则也，曰"以仁"者略辞，故下即详举之。

①此脱"书"字，参见《孟子私淑录》（卷上）。

三者咸得，然后于道无憾。"率性之谓道"，在一身则一身之事也，道也；通于人则周夫身之事也，道也。一身之事，本天性之自然，未见其是非得失也；周夫身之事，亦天性之自然，而是非得失不可穷诘矣。故"修身以道"，举亲贤言之而得失始见；修道期于无差谬，固宜重在智。而"修身以道"，本责其行也，是以首言仁，加以义，加以礼，而修之实备矣。"行达道"乃力诸身，固宜重在仁；行之差谬，不能知之，徒自期于心无愧者，其人忠信而不好学，往往多出乎此，亦害道之大者，是以首言智。仁义礼可以大共之理言，智仁勇之为达德，必就其人之根于心者言；大共之理，所以衡论天下之事，使之协于中，止于至善也。有根于心之德，斯有以通夫大共之理，而德之在己，可自少而加多，以底于圣人，则其通夫大共之理者，亦有浅深精粗之不同。仁义礼之仁，以理言；智仁勇之仁，以德言，其实一也。以理言，举礼义而不及智，非遗智也，明乎礼义即智也；以德言，举智而不及义礼，非遗义礼也，智所以知义礼也。《易》称"立人之道，曰仁与义"，而此更加之以礼，亲亲尊贤，尽人道之大矣，辨其等杀而始详。古今惟圣人全乎智仁，全乎智仁，则德靡不赅矣，而此更言夫勇，盖德之所以成也。凡天下之人，身之所接，莫重于亲，莫重于贤，而天定者则君臣、父子、夫妇、昆弟、朋友之交五者也。以此为"形而下"，为"万象纷罗"，不谓之道，是显指《中庸》"天下之达道五"而背之，别求诸"冲漠无朕"，惟老、释谓万物为幻，谓空妙为真则然，奈何以老、释之言衡量《易》与《中庸》之言，而粗视阴阳，粗视君臣父子哉？彼之弃人伦而不顾，率天下之人同于禽兽者，由不知此为达道也。

问：宋儒以"理为生物之本"，虽谓"理气浑沦，不害二物之各为一物"，实求其物，不得〈若〉①老聃、庄周、告子、释氏之言。夫性则确有指实，不过区别于形气之中，言其主之者耳。曰形，曰气，曰神，三者求之一身，俨然如三物，凡血气之属，未有或阙者也。荀子谓"性者天之（所）②就"，虽专属形气之自然，其亦必不遗（天）〔夫〕③神而以为非天之就也。其称

---

① 增补"若"字，据何文光整理《孟子字义疏证》，中华书局，1982。（简称何校本）
② 据《荀子》，"所"字为衍出。
③ "天"当作"夫"，据何校本。

性恶，殆兼乎此，以伸其重学崇礼义之说，何以论荀子则曰不知性之全体而已，实古今所同谓之性，论告子、释氏则断为异说，何也？

曰：性者，分于阴阳五行，品物区以别焉，各为之本始，统其所有之事，所具之能而靡不全者也，《易》言"成之者性"是也。其一身中，分而言之，曰形，曰气，曰神，三者材也，《易》言"精气为物"是也。心为形君，耳目鼻（曰）〔口〕①者气融而灵，心者气通而神。告子贵其神而不知性者也，其"不动心"，神定而一无责焉之为不动也。神可以主宰枢纽言，性可以根柢言，由其成性也殊，则其材质亦殊，成是性斯为是材；材可以纯驳清浊言，此皆指其实体之名也；知可以精粗浅深言，思可以敏钝得失言，皆根于性而存乎神者也，指其实事之名也。理，譬之中规中距也，称其纯美精好之名也。实体实事，罔非自然而归于必然，天地、人物、事为之理得矣，自然之极则是谓理。老聃、庄周、告子、释氏，以自然为宗，不知性之区别而徒贵其神，去其情欲之能害是者即以为己足，与圣贤之由博学、审问、慎思、明辨以求臻于明者异，是故断之为异说，不得同于荀子也。

问：周子《通书》有云："'圣可学乎？'曰：'可。''有要乎？'曰：'有。''请问焉。'曰：'一为要。一者，无欲也。无欲则静虚动直，静虚则明，明则通；动直则公，公则溥。明通公溥，庶矣哉！'"此与老氏"为道日损"，释氏"六用不行，真空妙智"之说，陆子静言"人心至灵，此理至明，人皆有此心，心皆具是理"，王文成言"圣人致知之功，至诚无息，其良知之体，皦如明境"者，立言不殊。后儒于周子则以为切要之旨，莫敢违议，于老、释、陆、王则非之，何也？

曰：周子之学，得于老释者深，而其言浑然与孔孟相比附，后儒莫能辨也。朱子以周子为二程子所师，故信之笃、考其实固不然。程叔子撰《明道先生行状》，言"自十五六时，闻周茂叔论道，遂厌科举之业，慨然有求道之志，未知其要，泛滥于诸家，出入于老、释者几十年，返求诸《六经》，然后得之。"其不得于周子明矣！且直字之曰周茂叔，其未尝师事亦明矣；见周茂叔后，乃出入于老、释。张横渠亦访诸释、老之书累年；

---

① "曰"当作"口"，据何校本。

朱子年四十以前，犹驰心空妙，盖虽能终觉释、老之非，而受其蔽往往出于不觉者亦不少。周子论学圣人主于无欲，王文成论致知主于良知之体，皆以老、释废学之意论学，害之大者也。

问：神为形气之主宰，庄子谓"一受其成形，不亡以待尽"，释氏"人死为鬼，鬼复为人"之说同此。在古人制祭祀之礼，以人道事鬼神，而《传》称"鬼犹求食"及"伯有为厉"。又宇宙间怪见不一，或此人之生，易以他人死者之魂而复生；或此人之生，自知其所托生，愚夫妇亦往往耳闻目见，不得不惑于释氏象教。而言仙者又能盗气于天地间，使其神离血气之体以为有。故其言性也，即神之炯炯而不昧者；其言命也，即气之絪缊而不息者，有所指实也如是。老聃、庄周、告子、释氏，静以会乎一身，见莫贵于此，莫先于此。今以形、气、神统谓之材，而曰性可以根柢言，神可以主宰枢纽言，不以神先形气，何也？

曰：孔子言："原始反终，故知死生之说；精气为物，游魂为变，是故知鬼神之情状。"人物分于阴阳五行以成性，成是性斯为是材以生，可以原始而知也；形敝气散而死，可以反终而知也。其生也，精气之融以有形体，凡血气之属，有生则能运动，能运动则能知觉。知觉者，其精气之秀也，是谓神灵。《左氏春秋》曰："人生始化曰魄，既生魄，阳曰魂。"魂魄非他，其精气之能知能觉运动也。至于形敝而精气犹凝，是谓游魂，言乎离血气之体也。精气为物者，气之精而（形）[1]凝，品物流行之常也；游魂为变〈者〉[2]，魂之游而存，其后之有敝有未敝也，变则不可穷诘矣。彼有见于游魂为变，而主其一偏，昧其大常，遂以其能盗天地生生之机者为己之本体，非圣人不知不言，独彼能顿悟得之也。彼之以神先形气者，圣人所谓游魂为变中之一端耳。

问：宋儒以理藏于心之内而为性，与老聃、庄周、释氏以神居于心之内而为性相似。朱子又谓"心为神明之舍"，朱子云："理无心则无著处。"又云："凡物有心而其中必虚，人心亦然；只这些虚处，便包藏许多道理，推广得来，盖天盖地，莫不由此。此所以为人心之妙欤！理在人心，是之谓性。心为神明之舍，为一身之主宰，性

---

① "形"字疑为衍刻，据何校本。
② "者"字，据何校本补。

附录　戴震文选

便是许多道理得之天而具于心者。"所谓"神明",即老、庄、释氏目之为性者矣,其于理与神明何以别?

曰:朱子所谓"神明之舍"者,非谓以心为舍,神明居之也。神明即指心而言,以神明之心甚虚,天下之理咸具于中为性,而心特其舍耳。对性言之,故谓之舍;然非空空无知,故称为神明之舍。宋儒于性与心视之为二,犹荀子于礼义与性视之为二也。荀子以礼义为圣人之教,常人必奉之以变化其性,宋儒以性专属之理,"人禀气而生之后,此理堕入气质中,往往为气质所坏,如水之源清,流而遇污,不能不浊,非水本浊,地则然耳;必奉理以变化气质,使复起初,如澄之而清,乃还其原初水也"。荀子之所谓礼义,即宋儒之所谓理;荀子之所谓性,即宋儒之所谓气质。如宋儒之说,惟圣人气质纯粹,以下即(实)〔质〕① 美者亦不能无恶,荀子谓必待学以变化此性,与宋儒〈谓〉② 必待学以变化气质,无二指也。但荀子指为待学以变化者,仍其性之本然(名)〔言〕③;宋儒因孟子论性善,于是(学)〔举〕④ 古今来如孔子言"成之者性",言"性相近",孟子言"忍性",言"犬之性、牛之性、人之性各不同",悉目之曰"此气质之性待变化者"也。荀子推崇礼义,直归之圣人;而宋儒因"孟子道性善",于是谓理为生物之本,使之别于气质,曰"惟此无不善"也。试问:以理为我乎?以气质为我乎?设以理为我,以气质为理所寓于其中,是外气质也,如老聃、庄周、释氏之专以神为我,形骸属假合是也;设以气质为我,以理为气质所受,是外理也,如荀子以礼义属圣人之教是也;二者皆我,则不得谓纯乎善者一我,杂乎不善者又一我矣;苟非两我,则不得一譬之水,一譬之地矣。况天下古今之君子小人,未有非以血气心知为我者也。小人(狗)〔循〕⑤ 我而悖理,君子重我而循理。悖理者亦自知其非也,是"性无有不善"也,长恶遂非,故性虽善,不乏小人。循理者非别有一事,曰"此之谓理",与饮食男女之发乎情欲者分而为二也,即此饮食男女,其行之而是为循理,

---

① "实"当作"质",据何校本改。
② 增加"谓"字,据何校本补。
③ "名"当作"言",据何校本改。
④ "学"当作"举"。据何校本改。
⑤ "狗"当作"循",据何校本改。

行之而非为悖理而已矣。此理生于心知之明，宋儒视之为一物，曰"不离乎气质，而亦不杂乎气质"，于是不得不与心知血气分而为二，尊理而以心为之舍。究其归，虽以性名之，不过因孟子之言，从而为之说耳，实外之也，以为天与之，视荀子以为圣与之，言不同而二之则同。天之生物也，使之一本，荀子以礼义与性为二本，宋儒以理与气质为二本，老聃、庄周、告子、释氏以神与形体为二本。然而荀子推崇礼义，宋儒推崇理，于圣人之教不害也，不知性耳。老聃、庄周、释氏，守己自足，不惟不知性而已，实害圣人之教者也。

问：凡读书穷理，此理之得于古贤圣者，与理之得于天者，非皆藏于心与？

曰：否。人之血气心知本乎天者也，性也。如血气资饮食以养，其化也，即为我之血气，非复所饮食之物矣；心知之资于问学，其自得之也即为我之心知。以血气言，昔者弱而今者强，是血气之得其养也；以心知言，昔者狭小而今也广大，昔者暗昧而今〈也〉①明察，是心知之得其养也。故人之血气心知，本乎天者不齐，得养不得养，则至于大异。人之问学犹饮食，则贵其化，不贵其不化。记问之学，食而不化也。自得之，则居之安，资之深，取之左右逢其源，化而为我之心知也。大致善识善记，各如其质，昔人云"魂强善识，魄强善记"。凡资于外以养者，皆由于耳目鼻口，而魄强则能记忆，此属之魄者存之已尔。至于无取乎记忆，问学所得，非心受之而已，乃化而为我之心知；我之心知，极而至乎圣人之神明矣。神明者，犹然心也，非心自心而理藏于中之谓也。心自心而理藏于中，以之言学，尚为物而不化之学，况以之言性乎！

问：《春秋传》曰："独阴不生，独阳不生，独天不生，三合而后生。"②屈原赋《天问》篇曰："阴阳三合，何本何化？"所谓阴阳者，指男女而言；所谓天者，别而言之。岂即如老、庄、释氏以吾之神得于天而受形以生者欤？抑如宋儒以吾之理得于天而存于气质中者欤？

曰：否。人物之初，何尝非天之阴阳絪缊凝成？及气类滋生以后，昆

①增加"也"字，据何校本补。
②引文出自《春秋谷梁传》，原文为"三合然后生"。

虫之微，犹有绷缊而生者，至人禽之大，则独天不生矣。然男女之生生不穷，以内之生气通乎外之生气，人在生气之中，如鱼在水之中，其生也何莫非天！天之阴阳，父母之阴阳，同为（化）气〔化〕①自然而不可分也，此之谓"三合而后生"。

问：程叔子撰《明道先生行状》云："泛滥于诸家，出入于老、释者几十年，返求诸六经，然后得之。"吕与叔撰《横渠先生行状》云："范文正公劝读《中庸》，先生读其书，虽爱之，犹以为未足，于是又访诸释老之书，累年，尽究其说，知无所得，返而求之《六经》。"《朱子语类》廖德明《录癸巳所闻》云："先生言：二三年前见得此事尚鹘突，为他佛说（所）[得]相似，近年来方看得分晓。"癸巳，朱子四十四岁。朱子《答汪尚书书》云："熹于释氏之说，盖尝师其人，尊其道，求之亦切至矣。然未能有得。其后以先生君子之教，校乎前后缓急之序，于是暂置其说而从事于吾学。其始盖未尝一日不往来于心也，以为俟卒究吾说而后求之未为甚（晓）〔晚〕②。而一二年来，心独有所自安，虽未能即有诸己，然欲复求之外学，以遂其初心，不可得矣。"考朱子慕禅学在十五六时，年二十四见李愿〈中〉③，教以看圣贤言语，而其后十余年，有《答何京叔》二书，意见乃与释氏不殊，信彼为有实得，此为支离，反用圣贤言语指其所得于释氏者。朱子《答何京叔书》云："向来妄论持敬之说，亦不自记其云何，但因其良心发见之微，猛省提撕，使心不昧，即是做功夫本领。本领既立，自然下学而上达矣。若不察良心发见处，即渺渺茫茫，恐无下手处也。所谕多识前言往行，固君子之所急，熹向来所见亦是如此。近因返求，未得个安稳处，却始知此未免支离，如所谓因诸公以求程氏，因程氏以求圣人，是隔几重公案，曷若默会诸心以立其本，而其言之得失，自不能逃吾之鉴耶！"又一《书》云："今年不谓饥歉至此，夏初，所至汹汹，遂为悬中委以赈粜④之役，百方区处，仅得无事。博观之蔽，此理甚明，何疑之有！若使道可以多闻博观而得，则世之知道者为不少矣。熹近日因事方少有省发处，如'鸢飞鱼跃'，明道以为与'必有事焉勿正'之意同者，今乃晓然无疑。日用之间，观此

---

① "化气"当为"气化"之误，据何校本改。
② "晓"当为"晚"之误，据何校本改。
③ 据上文此脱"中"字。李愿中即朱熹师李侗字，据何校本补改。
④ 赈粜（tiào）：售米赈救。

流行之体，初无间断处，有下功夫处，乃知（目）〔日〕前自诳诳人〈之罪〉[1]，盖不可胜赎也。此与守书册、泥言语，全无交涉，幸于日间察之，知此则知仁矣。"及五十内外，所见渐定，不惑于释氏。合观程子、张子、朱子皆先入于释、老，亦可知老与释之易惑人矣。究之能觉窹其非，何也？

曰：四[2]君子皆志圣贤之志者也，其学本夫求是之心，故于此于彼，期在自得，不在虚名。考诸《六经》，茫然不得性道之实体，则必求诸彼矣。求之彼，而其言道言性确有指实，且言夫体用一致也似神，能靡不周。如说"法周法界，净智妙图，休自空寂"[3]。故朱子尝驰心空妙，冀得之以为衡鉴事物之本，极其致，所谓"明心见性"，不过"六用不行"，彼所以还其神之本体者，即本体得矣，以为如此便是无欠阙矣，实动便差谬。在彼以自然为宗本，不论差谬与否，而三君子求是之心，久之亦如其不可恃以衡鉴事物，故终能觉窹其非也。夫人之异于禽兽者，人能明于必然，禽兽各顺其自然也。孔孟之异于老聃、庄周、告子、释氏者，自"志学"以至"从心所欲不逾矩"，皆见乎天地、人物、事为有不易之则之为必然，而博文约礼以渐致其功。彼谓"致虚极，守静笃""为道日损，损之又损以至于无"，至于"道法自然"，无以复加矣。孟子而后，惟荀子见于礼义为必然，见于不可，徒任自然，而不知礼义即自然之极则；宋儒亦见于理为必然，而以理为"太极"，为"生阳生阴之本"，为"不离阴阳，仍不杂于阴阳"，指其在人物为性，为"不离气质，仍不杂乎气质"。盖以必然非自然之极则而已，实自然之主宰、枢纽、根柢，一似理亦同乎老聃、庄周、告子、释氏所指者之（生）〔神〕[4]，天地阴阳之于人物为本来面目。朱子之辨释氏也，曰："儒者以理为不生不灭，释氏以神识为不生不灭。"在老、释就一身分言之，有形气，有神识，而以神识为本；溯而上之，以神为有天地之本，遂求诸无形无象者为实有，而视有形有象为幻。在宋儒以形气神识同为己之私，而理得于天；溯而上之，于理气截之分明，以理当其无形无象之实有，而视有形有象为粗，

---

① "目"应为"日"；"之罪"，原脱，据《朱文公文集》改正，见何校本。
② 四：《戴震全集》（第 1 册），第 114 页作"三"。
③ 据《景德传灯录》应为："性周法界，净智圆妙，体自空寂。"参见《戴震全集》（第 1 册），第 114 页注〔一〕。
④ "生"作"神"，据何校本改。

于是就其言转之以言夫理，尊理而重学，远于老聃、庄周、告子、释氏矣。然以彼例此，而不协乎此，转指孔孟所谓道者非道，所谓性者非性，增一恍忽不可知之主宰、枢纽、根柢，因视气曰空气，视心曰性之郛郭。是彼奉一自然者之神居此空气之上、郛郭之中；此奉一必然之理在此空气之上、郛郭之中也。

问：后儒所谓太极，似老氏之所言"有物混成，先天地生"。朱子以太极生阴阳为理生气，"阴阳既生，太极在其中，理复在气之内，人物必禀此理然后有性，必禀此气然后有形"，亦似老氏所言"一生二，二生三，三生万物"。朱子以道即理之谓，而于理气截之分明，于是言先后，言主宰、枢纽、根柢，俨然如一物，亦似老氏谓"道之为物，惟恍惟惚"，于恍惚不可名状中而有像有物。又《太极图说》言主静，注云"无欲故静"；《通书》言"无欲则静虚动直，静虚则明"，似释氏谓"六用不行，即本性自见"。何彼此相似如是？至"常惺惺"，则直举释氏之言为用功之要。今以太极两仪，在孔子赞《易》之本指，非如后宋儒之云；以曰道曰性为指其实体之名，以期于无失之谓理，乃称其纯美精好之名，亦非如后儒之云。然则宋儒明知老聃、庄周、告子、释氏之非，而及其言之，又不合于孔孟，而转与彼相似，何也？

曰：孔子之后，异说纷起，能发明孔子之道者，孟子也；卓然异于老聃、庄周、告子而为圣人之徒者，荀子也。释氏之说盛行，才质过人者无不受其惑，能卓然知宗信孟子而折彼为非者，韩子也；尝求之老、释，能卓然觉悟其非者，程子、张子、朱子也。然先入于彼，故其言道为气之主宰、枢纽，如彼以神为气之主宰、枢纽也；以理能生气，如彼以神能生气也；以理堕在形气之中，变化气质则复其初，如彼以神受形气而生，不以形气物欲累之则复其初也。皆改其所指为神识者以指理，故言"儒者以理为不生不灭"，岂圣贤之言哉！"天地之初理生气"，岂其然哉！

[《戴震全集》（第 1 册），第 64—116 页；《戴震全书》（修订本第 6 册），第 83—139 页；《戴震集》，第 351—406 页。]

中庸补注

天命之谓性，率性之谓道，修道之谓教。

郑《注》：天命，谓天所命生人者也，是谓性命。木神则仁，金神则义，火神则礼，水神则信，土神则知。《孝经说》曰："性者，生之质；命，人所禀受度也。"率，循也。循性行之之谓道。修，治也。治而广之，人仿效之，是曰教。

补注：生而限于天，是曰天命①。凡分形气于父母，即为分于阴阳五行。人与百物，各以类滋生，皆气化之自然。《大戴礼记》曰："分于道谓之命，形于一谓之性。"分于道者，分于阴阳、五行也。性之大别，各以气类，而同类之中，又复不齐，故曰"天命之谓性"。有生以后，则有相生养之道，亦如气化之不可已。经传中或言天道，或言人道。天道，气化流行，生生不息是也。人道也，以生以养，行之乎君臣、父子、夫妇、昆弟、朋友之交是也。凡人伦日用，无非血气心知之自然，故曰"率性之谓道"。然心知有明暗，当其明则所行不失，当其暗则有差谬之失。修者，察其得失而使一于善，非于道之外别为法制也，故曰"修道之谓教"。篇内又以修身、修道连言。身之实事是为道，道不可不修，明矣！

道也者，不可须臾离也，可离，非道也。是故君子戒慎乎其所不睹，恐惧乎其所不闻。

郑《注》：道，犹道路也，出入动作由之。离之，恶乎从也？小人闲居为不善，无所不至也。君子则不然，虽视之无人，听之无声，犹戒慎恐惧自修正，是其不须臾离道。

补注：人所行即道，威仪、言、动，皆道也。可，如"体物而不可遗"之可。凡对人者，接于目而睹，则戒慎其仪容；接于耳而闻，则恐惧有愆谬。君子虽未对人，亦如是，为动辄失道，而不使少疏也。

莫见乎隐，莫显乎微，故君子慎其独也。

郑《注》：慎独者，慎其闲居之所为。小人于隐者，〈动作言语〉②，

---

① 天命：戴震以天道论天命，阴阳之流行不已与生生不息即天道，天命是指由阴阳五行决定的客观限制。

② 据中华书局本《十三经注疏·礼记正义》补。

自以为不见睹、不见闻，则必肆尽其情也。若有占听之者，是为显见，甚于众人之中为之。

补注：篇末言"君子内省不疚，无恶于志。君子之所不可及者，其唯人之所不见乎！""所不见"谓其内之志，与此节之文相足。"君子不动而敬，不言而信"，与上节之文相足。盖及其见也，端皆起于隐；及其显也，端皆起于微。人凡有所行，端皆起于志意。以人之所不见，故曰"独"。志定而事必一如其志，君子慎之，不使涉于私慝也。

喜怒哀乐之未发，谓之中；发而皆中节，谓之和。中也者，天下之大本也；和也者，天下之达道也。致中和，天地位焉，万物育焉。

郑《注》：中为大本者，以其含喜怒哀乐，礼之所由生，政教自此出也。致，行之至也。位，犹正也。育，生也，长也。

补注：中和者，动静俱得之美名。喜怒哀乐中节，即可以言和。其未发也，虽赤子之心无知，亦即可以言中。论喜怒哀乐，不惟未发以前无所容心，即发而中节，亦无所容心也。论中和之实，则合天下事无不自中出，无不以和为至，故曰"大本"，曰"达道"。篇内言"尊德性"，与上两节之文相足；言"道问学"，与此节之文相足。德性曰"尊"，所谓"戒慎恐惧"，所谓"慎独"是也。问学曰"道"，此所谓"致"是也。德性，譬则身之血气也；问学，譬则饮食也。不保护而自耗败，其血气与废饮食之养无以增长吾之血气，其为二事甚明。以喜怒哀乐言中和、性情之德，无一人不可语于此也；以中和言大本、达道，孰能尽之哉！致中和者，其功非于发与未发也；由问学以扩其心知，至聪明圣知达天德，乃为致之所极。凡位其所者，中也；凡遂其生者，和也。天地位，天地之中也；万物育，天地之和也。中和而至于与天地合其德，故曰"天地位焉"，见中之如是也；"万物育焉"，见和之如是也。"天地位焉"，该凡位其所者言也；"万物育焉"，该凡遂其生者言也。凡位其所者，天定者也，本也；凡遂其生者，人事于是乎尽也，道也。孔子对齐景公问政曰："君君，臣臣，父父，子子。"公曰："善哉！信如君不君，臣不臣，父不父，子不子，虽有粟，吾得而食诸！"

《丧服传》①曰；"父者，子之天也；夫者，妻之天也。"盖天地位，万物育，无适而不可见也。本乱必害于道，道失必害于本。中和虽分言之，致中和之功，一而已矣。

仲尼曰："君子中庸，小人反中庸。君子之中庸也，君子而时中；小人之中庸也，小人而无忌惮也。"

郑《注》：庸，常也，用中为常道也。反中庸者，所行非中庸，然亦自以为中庸也。君子而时中者，其容貌君子，而又时节其中也。小人而无忌惮，其容貌小人，又以无畏难为常行，是其反中庸也。

补注：庸，即篇内所谓"庸德之行，庸言之谨"。由之务协于中，故曰中庸。而，犹乃也。君子何以中庸？乃随时审处其中；小人何以反中庸？乃肆焉以行。陆德明《释文》云："王肃本作'小人之反中庸也'。"当是魏晋间仍有古本未脱"反"字者。

子曰："中庸其至矣乎！民鲜能久矣。"

郑《注》：鲜，罕也。言中庸为道至美，顾人罕能久行。

补注：民非知之而能之也，由于先王之礼教而心志纯一谨厚，无私憸佹②肆之行，则亦能之。盖生养教化尽于上，使民有恒心故也。

子曰："道之不行也，我知之矣，知者过之，愚者不及也；道之不明也，我知之矣，贤者过之，不肖者不及也。人莫不饮食也，鲜能知味也。"

郑《注》：罕知其味，谓愚者所以不及也。过与不及，使道不行，唯礼能教之中。

补注：道不出人伦日用之常。愚者任其惑暗，不求行之无憾；不肖者隐溺其心，不求得事之宜。此失之"不及"，而道不行、不明也。智者自负其不惑，以为行之不谬矣，而往往多谬；贤者自信其无憾，以为出于正而已矣，往往执而鲜通。此失之"过"，而道不行、不明也。皆弗思焉耳！

子曰："道其不行矣夫！"

郑《注》：闵③无明君教之。

---

①《丧服传》：即《仪礼·丧服传》，一般认为由卜子夏所作。
②佹（guǐ）：古同"诡"。
③闵（mǐn）：古同"悯"。

补注：先王之法废弛，而人非不及则过，难语于由之不差也。

子曰："舜其大知也与！舜好问而好察迩言，隐恶而扬善，执其两端，用其中于民，其斯以为舜乎！"

郑《注》：迩，近也。近言而善，易以进，又察而行之也。两端，过与不及也。"用其中于民"，贤与不肖皆能行之也。斯，此也。其德如此，乃号为舜。舜之言充也。

补注："执其两端"，如一物之有本末、首尾，全体无遗弃也。"其斯以为舜乎"，言舜之知而又如斯，是以为大知。

子曰："人皆曰'予知'，驱而纳诸罟擭①陷阱之中，而莫之知辟②也。人皆曰'予知'，择乎中庸，而不能期月③守也。"

郑《注》：予，我也。言凡人自谓有知，人使之入罟，不知辟也。自谓择中庸而为之，亦不能久行。言其实愚，又无恒。

补注：人不自以为知，则心常兢兢，庶几少失。未有自以为知而不动辄得咎者也。人伦日用之常，由之而协于中，是谓中庸。则审择而知其意，守之勿失，亦人人可与于此者。自以为知，虽知其意，旋必失之。《礼记义疏》云："罟，罔也。擭，谓作檡④也。陷阱，谓阬⑤也；穿地为坎，竖锋刃于中，以陷兽也。"

子曰："回之为人也，择乎中庸，得一善，则拳拳服膺而弗失之矣。"

郑《注》：拳拳，奉持之貌。

补注："服膺""弗失"，谓如持物者奉之著于胸间，不少置也。

子曰："天下国家可均也，爵禄可辞也，白刃可蹈也，中庸不可能也。"

郑《注》：言中庸难为之难。

补注：均，谓分疆正域，平量财赋，有取于均之事。"天下国家可均"，则其人不私者也；"爵禄可辞"，则其人清者也；"白刃可蹈"，则其人刚者也。各成其一德而已。中庸必具众德，又非勉于一时，故难能。

---

① 罟擭（gǔ huò）：罟，渔网；擭，装有机关的捕兽木笼。
② 辟（bì）：同"避"，设法躲开。
③ 期（jī）月：亦作"朞月"，一整月。
④ 檡（è）：同"阱"，捕野兽用的陷坑。
⑤ 阬（kēng）：同"坑"。

子路问强。

郑《注》：强，勇者所好也。

子曰："南方之强与？北方之强与？抑而强与？"

郑《注》：言三者所以为强者异也。抑，辞也。"而"之言女也，谓中国也。

"宽柔以教，不报无道，南方之强也，君子居之。衽金革，死而不厌，北方之强也，而强者居之。"

郑《注》：南方以舒缓为强。"不报无道"，谓犯而不校也。衽，犹席也。北方以刚猛为强。

补注：厌，憎①服也。

"故君子和而不流，强哉矫！中立而不倚，强哉矫！国有道，不变塞焉，强哉矫！国无道，至死不变，强哉矫！"

郑《注》：此抑女之强也。流，犹移也。塞，犹实也。国有道不变以趋时，国无道不变以辟害。有道无道，一也。矫，强貌。"塞"或为"色"。

补注：流，谓迁失也。和与物同，易迁失。君子常德不求异于人，贵"和而不流"；卓行不苟同于人，贵"中立而不倚"；有道由塞而达，无道终于塞，皆贵恒其德，终始如一。

子曰："素隐行怪，后世有述焉，吾弗为之矣。君子遵道而行，半途而废，吾弗能已矣。

郑《注》：素，读如攻城"攻其所傃"之傃②。《义疏》云：《司马法》文。傃，犹乡也。言方乡辟害隐身，而行诡谲，以作后世名也。"弗为之矣"，耻之也。废，犹罢止也。"弗能已矣"，汲汲行道，不为时人之隐行。

补注："素隐行怪"，谓舍常行之道而专乡隐僻，以矫异于众也。

"君子依乎中庸，遁世不见知而不悔，唯圣者能之。"

郑《注》：言隐者当如此也。唯舜为能如此。

补注："依乎中庸"，于人伦日用之常道无不尽也。用之则行，舍之则藏，故"不见知不悔"。

---

①憎（shè）：同"慑"。
②傃（sù）：向，向着。

附录　戴震文选

君子之道费而隐。

郑《注》：言可隐之节也。费，犹佹也。道不佹则仕。

补注：许叔重《说文解字》曰："费，散财用也。"故其义为散之所广徧。君子之道，虽若深隐难窥，实不过事物之咸得其宜，则不可徒谓其隐，乃费而隐也。后儒以隐为道之体，是别有所指以为道，非圣贤之所谓道也。道即人伦日用，以及飞、潜、动、植，盈天地之间无或违其性，皆是也。故下推言所谓费，而不及隐，文理甚明。

夫妇之愚，可以与知焉；及其至也，虽圣人亦有所不知焉。夫妇之不肖，可以能行焉；及其至也，虽圣人亦有所不能焉。天地之大也，人犹有所憾。故君子语大，天下莫能载焉；语小，天下莫能破焉。《诗》云："鸢飞戾天，鱼跃于渊。"言其上下察也。

郑《注》：与，读为"赞者皆与"之与。言匹夫匹妇愚耳，亦可以其与有所知，可以其能有所行者，以其知行之极也，圣人有不能如此。舜好察迩言，由此故与！憾，恨也。天地至大，无不覆载，人尚有所恨焉，况于圣人，能尽备之乎？语，犹说也。所说大事，谓先王之道也；所说小事，谓若愚不肖夫妇之知行也。圣人尽兼行。察，犹著也。言圣人之德至于天，则"鸢飞戾天"；至于地，则"鱼跃于渊"，是其著明于天地也。

补注："及其至也"，自近至远，自略至详，该括不遗之辞。夫妇之愚不肖可知可能，至于圣人亦有所不知不能，尽举人事之全言之也。虽粗鄙小事，圣人不知不能者多矣，而皆不可废也。人所憾于天地，亦人之愿望所宜然。故语大，至于莫知纪极；语小，至于织细难剖，皆有所宜之道，其费如是。引《诗》之辞，偶涉飞潜上下，以见物性之自然。上下著明，故曰"言其上下察也"。然则不以为深隐难窥可也。后儒杂乎释老之言以说此，余无取焉。

君子之道，造端乎夫妇；及其至也，察乎天地。

郑《注》：夫妇，谓匹夫匹妇之所知所行。

补注："察乎天地"，即所谓"上下察"。天地间之物，尽若是矣。道者，事物之宜。散观之，莫不有宜也，费也。察而不隐，人自不能窥耳！

子曰："道不远人。人之为道而远人，不可以为道。

郑《注》：言道即不远于人，人不能行也。

补注："而"如"若"，语之转。以为，与下文"以为"同。上所谓"费"，徧①及事物言之，皆不远人者也。人之为道若远人，不可谓之道。素隐行怪之非道，明矣。

"《诗》云：'伐柯伐柯，其则不远。'执柯以伐柯，睨②而视之，犹以为远。

郑《注》：则，法也。言持柯以伐木，将以为柯，近以柯为尺寸之法。此法不远人，人尚远之，明为道不可以远。

"故君子以人治人，改而止。

郑《注》：言人有罪过，君子以人道治之，其人改则止，赦之，不责以人所不能。

补注：法在所执之柯，以比度所伐之柯，视之既审，或不免微差，犹谓之远，可也。君子治人之道，非自我立之法，不过以心之所同然者喻之。彼之心以为宜然，未有不自改者，斯可以止矣。是诚不远也。

"忠恕违道不远。施诸己而不愿，亦勿施于人。

郑《注》：违，犹去也。

补注："不愿"者，人之常情，发乎自然者也。己不愿受，知人亦不愿受。于施道之务在无憾，相去不远矣。

"君子之道四，丘未能一焉：所求乎子以事父，未能也；所求乎臣以事君，未能也；所求乎弟以事兄，未能也；所求乎朋友先施之，未能也。庸德之行，庸言之谨；有所不足，不敢不勉，有余不敢尽；言顾行，行顾言，君子胡不慥慥③尔！"

郑《注》：圣人而曰"我未能"，明人当勉之无已。庸，犹常也。言德常行也，言常谨也。圣人之行实过于人，有余不敢尽，常为人法，从礼也。君子，谓众贤也。慥慥，守实，言行相应之貌。

---

①徧（biàn）：同"遍"。
②睨（nì）：斜着眼睛看。
③慥慥（zào）：忠厚诚实的样子。

补注：人之常情，于人易于求尽，以此反诸身，则尽道矣。凡所当尽者，行之诚不易，亦可知勿责于人矣。自古施于人而不顾其难受，责于人而己概未能，天下国家之所以亡也。行易不足，言易有余，"不敢尽"，其谨可知。"言顾行"，有言必其有是行也。"行顾言"，恐不逮其言，是自弃也。

君子素其位而行，不愿乎其外。素富贵，行乎富贵；素贫贱，行乎贫贱；素夷狄，行乎夷狄；素患难，行乎患难。君子无入而不自得焉。

郑《注》："素"读皆为傃。"不愿乎其外"，谓思不出其位也。自得，谓所乡不失其道。

在上位不陵下，在下位不援上，正己而不求于人，则无怨。上不怨天，下不尤人。故君子居易以俟命，小人行险以徼幸。子曰："射有似乎君子；失诸正鹄①，反求诸其身。"

郑《注》：援，谓牵持之也。无怨，人无怨之者也。《论语》曰："君子求诸己，小人求诸人。"易，犹平安也。俟命，听天任命也。险，谓倾危之道。反求于其身，不以怨人。画布曰正，栖皮曰鹄。

君子之道，辟如行远必自迩，辟如登高必自卑。《诗》曰："妻子好合，如鼓瑟琴。兄弟既翕，和乐且耽。宜尔室家，乐尔妻帑②。"

郑《注》：自，从也。迩，近也。行之自近者、卑者始，以渐致之高远。琴瑟，声相应和也。翕，合也；耽，亦乐也。古者谓子孙曰帑。此《诗》言和室家之道，自近者始。

子曰："父母其顺矣乎！"

郑《注》：谓其教令行，使室家顺。

补注：谓如《诗》之言，父母未有不顺于心者。

子曰："鬼神之为德，其盛矣乎！视之而弗见，听之而弗闻，体物而不可遗。使天下之人齐③明盛服，以承祭祀。洋洋乎，如在其上，如在其左

---

①鹄（gǔ）：射箭的靶子。
②帑（nú）：古同"孥"，儿女。
③齐：通"斋"。

右。《诗》曰：'神之格思^①，不可度^②思，矧可射^③思。'

郑《注》：体，犹生也。可，犹所也。不有所遗，言万物无不以鬼神之气生也。明，犹洁也。洋洋，人想思其傍僾^④之貌。格，来也。矧，况也。射，厌也。思，皆声之助。言神之来，其形象不可亿度而知，事之尽敬而已，况可厌倦乎？

补注：《洪范》"初一曰五行"。《易》曰："一阴一阳之谓道。"皆推本天道言之。阴阳五行，气化之实也。鬼神即以名其精气，为品物流行之本，故曰"体物而不可遗"，未有能遗之以生者也。古圣人因以祭祀事鬼神，明乎天与人不相隔也。

"夫微之显，诚之不可揜^⑤如此夫！"

郑《注》：言神无形而著，不言而诚。

补注：凡实有之，未有能揜之者也。

子曰："舜其大孝也与！德为圣人，尊为天子，富有四海之内，宗庙享之，子孙保之。故大德必得其位，必得其禄，必得其名，必得其寿。

郑《注》：保，安也。名，令闻也。

"故天之生物，必因其材而笃焉，故栽者培之，倾者覆之。

郑《注》：材，谓其质性也。笃，厚也。言善者天厚其福，恶者天厚其毒，皆由其本而为之。栽，读如"文王初载"之载，栽犹殖也，益也。今时人名草木之植者曰栽，筑墙立板亦曰栽，栽或为滋。覆，败也。

"《诗》曰：'嘉乐君子，宪宪令德。宜民宜人，受禄于天。保佑命之，自天申之。'故大德者必受命。"

郑《注》：宪宪，兴盛之貌。保，安也。佑，助也。

子曰："无忧者，其惟文王乎！以王季为父，以武王为子，父作之，子述之。

郑《注》：圣人以立法度为大事，子能述成之，则何忧乎！尧舜之父子则有凶顽，禹汤之父子则寡令闻，父子相成，唯有文王。

---

①思：语词，无义。
②度（duó）：计算，推测。
③矧（shěn）：况且；射（yì）：通"斁"，厌倦、懈怠、厌弃。
④傍僾（ài）：模糊、朦胧之状。
⑤揜（yǎn）：同"掩"。

"武王缵①大王②、王季、文王之绪。壹戎衣③而有天下，身不失天下之显名。尊为天子，富有四海之内。宗庙飨之，子孙保之。

郑《注》：缵，继也。绪，业也。戎，兵也。衣，读如殷，声之误也。齐人言殷声如衣。虞、夏、商、周，氏者多矣。今姓有衣者，殷之胄与？"壹戎殷"者，壹用兵伐殷也。

"武王末受命，周公成文、武之德，追王④大王、王季，上祀先公以天子之礼。斯礼也，达乎诸侯大夫，及士庶人。父为大夫，子为士；葬以大夫，祭以士。父为士，子为大夫；葬以士，祭以大夫。期之丧达乎大夫⑤，三年之丧达乎天子，父母之丧无贵贱一也。"

郑《注》：末，犹老也。"追王大王、王季"者，以王迹起焉。先公，组绀⑥以上至后稷也。斯礼达于诸侯、大夫、士、庶人者，谓葬之从死者之爵，祭之用生者之禄也。言大夫葬以大夫，士葬以士，则追王者，改葬之矣。"期之丧达于大夫"者，谓旁亲所降在大功者。其正统之期，天子、诸侯犹不降也。《礼记义疏》："熊氏云：此对天子、诸侯，故云期之丧，达乎大夫。其实，大夫为大功之丧得降小功，小功之丧得降缌麻，是大功、小功，皆达乎大夫。"大夫所降，天子、诸侯绝之不为服，所不臣乃服之也。《义疏》云："《丧服传》云：'始封之君不臣诸父、昆弟，封郡之子，不臣诸父，而臣昆弟。'但不臣者，皆以本服服也。"承葬祭说期、三年之丧者，明于事父以孝，不用其尊卑变。《义疏》云：三年之丧，达乎天子，不云父母而云三年者，包适子也。天子为后服期，后卒，必待三年然后娶，所以达子之志。

是以昭十五年《左传》，穆后崩，太子寿卒，叔向云：王一岁而有三年之丧二焉。

补注：三年之丧，该凡为所受国者三年，君父之义一也。父母之丧，

①缵（zuǎn）：继承。
②大（tài）王：古公亶（dǎn）父，本名姬亶，继承了后稷、公刘的事业，深受民众爱戴，周武王姬发剪商建周之后被尊称为周太王。
③郑玄注之外，朱熹也曾注："戎衣，甲胄之属。'壹戎衣'，《武成》文，言一著戎衣以伐纣也。"当代学者陈戍国考证认为，"衣""殷"阴阳对转，"衣"解为"殷"有根据；但是"壹"借为"殪"（yì，诛杀）更为合理（《尚书·康诰》有"殪戎殷"），"戎"也当作"大"解（《尔雅·释诂》："戎，大也"）。此句译为"诛杀大邑商，武王得天下"。请参见陈戍国：《四书五经校注本》（一），岳麓书社，2006，第36页。
④王（wàng）：作王。
⑤期（jī）之丧达乎大夫：期，一周年；服孝守丧一年，从庶人到大夫都要做到。
⑥组绀：《世本》称公叔祖类为"太公组绀诸盩"，《史记·三代世表》称公叔祖类为"公祖类"，皇甫谧则说公叔祖类名叫"公祖"，一名"组绀诸盩"，字"叔类"，号"太公"。公叔祖类死后，儿子古公亶父继立。

该曾祖父母、祖父母齐衰①三月。期者，君受国于曾祖，其祖与父或废疾不立，而皆在先，有祖之丧则期。

子曰："武王、周公，其达孝矣乎！夫孝者，善继人之志，善述人之事者也。春秋修其祖庙，陈其宗器，设其裳衣，荐其时食。

郑《注》：修，谓扫粪也。宗器，祭器也。裳衣，先祖之遗衣服也；设之，当以受尸也。时食，四时祭也。

"宗庙之礼，所以序昭穆②也。序爵，所以辨贵贱也；序事，所以辨贤也。旅酬，下为上，所以逮贱也；燕毛，所以序齿也。

郑《注》：序，犹次也。爵，谓公、侯、大夫、士也。事，谓荐羞也。"以辨贤"者，以其事别所能也。若司徒"奉牛"③，宗伯"共鸡牲"矣。《文王世子》曰："宗庙之中以爵为位，崇德也。宗人授事以官，尊贤也。""旅酬下为上"者，谓若特牲馈食之礼，宾弟子、兄弟之子各举觯④于其长也。"逮贱"者，宗庙之中以有事为荣也。燕⑤，谓既祭而燕也。以发色为坐，祭时尊尊也；至燕，亲亲也。齿，亦年也。

补注："序昭穆"，据子孙之昭穆。无爵者，在阼⑥阶前西面北上。昭为一，穆为一，凡二列。昭与昭齿，穆与穆齿，以次而南。"序爵"，据族与宾之有爵者。《文王世子》篇论公族朝于公曰："内朝以齿，外朝则以官。其在宗庙之中，则如外朝之位。"此序爵兼同姓、异姓之明证。《特牲馈食礼》：嗣子举奠之后，神事将终，宾与兄弟以次相酬，曰"旅酬"。前此主人酬宾，宾奠觯于荐南。及旅酬之初，兄弟弟子洗酌于东方之尊，阼阶前北面，举觯于长兄弟，如主人酬宾仪，所谓下为上也。发酒端曰举。此时不兼宾弟子者，宾有荐南奠觯也。宾坐，取觯阼阶前，北面酬长兄弟。长兄弟在右。宾奠觯拜，长兄弟答拜。宾立卒觯，酌于其尊，东面立。长

---

①齐衰（zī cuī）：亦作"缤缞"，丧服名，用粗麻布制成，以其绲边缝齐，列位"五服"中二等，次于斩衰。

②昭穆（zhāo mù）：古代宗法制度，宗庙或宗庙中神主的排列次序，始祖居中，以下父子（祖、父）递为昭穆，左为昭，右为穆。

③《礼记》（注疏本）明嘉靖闽中李元阳刻本、明神庙国子监刻本、汲古阁毛刻本作"奉"；惠栋校宋本、宋岳珂刻本、嘉靖本、宋《卫氏集说》通志堂刻本等作"羞"。

④觯（zhì）：中国古代青铜酒器，形似尊而小，或有盖，盛行于商代晚期和西周初期。

⑤燕（yàn）：音义与"宴"同。

⑥阼（zuò）：大堂前东西两边的台阶。

兄弟拜受觯，宾北面答拜，揖复位。长兄弟四阶前北面，众宾长左受旅如初。长兄弟卒觯，酌于其尊，西面立。受旅者拜受，长兄弟北面答拜，揖复位。众宾及众兄弟交错以辩，皆如初仪。此宾酬兄弟，行荐南之觯也。长兄弟酬宾，如宾酬兄弟之仪以辩。此行弟子举觯于长兄弟，奠荐北者，卒受者实觯于篚①。旅酬之礼如是。既旅，而后宾弟子及兄弟弟子洗各酌于其尊，中庭北面西上，举觯于其长，奠觯拜，长皆答拜。举觯者祭卒觯拜，长皆答拜。举觯者洗各酌于其尊，复初位，长皆拜。举觯者皆奠觯于荐右，长皆执参兴。举觯者皆复位答拜，长皆奠觯于其所，皆揖其弟子，弟子皆复其位。亦所谓下为上也。此时宾党一党之弟子始皆有事，乃旅酬之余礼，爵皆无算，东西交恩通好，不以次算也。旅酬为大目，该无算爵在内。

"践其位，行其礼，奏其乐，敬其所尊，爱其所亲，事死如事生，事亡如事存，孝之至也。

郑《注》：践，犹升也。其者，其先祖也。践，或为缱。

"郊社之礼，所以事上帝也。宗庙之礼，所以祀乎其先也。明乎郊社之礼、禘尝②之义，治国其如示诸掌乎！"

郑《注》：社，祭地神。不言后土者，省文。示，读如"寘诸河干"之寘；寘，置也。物而在掌中，易为知力者也。序爵、辨贤、尊尊、亲亲，治国之要。

补注：郊，谓冬至、启蛰之郊，及四时迎气、兆五帝于四郊是也。水土之神曰社，社非祭地。《周礼》后土与社为二，是其明证。郊礼大，社礼小，举二者以该事神之礼。上帝尊，言事上帝，则百神在内。礼，不王不禘。王者禘其祖之所自出，以其祖配之，而立四庙。周祖文、武，以后稷为祖之所自出，故立后稷庙为太庙。王季以上，迁主藏焉。文武之庙，皆曰世室。以下，穆之迁主藏于文世室，昭之迁主藏于武世室；又立四亲庙，禘于太庙。《礼》曰："毁庙之主升合食而立二尸。"又曰："献昭尸如穆尸之礼。"又曰："毁庙之主，昭共一牢，穆共一牢。祝辞称孝子孝孙。"秋祭曰尝。禘礼大，尝礼小，亦举二者以该宗庙之礼。

---

① 篚（fěi）：古代盛物的竹器。
② 禘（dì）尝：禘礼与尝礼的并称，古代常用以指天子诸侯每年的祭祖大典，其中夏祭曰禘，秋祭曰尝。

哀公问政。子曰："文、武之政，布在方策。其人存则其政举，其人亡则其政息。人道敏政，地道敏树。夫政也者，蒲庐也。

郑《注》：方，版也。策，简也。息，犹灭也。敏，犹勉也。树，谓殖草木也。人之无政，若地无草木矣。敏，或为谋。蒲卢，蜾蠃①，谓土蜂也。《诗》曰："螟蛉有子，蜾蠃负之。"螟蛉，桑虫也。蒲卢取桑虫之子去，而变化之以成为己子。政之于百姓，若蒲卢之于桑虫然。

补注：蒲卢二字叠韵形容之辞，盖古有是语。《夏小正》"雉入于海为蜃"，《说》曰："蜃也者，蒲卢也。与蜾蠃同名。"蒲卢取义可推而知。政虽利民，不得其人，皆适以病民，有随人转变之义。然则蒲卢，蜾蠃也。夫子答哀公问政，止于此。下文承夫子论为政，而推广之以论学。王肃私定《家语》，并袭取之以为夫子之言，谬矣！

"故为政在人，

郑《注》：在于得贤人也。

"取人以身，修身以道，修道以仁。仁者，人也，亲亲为大；义者，宜也，尊贤为大。亲亲之杀②，尊贤之等，礼所生也。

郑《注》："取人以身"，言明君乃能得人。人也，读如"相人偶"之人，以人意相存问之言。

补注：道之大目，下文君臣、父子、夫妇、昆弟、朋友之交是也。随其身之为君为臣，为父为子以及朋友，微之践行，身之修不修乃见。"修身以道"，言以道实责诸身也。道之责诸身，往往易致差谬，必尽乎仁、尽乎义、尽乎礼，然后于道无憾。"修道以仁"者略辞，兼义礼乃全乎仁。分言之，由仁而亲亲，由义而尊贤，由礼而生杀与等。仁至，则亲亲之道得；义至，则尊贤之道得；礼至，则有杀有等而靡不得。亲亲、尊贤及其等杀，即道中之事。仁、义、礼难空言，故举以见其略。人于人，情相同，恩相洽，故曰"仁者人也"。事得其宜，则无失，故曰"义者宜也"。礼，

---

①蜾蠃（guǒ luǒ）：一种寄生蜂，又名蒲卢、细腰蜂，是膜翅目胡蜂总科蜾蠃科昆虫的总称。郑玄所注"蒲卢取桑虫之子去，而变化之以成为己子"的说法有误，据南朝医学家陶弘景考证，蜾蠃并非无子，而是雌雄俱全，蜾蠃把螟蛉衔回窝中，用尾针把它刺个半死，然后在其身上产卵，用作蜾蠃后代的食物。

②杀（shā）：等差，等级。

则各止其分位是也。《易》曰："立人之道，曰仁与义。"此更益之以礼，即仁至义尽之谓。

"在下位不获乎上，民不可得而治矣。

郑《注》：此句其属在下，著脱误重在此。

"故君子不可以不修身；思修身，不可以不事亲；思事亲，不可以不知人；思知人，不可以不知天。"

郑《注》：言修身乃知孝，知孝乃知人，知人乃知贤不肖，知贤不肖乃知天命所保佑。

补注：事亲，务于仁孝也；知人，务于精义也；知天，务于达礼也。尊卑、长幼、亲疏、贵贱，天定者也。

天下之达道五，所以行之者三。曰：君臣也，父子也，夫妇也，昆弟也，朋友之交也，五者天下之达道也。知、仁、勇，三者天下之达德也。

郑《注》：达者，常行，百王所不变也。

补注：天下之事，尽于以生以养。而随其所居之位，为君为臣，为父为子，为昆弟、夫妇、朋友，概举其事，皆行之不可废者，故谓之达道。指其事而言则曰事，以自身行之则曰道。不务践行则身不修，行之差失则道不修。上云"修身以道，修道以仁"，求准之仁义礼无失，以大共之理言也，是为随事审处之权衡。能权之使轻重不爽，则知也；然不徒曰"知"，而兼言"仁"者，世不乏"知及之，仁不能守之"者也；又兼言"勇"，则强力不可夺。以三者行之，庶几于仁义礼无憾，谓之达德，人皆宜实有诸己也。

所以行之者一也，或生而知之，或学而知之，或困而知之，及其知之一也；或安而行之，或利而行之，或勉强而行之，及其成功一也。

郑《注》："困而知之"，谓长而见礼义之事，已临之而有不足，乃始学而知之，此达道也。利，谓贪荣名也。勉强，耻不若人。

补注：知、仁、勇之德，人咸有之，亦人咸反之己而不足者也。既反之己而不足，则疑以是行之未能尽道。然惟务乎此，日新不已，下学而上达，始焉不足，终必能足。舍知、仁、勇，其于达道更无所以行之者，故曰"所以行之者一也"。不过质性有差等，是以不足，至于能足则同。

子曰："好学近乎知，力行近乎仁，知耻近乎勇。

补注：此又引夫子之言，下文因推广言之。王肃私定《家语》，合前后为答哀公问政，谬也。

"知斯三者，则知所以修身；知所以修身，则知所以治人；知所以治人，则知所以治天下国家矣。"

郑《注》：言有知有仁有勇，乃知修身，则修身以此三者为基。

凡为天下国家有九经，曰：修身也，尊贤也，亲亲也，敬大臣也，体群臣也，子庶民也，来百工也，柔远人也，怀诸侯也。

郑《注》：体，犹接纳也。子，犹爱也。远人，蕃国之诸侯也。

补注：群臣位卑，宜加体恤，恐情不能自达也。

……

[《戴震全集》（第 1 册），第 117—148 页；《戴震全书》（修订本第 2 册），第 51—72 页。]

孟子字义疏证

序

余少读《论语》端木氏之言曰："夫子之文章可得而闻也，夫子之言性与天道不可得而闻也。"读《易》，乃知言性与天道在是。周道衰，尧、舜、禹、汤、文、武、周公致治之法，焕乎有文章者，弃为陈迹。孔子既不得位，不能垂诸制度礼乐，是以为之正本溯源，使人于千百世治乱之故，制度礼乐因革之宜，如持权衡以御轻重，如规矩准绳之于方圆平直。言似高远而不得不言。自孔子言之，实言前圣所未言；微①孔子，孰从而闻之？故曰"不可得而闻"。

是后私智穿凿者，亦警于乱世，或以其道全身而远祸，或以其道能诱人心有治无乱；而谬在大本，举一废百；意非不善，其言只足以贼道，孟子于是不能已于与辩。当是时，群共称孟子好辩矣。《孟子》之书，有曰"我知言"，曰"游于圣人之间者难为言"。盖言之谬，非终于言也，将转移人心；

———————————
①微：无，非。

231

心受其蔽，必害于事，害于政。彼目之曰小人之害天下后世也，显而共见；目之曰贤智君子之害天下后世也，相率趋之以为美言，其入人心深，祸斯民也大，而终莫之或寤。辩恶可已哉！

孟子辩杨、墨；后人习闻杨、墨、老、庄、佛之言，且以其言汩乱[①]孟子之言，是又后乎孟子者之不可已。苟吾不能知之亦已矣，吾知之而不言，是不忠也，是对古圣人贤人而自负其学，对天下后世之仁人而自远于仁也。吾用是惧，述《孟子字义疏证》三卷。韩退之氏曰："道于杨、墨、老、庄、佛之学而欲之圣人之道，犹航断港绝潢以望至于海也。故求观圣人之道，必自孟子始。"呜乎，不可易矣！休宁戴震。

卷上

理十五条

理者，察之而几微必区以别之名也，是故谓之分理；在物之质，曰肌理，曰腠理，曰文理；亦曰文缕。理、缕，语之转耳。得其分则有条而不紊，谓之条理。孟子称"孔子之谓集大成"曰："始条理者，智之事也；终条理者，圣之事也。"圣智至孔子而极其盛，不过举条理以言之而已矣。《易》曰："易简而天下之理得。"自乾坤言，故不曰"仁智"而曰"易简"。"以易知"，知一于仁爱平恕也；"以简能"，能一于行所无事也。"易则易知，易知则有亲，有亲则可久，可久则贤人之德"，若是者，仁也；"简则易从，

———————
①汩（gǔ）乱：扰乱。

易从则有功，有功则可大，可大则贤人之业"，若是者，智也；天下事情，条分缕析，以仁且智当之，岂或爽失爽几微哉！《中庸》曰："文理密察，足以有别也。"《乐记》曰："乐者，通伦理者也。"郑康成《注》云："理，分也。"许叔重《说文解字序》曰："知分理之可相别异也。"古人所谓理，未有如后儒之所谓理者矣。

问：古人之言天理，何谓也？

曰：理也者，情之不爽失也；未有情不得而理得者也。凡有所施于人，反躬而静思之："人以此施于我，能受之乎？"凡有所责于人，反躬而静思之："人以此责于我，能尽之乎？"以我絜之人，则理明。天理云者，言乎自然之分理也；自然之分理，以我之情絜人之情，而无不得其平是也。《乐记》曰："人生而静，天之性也；感于物而动，性之欲也。物至知知，然后好恶形焉。好恶无节于内，知诱于外，不能反躬，天理灭矣。"灭者，灭没不见也。又曰："夫物之感人无穷。而人之好恶无节，则是物至而人化物也。人化物也者，灭天理而穷人欲者也；于是有悖逆诈伪之心，有淫佚作乱之事；是故强者胁弱，众者暴寡，知者诈愚，勇者苦怯，疾病不养，老幼孤独不得其所。此大乱之道也。"诚以弱、寡、愚、怯与夫疾病、老幼、孤独，反躬而思其情。人岂异于我！盖方其静也，未感于物，其血气心知，湛然无有失，扬雄《方言》曰："湛，安也。"郭璞《注》云："湛然，安貌。"故曰"天之性"；及其感而动，则欲出于性。一人之欲，天下人之所同欲也，故曰"性之欲"。好恶既形，遂己之好恶，忘人之好恶，往往贼人以逞欲；反躬者，以人之逞其欲，思身受之之情也。情得其平，是为好恶之节，是为依乎天理。《庄子》：庖丁为文惠君解牛，自言："依乎天理，批大郤①，导大窾②，因其固然，技经肯綮之未尝，而况大軱③乎！"天理，即其所谓"彼节者有间，而刀刃者无厚，以无厚入有间"，适如其天然之分理也。古人所谓天理，未有如后儒之所谓天理者矣。

问：以情絜情而无爽失，于行事诚得其理矣。情与理之名何以异？

曰：在己与人皆谓之情，无过情无不及情之谓理。《诗》曰："天生

①郤（xì）：通"隙"，空隙、裂缝。
②窾（kuǎn）：空隙。
③軱（gū）：大骨。

烝民，有物有则；民之秉彝，好是懿德。"孔子曰："为此诗者，其知道乎！"孟子申之曰："故有物必有则，民之秉彝也，故好是懿德。"以秉持为经常曰则，以各如其区分曰理，以实之于言行曰懿德。物者，事也；语其事，不出乎日用饮食而已矣；舍是而言理，非古贤圣所谓理也。

问：孟子云："心之所同然者〈何也〉[1]，谓理也，义也；圣人先得我心之所同然耳。"是理又以心言，何也？

曰：心之所同然始谓之理，谓之义；则未至于同然，存乎其人之意见，非理也，非义也。凡一人以为然，天下万世皆曰"是不可易也"，此之谓同然。举理，以见心能区分；举义，以见心能裁断。分之，各有其不易之则，名曰理；如斯而宜，名曰义。是故明理者，明其区分也；精义者，精其裁断也。不明，往往界于疑似而生惑；不精，往往杂于偏私而害道。求理义而智不足者也，故不可谓之理义。自非圣人，鲜能无蔽；有蔽之深，有蔽之浅者。人莫患乎蔽而自智，任其意见，执之为理义。吾惧求理义者以意见当之，孰知民受其祸之所终极也哉！

问：宋以来儒书之言，以理为"如有物焉，得于天而具于心"；《朱子语录》云："理无心则无著处。"又云："凡物有心而其中必虚，人心亦然；止这些虚处，便包藏许多道理，推广得来，盖天盖地，莫不由此。此所以为人心之好欤！理在人心，是谓之性。心是神明之舍，为一身之主宰；性便是许多道理得之天而具于心者。"今释孟子，乃曰"一人以为然，天下万世皆曰是不可易也，此之谓同然""是心之明，能于事情不爽失，使无过情无不及情之谓理"，非"如有物焉具于心"矣。又以"未至于同然，存乎其人之意见，不可谓之理义"。在孟子言"圣人先得我心之同然"，固未尝轻以许人，是圣人始能得理。然人莫不有家，进而国事，进而天下，岂待圣智而后行事欤？

曰：《六经》、孔、孟之言以及传记群籍，理字不多见。今虽至愚之人，悖戾恣睢，其处断一事，责诘一人，莫不辄曰理者，自宋以来始相习成俗，则以理为"如有物焉，得于天而具于心"，因以心之意见当之也。于是负其气，挟其势位，加以口给者，理伸；力弱气慑，口不能道辞者，理屈。

---

① 据《孟子》文本增补。

呜呼，其孰谓以此制事，以此制人之非理哉！即其人廉洁自持，心无私慝，而至于处断一事，责诘一人，凭在己之意见，是其所是而非其所非，方自信严气正性，嫉恶如仇，而不知事情之难得，是非之易失于偏，往往人受其祸，己且终身不寤，或事后乃明，悔已无及。呜呼，其孰谓以此制事，以此治人之非理哉！天下智者少而愚者多，以其心知明于众人，则共推之为智，其去圣人甚远也。以众人与其所共推为智者较其得理，则众人之蔽必多；以众所共推为智者与圣人较其得理，则圣人然后无蔽。凡事至而心应之，其断于心，辄曰理如是，古贤圣未尝以为理也。不惟古贤圣未尝以为理，昔之人异于今人之一启口而曰理，其亦不以为理也。昔人知在己之意见不可以理名，而今人轻言之。夫以理为"如有物焉，得于天而具于心"，未有不以意见当之者也。今使人任其意见，则谬；使人自求其情，则得。子贡问曰："有一言而可以终身行之者乎？"子曰："其恕乎！己所不欲，勿施于人。"《大学》言治国平天下，不过曰"所恶于上，毋以使下，所恶于下，毋以事上"，以位之卑尊言也；"所恶于前，毋以先后，所恶于后，毋以从前"，以长于我与我长言也；"所恶于右，毋以交于左；所恶于左，毋以交于右"，以等于我言也。曰"所不欲"，曰"所恶"，不过人之常情，不言理而理尽于此。惟以情絜情，故其于事也，非心出一意见以处之，苟舍情求理，其所谓理，无非意见也。未有任其意见而不祸斯民者。

问：以意见为理，自宋以来莫敢致斥者，谓理在人心故也。今曰理在事情，于心之所同然，洵无可疑矣；孟子举以见人性之善，其说可得闻欤？

曰：孟子言："口之于味也，有同耆①焉；耳之于声也，有同听焉；目之于色也，有同美焉；至于心独无所同然乎？"明理义之悦心，犹味之悦口，声之悦耳，色之悦目之为性。味也、声也、色也在物，而接于我之血气；理义在事，而接于我之心知。血气心知，有自具之能：口能辨味，耳能辨声，目能辨色，心能辨夫理义。味与声色，在物不在我，接于我之血气，能辨之而悦之，其悦者必其尤美者也；理义在事情之条分缕析，接于我之心知，能辨之而悦之，其悦者必其至是者也。子产言"人生始化曰魄，既生魄，

———————

①耆（shì）：同"嗜"，爱好。

阳曰魂"；曾子言"阳之精气曰神，阴之精气曰灵；神灵者，品物之本也"。盖耳之能听，目之能视，鼻之能臭，口之知味，魄之为也，所谓灵也，阴主受者也；心之精爽，有思辄通，魂之为也，所谓神也，阳主施者也。主施者断，主受者听，故孟子曰："耳目之官不思，心之官则思。"是思者，心之能也。精爽有蔽隔而不能通之时，及其无蔽隔，无弗通，乃以神明称之。

凡血气之属，皆有精爽。其心之精爽，巨细不同，如火光之照物，光小者，其照也近，所照者不谬也，所不照（所）〔斯〕①疑谬承之，不谬之谓得理；其光大者，其照也远，得理多而失理少。且不特远近也，光之及又有明暗，故于物有察有不察；察者尽其实，不察斯疑谬承之，疑谬之谓失理。失理者，限于质之昧，所谓愚也。惟学可以增益其不足而进于智，益之不已，至乎其极，如日月有明，容光必照，则圣人矣。此《中庸》"虽愚必明"，孟子"扩而充之之谓圣人"。神明之盛也，其于事靡不得理，斯仁义礼智全矣。故礼义非他，所照所察者之不谬也。何以不谬？心之神明也。人之异于禽兽者，虽同有精爽，而人能进于神明也。理义岂别若一物，求之所照所察之外；而人之精爽能进于神明，岂求诸气禀之外哉！

问：后儒以人之有嗜欲出于气禀，而理者别于气禀者也。今谓心之精爽，学以扩充之，进于神明，则于事靡不得理，是求理于气禀之外者非矣。孟子专举"理义"以明"性善"，何也？

曰：古人言性，但以气禀言，未尝明言理义为性，盖不待言而可知也。至孟子时，异说纷起，以理义为圣人治天下〈之〉具，设此一法以强之从，害道之言皆由外理义而生。人徒知耳之于声，目之于色，鼻之于臭，口之于味之为性，而不知心之于理义，亦犹耳目鼻口之于声色臭味也，故曰"至于心独无所同然乎"。盖就其所知以证明其所不知，举声色臭味之欲归之耳目鼻口，举理义之好归之心，皆内也，非外也，比而合之以解天下之惑，俾晓然无疑于理义之为性，害道之言庶几可以息矣。孟子明人心之通于理义，与耳目鼻口之通于声色臭味，咸根诸性，非由后起。后儒见孟子言性，则曰理义，则曰仁义理智，不得其说，遂于气禀之外增一理义之性，归之

---

① "所"应改为"斯"，胡适在《戴东原的哲学·附录》中说："斯字孔刻本作所"。

孟子矣。

问：声色臭味之欲亦宜根于心，今专以理义之好为根于心，于"好是懿德"固然矣，抑声色臭味之欲徒根于耳目鼻口欤？心，君乎百体者也；百体之能，皆心之能也，岂耳悦声，目悦色，鼻悦臭，口悦味，非心悦之乎？

曰：否。心能使耳目鼻口，不能代耳目鼻口之能，彼其能者各自具也，故不能相为。人物受形于天地，故恒与之相通。盈天地之间，有声也，有色也，有臭也，有味也；举声色臭味，则盈天地间者无或遗矣。外内相通，其开窍也，是为耳目鼻口。五行有生克，生则相得，克则相逆，血气之得其养、失其养系焉，资于外足以养其内，此皆阴阳五行之所为，外之盈天地之间，内之备于吾身，外内相得无间而养道备。"民之质矣，日用饮食"，自古及今，以为道之经也。血气各资以养，而开窍于耳目鼻口以通之，既于是通，故各成其能而分职司之。孔子曰："少之时，血气未定，戒之在色；及其（长）〔壮〕①也，血气方刚，戒之在斗；及其老也，血气既衰，戒之在得。"血气之所为不一，举凡身之嗜欲根于血气明矣，非根于心也。孟子曰，"理义之悦我心，犹刍豢之悦我口"，非喻言也。凡人行一事，有当于理义，其心气必畅然自得；悖于理义，心气必沮丧自失，以此见心之于理义，一同乎血气之于嗜欲，皆性使然耳。耳目鼻口之官，臣道也；心之官，君道也；臣效其能而君正其可否。理义非他，可否之而当，是谓理义。然又非心出一意以可否之也，若心出一意以可否之，何异强制之乎！是故就事物言，非事物之外别有理义也；"有物必有则"，以其则正其物，如是而已矣。就人心言，非别有理以予之而具于心也；心之神明，于事物咸足以知其不易之则，譬有光皆能照，而中理者，乃其光盛，其照不谬也。

问：学者多识前言往行，可以增益己之所不足；宋儒谓"理得于天而藏于心"，殆因问学之得于古贤圣而藏于心，比类以为说欤？

曰：人之血气心知本乎阴阳五行者，性也。如血气资饮食以养，其化也，即为我之血气，非复所饮食之物矣；心知之资于问学，其自得之也亦然。以血气言，昔者弱而今者强，是血气之得其养也；以心知言，昔者狭

① "长"应作"壮"，据《论语·季氏》改。

小而今也广大，昔者暗昧而今也明察，是心知之得其养也，故曰"虽愚必明"。人之血气心知，其天定者往往不齐，得养不得养，遂至于大异。苟知问学犹饮食，则贵其化，不贵其不化。记问之学，入而不化者也。自得之，则居之安，资之深，取之左右逢其源；我之心知，极而至乎圣人之神明矣。神明者，犹然心也，非心自心而所得者藏于中之谓也。心自心而所得者藏于中，以之言学，尚为物而不化之学，况以之言性乎！

问：宋以来之言理也，其说为"不出于理则出于欲，不出于欲则出于理"，故辨乎理欲之界，以为君子小人于此焉分。今以情之不爽失为理，是理者存乎欲者也，然则无欲亦非欤？

曰：孟子言"养心莫善于寡欲"，明乎欲不可无也，寡之而已。人之生也，莫病于无以遂其生。欲遂其生，亦遂人之生，仁也；欲遂其生，至于戕人之生而不顾者，不仁也。不仁，实始于欲遂其生之心；使其无此欲，必无不仁矣。然使其无此欲，则于天下之人，生道穷促，亦将漠然视之。己不必遂其生，而遂人之生，无是情也。然则谓"不出于正则出于邪，不出于邪则出于正"，可也；谓"不出于理则出于欲，不出于欲则出于理"，不可也。欲，其物；理，其则也。不出于邪而出于正，犹往往有意见之偏，未能得理。而宋以来之言理欲也，徒以为正邪之辨而已矣，不出于邪而出于正，则谓以理应事矣。理与事分为二而与意见合为一，是以害事。夫事至而应者，心也；心有所蔽，则于事情未之能得，又安能得理乎！自老氏贵于"抱一"，贵于"无欲"，庄周书则曰："圣人之静也，非曰静也善，故静也；万物无足以挠心者，故静也。水静犹明，而况精神，圣人之心静乎！夫虚静恬淡，寂寞无为者，天地之平，而道德之至。"周子《通书》曰："'圣可学乎？'曰，'可。''有要乎？'曰，'有。''请问焉。'曰，'一为要。一者，无欲也；无欲则静虚动直。静虚则明，明则通；动直则公，公则溥。明通公溥，庶矣（哉）〔乎〕[①]！'"此即老、庄、释氏之说。朱子亦屡言"人欲所蔽"，皆以为无欲则无蔽，非《中庸》"虽愚必明"之道也。有生而愚者，虽无欲，亦愚也。凡出于欲，无非以生以养之事，欲

① "哉"应为"乎"，《周敦颐集·通书》，中华书局，1990，第31页。

之失为私，不为蔽。自以为得理，而所执之实谬，乃蔽而不明。天下古今之人，其大患，私与蔽二端而已。私生于欲之失，蔽生于知之失；欲生于血气，知生于心。因私而咎欲，因欲而咎血气；因蔽而咎知，因知而咎〈心〉①，老氏所以言"常使民无知无欲"；彼自外其形骸，贵其真宰；后之释氏，其论说似异而实同。

宋儒出入于老、释，程叔子撰《明道先生行状》云："自十五六时，闻周茂叔论道，遂厌科举之业，慨然有求道之志，泛滥于诸家，出入于老、释者几十年，返求诸六经，然后得之。"吕与叔撰《横渠先生行状》云："范文正公劝读《中庸》，先生读其书，虽爱之，犹以为未足，又访诸释、老之书，累年，尽究其说，知无所得，返而求之六经。"《朱子语类》廖德明《录癸巳所闻》："先生言：二三年前见得此事尚鹘突，为他佛说得相似，近年来方看得分晓。"考朱子慕禅学在十五六时，年二十四，见李愿中，教以看圣贤言语，而其后复入于释氏。至癸巳，年四十四矣。故杂乎老、释之言以为言。《诗》曰："民之质，日用饮食。"《记》曰："饮食男女，人之大欲存焉。"圣人治天下，体民之情，遂民之欲，而王道备。人知老、庄、释氏异于圣人，闻其无欲之说，犹未之信也；于宋儒，则信以为同于圣人；理欲之分，人人能言之。故今之治人者，视古贤圣体民之情，遂民之欲，多出于鄙细隐曲，不措诸意，不足为怪；而及其责以理也，不难举旷世之高节，著于义而罪之。尊者以理责卑，长者以理责幼，贵者以理责贱，虽失，谓之顺；卑者、幼者、贱者以理争之，虽得，谓之逆。于是下之人不能以天下之同情、天下所同欲达之于上；上以理责其下，而在下之罪，人人不胜指数。人死于法，犹有怜之者；死于理，其谁怜之？呜呼！杂乎老、释之言以为言，其祸甚于申、韩如是也！《六经》、孔、孟之书岂尝以理为如有物焉，外乎人之性之发为情欲者，而强制之也哉！孟子告齐、梁之君，曰"与民同乐"，曰"省刑罚，薄税敛"，曰"必使仰足以事父母，俯足以畜妻子"，曰"居者有积仓，行者有裹（囊）〔粮〕②"，曰"内无怨女，外无旷夫"，仁政如是，王道如是而已矣。

问：《乐记》言"灭天理而穷人欲"，其言有似于以理欲为邪正之别，何也？

---

① 据胡适《戴东原的哲学·附录》增补。
② 据《孟子·梁惠王下》改正。

曰：性，譬则水也；欲，譬则水之流也；节而不过，则为依乎"天理"，为相生养之道，譬则水由地中行也；"穷人欲"而至于"有悖逆诈伪之心，有淫泆作乱之事"，譬则洪水横流，泛滥于中国也。圣人教之反躬，以己之加于人，设人如是加于己，而思躬受之之情，譬则禹之行水，行其所无事，非恶泛滥而塞其流也。恶泛滥而塞其流，其立说之工者且直绝其源，是遏欲无欲之喻也。"口之于味也，目之于色也，耳之于声也，鼻之于臭也，四肢之于安佚也"，此后儒视为人欲之私者，而孟子曰"性也"，继之曰"有命焉"。命者，限制之名，如命之东则不得而西，言性之欲之不可无节也。节而不过，则依乎天理；非以天理为正，人欲为邪也。天理者，节其欲而不穷人欲也。是故欲不可穷，非不可有；有而节之，使无过情，无不及情，可谓之非天理乎！

问：《中庸》言"君子戒慎乎其所不睹，恐惧乎其所不闻"，言"君子必慎其独"，后儒因有存理遏欲之说。今曰"欲譬则水之流"，则流固不可塞；诚使水由地中行，斯无往不得其自然之分理；存此意以遏其泛滥，于义未为不可通。然《中庸》之言，不徒治之于泛滥也，其意可得闻欤？

曰：所谓"戒慎""恐惧"者，以敬肆言也。凡对人者，接于目而睹，则戒慎其仪容；接于耳而闻，则恐惧有愆谬。君子虽未对人亦如是，盖敬而不敢少肆也，篇末云"君子不动而敬，不言而信"是也。所谓"慎独"者，以邪正言也。凡有所行，端皆起于志意，如见之端起于隐，显之端起于微，其志意既动，人不见也，篇末云"君子内省不疚，无恶于志，君子之所不可及者，其唯人之所不见乎"是也。盖方未应事，则敬肆分；事至而动，则邪正分。敬者恒自检柙，肆则反是；正者不牵于私，邪则反是。必敬必正，而意见或偏，犹未能语于得理；虽智足以得理，而不敬则多疏失，不正则尽虚伪。三者，一虞于疏，一严于伪，一患于偏，各有所取也。

问：自宋以来，谓"理得于天而具于心"，既以为人所同得，故于智愚之不齐归诸气禀，而敬肆邪正概以实其理欲之说。老氏之"抱一""无欲"，释氏之"常惺惺"，彼所指者，曰"真宰"，曰"真空"，庄子云："若有真宰而特不得其朕。"释氏书云："即此识情，便是真空妙智。"又云："真空则能摄众有而应变。"

又云："湛然常寂，应用无方，用而常空，空而常用。用而不有，即是真空；空而不无，即成妙有。"而易以理字便为圣学。既以理为得于天，故又创理气之说，譬之"二物浑沦"；《朱子语录》云："理与气决是二物，但在物上看，则二物浑沦，不可分开各在一处，然不害二物之各为一物也。"于理极其形容，指之曰"净洁空阔"；问"先有理后有气"之说。朱子曰："不消如此说。而今知他合下先是有理后有气邪？后有理先有气邪？皆不可得而推究。然以意度之，则疑此气是依傍道理行，及此气之聚，则理亦在焉。盖气则能凝结造作，理却无情意，无制度，无造作，止此气凝聚处，理便在其中。且如天地间人物草木禽兽，其生也莫不有种；定不会无种了，白地生出一个物事；这个都是气。若理则止是个净洁空阔底世界，无形迹，他却不会造作，气则能酝酿凝聚生物也。"不过就老、庄、释氏所谓"真宰""真空"者转之以言夫理，就老、庄、释氏之言转而为六经、孔、孟之言。今何以剖别之，使截然不相淆惑欤？

曰：天地、人物、事为，不闻无可言之理者也，《诗》曰"有物有则"是也。物者，指其实体实事之名；则者，称其纯粹中正之名。实体实事，罔非自然，而归于必然，天地、人物、事为之理得矣。夫天地之大，人物之蕃，事为之委曲条分，苟得其理矣，如直者之中悬，平者之中水，圆者之中规，方者之中矩，然后推诸天下万世而准。

《易》称"先天而天弗违，后天而奉天时；天且弗违，而况于人乎，况于鬼神乎"，《中庸》称"考诸三王而不谬，建诸天地而不悖，质诸鬼神而无疑，百世以俟圣人而不惑"。夫如是，是为得理，是为心之所同然。孟子曰："规矩，方圆之至也；圣人，人伦之至也。"语天地而精言其理，犹语圣人而言乎其可法耳。尊是理，而谓天地阴阳不足以当之，必非天地阴阳之理则可。天地阴阳之理，犹圣人之圣也；尊其圣，而谓圣人不足以当之，可乎哉？圣人亦人也，以尽乎人之理，群共推为圣智。尽乎人之理非他，人伦日用尽乎其必然而已矣。推而极于不可易之为必然，乃语其至，非原其本。后儒从而过求，徒以语其至者之意言思议视如有物，谓与气浑沦而成，闻之者习焉不察，莫知其异于六经、孔、孟之言也。举凡天地、人物、事为，求其必然不可易，理至明显也。从而尊大之，不徒曰天地、人物、事为之理，而转其语曰"理无不在"，视之"如有物焉"，将使学者皓首茫然，求其物不得。非《六经》、孔、孟之言难知也，传注相承，童而习之，不复致思也。

问：宋儒以理为"如有物焉，得于天而具于心"，人之生也，由气之凝结生聚，而理则凑泊附著之，朱子云："人之所以生，理与气合而已。天理固浩浩不穷，然非是气，则〈虽〉^①有是理而无所凑泊，故必二气交感，凝结生聚，然后是理有所附著。"因以此为"完全自足"，程子云："圣贤论天德，盖自家元是天然完全自足之物，若无所污坏，即当直而行之；若少有污坏，即敬以治之，使复如旧。"如是，则无待于学。然见于古贤圣之论学，与老、庄、释氏之废学，截然殊致，因谓"理为形气所污坏，故学焉以复其初"。朱子于《论语》首章，于《大学》"在明明德"，皆以"复其初"为言。"复其初"之云，见庄周书。庄子《缮性篇》云："缮性于俗学，以求复其初；滑^②欲于俗〈知〉〔思〕^③，以求致其明；谓之蔽蒙之民。"又云："文灭质，博溺心，然后民始惑乱，无以返其性情而复其初。"盖其所谓理，即如释氏所谓"本来面目"，而其所谓"存理"，亦即如释氏所谓"常惺惺"。释氏书云："不思善，不思恶，时认本来面目。"上蔡谢氏曰："敬是常惺惺法。"王文成解《大学》"格物致知"，主扞^④御外物之说，其言曰："本来面目，即吾圣门所谓良知。随物而格，是致知之功。"岂宋以来儒者，其说尽援儒以入释欤？

曰：老、庄、释以其所谓"真宰""真空"者为"完全自足"，然不能谓天下之人有善而无恶，有智而无愚也，因举善与智而毁訾之。老氏云："绝学无忧，唯之与阿，相去几何？善之与恶，相去何若？"又云："以智治国，国之贼；不以智治国，国之福。"又云："古之善为道者，非以明民，将以愚之。"彼盖以无欲而静，则超乎善恶之上，智乃不如愚，故直云"绝学"，又（生）〔主〕^⑤"绝圣弃智""绝仁弃义"，此一说也。荀子以礼义生于圣心，常人学然后能明于礼义，若顺其自然，则生争夺。弗学而能，乃属之性；学而后能，不得属之性，故谓性恶。而其于孟子言性善也辩之曰：

---

①据《朱子语类》（卷四）增补。
②滑（gǔ）：治理，疏导。陈鼓应注为"乱"，但据文义，"滑"与"缮"意义相近，而非相反，故不从。
③"知"应为"思"，据《庄子·缮性》改。
④扞（hàn）：通"捍"。
⑤"生"应为"主"，据胡适《戴东原的哲学·附录》改。

"性善，则去圣王，息礼义矣；性恶，则兴圣王，贵礼义矣。"此又一说也。荀子习闻当时杂乎老、庄、告子之说者废学毁礼义，而不达孟子性善之旨，以礼义为圣人教天下制其性，使不至争夺，而不知礼义之所由名。老、庄、告子及后之释氏，乃言如荀子所谓"去圣王，息礼义"耳。

程子、朱子谓气禀之外，天与之以理，非生知安行之圣人，未有不污坏其受于天之理者也，学而后此理渐明，复其初之所受。是天下之人，虽有所受于天之理，而皆不殊于无有，此又一说也。今富者遗其子粟千锺，贫者无升斗之遗；贫者之子取之宫中无有，因日以其力致升斗之粟；富者之子亦必如彼之日以其力致之，而曰所致者即其宫中者也，说必不可通，故详于论敬而略于论学。如程子云"敬以治之，使复如旧"，而不及学；朱子于《中庸》"致中和"，犹以为"戒惧慎独"。陆子静、王文成诸人，推本老、庄、释氏之所谓"真宰""真空"者，以为即全乎圣智仁义，即全乎理，陆子静云："收拾精神，自作主宰，万物皆备于我，何有欠阙！当恻隐时，自然恻隐；当羞恶时，自然羞恶；当宽裕温柔时，自然宽裕温柔；当发强刚毅时，自然发刚强毅。"王文成云："圣人致知之功，至诚无息。其良知之体，皦如明镜，妍媸之来，随物现形，而明镜曾无所留染，所谓'情顺万事而无情'也。'无所住而生其心'，佛氏曾有是言，未为非也。明镜之应，妍者妍，媸者媸，一照而皆真，即是'生其心'处；妍者妍，媸者媸，一过而不留，即'无所住'处。"此又一说也。程子、朱子就老、庄、释氏所指者，转其说以言夫理，非援儒而入释，误以释氏之言杂入于儒耳；陆子静、王文成诸人就老、庄、释氏所指者，即以理实之，是乃援儒以入于释者也。试以人之形体与人之德性比而论之，形体始乎幼小，终乎长大；德性始乎蒙昧，终乎圣智。其形体之长大也，资于饮食之养，乃长日加益，非"复其初"；德性资于学问，进而圣智，非"复其初"明矣。人物以类区分，而人所禀受，其气清明，异于禽兽之不可开通。然人与人较，其材质等差凡几？古贤圣知人之材质有等差，是以重问学，贵扩充。老、庄、释氏谓有生皆同，故主于去情欲以勿害之，不必问学以扩充之。在老、庄、释氏既守己自足矣，因毁訾仁义以伸其说。荀子谓常人之性，学然后知礼义，其说亦足以伸。陆子静、王文成诸人同于老、庄、释氏，而改其毁訾仁义者，以为自然全乎仁义，巧于伸其说者也。程子、朱子尊理而以为天与我，犹荀子尊礼义以为圣人与我也。谓理为形气所污坏，是圣人而下形气皆大不美，即荀子性恶之说也；而其所谓理，别为凑泊附著之一物，犹老、庄、释氏所谓"真宰""真空"之凑泊附著于形体也。理既完全自足，难于言学以明理，故不得不分理气为二本而咎形气。盖其说杂糅傅合而成，令学者眩惑其中，虽《六经》、孔、孟之言具在，咸习非胜是，不复求通。呜呼，吾何敢默而息乎！

问：程伯子之出入于老、释者几十年，返求诸《六经》，然后得之，见叔子所撰《行状》。而朱子年四十内外，犹驰心空妙，其后有《答汪尚书书》，言"熹于释氏之说，盖尝师其人，尊其道，求之亦切至矣，然未能有得。其后以先生君子之教，校乎前后缓急之序，于是暂置其说而从事于吾学。其始盖未尝一日不往来于心也，以为俟卒究吾说而后求之未为甚晚。而一二年来，心独有所自安，虽未能即有诸己，然欲复求之外学以遂其初心，不可得矣。"程、朱虽从事释氏甚久，然终能觉其非矣，而又未合于《六经》、孔、孟，则其学何学欤？

曰：程子、朱子其出入于老、释，皆以求道也，使见其道为是，虽人以为非而不顾。其初非背《六经》、孔、孟而信彼也，于此不得其解，而见彼之捐弃物欲，返观内照，近于切己体察，为之亦能使思虑渐清，因而冀得之为衡鉴事物之本。然极其致，所谓"明心见性""还其神之本体"者，即本体得矣，以为如此便足，无欠阙矣，实动辄差谬。在老、庄、释氏固不论差谬与否，而程子、朱子求道之心，久之知其不可恃以衡鉴事物，故终谓其非也。夫人之异于物者，人能明于必然，百物之生各遂其自然也。老氏言"致虚极，守静笃"，言"道法自然"，释氏亦不出此，皆起于自私，使其神离形体而长存。老氏言"长生久视"，以死为"返其真"；所谓长生者，形化而神长存也；释氏言"不生不灭"；所谓不生者，不受形而生也；不灭者，即其神长存也。其所谓性，所谓道，专主所谓神者为言。邵子云："道与一，神之强名也。"又云："神无方而性有质。"又云："性者，道之形体；心者，性之郛郭。"又云："人之神即天地之神。"合其言观之，得于老庄最深。所谓道者，指天地之"神无方"也；所谓性者，指人之"（神）〔性〕有质"也，故曰"道之形体"。邵子又云："神统于心，气统于肾，形统于首；形气交而神主乎其中，三才之道也。"此显指神宅于心，故曰"心者，性之郭郭"。邵子又云："气则养性，性则乘气；故气存则性存，性动则气动也"。此显指神乘乎气而资气以养。王文成云："夫良知一也，以其妙用而言谓之神，以其流行而言谓之气。"立说亦同。又即导养家所云"神之炯炯而不昧者为性，气之缊缊而不息者为命"。朱子于其指神为道、指神为性者，若转以言夫理。张子云："由太虚，有天之名；由气化，有道之名；合虚与气，有性之名；合性与知觉，有心之名。"其所谓虚，《六经》、孔、孟无是言也。张子又云："神者，太虚妙应之目。"又云："天之不测谓神，神而有常谓天。"又云："神，天德；化，天道。"是其曰虚曰天，不离乎所谓神者。彼老、庄、释氏之自贵其神，亦以为妙应，为冲虚，为足乎天德矣。如云："性周法界，净智圆妙，体自空寂。"

张子又云："气有阴阳，推行有渐为化，合一不测为神。"斯言也，盖得之矣。试验诸人物，耳目百体，会归于心；心者，合一不测之神也。天地间百物生生，无非推本阴阳。《易》曰："精气为物。"曾子曰："阳之精气曰神，阴之精气曰灵；神灵者，品物之本也。"因其神灵，故不徒曰气而称之曰精气。老、庄、释氏之谬，乃于此岐而分之。内其神而外形体，徒以形体为传舍，以举凡血气之欲、君臣之义，父子昆弟夫妇之亲，悉起于有形体以后，而神至虚静，无欲无为。在老、庄、释氏徒见于自然，故以神为已足。程子、朱子见于《六经》、孔、孟之言理义，归于必然不可易，非老、庄、释氏所能及，因尊之以当其所谓神者为生阳生阴之本，而别于阴阳；为人物之性，而别于气质；反指孔、孟所谓道者非道，所谓性者非性。独张子之说，可以分别录之，如言"由气化，有道之名"，言"化，天道"，言"推行有渐为化，合一不测为神"，此数语者，圣人复起，无以易也。张子见于必然之为理，故不徒曰神而曰"神而有常。"诚如是言，不以理为别如一物，于《六经》、孔、孟近矣。

就天地言之，化，其生生也；神，其主宰也，不可歧而分也。故言化则赅神，言神亦赅化；由化以知神，由化与神以知德；德也者，天地之中正也。就人言之，有血气，则有心知；有心知，虽自圣人而下，明昧各殊，皆可学以牖其昧而进于明。天之生物也，使之一本，而以性专属之神，则视形体为假合；以性专属之理，则苟非生知之圣人，不得不咎其气质，皆二本故也。老、庄、释氏尊其神为超乎阴阳气化，此尊理为超乎阴阳气化。朱子《答吕子约书》曰："阴阳也，君臣父子也，皆事物也；人之所行也，形而下者也，万象纷罗者也。是数者各有当然之理，即所谓道也，当行之路也，形而上者也，冲漠无朕者也。"然则《易》曰"立天之道曰阴与阳"，《中庸》曰"君臣也，父子也，夫妇也，昆弟也，朋友之交也，五者，天下之达道也"，皆仅及事物而即谓之道，岂圣贤之立言，不若朱子言之辨析欤？圣人顺其血气之欲，则为相生养之道，于是视人犹己，则忠；以己推之，则恕；忧乐于人，则仁；出于正，不出于邪，则义；恭敬不侮慢，则礼；无差谬之失，则智；曰忠恕，曰仁义礼智，岂有他哉？常人之欲，纵之至于邪僻，至于争夺作乱；圣人之欲，无非懿德。欲同也，善不善之殊致若此。欲者，血气之自然，其好是懿德也，心知之自然，此孟子所以言性善。心知之自然，未有不悦理义者，未能尽得理合义耳。由血气之自然，而审察之以知其必然，是之谓理义；自然之与必然，非二事也。就其自然，明之尽而无几微之失焉，是其必然也。如是而后无憾，如是而后安，是乃自然之极则。若任其自然而流于失，转丧其自然，而非自然也；故归于必然，适完其自然。

夫人之生也，血气心知而已矣。老、庄、释氏见常人任其血气之自然之不可，而静以养其心知之自然；于心知之自然谓之性，血气之自然谓之欲，说虽巧变，要不过分血气心知为二本。荀子见常人之心知，而以礼义为圣心；见常人任其血气心知之自然之不可，而进以礼义之必然；于血气心知之自然谓之性，于礼义之必然谓之教；合血气心知为一本矣，而不得礼义之本。程子、朱子见常人任其血气心知之自然之不可，而进以理之必然；于血气心知之自然谓之气质，于理之必然谓之性，亦合血气心知为一本矣，而更增一本。分血气心知为二本者，程子斥之曰"异端本心"，而其增一本也，则曰"吾儒本天。"如其说，是心之为心，人也，非天也；性之为性，天也，非人也。以天别于人，实以性为别于人也。人之为人，性之为性，判若彼此，自程子、朱子始，告子言"以人性为仁义，犹以杞柳为杯棬"，孟子必辨之，为其戕贼一物而为之也，况判若彼此，岂有不戕贼者哉！

盖程子、朱子之学，借阶于老、庄、释氏，故仅以理之一字易其所谓"真宰""真空"者而余无所易。其学非出于荀子，而偶与荀子合，故彼以为恶者，此亦咎之；彼以为出于圣人者，此以为出于天。出于天与出于圣人岂有异乎！天下惟一本，无所外。有血气，则有心知；有心知，则学以进于神明，一本然也；有血气心知，则发乎血气心知之自然者，明之尽使无几微之失，斯无往非仁义，一本然也。苟岐而二之，未有不外其一者。《六经》、孔、孟而下，有荀子矣，有老、庄、释氏矣，然《六经》、孔、孟之道犹在也。自宋儒杂荀子及老、庄、释氏以入《六经》、孔、孟之书，学者莫知其非，而《六经》、孔、孟之道亡矣。

卷中

天道四条

道，犹行也；气化流行，生生不息，是故谓之道。《易》曰："一阴一阳之谓道。"《洪范》："五行：一曰水，二曰火，三曰木，四曰金，五曰土。"行亦道之通称。《诗》《载驰》："女子善怀，亦各有行。"毛《传》云："行，道也。"《竹竿》："女子有行，远兄弟父母。"郑《笺》云："行，道也。"举阴阳则赅五行，阴阳各具五行也；举五行即赅阴阳，五行各有阴阳也。《大戴礼记》曰："分于道谓之命，形于一谓之性。"言分于阴阳五行以有人物，而人物各限于所分以成其性。阴阳五行，道之实体也；血气心知，性之实体也。有实体，故可分；惟分也，故不齐。古人言性惟本于天道如是。

问：《易》曰："形而上者谓之道，形而下者谓之器。"程子云："惟此语截得上下最分明，元来止此是道，要在人默而识之。"后儒言道，多得之此。朱子云："阴阳，气也，形而下者也；所以一阴一阳者，理也，形而上者也；道即理之谓也。"朱子此言，以道之称惟理足以当之。今但曰"气化流行，生生不息"，乃程、朱所目为形而下者；其说据《易》之言以为言，是以学者信之。然则《易》之解可得闻欤？

曰：气化之于品物，则形而上下之分也。形乃品物之谓，非气化之谓。

《易》又有之："立天之道，曰阴与阳。"直举阴阳，不闻辨别所以阴阳而始可当道之称，岂圣人立言皆辞不备哉？一阴一阳，流行不已，夫是之谓道而已。古人言辞，"之谓""谓之"有异：凡曰"之谓"，以上所称解下，如中庸"天命之谓性，率性之谓道，修道之谓教"，此为性、道、教言之，若曰性也者天命之谓也，道也者率性之谓也，教也者修道之谓也；《易》"一阴一阳之谓道"，则为天道言之，若曰道也者一阴一阳之谓。凡曰"谓之"者，以下所称之名辨上之实，如《中庸》"自诚明谓之性，自明诚谓之教"，此非为性教言之，以性教区别"自诚明""自明诚"二者耳。《易》"形而上者谓之道，形而下者谓之器"，本非为道器言之，以道器区别其形而上形而下耳。形谓已成形质，形而上犹曰形以前，形而下犹曰形以后。如言"千载而上，千载而下"。《诗》："下武维周。"郑《笺》云："下，犹后也。"阴阳之未成形质，是谓形而上者也，非形而下明矣。器言乎一成而不变，道言乎体物而不可遗。不徒阴阳非形而下，如五行水火木金土，有质可见，固形而下也，器也；其五行之气，人物咸禀受于此，则形而上者也。《易》言"一阴一阳"，《洪范》言"初一曰五行"，举阴阳，举五行，即赅鬼神；《中庸》言鬼神之"体物而不可遗"，即物之不离阴阳五行以成形质也。由人物溯而上之，至是止矣。《六经》、孔、孟之书不闻理气之辨，而后儒创言之，遂以阴阳属形而下，实失道之名义也。

问：后儒论阴阳，必推本"太极"，云："无极而太极，太极动而生阳；动极而静，静而生阴；静极复动。一动一静，互为其根；分阴分阳，两仪立焉。"朱子释之云："太极生阴阳，理生气也。阴阳既生，则太极在其中，理复在气之内也。"又云："太极，形而上之道也；阴阳，形而下之器也。"今既辨明"形"乃"品物"，非"气化"，然则"太极""两仪"，后儒据以论道者，亦必傅合失之矣。自宋以来，学者惑之已久，将何以解其惑欤？

曰：后世儒者纷纷言太极，言两仪，非孔子赞《易》太极两仪之本指也。孔子曰："《易》有太极，是生两仪，两仪生四象，四象生八卦。"曰仪，曰象，曰卦，皆据作《易》言之耳，非气化之阴阳得两仪四象之名。《易》备于六十四，自八卦重之，故八卦者，《易》之小成，有天、地、山、泽、雷、风、水、火之义焉。其未成卦画，一奇以仪阳，一偶以仪阴，故称两仪。奇而遇奇，阳已长也，以象太阳；奇而遇偶，阴始生也，以象少阴；偶而遇偶，阴已长也，以象太阴；偶而遇奇，阳始生也，以象少阳。伏羲氏睹于气化流行，而以奇偶仪之象之。孔子赞《易》，盖言《易》之为书起于卦画，非漫然也，实有见于天道一阴一阳为物之终始会归，乃画奇偶两者从而仪之，故曰"《易》有太极，是生两仪"。既有两仪，而四象，而八卦，以次生矣。孔子以太极指气化之阴阳，承上文"明于天之道"言之，即所云"一阴一阳之谓道"，以两仪、四象、八卦指《易》画。后世儒者以两仪为阴阳，而求太极于阴阳之所由生，岂孔子之言乎！

问：宋儒之言形而上下，言道器，言太极两仪，今据孔子赞《易》本文疏通证明之，洵于文义未协。其见于理气之辨也，求之《六经》中无其文，故借太极、两仪、形而上下之语以饰其说，以取信学者欤？

曰：舍圣人立言之本指，而以己说为圣人所言，是诬圣；借其语以饰吾之说，以求取信，是欺学者也。诬圣欺学者，程、朱之贤不为也。盖其学借阶于老、庄、释氏，是故失之。凡习于先入之言，往往受其蔽而不自觉。在老、庄、释氏就一身分言之，有形体，有神识，而以神识为本。推而上之，以神为有天地之本，老氏云："有物混成，先天地生。"又云："道之为物，惟恍惟惚。忽兮恍兮，其中有象；恍兮忽兮，其中有物。"释氏书："问：'如何是佛？'曰：'见性为佛。''如何是性？'曰：'作用为性。''如何是作用？'曰：'在目曰见，在耳曰闻，在鼻臭香，在口谈论，在手执捉，在足运奔。偏见俱该法界，收摄在一微尘，识者知是佛性，不识唤作精魂。'"遂求诸无形无迹者为实有，而视有形有迹为幻。

在宋儒以形气神识同为己之私，而理得于天。推而上之，于理气截之分明，以理当有其无形无迹之实有，而视有形有迹为粗。益就彼之言而转之，朱子辨释氏云："儒者以理为不生不灭，释氏以神识为不生不灭。"因视气曰"空气"，陈安卿云："二气流行万古，生生不息，不成只是空气，必有主宰之者，理是也。"视心曰"性之郛郭"，邵子云："心者，性之郛郭。"是彼别形神为二本，而宅于空气宅于郛郭者为天地之神与人之神。此别理气为二本，朱子云："天地之间，有理有气。理也者，形而上之道也，生物之本也；气也者，形而下之器也，生物之具也，是以人物之生，必禀此理然后有性也，禀此气然后有形。"而宅于空气、宅于郛①郭者，为天地之理与人之理。由考之《六经》、孔、孟，茫然不得所谓性与天道者，及从事老、庄、释氏有年，觉彼之所指，独遗夫理义而不言，是以触于形而上下之云，太极两仪之称，顿然有悟，遂创为理气之辨，不复能详审文义。其以理为气之主宰，如彼以神为气之主宰也。以理能生气，如彼以神能生气也。老氏云："一生二，二生三，三生万物。万物负阴而抱阳，冲气以为和。"以理坏于形气，无人欲之蔽则复其初，如彼以神受形而生，不以物欲累之则复其初也。皆改其所指神识者以指理，徒援彼例此，而实非得之于此。学者转相传述，适所以诬圣乱经。善夫韩退之氏曰："学者必慎所道。道于杨、墨、老、庄、佛之学而欲之圣人之道，犹航断港绝潢以望至于海也。"此宋儒之谓也。

性九条

性者，分于阴阳五行以为血气、心知，品物区以别焉，举凡既生以后所有之事，所具之能，所全之德，咸以是为其本，故《易》曰"成之者性也"。气化生人生物以后，各以类滋生久矣；然类之区别，千古如是也，循其故而已矣。在气化曰阴阳，曰五行，而阴阳五行之成化也，杂糅万变，是以及其流形，不特品物不同，虽一类之中又复不同。凡分形气于父母，即为分于阴阳五行，人物以类滋生，皆气化之自然。《中庸》曰："天命之谓性。"以生而限于天，故曰天命。《大戴礼记》曰："分于道谓之命，形于一谓之性。"分于道者，分于阴阳五行也。一言乎分，则其限之于始，有偏全、厚薄、清浊、昏明之不齐，各随所分而形于一，各成其性也。然性虽不同，大致以类为之区别，故《论语》曰"性相近也"，此就人与人相近言之也。孟子曰："凡同类者，举相似也，何独至于人而疑之！圣人与我同类者。"言同类之相似，则异类之不相似明矣；故诘告子"生之谓性"曰："然则犬之性犹牛之性，牛之性犹人之性与"，明乎其必不可混同言之也。天道，阴阳五行而已矣；人物之性，咸分于道，成其各殊者而已矣。

问：《论语》言性相近，《孟子》言性善，自程子、朱子始别之，以为

---

① 郛（fú）：古代城圈外围的大城。

截然各言一性，朱子于《论语》引程子云："此言气质之性，非言性之本也。若言其本，则性即是理。理无不善，孟子之言性善是也，何相近之有哉！"反取告子"生之谓性"之说为合于孔子，程子云："性一也，何以言相近？此止是言气质之性，如俗言性急性缓之类。性安有缓急？此言性者，生之谓性也。"又云："凡言性处，须看立意如何。且如言人性善，性之本也；生之谓性，论其所禀也。孔子言性相近，若论其本，岂可言相近？止论其所禀也。告子所云固是，为孟子问他，他说便不是也。"创立名目曰"气质之性"，而以理当孟子所谓善者为生物之本，程子云："孟子言性，当随文看。不以告子'生之谓性'为不然者，此亦性也，被命受生之后谓之性耳，故不同。继之曰'犬之性犹牛之性，牛之性犹人之性与'，然不害为一。若乃孟子之言善者，乃极本穷源之性。"人与禽兽得之也同，程子所谓"不害为一"，朱子于《中庸》"天命之谓性"释之曰："命，犹令也，性，即理也。天以阴阳五行化生万物，气以成形而理亦赋焉，犹命令也，于是人物之生，因各得其所赋之理以为健顺五常之德，所谓性也。"而致疑于孟子。朱子云："孟子言'人所以异于禽兽者几希'，不知人何故与禽兽异；又言'犬之性犹牛之性，牛之性犹人之性与'，不知人何故与牛犬异。此两处似欠中间一转语，须著说是'形气不同故性亦少异'始得。恐孟子见得人性同处，自是分晓直截，却于这些子未甚察。"是谓性即理，于孟子且不可通矣，其不能通于《易》《论语》固宜。孟子闻告子言"生之谓性"，则致诘之；程、朱之说，不几助告子而议孟子欤？

曰：程子、朱子其初所讲求者，老、庄、释氏也。老、庄、释氏自贵其神而外形体，显背圣人，毁訾仁义。告子未尝有神与形之别，故言"食色性也"，而亦尚其自然，故言"性无善无不善"，虽未尝毁訾仁义，而以杯棬喻义，则是戕杞柳始为杯棬，其指归与老、庄、释氏不异也。凡血气之属皆知怀生畏死，因而趋利避害；虽明暗不同，不出乎怀生畏死者同也。人之异于禽兽不在是。禽兽知母而不知父，限于知觉也；然爱其生之者及爱其所生，与雌雄牝牡之相爱，同类之不相噬，习处之不相啮，进乎怀生畏死矣。一私于身，一及于身之所亲，皆仁之属也。私于身者，仁其身也；及于身之所亲者，仁其所亲也；心知之发乎自然有如是。人之异于禽兽亦不在是。告子以自然为性使之然，以义为非自然，转制其自然，使之强而相从，故言"仁，内也，非外也；义，外也，非内也"，立说之指归，保其生而已矣。陆子静云："恶能害心，善亦能害心。"此言实老、庄、告子、释氏之宗指，贵其自然以保其生。诚见穷人欲而流于恶者适足害生，即慕仁义为善，劳于问学，殚思竭虑，亦于生耗损，于此见定而心不动。其"生之谓性"之说如是也，岂得合于孔子哉！

《易》《论语》《孟子》之书，其言性也，咸就其分于阴阳五行以成性为言；成，则人与百物，偏全、厚薄、清浊、昏明限于所分者各殊，徒曰生而已矣，适同人于犬牛而不察其殊。朱子释《孟子》有曰："告子不知性之为理，而以所谓气者当之，盖徒知知觉运动之蠢然者，人与物同，而不知仁义礼智之粹然者，人与物异也。"如其说，孟子但举人物诘之可矣，又何分牛之性、犬之性乎？犬与牛之异，非有仁义礼智之粹然者，不得谓孟子以仁义礼智诘告子明矣。在告子既以知觉运动为性，使知觉运动之蠢然者人与物同，告子何不可直应之曰"然"？斯以见知觉运动之不可概人物，而目为蠢然同也。凡有生，即不隔于天地之气化。阴阳五行之运而不已，天地之气化也，人物之生生本乎是，由其分而有之不齐，是以成性各殊。知觉运动者，统乎生之全言之也，由其成性各殊，是以本之以生，见乎知觉运动也亦殊。气之自然潜运，飞潜动植皆同，此生生之机肖乎天地者也，而其本受之气，与所资以养者之气则不同。所资以养者之气，虽由外而入，大致以本受之气召之。五行有生克，遇其克之者则伤，甚则死，此可知性之各殊矣。本受之气及所资以养者之气，必相得而不相逆，斯外内为一，其分于天地之气化以生，本相得，不相逆也。气运而形不动者，卉木是也；凡有血气者，皆形能动者也。由其成性各殊，故形质各殊；则其形质之动而为百体之用者，利用不利用亦殊。知觉云者，如寐而寤曰觉，心之所通曰知，百体皆能觉，而心之知觉为大。凡相忘于习则不觉，见异焉乃觉。鱼相忘于水，其非生于水者不能相忘水也，则觉不觉亦有殊致矣。闻虫鸟以为候，闻鸡鸣以为辰，彼之感而觉，觉而声应之，又觉之殊致有然矣，无非性使然也。若夫乌之反哺，雎鸠之有别，蜂蚁之知君臣，豺之祭兽，獭之祭鱼，合于人之所谓仁义者矣，而各由性成。人则能扩充其知至于神明，仁义礼智无不全也。仁义礼智非他，心之明之所止也，知之极其量也。

知觉运动者，人物之生；知觉运动之所以异者，人物之殊其性。孟子曰："心之所同然者〈何也〉，谓理也，义也；圣人先得我心之所同然耳。"于义外之说必致其辨，言理义之为性，非言性之为理。性者，血气心知本乎阴阳五行，人物莫不区以别焉是也，而理义者，人之心知，有思辄通，能不惑乎所行也。

"孟子道性善，言必称尧、舜"，非谓尽人生而尧、舜也。自尧、舜而下，其等差凡几？则其气禀固不齐，岂得谓非性有不同？然人之心知，于人伦日用，随在而知恻隐，知羞恶，知恭敬辞让，知是非，端绪可举，此之谓性善。于其知恻隐，则扩而充之，仁无不尽；于其知羞恶，则扩而充之，义无不尽；于其知恭敬辞让，则扩而充之，礼无不尽；于其知是非，则扩而充之，智无不尽。仁义礼智，懿德之目也。孟子言"今人乍见孺子将入井，皆有怵惕恻隐之心"，然则所谓恻隐、所谓仁者，非心知之外别"如有物焉藏于心"也，己知怀生而畏死，故怵惕于孺子之危，恻隐于孺子之死，使无怀生畏死之心，又焉有怵惕恻隐之心？推之羞恶、辞让、是非亦然。使饮食男女与夫感于物而动者脱然无之，以归于静，归于一，又焉有羞恶，有辞让，有是非？此可以明仁义礼智非他，不过怀生畏死，饮食男女，与夫感于物而动者之皆不可脱然无之，以归于静，归于一，而人之心知异于禽兽，能不惑乎所行，即为懿德耳。

古贤圣所谓仁义礼智，不求于所谓欲之外，不离乎血气心知，而后儒以为别如有物凑泊附著以为性，由杂乎老、庄、释氏之言，终昧于六经、孔、孟之言故也。孟子言"人无有不善"，以人之心知异于禽兽，能不惑乎所行之为善。且其所谓善也，初非无等差之善，即孔子所云"相近"；孟子所谓"苟得其养，无物不长；苟失其养，无物不消"，所谓"求则得之，舍则失之；或相倍蓰而无算者，不能尽其才者也"，即孔子所云习至于相远。不能尽其才，言不扩充其心知而长恶遂非也。彼悖乎礼义者，亦自知其失也，是人无有不善，以长恶遂非，故性虽善，不乏小人。孟子所谓"梏之反复""违禽兽不远"，即孔子所云"下愚之不移。"后儒未审其文义，遂彼此扞格。孟子曰："如使口之于味也，其性与人殊，若犬马之与我不同类也，则天

254

下何耆皆从易牙之于味也！"又言"动心忍性"，是孟子矢口言之，无非血气心知之性。孟子言性，曷尝自岐为二哉！二之者，宋儒也。

问：凡血气之属皆有精爽，而人之精爽可进于神明。论语称"上智与下愚不移"，此不待习而相远者；虽习不足以移之，岂下愚之精爽与物等欤？

曰：生而下愚，其人难与言理义，由自绝于学，是以不移。然苟畏威怀惠，一旦触于所畏所怀之人，启其心而憬然觉寤，往往有之。苟悔而从善，则非下愚矣；加之以学，则日进于智矣。以不移定为下愚，又往往在知善而不为，知不善而为之者，故曰不移，不曰不可移。虽古今不乏下愚，而其精爽几与物等者，亦究异于物，无不可移也。

问：孟子之时，因告子诸人纷纷各立异说，故直以性善断之；孔子但言相近，意在于警人慎习，非因论性而发，故不必直断曰善欤？

曰：然。古贤圣之言至易知也。如古今之常语，凡指下愚者，矢口言之，每曰"此无人性"，稍举其善端，则曰"此犹有人性"。以人性为善称，是不言性者，其言皆协于孟子，而言性者转失之。无人性即所谓人见其禽兽也，有人性即相近也，善也。《论语》言相近，正见"人无有不善"；若不善，与善相反，其远已县①绝，何近之有！分别性与习，然后有不善，而不可以不善归性。凡得养失养及陷溺梏亡，咸属于习。至下愚之不移，则生而蔽锢，其明善也难而流为恶也易，究之性能开通，非不可移，视禽兽之不能开通亦异也。

问：孟子言性，举仁义礼智四端，与孔子之举智愚有异乎？

曰：人之相去，远近明昧，其大较也，学则就其昧焉者牖之明而已矣。人虽有智有愚，大致相近，而智愚之甚远者盖鲜。智愚者，远近等差殊科，而非相反；善恶则相反之名，非远近之名。知人之成性，其不齐在智愚，亦可知任其愚而不学不思乃流为恶。愚非恶也，人无有不善明矣。举智而不及仁、不及礼义者，智于天地、人物、事为咸足以知其不易之则，仁有不至，礼义有不尽，可谓不易之则哉？发明孔子之道者，孟子也，无异也。

问：孟子言性善，门弟子如公都子已列三说，茫然不知性善之是而三

①县：通："悬"。

说之非。荀子在孟子后，直以为性恶，而伸其崇礼义之说。荀子既知崇礼义，与老子言"礼者忠信之薄而乱之首"及告子"外义"，所见悬殊；又闻孟子性善之辨，于孟子言"圣人先得我心之所同然"亦必闻之矣，而犹与之异，何也？

曰：荀子非不知人之可以为圣人也，其言性恶也，曰："涂之人可以为禹。""涂之人者，皆内可以知父子之义，外可以知君臣之正。""其可以知之质，可以能之具，在涂之人，其可以为禹明矣。""使涂之人伏术为学，专心一志，思索孰察，加日县久，积善而不息，则通于神明，参于天地矣。故圣人者，人之所积而致矣。""圣可积而致，然而皆不可积，何也？""可以而不可使也。""涂之人可以为禹则然，涂之人能为禹，未必然也；虽不能〈 〉禹，无害可以为禹。"此于性善之说不惟不相悖，而且若相发明。终断之曰："足可以偏行天下，然而未尝有能偏行天下者也。""能不能之与可不可，其不同远矣。"盖荀子之见，归重于学，而不知性之全体。其言出于尊圣人，出于重学崇礼义。首之以《劝学篇》，有曰："诵数以贯之，思索以通之，为其人以处之，除其害者以持养之。"又曰："积善成德，神明自得，圣心备焉。"荀子之善言学如是。且所谓通于神明，参于天地者，又知礼义之极致，圣人与天地合其德在是，圣人复起，岂能易其言哉！而于礼义与性，卒视若阂隔不可通。以圣人异于常人，以礼义出于圣人之心，常人学然后能明礼义，若顺其性之自然，则生争夺；以礼义为制其性，去争夺者也，因性恶而加矫揉之功，使进于善，故贵礼义；苟顺其自然而无争夺，安用礼义为哉！又以礼义虽人皆可以知，可以能，圣人虽人之可积而致，然必由于学。弗学而能，乃属之性；学而后能，弗学虽可以而不能，不得属之性。此荀子立说之所以异于孟子也。

问：荀子于礼义与性视若阂隔而不可通，其蔽安在？今何以决彼之非而信孟子之是？

曰：荀子知礼义为圣人之教，而不知礼义亦出于性；知礼义为明于其必然，而不知必然乃自然之极则，适以完其自然也。就孟子之书观之，明理义之为性，举仁义礼智以言性者，以为亦出于性之自然，人皆弗学而能，学以扩而充之耳。荀子之重学也，无于内而取于外；孟子之重学也，有于内而资于外。夫资于饮食，能为身之营卫血气者，所资以养者之气，与其身本受之气，原于天地非二也。故所资虽在外，能化为血气以益其内，未有内无本受之气，与外相得而徒资焉者也。问学之于德性亦然。有己之德性，而问学以通乎古贤圣之德性，是资于古贤圣所言德性埤益己之德性也。冶金若水，而不闻以金益水，以水益金，岂可云己本无善，己无天德，而积善成德，如罍之受水哉！以是断之，荀子之所谓性，孟子非不谓之性，然而荀子举其小而遗其大也，孟子明其大而非舍其小也。

问：告子言"生之谓性"，言"性无善无不善"，言"食色性也""仁内""义外"，朱子以为同于释氏；朱子云："生，指人物之所以知觉运动者而言，与近世佛氏所谓'作用是性'者略相似。"又云："告子以人之知觉运动者为性，故言人之甘食悦色者即其性。"其"杞柳""湍水"之喻，又以为同于荀、扬；朱子于"杞柳"之喻云："如荀子性恶之说。"于"湍水"之喻云："近于扬子善恶混之说。"然则荀、扬亦与释氏同欤？

曰：否。荀、扬所谓性者，古今同谓之性，即后儒称为"气质之性"者也，但不当遗理义而以为恶耳。在孟子时，则公都子引或曰"性可以为善，可以为不善"，或曰"有性善，有性不善"，言不同而所指之性同。荀子见于圣人生而神明者，不可概之人人，其下皆学而后善，顺其自然则流于恶，故以恶加之；论似偏，与"有性不善"合，然谓礼义为圣心，是圣人之性独善，实兼公都子两引"或曰"之说。扬子见于长善则为善人，长恶则为恶人，故曰"人之性也善恶混"，又曰"学则正，否则邪"，与荀子论断似参差而匪异。韩子言，"性之品有上中下三，上焉者善焉而已矣，中焉者可导而上下也，下焉者恶焉而已矣"，此即公都子两引"或曰"之说会通为一。朱子云："气质之性固有美恶之不同矣，然以其初而言，皆不甚相远也，但习于善则善，习于恶则恶，于是始相远耳。""人之气质，相近之中又有美恶，一定而非习之所能移也。"直会通公都子两引"或曰"之说解《论语》矣，程子云："有自幼而善，有自幼而恶，是气禀有然也。善固性也，然恶亦不可不谓之性也。"《朱子语类》："问：'恶是气禀，如何云亦不可不谓之性？'

曰：'既是气禀，恶便牵引得那性不好。盖性止是搭附在气禀上，既是气禀不好，便和那性坏了。'"又云："如水为泥沙所混，不成不唤做水。"此与"有性善，有性不善"合，而于"性可以为善，可以为不善"亦未尝不兼；特彼仍其性之名，此别之曰气禀耳。程子又云："'人生而静'以上不容说，才说性时，便已不是性也。"朱子释之云："'人生而静'以上是人物未生时，止可谓之理，未可名为性，所谓'在天曰命'也。才说性时便是人生以后，此理已堕在形气中，不全是性之本体矣。所谓'在人曰性'也。"据《乐记》，"人生而静"与"感于物而动"对言之，谓方其未感，非谓人物未生也。《中庸》"天命之谓性"，谓气禀之不齐，各限于生初，非以理为在天在人异其名也。况如其说。是孟子乃追溯人物未生，未可名性之时而曰性善；若就名性之时，已是人生以后，已堕在形气中，安得断之曰善？由是言之，将天下今古惟上圣之性不失其性之本体，自上圣而下，语人之性皆失其性之本体。人之为人，舍气禀气质，将以何者谓之人哉？

是孟子言人无有不善者，程子、朱子言人无有不恶，其视理俨如有物，以善归理，虽显遵孟子性善之云，究之孟子就人言之者，程、朱乃离人而空论夫理，故谓孟子"论性不论气不备"。若不视理如有物，而其见于气质不善，卒难通于孟子之直断曰善。宋儒立说，似同于孟子而实异，似异于荀子而实同也。孟子不曰"性无有不善"，而曰"人无有不善"。性者，飞潜动植之通名；性善者，论人之性也。如飞潜动植，举凡品物之性，皆就其气类别之。人物分于阴阳五行以成性，舍气类，更无性之名。医家用药，在精辨其气类之殊。不别其性，则能杀人。使曰"此气类之殊者已不是性"，良医信之乎？试观之桃与杏：取其核而种之。萌芽甲坼，根干枝叶，为华为实，形色臭味，桃非杏也，杏非桃也，无一不可区别。由性之不同，是以然也。其性存乎核中之白，即俗呼桃仁、杏仁者。形色臭味无一或阙也。凡植禾稼卉木，畜鸟兽虫鱼，皆务知其性。知其性者，知其气类之殊，乃能使之硕大蕃滋也。何独至于人而指夫分于阴阳五行以成性者，曰"此已不是性也"岂其然哉？

自古及今，统人与百物之性以为言，气类各殊是也。专言乎血气之伦，不独气类各殊，而知觉亦殊。人以有礼义，异于禽兽，实人之知觉大远乎物则然，此孟子所谓性善。而荀子视礼义为常人心知所不及，故别而归之圣人。程子、朱子见于生知安行者罕睹，谓气质不得概之曰善，荀、扬之见固如是也。特以如此则悖于孟子，故截气质为一性，言君子不谓之性；截理义为一性，别而归之天，以附合孟子。其归之天不归之圣人者，以理为人与我。是理者，我之本无也，以理为天与我，庶几凑泊附着，可融为一。是借天为说，闻者不复疑于本无，遂信天与之得为本有耳。彼荀子见学之不可以已，非本无，何待于学？而程子朱子亦见学之不可以已，其本有者，何以又待于学？故谓"为气质所污坏"，以便于言本有者之转而如本无也。于是性之名移而加之理，而气化生人生物适以病性。性譬水之清，因地而污浊，程子云："有流而至海，终无所污，此何烦人力之为也；有流而未远，固已渐浊；有出而甚远，方有所浊。有浊之多者，有浊之少者，清浊虽不同，然不可以浊者不为水也。如此，则人不可以不加澄治之功。故用力敏勇，则疾清；用力缓怠，则迟清。及其清也，则却止，是元初水也，亦不是将清来换却浊，亦不是取出浊来置在一隅也。水之清，则性善之谓也。"不过从老、庄、释氏所谓真宰真空者之受形以后，昏昧于欲，而改变其说。特彼以真宰真空为我，形体为非我，此仍以气质为我，难言性为非我，则惟归之天与我而后可谓之我有，亦惟归之天与我而后可为完全自足之物，断之为善，惟使之截然别于我，而后虽天与我完全自足，可以咎我之坏之而待学以复之，以水之清喻性，以受污而浊喻性堕于形气中污坏，以澄之而清喻学。水静则能清，老、庄、释氏之主于无欲，主于静寂是也。因改变其说为主敬，为存理，依然释氏教人认本来面目，教人常惺惺之法。若夫古贤圣之由博学、审问、慎思、明辨、笃行以扩而充之者，岂徒澄清已哉？程子、朱子于老、庄、释氏既入其室，操其矛矣，然改变其言，以为《六经》、孔、孟如是，按诸荀子差近之，而非《六经》、孔、孟也。

问：孟子曰："口之于味也，目之于色也，耳之于声也，鼻之于臭也，四肢之于安佚也，性也，有命焉，君子不谓性也；仁之于父子也，义之于君臣也，礼之于宾主也，智之于贤者也，圣人之于天道也，命也，有性焉，君子不谓命也。"宋儒以气质之性非性，其说本此。张子云："形而后有气质之性；善反之，则天地之性存焉。故气质之性，君子有弗性者焉。"
程子云："论性不论气，不备；论气不论性，不明。"在程、朱以理当孟子之所谓善者，而讥其未备。朱子云："孟子说性善，是论性不论气。荀、扬而下是论气不论性。孟子终是未备，所以不能杜绝荀、扬之口。然不备，但少欠耳；不明，则大害矣。"然于声色、臭味、安佚之为性，不能谓其非指气质，则以为据世之人云尔；朱子云："世之人以前五者为性，以后五者为命。"于性相近之言，不能谓其非指气质，是世之人同于孔子，而孟子别为异说也。朱子答门人云："气质之说，起于张、程。韩退之原性中说'三品'，但不曾分明说是气质之性耳；孟子谓性善，但说得本原处，下面不曾说得气质之性，所以亦费分疏；诸子说性恶与善恶混；使张、程之说早出，则许多说话自不用纷争。"是又以荀、扬、韩同于孔子。至告子亦屡援性相近以证其生之谓性之说，将使告子分明说是气质之性，孟子不得而辩之矣；孔子亦未云气质之性，岂犹夫告子，犹夫荀、扬之论气不论性不明欤？程子深訾荀、扬不识性，程子云："荀子极偏驳，止一句性恶，大本已失；扬子虽少过，然亦不识性，便说甚道。"以自伸其谓性即理之异于荀、扬。独性相近一言见《论语》，程子虽曰"理无不善，何相近之有"，而不敢以与荀、扬同讥，苟非孔子之言，将讥其人不识性矣。

今以孟子与孔子同，程、朱与荀、扬同，孔、孟皆指气禀气质，而人之气禀气质异于禽兽，心能开通，行之不失，即谓之理义；程、朱以理为如有物焉，实杂乎老、庄、释氏之言。然则程、朱之学殆出老、释而入荀、扬，其所谓性非孔、孟之所谓性，其所谓气质之性乃荀、扬之所谓性欤？

曰：然。人之血气心知，原于天地之化者也。有血气，则所资以养其血气者，声、色、臭、味是也。有心知，则知有父子，有昆弟，有夫妇，而不止于一家之亲也，于是又知有君臣，有朋友；五者之伦，相亲相治，则随感而应为喜、怒、哀、乐。合声、色、臭、味之欲，喜、怒、哀、乐之情，而人道备。"欲"根于血气，故曰性也，而有所限而不可逾，则命之谓也。仁义礼智之懿不能尽人如一者，限于生初，所谓命也，而皆可以扩而充之，则人之性也。谓〈性〉①犹云"借口于性"耳；君子不借口于性以逞其欲，不借口于命之限之而不尽其材。后儒未详审文义，失孟子立言之指。不谓性非不谓之性，不谓命非不谓之命。由此言之，孟子之所谓性，即口之于味、目之于色、耳之于声、鼻之于臭、四肢于安佚之为性；所谓人无有不善，即能知其限而不逾之为善，即血气心知能底于无失之为善；所谓仁义礼智，即以名其血气心知，所谓原于天地之化者之能协于天地之德也。此荀、扬之所未达，而老、庄、告子、释氏昧焉而妄为穿凿者也。

卷下

才三条

才者，人与百物各如其性以为形质，而知能遂区以别焉，孟子所谓"天之降才"是也。气化生人生物，据其限于所分而言谓之命，据其为人物之本始而言谓之性，据其体质而言谓之才。由成性各殊，故才质亦殊。才质者，性之所呈也；舍才质安睹所谓性哉！以人物譬之器，才则其器之质也；分于阴阳五行而成性各殊，则才质因之而殊。犹金锡之在冶，冶金以为器，则其器金也；冶锡以为器，则其器锡也；品物之不同如是矣。从而察之，金锡之精良与否，其器之为质，一如乎所冶之金锡，一类之中又复不同如是矣。为金为锡，及其金锡之精良与否，性之喻也；其分于五金之中，而器之所以为器即于是乎限，命之喻也；就器而别之，孰金孰锡，孰精良与孰否，才之喻也。故才之美恶，于性无所增，亦无所损。夫金锡之为器，一成而不变者也；人又进乎是。

自圣人而下，其等差凡几？或疑人之才非尽精良矣，而不然也。犹金之五品，而黄金为贵，虽其不美者，莫与之比贵也，况乎人皆可以为贤为圣也！后儒以不善归气禀；孟子所谓性，所谓才，皆言乎气禀而已矣。其禀受之全，则性也；其体质之全，则才也。禀受之全，无可据以为言；如桃杏之性，全于核中之白，形色臭味，无一弗具，而无可见，及萌芽甲坼，

---

① "谓"下疑脱"性"，据何校本补。

根干枝叶，桃与杏各殊；由是为华为实，形色臭味无不区以别者，虽性则然，皆据才见之耳。成是性，斯为是才。别而言之，曰命，曰性，曰才；合而言之，是谓天性。故孟子曰："形色，天性也，惟圣人然后可以践形。"人物成性不同，故形色各殊。人之形，官器利用大远乎物，然而于人之道不能无失，是不践此形也；犹言之而行不逮，是不践此言也。践形之与尽性，尽其才，其义一也。

问：孟子答公都子曰："乃若其情，则可以为善矣，乃所谓善也。若夫为不善，非才之罪也。"朱子云："情者，性之动也。"又云："恻隐、羞恶、辞让、是非，情也；仁义礼智，性也。心，统性情者也，因其情之发，而性之本然可得而见。"夫公都子问性，列三说之与孟子言性善异者，乃舍性而论情，偏举善之端为证。彼荀子之言性恶也，曰："今人之性，生而有好利焉，顺是，故争夺生而辞让亡焉；生而有疾恶焉，顺是，故残贼生而忠信亡焉；生而有耳目之欲，有好声色焉，顺是，故淫乱生而礼义文理亡焉。然则从人之性，顺人之情，必出于争夺，合于犯分乱理而归于暴。故必将有师法之化，礼义之导，然后出于辞让，合于文理而归于治。用此观之，然则人之性恶明矣。"是荀子证性恶，所举者亦情也，安见孟子之得而荀子之失欤？

曰：人生而后有欲，有情，有知，三者，血气心知之自然也。给于欲者，声色臭味也，而因有爱畏；发乎情者，喜怒哀乐也，而因有惨舒；辨于知者，美丑是非也，而因有好恶。声色臭味之欲，资以养其生；喜怒哀乐之情，感而接于物；美丑是非之知，极而通于天地鬼神。声色臭味之爱畏以分，五行生克为之也；喜怒哀乐之惨舒以分，时遇顺逆为之也；美丑是非之好恶以分，志虑从违为之也；是皆成性然也。有是身，故有声色臭味之欲；有是身，而君臣、父子、夫妇、昆弟、朋友之伦具，故有喜怒哀乐之情。惟有欲有情而又有知，然后欲得遂也，情得达也。天下之事，使欲之得遂，情之得达，斯已矣。惟人之知，小之能尽美丑之极致，大之能尽是非之极致。然后遂己之欲者，广之能遂人之欲；达己之情者，广之能达人之情。道德之盛，使人之欲无不遂，人之情无不达，斯已矣。欲之失为私，私则贪邪随之矣；情之失为偏，偏则乖戾随之矣；知之失为蔽，蔽则差谬随之矣。不私，则其欲皆仁也，皆礼义也；不偏，则其情必和易而平恕也；不蔽，则其知乃所谓聪明圣智也。

孟子举恻隐、羞恶、辞让、是非之心谓之心，不谓之情。首云"乃若其情"，非性情之情也。孟子不又云乎："人见其禽兽也，而以为未尝有才焉，是岂人之情也哉！"情，犹素也，实也。孟子于性，本以为善，而此云"则可以为善矣"。"可"之为言，因性有等差而断其善，则未见不可。下云："乃所谓善也"，对上"今曰性善"之文；继之云，"若夫为不善，非才之罪也"。"为"，犹成也，卒之成为不善者，陷溺其心，放其良心，至于梏亡之尽，违禽兽不远者也；言才则性见，言性则才见，才于性无所增损故也。人之性善，故才亦美，其往往不美，未有非陷溺其心使然，故曰"非天之降才尔殊"。才可以始美而终于不美，由才失其才也，不可谓性始善而终于不善。性以本始言，才以体质言也。体质戕坏，究非体质之罪，又安可咎其本始哉！倘如宋儒言"性即理"，言"人生以后，此理已堕在形气之中"，不全是性之本体矣。以孟子言性于陷溺梏亡之后，人见其不善，犹曰"非才之罪"者，宋儒于"天之降才"即罪才也。

问：天下古今之人，其才各有所近。大致近于纯者，慈惠忠信，谨厚和平，见善则从而耻不善；近于清者，明达广大，不惑于疑似，不滞于习闻，其取善去不善亦易。此或不能相兼，皆才之美者也。才虽美，犹往往不能无偏私。周子言性云："刚：善为义，为直，为断，为严毅，为干固；恶为猛，为隘，为强梁。柔：善为慈，为顺，为巽；恶，为懦弱，为无断，为邪佞。"而以"圣人然后协于中"，此亦就才见之而明举其恶。程子云："性无不善，而有不善者才也。性即理，理则自尧、舜至于涂人，一也。才禀于气，气有清浊，禀其清者为贤，禀其浊者为愚。"此以不善归才，而分性与才为二本。朱子谓其密于孟子，朱子云："程子此说才字，与孟子本文小异。盖孟子专指其发于性者言之，故以为才无不善；程子专指其禀于气者言之，则人之才固有昏明强弱之不同矣。二说虽殊，各有所当；然以事理考之，程子为密。"犹之讥孟子"论性不论气，不备"，皆足证宋儒虽尊孟子，而实相与龃龉①。然如周子所谓恶者，岂非才之罪欤？

曰：此偏私之害，不可以罪才，尤不可以言性。"孟子道性善"，成是性斯为是才，性善则才亦美，然非无偏私之为善为美也。人之初生，不食则死；人之幼稚，不学则愚；食以养其生，充之使长；学以养其良，充之至于贤人圣人；其故一也。才虽美，譬之良玉，成器而宝之，气泽日亲，久能发其光，可宝加乎其前矣；剥之蚀之，委弃不惜，久且伤坏无色，可宝减乎其前矣。又譬之人物之生，皆不病也，其后百病交侵，若生而善病者。或感于外而病，或受损于内身之阴阳五气胜负而病；指其病则皆发乎其体，而曰天与以多病之体，不可也。如周子所称猛隘、强梁、懦弱、无断、邪佞，是摘其才之病也；才虽美，失其养则然。孟子岂未言其故哉？因于失养，不可以是言人之才也。夫言才犹不可，况以是言性乎！

道四条

人道，人伦日用身之所行皆是也。在天地，则气化流行，生生不息，是谓道；在人物，则凡生生所有事，亦如气化之不可已，是谓道。《易》曰："一阴一阳之谓道。继之者，善也；成之者，性也。"言由天道以有人物也。《大戴礼记》曰："分于道谓之命，形于一谓之性。"言人物分于天道，是以不齐也。《中庸》曰："天命之谓性，率性之谓道。"言日用事为，皆由性起，无非本于天道然也。《中庸》又曰："君臣也，父子也，夫妇也，昆弟也，朋友之交也，五者，天下之达道也。"言身之所行，举凡日用事为，其大经不出乎五者也。孟子称"契为司徒，教以人伦：父子有亲，君臣有义，夫妇有别，长幼有序，朋友有信"，此即《中庸》所言"修道之谓教"也。曰性，曰道，指其实体实事之名；曰仁，曰礼，曰义，称其纯粹中正之名。人道本于性，而性原于天道。天地之气化流行不已，生生不息。

然而生于陆者，入水而死；生于水者，离水而死；生于南者，习于温而不耐寒；生于北者，习于寒而不耐温；此资之以为养者，彼受之以害生。

---

①龃龉（jǔ yǔ）：不协调，差失。

"天地之大德曰生"，物之不以生而以杀者，岂天地之失德哉！故语道于天地，举其实体实事而道自见，"一阴一阳之谓道""立天之道曰阴与阳，立地之道曰柔与刚"是也。人之心知有明暗，当其明则不失，当其暗则有差谬之失。故语道于人，人伦日用，咸道之实事，"率性之谓道""修身以道""天下之达道五"是也。此所谓道，不可不修者也，"修道以仁"及"圣人修之以为教"是也。其纯粹中正，则所谓"立人之道曰仁与义"，所谓"中节之为达道"是也。中节之为达道，纯粹中正，推之天下而准也；君臣、父子、夫妇、昆弟、朋友之交，五者为达道，但举实事而已。智仁勇以行之，而后纯粹中正。然而即谓之达道者，达诸天下而不可废也。《易》言天道而下及人物，不徒曰"成之者性"，而先曰"继之者善"，继谓人物于天地其善固继承不隔者也；善者，称其纯粹中正之名；性者，指其实体实事之名。一事之善，则一事合于天；成性虽殊而其善也则一。善，其必然也；性，其自然也；归于必然，适完其自然，此之谓自然之极致，天地人物之道于是乎尽。在天道不分言，而在人物，分言之始明。《易》又曰："仁者见之谓之仁，智者见之谓之智，百姓日用而不知，故君子之道鲜矣。"言限于成性而后，不能尽斯道者众也。

问：宋儒于命、于性、于道，皆以理当之，故云"道者，日用事物当行之理"。既为当行之理，则于修道不可通，故云"修，品节之也"；而于"修身以道，修道以仁"两"修"字不得有异，但云"能仁其身"而不置解。于"达道五"，举孟子所称"教以人伦"者实之，其失《中庸》之本指甚明。《中庸》又言"道也者，不可须臾离也"，朱子以此为存理之说，"不使离于须臾之顷"。王文成云："养德养身，止是一事。果能戒慎不睹，恐惧不闻，而专志于是，则神住，气住，精住，而仙家所谓'长生久视'之说，亦在其中矣。"又云："佛氏之'常惺惺'，亦是'常存他本来面目'耳。"程子、朱子皆求之于释氏有年，如王文成之言，乃其初所从事，后转其说，以"常存本来面目"者为"常存天理"，故于"常惺惺"之云无所改，反以"戒慎恐惧"四字为失之重。朱子云："心既常惺惺，而以规矩绳检之，此内外相养之道也。"又云："著'戒慎恐惧"四字，已是压得重了，要之止'略绰提撕'^①，今自省觉便是。"然则《中庸》言"道不可离"者，其解可得闻欤？

曰：出于身者，无非道也，故曰"不可须臾离，可离非道"；"可"如"体物而不可遗"之"可"。凡有所接于目而睹，人亦知戒慎其仪容也；有所接于耳而闻，人亦知恐惧夫愆失也。无接于目接于耳之时，或惰慢矣；惰慢之身，即不得谓之非失道。道者，居处、饮食、言动，自身而周于身之所亲，无不该焉也，故曰"修身以道"；道之责诸身，往往易致差谬，故又曰"修道以仁"。此由修身而推言修道之方，故举仁义礼以为之准则；下言达道而归责行之之人，故举智、仁、勇以见其能行。"修道以仁"，因及义，因又及礼，而不言智，非遗智也，明乎礼义即智也。"智仁勇三者，天下之达德"，而不言义礼，非遗义遗礼也，智所以知义，所以知礼也。仁义礼者，道于是乎尽也；智仁勇者，所以能尽道也。故仁义礼无等差，而智仁勇存乎其人，有"生知安行""学知利行""困知勉行"之殊。

古贤圣之所谓道，人伦日用而已矣，于是而求其无失，则仁义礼之名因之而生。非仁义礼有加于道也，于人伦日用行之无失，如是之谓仁，如是之谓义，如是之谓礼而已矣。宋儒合仁义礼而统谓之"理"，视之"如有物焉，得于天而具于心"，因以此为"形而上"，为"冲漠无朕"；以人伦日用为"形而下"，为"万象纷罗"。盖由老、庄、释氏之舍人伦日用而别有所（贵）〔谓〕^②道，遂转之以言夫理。在天地则以阴阳不得谓之道，在人物则以气禀不得谓之性，以人伦日用之事不得谓之道。《六经》、孔、孟之言，无与之合者也。

问：《中庸》曰："道之不行也，我知之矣，智者过之，愚者不及也；道之不明也，我知之矣，贤者过之，不肖者不及也。"朱子于"智者"云，"知之过，以道为不足行"；于"贤者"云，"行之过，以道为不足知"。既谓之道矣，以为不足行，不足知，必无其人。彼智者之所知，贤者之所行，又何指乎？《中庸》以"道之不行"属智愚，不属贤不肖；以"道之不明"属贤不肖，不属智愚；其意安在？

①略绰提撕：略绰，大致、大略；提撕，警觉、提醒。
②"贵"应为"谓"，据何校本改。

附录　戴震文选

曰：智者自负其不惑也，往往行之多谬；愚者之心惑暗，宜乎动辄愆失。贤者自信其出于正不出于邪，往往执而鲜通；不肖者陷溺其心，虽睹夫事之宜，而长恶遂非与不知等。然智愚、贤不肖，岂能越人伦日用之外者哉？故曰："人莫不饮食也，鲜能知味也。"饮食，喻人伦日用；知味，喻行之无失；使舍人伦日用以为道，是求知味于饮食之外矣。就人伦日用，举凡出于身者求其不易之则，斯仁至义尽而合于天。人伦日用，其物也；曰仁，曰义，曰礼，其则也。专以人伦日用，举凡出于身者谓之道，故曰"修身以道，修道以仁"，分物与则言之也；中节之为达道，中庸之为道，合物与则言也。

问：颜渊喟然叹曰："仰之弥高，钻之弥坚，瞻之在前，忽焉在后。"公孙丑曰："道则高矣美矣，宜若登天然，似不可及也；何不使彼为可几及而日孳孳也？"今谓人伦日用举凡出于身者谓之道，但就此求之，得其不易之则可矣，何以茫然无据又若是欤？

曰：孟子言"夫道若大路然，岂难知哉"，谓人人由之。如为君而行君之事，为臣而行臣之事，为父为子而行父之事、行子之事，皆所谓道也。君不止于仁，则君道失；臣不止于敬，则臣道失；父不止于慈，则父道失；子不止于孝，则子道失；然则尽君道、臣道、父道、子道，非智仁勇不能也。质言之，曰"达道"，曰"达德"；精言之，则全乎智仁勇者，其尽君道、臣道、父道、子道，举其事而亦不过谓之道。故《中庸》曰："大哉圣人之道！洋洋乎，发育万物，峻极于天！优优大哉！礼仪三百，威仪三千，待其人而后行。"极言乎道之大如是，岂出人伦日用之外哉！以至道归之至德之人，岂下学所易窥测哉！今以学于圣人者，视圣人之语言行事，犹学奕于奕秋者，莫能测奕秋之巧也，莫能遽几及之也。

颜子之言又曰："夫子循循然善诱人，博我以文，约我以礼。"《中庸》详举其目，曰博学、审问、慎思、明辨、笃行，而终之曰："果能此道矣，虽愚必明，虽柔必强。"盖循此道以至乎圣人之道，实循此道以日增其智，日增其仁，日增其勇也，将使智仁勇齐乎圣人。其日增也，有难有易，譬之学一技一能，其始日异而月不同；久之，人不见其进矣；又久之，己亦觉不复能进矣；人虽以国工许之，而自知未至也。颜子所以言"欲罢不能，既竭吾才，如有所立，卓尔，虽欲从之，末由也已"，此颜子之所至也。

仁义礼智二条

仁者，生生之德也；"民之质矣，日用饮食"，无非人道所以生生者。一人遂其生，推之而与天下共遂其生，仁也。言仁可以赅义，使亲爱长养不协于正大之情，则义有未尽，亦即为仁有未至。言仁可以赅礼，使无亲疏上下之辨，则礼失而仁亦未为得。且言义可以赅礼，言礼可以赅义；先王之以礼教，无非正大之情；君子之精义也，断乎亲疏上下，不爽几微。而举义举礼，可以赅仁，又无疑也。举仁义礼可以赅智，智者，知此者也。《易》曰："立人之道，曰仁与义。"而《中庸》曰："仁者，人也，亲亲为大；义者，宜也，尊贤为大；亲亲之杀，尊贤之等，礼所生也。"益之以礼，所以为仁至义尽也。语德之盛者，全乎智仁而已矣，而《中庸》曰："智仁勇三者，天下之达德也。"益之以勇，盖德之所以成也。就人伦日用，究其精微之极致，曰仁，曰义，曰礼，合三者以断天下之事，如权衡之于轻重，于仁无憾，于礼义不愆，而道尽矣。若夫德性之存乎其人，则曰智，曰仁，曰勇，三者，才质之美也，因才质而进之以学，皆可至于圣人。自人道溯之天道，自人之德性溯之天德，则气化流行，生生不息，仁也。由其生生，有自然之条理，观于条理之秩然有序，可以知礼矣；观于条理之截然不可乱，可以知义矣。在天为气化之生生，在人为其生生之心，是乃仁之为德也；在天为气化推行之条理，在人为心知之通乎条理而不紊，是乃智之为德也。惟条理，是以生生；条理苟失，则生生之道绝。凡仁义对文及智仁对文，皆兼生生、条理而言之者也。

问：《论语》言"主忠信"，言"礼，与其奢也宁俭；丧，与其易也宁戚"；子夏闻"绘事后素"，而曰"礼后乎"；朱子云"礼以忠信为质"，引《记》称"忠信之人，可以学礼"证之；老氏直言"礼者，忠信之薄，而乱之首"，指归几于相似。然《论语》又曰："十室之邑，必有忠信如丘者焉，不如丘之好学也。"曰："克己复礼为仁。"《中庸》于礼，以"知天"言之。孟子曰："动容周旋中礼，盛德之至也。"重学重礼如是，忠信又不足言，何也?

曰:礼者,天地之条理也,言乎条理之极,非知天不足以尽之。即仪文度数,亦圣人见于天地之条理,定之以为天下万世法。礼之设所以治天下之情,或裁其过,或勉其不及,俾知天地之中而已矣。至于人情之漓,犹饰于貌,非因饰貌而情漓也,其人情渐漓而徒以饰貌为礼也,非恶其饰貌,恶其情漓耳。礼以治其俭陋,使化于文;丧以治其哀戚,使远于直情而径行。情漓者驰骛于奢与易,不若俭戚之于礼,虽不足,犹近乎制礼所起也,故以答林放问礼之本。"忠信之人,可以学礼",言质美者进之于礼,无饰貌情漓之弊,忠信乃其人之质美,犹曰"苟非其人,道不虚行"也。

至若老氏,因俗失而欲并礼去之,意在还淳反朴,究之不能必天下尽归淳朴,其生而淳朴者,直情径行;流于恶薄者,肆行无忌,是同人于禽兽,率天下而乱者也。君子行礼,其为忠信之人固不待言;而不知礼,则事事爽其条理,不足以为君子。林放问"礼之本",子夏言"礼后",皆重礼而非轻礼也。《诗》言"素以为绚","素"以喻其人之娴于仪容;上云"巧笑倩""美目盼"者,其美乃益彰,是之谓"绚";喻意深远,故子夏疑之。"绘事后素"者,郑康成云:"凡绘画,先布众色,然后以素分布其间以成文。"何平叔《景福殿赋》所谓"班间布白,疏密有章",盖古人画绘定法。其注《考工记》"凡画缋之事后素功"云:"素,白采也;后布之,为其易渍污也。"是素功后施,始五采成章烂然,貌既美而又娴于仪容,乃为诚美,"素以为绚"之喻昭然矣。子夏触于此言,不特于《诗》无疑,而更知凡美质皆宜进之以礼,斯君子所贵。若谓子夏后礼而先忠信则见于礼,亦如老氏之仅仅指饰貌情漓者所为,与林放以饰貌情漓为俗失者,意指悬殊,孔子安得许之?忠信由于质美,圣贤论行,固以忠信为重,然如其质而见之行事,苟学不足,则失在知,而行因之谬,虽其心无弗忠弗信,而害道多矣。行之差谬,不能知之,徒自期于心无愧者,其人忠信而不好学,往往出于此矣。

诚二条

诚,实也。据《中庸》言之,所实者,智仁勇也;实之者,仁也,义也，礼也。由血气心知而语于智、仁、勇，非血气心知之外别有智、有仁、有勇以予之也。就人伦日用而语于仁，语于礼义，舍人伦日用，无所谓仁，所谓义，所谓礼也。血气心知者，分于阴阳五行而成性者也，故曰"天命之谓性"；人伦日用，皆血气心知所有事，故曰"率性之谓道。"全乎智仁勇者，其于人伦日用，行之而天下睹其仁，睹其礼义，善无以加焉，"自诚明"者也；学以讲明人伦日用，务求尽夫仁，尽夫礼义，则其智仁勇所至，将日增益以〈至〉①于圣人之德之盛，"自明诚"者也。质言之，曰人伦日用；精言之，曰仁，曰义，曰礼。所谓"明善"，明此者也；所谓"诚身"，诚此者也。质言之，曰血气心知；精言之，曰智，曰仁，曰勇。所谓"致曲"，致此者也；所谓"有诚"，有此者也。言乎其尽道，莫大于仁，而兼及义，兼及礼；言乎其能尽道，莫大于智，而兼及仁，兼及勇。是故善之端不可胜数，举仁义礼三者而善备矣；德性之美不可胜数，举智仁勇三者而德备矣。曰善，曰德，尽其实之谓诚。

问：《中庸》言："或生而知之，或学而知之，或困而知之"；"或安而行之，或利而行之，或勉强而行之。"朱子云："所知所行，谓达道也。"今据上文云"君臣也，父子也"之属，但举其事，即称之曰"达道"；以智仁勇行之，而后为君尽君道，为臣尽臣道；然则所谓知之行之，宜承智仁勇之能尽道而言。《中庸》既云"所以行之者三"，又云"所以行之者一也"，程子、朱子以"诚"当其所谓"一"；下云"凡为天下国家有九经，所以行之者一也"，朱子亦谓"不诚则皆为虚文"。在《中庸》，前后皆言诚矣，此何以不言"所以行之者诚也"？

曰：智也者，言乎其不蔽也；仁也者，言乎其不私也；勇也者，言乎其自强也；非不蔽不私加以自强，不可语于智仁勇。既以智仁勇行之，即诚也。使智仁勇不得为诚，则是不智不仁不勇，又安得曰智仁勇！下云"齐明盛服，非礼不动，所以修身〈也〉；去谗远色，贱货而贵德，所以劝贤〈也〉②"；既若此，亦即诚也。使"齐明盛服，非礼不动"为虚文，则是未尝"齐明盛服，非礼不动"也；"去谗远色，贱货而贵德"为虚文，则

①疑脱"至"，据文义增补。
②脱"也"字，据《中庸》增补。

是未尝"去谗",未尝"远色",未尝"贱货贵德"也;又安得言之!其皆曰"所以行之者一也",言人之才质不齐,而行"达道"之必以智仁勇,修身之必以齐明盛服,非礼不动,劝贤之必以去谗远色,贱货而贵德,则无不同也。孟子答公孙丑曰,"大匠不为拙工改废绳墨,羿不为拙射变其彀率^①",言不因巧拙而有二法也;告滕世子曰,"夫道,一而已矣",言不因人之圣智不若尧、舜、文王而有二道也。盖才质不齐,有生知安行,有学知利行,且有困知及勉强行。其生知安行者,足乎智,足乎仁,足乎勇者也;其学知利行者,智仁勇之少逊焉者也;困知勉强行者,智仁勇不足者也。《中庸》又曰,"及其知之一也""及其成功一也",则智仁勇可自少而加多,以至乎其极,道责于身,舍是三者,无以行之矣。

权五条

权,所以别轻重也。凡此重彼轻,千古不易者,常也,常则显然共见其千古不易之重轻;而重者于是乎轻,轻者于是乎重,变也,变则非智之尽,能辨察事情而准,不足以知之。《论语》曰:"可与共学,未可与适道;可与适道,未可与立;可与立,未可与权。"盖同一所学之事,试问何为而学,其志有去道甚远者矣,求禄利声名者是也,故"未可与适道";道责于身,不使差谬,而观其守道,能不见夺者寡矣,故"未可与立";虽守道卓然,知常而不知变,由精义未深,所以增益其心知之明使全乎圣智者,未之尽也,故"未可与权。"

孟子之辟杨墨也,曰:"杨、墨之道不息,孔子之道不著,是邪说诬民,充塞仁义也;仁义充塞,则率兽食人,人将相食。今人读其书,孰知所谓'率兽食人,人将相食'者安在哉!"孟子又曰:"杨子取为我,拔一毛而利天下,不为也;墨子兼爱,摩顶放踵利天下,为之;子莫执中,执中为近之,执中无权,犹执一也。所恶执一者,为其贼道也,举一而废百也。"今人读其书,孰知"无权"之故,"举一而废百"之为害至巨哉!孟子道性善,于告子言"以人性为仁义",则曰"率天下之人而祸仁义",今人读其书,

---

① 彀(gòu)率:弓张开的程度。

又孰知性之不可不明，"戕贼人以为仁义"之祸何如哉！老聃、庄周"无欲"之说，及后之释氏所谓"空寂"，能脱然不以形体之养与有形之生死累其心，而独私其所谓"长生久视"，所谓"不生不灭"者，于人物一视而同用其慈，盖合杨、墨之说以为说。由其自私，虽拔一毛可以利天下，不为；由其外形体，溥慈爱，虽摩顶放踵以利天下，为之。

宋儒程子、朱子，易老、庄、释氏之所私者而贵理，易彼之外形体者而咎气质；其所谓理，依然"如有物焉宅于心"。于是辨乎理欲之分，谓"不出于理则出于欲，不出于欲则出于理"，虽视人之饥寒号呼，男女哀怨，以至垂死冀生，无非人欲，空指一绝情欲之感者为天理之本然，存之于心。及其应事，幸而偶中，非曲体事情，求如此以安之也；不幸而事情未明，执其意见，方自信天理非人欲，而小之一人受其祸，大之天下国家受其祸，徒以不出于欲，遂莫之或寤也。凡以为"理宅于心""不出于欲则出于理"者，未有不以意见为理而祸天下者也。

人之患，有私有蔽；私出于情欲，蔽出于心知。无私，仁也；不蔽，智也；非绝情欲以为仁，去心知以为智也。是故圣贤之道，无私而非无欲；老、庄、释氏，无欲而非无私；彼以无欲成其自私者也；此以无私通天下之情，遂天下之欲者也。凡异说皆主于无欲，不求无蔽；重行，不先重知。人见其笃行也，无欲也，故莫不尊信之。圣贤之学，由博学、审问、慎思、明辨而后笃行，则行者，行其人伦日用之不蔽者也，非如彼之舍人伦日用，以无欲为能笃行也。人伦日用，圣人以通天下之情，遂天下之欲，权之而分理不爽，是谓理。宋儒乃曰"人欲所蔽"，故不出于欲，则自信无蔽。古今不乏严气正性、疾恶如仇之人，是其所是，非其所非；执显然共见之重轻，实不知有时权之而重者于是乎轻，轻者于是乎重。其是非轻重一误，天下受其祸而不可救。岂人欲蔽之也哉？自信之理非理也。然则孟子言"执中无权"，至后儒又增一"执理无权"者矣。

问：宋儒亦知就事物求理也，特因先入于释氏，转其所指为神识者以指理，故视理"如有物焉"，不徒曰"事物之理"，而曰"理散在事物"。事物之理，必就事物剖析至微而后理得；理散在事物，于是冥心求理，谓

"一本万殊"，谓"放之则弥六合，卷之则退藏于密"，实从释氏所云"偏见俱该法界，收摄在一微尘"者比类得之。既冥心求理，以为得其体之一矣；故自信无欲则谓之理，虽意见之偏，亦曰"出于理不出于欲"。徒以理为"如有物焉"，则不以为一理而不可；而事必有理，随事不同，故又言"心具众理，应万事"；心具之而出之，非意见固无可以当此者耳。众理毕具于心，则一事之来，心出一理应之；易一事焉，又必易一理应之；至百千万亿，莫知纪极。心既毕具，宜可指数；其为一，为不胜指数，必又有说，故云"理一分殊"。然则《论语》两言"以一贯之"，朱子于语曾子者，释之云："圣人之心，浑然一理，而泛应曲当，用各不同；曾子于其用处，盖已随事精察而力行之，但未知其体之一耳。"此解亦必失之。二章之本义，可得闻欤？

曰："一以贯之"，非言"以一贯之"也。道有下学上达之殊致，学有识其迹与精于道之异趋；"吾道一以贯之"，言上达之道即下学之道也；"予一以贯之"，不曰"予学"，蒙上省文，言精于道，则心之所通，不假于纷然识其迹也。《中庸》曰："（中）〔忠〕①恕违道不远。"孟子曰："强恕而行，求仁莫近焉。"盖人能出于己者必忠，施于人者以恕，行事如此，虽有差失，亦少矣。凡未至乎圣人，未可语于仁，未能无憾于礼义，如其才质所及，心知所明，谓之忠恕可也。圣人仁且智，其见之行事，无非仁，无非礼义，忠恕不足以名之，然而非有他也，忠恕至斯而极也。故曾子曰，"夫子之道，忠恕而已矣"。"而已矣"者，不足之辞，亦无更端之辞。下学而上达，然后能言此。《论语》曰："多闻阙疑，慎言其余；多见阙殆，慎行其余。"又曰："多闻，择其善者而从之；多见而识之，知之次也。"又曰："我非生而知之者，好古敏以求之者也。"是不废多学而识矣。然闻见不可不广，而务在能明于心。一事豁然，使无余蕴，更一事而亦如是，久之，心知之明，进于圣智，虽未学之事，岂足以穷其智哉！《易》曰："精义入神，以致用也。"又曰："智周乎万物而道济天下，故不过。"孟子曰："君子深造之以道，欲其自得之也；自得之，则居之安；居之安，则资之深；资之深，则取之左右逢其源。"凡此，皆精于道之谓也。心精于道，全乎

① "中"应为"忠"，据《中庸》文本改正。

圣智，自无弗贯通，非多学而识所能尽；苟徒识其迹，将日逐于多，适见不足。《易》又曰："天下同归而殊涂，一致而百虑，天下何思何虑！""同归"，如归于仁至义尽是也；"殊涂"，如事情之各区以别是也；"一致"，如心知之明尽乎圣智是也；"百虑"，如因物而通其则是也。孟子曰："博学而详说之，将以反说约也。""约"谓得其至当；又曰："守约而施博者，善道也"；"君子之守，修其身而天下平。""约"谓修其身。《六经》、孔、孟之书，语行之约，务在修身而已；语知之约，致其心之明而已；未有空指"一"而使人知之求之者。致其心之明，自能权度事情，无几微差失，又焉用知"一"求"一"哉？

问：《论语》言"克己复礼为仁"，朱子释之云："己，谓身之私欲；礼者，天理之节文。"又云："心之全德，莫非天理，而亦不能不坏于人欲。"盖与其所谓"人生以后此理堕在形气中"者互相发明。老、庄、释氏，无欲而非无私；圣贤之道，无私而非无欲；谓之"私欲"，则圣贤固无之。然如颜子之贤，不可谓其不能胜私欲矣，岂颜子犹坏于私欲邪？况下文之言"为仁由己"，何以知"克己"之"己"不与下同？此章之外，亦绝不闻"私欲"而称之曰"己"者。朱子又云："为仁由己，而非他人所能与。"在"语之而不惰"者，岂容加此赘文以策励之！其失解审矣。然则此章之解，可得闻欤？

曰：克己复礼之为仁，以"己"对"天下"言也。礼者，至当不易之则，故曰"动容周旋中礼，盛德之至也。"凡意见少偏，德性未纯，皆己与天下阻隔之端；能克己以还其至当不易之则，斯不隔于天下，故曰"一日克己复礼，天下归仁焉"。然又非取决于天下乃断之为仁也，断之为仁，实取决于己，不取决于人，故曰，"为仁由己，而由人乎哉"。自非圣人，未易语于意见不偏，德性纯粹；至意见不偏，德性纯粹，动皆中礼矣。就一身举之，有视，有听，有言，有动，四者勿使爽失于礼，与"动容周旋中礼"，分"安""勉"而已。圣人之言，无非使人求其至当以见之行；求其至当，即先务于知也。凡去私不求去蔽，重行不先重知，非圣学也。孟子曰："执中无权，犹执一也。"权，所以别轻重；谓心之明，至于辨察事情而准，故曰"权"；学至是，一以贯之矣，意见之偏除矣。

问：孟子辟杨、墨，韩退之辟老、释，今子于宋以来儒书之言，多辞而辟之，何也？

曰：言之深入人心者，其祸于人也大而莫之能觉也；苟莫之能觉也，吾不知民受其祸之所终极。彼杨、墨者，当孟子之时，以为圣人贤人者也；老、释者，世以为圣人所不及者也；论其人，彼各行所知，卓乎同于躬行君子，是以天下尊而信之。而孟子、韩子不能已于与辨，为其言入人心深，祸于人大也。岂寻常一名一物之讹舛比哉！孟子答公孙丑问"知言"曰："诐辞知其所蔽，淫辞知其所陷，邪辞知其所离，遁辞知其所穷。生于其心，害于其政；发于其政，害于其事。圣人复起，必从吾言矣。"答公都子问"外人皆称夫子好辩"曰："邪说者不得作。作于其心，害于其事；作于其事，害于其政。圣人复起，不易吾言矣。"孟子两言"圣人复起"，诚见夫诐辞邪说之深入人心，必害于事，害于政，天下被其祸而莫之能觉也。使不然，则杨、墨、告子其人，彼各行所知，固卓乎同于躬行君子，天下尊而信之，孟子胡以恶之哉？杨朱哭衢途，彼且悲求诸外者歧而又歧；墨翟之叹染丝，彼且悲人之受染，失其本性。

老、释之学，则皆贵于"抱一"，贵于"无欲"；宋以来儒者，盖以理（之说）〔说之〕①。其辨乎理欲，犹之执中无权；举凡饥寒愁怨、饮食男女、常情隐曲之感，则名之曰"人欲"，故终其身见欲之难制；其所谓"存理"，空有理之名，究不过绝情欲之感耳。何以能绝？曰"主一无适"，此即老氏之"抱一""无欲"，故周子以"一"为学圣之要，且明之曰，"一者，无欲也"。天下必无舍生养之道而得存者，凡事为皆有于欲，无欲则无为矣；有欲而后有为，有为而归于至当不可易之谓理；无欲无为又焉有理！老、庄、释氏主于无欲无为，故不言理；圣人务在有欲有为之咸得理。是故君子亦无私而已矣，不贵无欲。

君子使欲出于正，不出于邪，不必无饥寒愁怨、饮食男女、常情隐曲之感，于是诪说诬辞，反得刻议君子而罪之，此理欲之辨使君子无完行者，

① 据文义改正。

为祸如是也。以无欲然后君子，而小人之为小人也，依然行其贪邪；独执此以为君子者，谓"不出于理则出于欲，不出于欲则出于理"，其言理也，"如有物焉，得于天而具于心"，于是未有不以意见为理之君子；且自信不出于欲，则曰"心无愧怍"。夫古人所谓不愧不怍者，岂此之谓乎！不寤意见多偏之不可以理名，而持之必坚；意见所非，则谓其人自绝于理：此理欲之辨，适成忍而残杀之具，为祸又如是也。

夫尧、舜之忧四海困穷，文王之视民如伤，何一非为民谋其人欲之事！惟顺而导之，使归于善。今既截然分理欲为二，治己以不出于欲为理，治人亦必以不出于欲为理，举凡民之饥寒愁怨、饮食男女、常情隐曲之感，咸视为人欲之甚轻者矣。轻其所轻，乃"吾重天理也，公义也"，言虽美，而用之治人，则祸其人。至于下以欺伪应乎上，则曰"人之不善"，胡弗思圣人体民之情，遂民之欲，不待告以天理公义，而人易免于罪戾者之有道也！孟子于"民之放辟邪侈无不为以陷于罪"，犹曰"是罔民也"；又曰"救死而恐不赡，奚暇治礼义"！古之言理也，就人之情欲求之，使之无疵之为理；今之言理也，离人之情欲求之，使之忍而不顾之为理。此理欲之辨，适以穷天下之人尽转移为欺伪之人，为祸何可胜言也哉！其所谓欲，乃帝王之所尽心于民；其所谓理，非古圣贤之所谓理；盖杂乎老、释之言以为言，是以弊必至此也。

然宋以来儒者皆力破老、释，不自知杂袭其言而一一傅合于经，遂曰《六经》、孔、孟之言；其惑人也易而破之也难，数百年于兹矣。人心所知，皆彼之言，不复知其异于《六经》、孔、孟之言矣；世又以躬行实践之儒，信焉不疑。夫杨、墨、老、释，皆躬行实践，劝善惩恶，救人心，赞治化，天下尊而信之，帝王因尊而信之者也。孟子、韩子辟之于前，闻孟子、韩子之说，人始知其与圣人异而究不知其所以异。至宋以来儒书之言，人咸曰："是与圣人同也；辨之，是欲立异也。"此如婴儿中路失其父母，他人子之而为其父母，既长，不复能知他人之非其父母，虽告以亲父母而决为非也，而怒其告者，故曰"破之也难"。呜呼，使非害于事、害于政以祸人，方将敬其为人，而又何恶也！恶之者，为人心惧也。

[《戴震全集》(第 1 册),第 149-210 页;《戴震全书》(修订本第 6 册),第 141-216 页。]

与某书

足下制义,直造古人,冠绝一时。夫文无古今之异,闻道之君子,其见于言也,皆足以羽翼经传,此存乎识趣者也。而辞①不纯朴高古亦不贵,此存乎行文之气体格律者也。因题成文,如造化之生物,官骸毕具,根叶并茂,少缺则非完物,此存乎冶铸之法者也。精心于制义一事,又不若精心于一经,其功力同也,未有能此而不能彼者。

治经先考字义,此通文理。志存闻道,必空所依傍。汉儒训诂有师承,亦有时傅会;晋人傅会凿空益多;宋人则恃胸意为断,故其吸取者多谬,而不谬者在其所弃。我辈读书,原非与后儒竞立说,宜平心体会经文。有一字非其的解,则于所言之意必差,而道从此失。学以牖吾心知,犹饮食以养吾血气,虽愚必明,虽柔必强。可知学不足以益吾之智勇,非自得之学也,犹饮食不足以增长吾血气,食而不化者也。君子或出或处,可以不见用,用必措天下于治安。

宋以来,儒者以己之见硬坐为古贤圣立言之意,而语言文字实未之知,其于天下之事也,以己所谓理,强断行之,而事情源委隐曲实未能得,是以大道失而行事乖。孟子曰:"生于其心,害于其政;发于其政,害于其事。"自以为于心无愧,而天下受其咎,其谁之咎? 不知者且以躬行实践之儒归于不疑。夫躬行实践,劝善惩恶,释氏之教亦尔也。君子何也必辟之? 孟子辟杨墨,退之辟释老。当其时,孔墨并称,尊杨墨、尊释老者或曰:"是圣人也,是正道也。吾所尊而守者,躬行实践,劝善惩恶,救人心,赞治化,天下尊之,帝王尊之之人也。"然则君子何以辟之哉? 愚人睹其功不知其害,君子深知其害故也。

呜呼! 今之人其亦弗思矣。圣人之道,使天下无不达之情,求遂其欲而天下治。后儒不知情之至于纤微无憾,是谓理。而其所谓理者,同于酷

①辞:亦作"词",参见《戴震全集》(第 1 册),第 211 页。

吏之所谓法。酷吏以法杀人，后儒以理杀人，浸浸乎舍法而论理。死矣！更无可救矣！

圣贤之道德，即其行事。释、老乃别有其心所独得之道德。圣贤之理义，即事情之至是无憾，后儒乃别有一物焉，与生俱生而制夫事。古人之学在行事，在通民之欲，体民之情，故学成而民赖以生。后儒冥心求理，其绳以理严于商、韩之法，故学成而民情不知，天下自此多迂儒，及其责民也，民莫能辩。彼方自以为理得，而天下受其害者众也！

［《戴震全集》（第 1 册），第 211-212 页；《戴震全书》（修订本第 6 册），第 478-479 页。］

答彭进士允初书丁酉

允初先生足下：

日前承示《二林居制义》，文境高绝！然在作者，不以为文而已，以为道也。大畅心宗，参活程朱之说，以傅合《六经》、孔、孟，使闳肆无涯涘。孟子曰："资之深则取之左右逢其源。"凡自得之学尽然。求孔孟之道，不至是不可谓之有得；求杨、墨、老、庄、佛之道，不至是亦不可谓之有得。

宋以前，孔孟自孔孟，老释自老释，谈老释者高妙其言，不依附孔孟。宋以来，孔孟之书尽失其解，儒者杂袭老释之言以解之。于是有读儒书而流入老释者。有好老释而溺其中，既而触于儒书，乐其道之得助，因凭借儒书以谈老释者。对同已则共证心宗，对异已则寄托其说于《六经》、孔、孟，曰："吾所得者，圣人之微言奥义"，而交错旁午①，屡变益工，浑然无罅漏。

孔子曰："道不同，不相为谋。"言徒纷然词费，不能夺其道之成者也。足下之道成矣，欲见仆所为《原善》。仆闻足下之为人，心敬之，愿得交者十余年于今。虽《原善》所指，加以《孟子字义疏证》，反复辩论，咸与足下之道截然殊致，叩之则不敢不出。今赐书有引为同，有别为异；在仆乃谓尽异，无毫发之同。

昔程子、张子、朱子，其始也，亦如足下今所从事。程叔子撰《明道

---

①旁午：亦作"旁迕（wǔ）"，交错、纷繁。

先生行状》曰："自十五六时，闻周茂叔论道，慨然有求道之志，泛滥于诸家，出入于老释者几十年，返求诸六经而后得之。"吕与叔撰《横渠先生行状》曰："范文正公劝读《中庸》，先生读其书，虽爱之，犹以为未足，又访诸释、老之书，累年，尽究其说，知无所得，返而求之《六经》。"知无所得者陋之，非不知之也。朱子慕禅学，在十五六时；年二十四，见李愿中，愿中教以看圣贤言语，而其后十余年，有《答何叔京》二书：其一曰："向来妄论持敬之说，亦不自记其云何，但因其良心发见之微，猛省提撕，使心不昧，即是做功夫底本领。本领既立，自然下学而上达矣。若不察良心发见处，即渺渺茫茫，恐无下手处也。所谕多识前言往行，熹向来所见亦是如此。近因返求，未得个安稳处，却始知此未免支离，曷若默会诸心以立其本，而其言之得失，自不能逃吾之鉴邪。"其一曰："今年不谓饥歉至此，夏初所至汹汹，遂为县中委以赈粜之役，百方区处，仅得无事。博观之弊，此理甚明，何疑之有！若使道可以多闻博观而得，则世之知道者为不少矣。熹近日因事方少有省发处，如'鸢飞鱼跃'，明道以为与'必有事焉而勿正'之意同者，今乃晓然无疑。日用之间，观此流行之体，初无间断处，有下功夫处，此与守书册、泥言语全无交涉，幸于日间察之，知此则知仁矣。"二书全背愿中，复归释氏，反用圣贤言语指其所得于释氏者。至乾道癸巳，朱子年四十四，门人廖德明《录癸巳所闻》云："先生言，二三年前见得此事尚鹘突，为他佛说得相似，近年来方看得分晓。"是后，朱子有《答汪尚书书》云："熹于释氏之说，盖尝师其人，尊其道，求之亦切至矣，然未能有得。其后以先生君子之教，校乎前后缓急之序，于是暂置其说而从事于吾学，其始盖未尝一日不往来于心也，以为俟①卒究吾说而后求之未为甚晚。而一二年来，心独有所自安，虽未能即有诸己，然欲复求之外学以遂其初心，不可得矣。"

程、朱虽皆先入于释氏，而卒能觉悟其非。程子曰："吾儒本天，异端本心。"朱子曰："吾儒以理为不生不灭，释氏以神识为不生不灭。"仆于《孟子字义疏证》辩其视理也，与老、释之视心、视神识，虽指归各异，

---

① 俟（sì）：等待。

而仅仅就彼之言转之，犹失孔、孟之所谓理、所谓义。朱子称"为他佛说得相似"者，彼之心宗，不特指归与彼异也，亦绝不可言似。程、朱先从事于彼，熟知彼之指归，既而求之此，见此之指归与彼异矣，而不得其本，因推而本之天。夫人物，何者非本之天乎，岂得谓心必与天隔乎，彼可起而争者也。苟闻乎此，虽愚必明，虽柔必强。扩而充之，何一非务尽其心以能尽道。苟自以为是而不可与入尧、舜之道，虽言理、言知、言学，皆似而非，适以乱德。

在程、朱先入于彼，徒就彼之说转而之此，是以又可转而之彼，合天与心为一，合理与神识为一，而我之言，彼皆得援而借之，为彼树之助。以此解经，而《六经》、孔、孟之书，彼皆得因程、朱之解，援而借之为彼所依附。譬犹子孙未睹其祖父之貌者，误图他人之貌为其貌而事之，所事固己之祖父也，貌则非矣；实得而貌不得，亦何伤。然他人则持其祖父之貌以冒吾宗，而实诱吾族以化为彼族，此仆所由不得已而有《疏证》之作也。破图貌之误，以正吾宗而保吾族，痛吾宗之久坠，吾族之久散为他族，敢少假借哉！

宋儒仅改其指神识者以指理，而余无所改，其解孔、孟之言，体状复与彼相似。如《大学章句》于"在明明德"，《中庸章句》于"不显维德"，尤浑合几不可分。足下遂援"上天之载，无声无臭"为心宗之大原。于宋儒之杂用老氏尚"无欲"，及庄周书言"复其初"者，而申之曰："无欲，诚也；汤、武反之，'复其初'之谓也。"仆爱《大戴礼记》"分于道谓之命"一语，道，即阴阳气化，故可言分。惟分也，故成性不同。而《易》称"一阴一阳之谓道"，《中庸》称"天命之谓性"，孟子辨别"犬之性""牛之性""人之性"之不同，豁然贯通。而足下举"维天之命，于穆不已"，以为不得而分。此非语言之能空论也，宜还而体会《六经》、孔、孟之书本文云何。《诗》曰"予怀明德"对"不大声以色"而言，《大学》之"明明德"以"明德"对"民"而言，皆德行行事，人咸仰见，如日月之悬象着明，故称之曰"明德"。倘一事差失，则有一事之掩亏，其由近而远，积盛所被，显明不已，故曰"明明德"，曰"明明德于天下"。《诗》之"不显""不承"即《书》之"丕显""丕承"，古字"不"通用"丕"，大也。《中庸》言"声名洋溢乎中国"，其言"暗然"也，与"日章"并言，何必不欲大显，而以幽深玄远为至。夫昼日当空，何尝有声臭以令人知？而畴不知之，不可引"上天之载无声臭"以言其至乎。

"上天之载"二语，在《诗》承"骏命不易"言，《郑笺》云："天之道难知也，耳不闻声音，鼻不闻香臭，仪法文王之事则天下咸信而顺之。"在《中庸》承"化民之德"言，不假声臭以与民接也。谈老、释者有取于"虚灵不昧""人欲所蔽""本体之明""幽深玄远""至德渊微""不显之妙"等语与其心宗相似，不惟《大学》《中庸》本文差以千里，即朱子所云，虽失《大学》《中庸》之解，而其指归究殊。

又《诗》《书》中凡言天命，皆以"王者受命于天"为言，天之命王者不已，由王者仁天下不已。《中庸》引"维天之命，于穆不已，于乎不显，文王之德之纯"。其取义也，主于不已，以见"至诚无息"之配天地。"于穆"者，美天之命有德深远也。譬君之于贤臣，一再锡命，惓惓不已，美君之能任贤者，岂不可叹其深远。引之者岂不可曰："此君之所以为君也。"凡命之为言，如命之东则不得而西，皆有数以限之，非受命者所得逾。试以君命言之，有小贤而居上位，有大贤而居下位，各受君命以居其位，此命数之得称曰君命也；君告诫之，使恭其事，而夙夜兢惕，务尽职焉，此教命之得称曰君命也。命数之命，限于受命之初，而尊卑遂定；教命之命，其所得为视其所能，可以造乎其极；然尽职而已，则同属命之限之。命之尽职，不敢不尽职，如命之东，不敢不赴东。论气数，论理义，命皆为限制之名。

譬天地于大树，有华、有实、有叶之不同，而华、实、叶皆分于树。形之巨细，色臭之浓淡，味之厚薄，又华与华不同，实与实不同，叶与叶不同。一言乎分，则各限于所分。取水于川，盈罍酒器、盈瓶、盈缶，凝而成冰，其大如罍、如瓶、如缶，或不盈而各如其浅深。水虽取诸一川，随时与地，味殊而清浊亦异，由分于川，则各限于所分。人之得于天也，虽亦限于所分，而人人能全乎天德。以一身譬之，有心，有耳目鼻口手足，须眉毛发，惟心统其全，其余各有一德焉，故《记》曰："人者，天地之心也。"瞽者，心不能代目而视；聋者，心不能代耳而听，是心亦限于所分也。饮食之化为营卫，为肌髓，形可并而一也。形可益形，气可益气，精气附益，神明自倍。散之还天地，萃之成人物。与天地通者生，与天地隔者死。以植物言，叶受风日雨露以通天气，根接土壤肥沃以通地气。以动物言，呼吸通天气，饮食通地气。人物于天地，犹然合如一体也。体有贵贱，有小大，无非限于所分也。

心者，气通而神；耳目鼻口者，气融而灵。曾子曰："阳之精气曰神，阴之精气曰灵；神灵者，品物之本也。"《易》曰："精气为物，游魂为变，是故知鬼神之情状。""精气为物"者，气之精而凝，品物流行之常也；"游魂为变"者，魂之游而存，其形敝而精气未遽散也，变则不可穷诘矣。老庄、释氏见于游魂为变之一端，而昧其大常；见于精气之集，而判为二本。庄周书曰："一受其成形，不亡以待尽。"释氏"人死为鬼，鬼复为人"之说同此。周又曰："其形化，其心与之然，可不谓大哀乎！"老氏之"长生久视"，释氏之"不生不灭"，无非自私，无非哀其灭而已矣，故以无欲成其私。孟子曰："广土众民，君子欲之。"又曰："欲贵者，人之同心也。"又曰："鱼，我所欲也；熊掌，亦我所欲也。生，亦我所欲也；义，亦我所欲也。"在老、释皆无之，而独私其游魂，而哀其灭以豫为之图。

在宋儒惑于老、释无欲之说，谓"义亦我所欲"为道心，为天理，余皆为人心，为人欲。欲者，有生则愿遂其生而备其休嘉者也；情者，有亲疏、长幼、尊卑感而发于自然者也；理者，尽夫情欲之微而区以别焉，使顺而达，各如其分寸毫厘之谓也。欲，不患其不及而患其过。过者，狃①于私而忘乎人，其心溺，其行慝，故孟子曰："养心莫善于寡欲。"情之当也，患其不及而亦勿使之过；未当也，不惟患其过而务自省以救其失。欲不流于私则仁，不溺而为慝则义，情发而中节则和，如是之谓天理。情欲未动，湛清静然无失，是谓天性。非天性自天性，情欲自情欲，天理自天理也。

足下援程子云："圣人之常情，顺万事而无情。故君子之学，莫若廓然而大公，物来而顺应。"谓无欲在是。请援王文成之言，证足下所宗主，其言曰："良知之体，皦如明镜，妍媸之来，随物见形，而明镜曾无留染，所谓'情顺万事而无情'也。'无所住以生其心'，佛氏曾有是言。明镜之应，

———————
①狃（niǔ）：因袭，拘泥。

妍者妍，媸者媸，一照而皆真，即是'生其心'处；妍者妍，媸者媸，一过而不留，即是'无所住'处。"程子说圣人，阳明说佛氏，故足下援程子不援阳明，而宗旨则阳明尤亲切。阳明尝倒乱《朱子年谱》，谓朱陆先异后同。陆、王，主老、释者也；程、朱，辟老、释者也。今足下主老、释、陆、王，而合孔、孟、程、朱与之为一，无论孔、孟不可诬，程、朱亦不可诬。抑又变老、释之貌为孔、孟、程、朱之貌，恐老释亦以为诬己而不愿。

老氏曰："唯之与阿，相去几何；善之与恶，相去何若？"告子曰："性无善无不善也。""义，外也，非内也。"释者曰："不思善，不思恶，时认本来面目。"陆子静曰："恶能害心，善亦能害心。"王文成曰："无善无恶，心之体。"凡此皆不贵善也。何为不贵善？贵其所私而哀其灭，虽逐于善，亦害之也。今足下言之，则语益加密，曰："形有生灭，神无方也，妙万物也，不可言生灭。"又曰："无来去，无内外。"引程子"天人本无二，不必言合"，证明全体，因名之曰"无声无臭之本"。谓之为"天命之不已"，而以"至诚无息"加之。谓之为"天道之日新"，而以"止于至善"加之。请援王文成之言证足下所宗主，其言曰："夫良知一也，以其妙用而言，谓之神；以其流行而言，谓之气。"又曰："'本来面目'即吾圣门所谓'良知'。""随物而格，是致知之功。佛氏之'常惺惺'，亦是常存他'本来面目'耳，体段功夫，大略相似。"阳明主扞御外物为格物，随物而格，所谓遏人欲也。"常惺惺"，朱子以是言存天理，以是解《中庸》"戒慎恐惧"，实失《中庸》之指。阳明得而借《中庸》之言以寄托"本来面目"之说，曰："养德养身，止是一事；果能'戒慎不睹，恐惧不闻'，而专志于是，则神住、气住、精住，而仙家所谓'长生久视'之说亦在其中矣。"庄子所谓"复其初"，释氏所谓"本来面目"，阳明所谓"良知之体"，不过守己自足，既自足，必自大，其去《中庸》"择善固执""博学、审问、慎思、明辨、笃行"何啻①千万里！

孟子曰："反身而诚，乐莫大焉。"曰："反身不诚，不悦于亲矣。"《中庸》《孟子》皆曰："不明乎善，不诚乎身矣。"今舍明善而以无欲为诚，

---

① 啻（chì）：仅仅，只有。

谬也。证心宗者，未尝不可以认"本来面目"为"明乎善"，此求伸其说，何所不可。老子、告子视善为不屑为，犹能识善字；后之宗之者，并善字假为己有，实并善字不识。此事在今日，不惟彼所谓道德非吾所谓道德，举凡性与天道，圣智、仁义、诚明，以及曰善，曰命，曰理，曰知，曰行，无非假其名而易其实。"反身不诚"，言事亲之道未尽也；"反身而诚"，言备责于身者无不尽道也。孟子曰："尧、舜，性之也；汤、武，身行之也；五霸，假之也，久假而不归，恶知其非有也？"性之，由仁义行也；身之，仁义实于身也；假之，假仁义之名以号召天下者，久则徒知以仁义责人而忘己之非有。又曰："尧、舜，性者也；汤、武，反之也。"下言"动容周旋中礼者，盛德之至也。"申明性者如是。言"哭死而哀，非为生者也；经德不回，非以干禄也；言语必信，非以正行也；君子行法以俟命而已矣"。皆申明"反之"谓无所为而为，乃反而实之身；若论"复其初"，何用言"非为生者""非以干禄""非以正行"，而且终之曰"俟命"。其为"反身"甚明，各核本文，悉难假借。

足下所主者，老庄、佛、陆、王之道，而所称引，尽《六经》、孔、孟、程、朱之言。诚爱其实乎？则其实远于此。如误以老、庄、佛、陆、王之实为其实，则彼之言，亲切著明，而此费迁就傅合，何不示以亲切著明者也。诚借其名乎？则田王孙之门，犹有梁丘贺在。况足下阅朱子《答何叔京》二书，必默然之，及程、朱辟老、释，必不然之；而至于借助，则引程、朱为同乎己。然则所取者，程、朱初惑于释氏时之言也。所借以助己者，或其前之言，或其后之似者也。所爱者，释氏之实也。爱其实而弃其名，借其名而阴异其实，皆于诚有亏。足下所云"学问之道，莫切于审善恶之几，严诚伪之辨"，请从此始！倘亦如程、朱之用心，期于求是，不杂以私，则今日同乎程、朱之初，异日所见，或知程、朱之指归与老、释、陆、王异。

然仆之私心期望于足下，犹不在此。程、朱以理为"如有物焉，得于天而具于心"，启天下后世人人凭在己之意见而执之曰理，以祸斯民；更淆以无欲之说，于得理益远，于执其意见益坚，而祸斯民益烈。岂理祸斯民哉？不自知为意见也。离人情而求诸心之所具，安得不以心之意见当之，则依然本心者之所为。拘牵之儒，不自知名异而实不异，犹贸贸争彼此于名而辄蹈其实；敏悟之士，觉彼此之实无异，虽指之曰"冲漠无朕"，究不得其仿佛，不若转而从彼之确有其物，因即取此以贬之于彼。呜呼！误图他人之貌者，未有不化为他人之实者也！诚虚心体察《六经》、孔、孟之言，至确然有进，不惟其实与老、释绝远，即貌亦绝远，不能假托；其能假托者，后儒失之者也。是私心所期于足下之求之耳。

日间因公私纷然，于来书未得从容具论，大本苟得，自然条分理解。意言难尽，涉及一二，草草不次。南旋定于何日？十余年愿交之忱，得见又不获畅鄙怀。伏惟自爱。

震顿首。

[《戴震全集》（第1册），第216—225页；《戴震全书》（修订本第6册），第350—360页。]

丁酉正月与段茂堂第九札

新正接到上年八月手翰[①]，并《六书音均表》三部，银四十两，谢谢。知仍署富顺政事，余暇无他嗜好，孜孜于古遗经及小学，诚盛心盛事也。

仆自十七岁时，有志闻道，谓非求之《六经》、孔、孟不得，非从事于字义、制度、名物、无由以通其语言。宋儒讥训诂之学，轻语言文字，是欲渡江河而弃舟楫，欲登高而无阶梯也。为之卅余年，灼然知古今治乱之源在是。

孟子辟杨、墨，曰"率兽食人，人将相食"，语告子曰"率天下之人而祸仁义"，两称"圣人复起不易"，吾言皆承。"生于其心，害于事、害于政"。夫仁义何以祸斯民？观近儒之言理，吾不知斯民之受其祸之所终极矣！古人曰"理解"者，即寻其腠理而析之也；曰"天理"者，如庄周言"依乎天理"，即所谓"彼节者有间"也。子贡问："有一言而可以终身行之者？"子曰："其恕乎？己所不欲，勿施于人。"《大学》"絜矩之道"，不过"所恶于上，毋以使下"云云，曰"所不欲"、曰"所恶"，

---

①手翰：亲笔写的信。

指人之常情不堪受者耳。以己絜之人，则理明。孟子对齐王好货、好色，曰："与百姓同之"，非权辞也。好货、好色，欲也。"与百姓同之"，即理也。后儒以理、欲相对，实杂老氏无欲之说，其视理、欲也，仅仅为邪、正之别。其言存理也，又仅仅为敬、肆之别。不知必敬、必正，而理犹未得。其言人欲所蔽，仅仅以为无欲则无蔽，不知欲也者，相生养之道也。能视人犹己则忠，以己推之则恕，忧乐于人则仁，出于正、不出于邪则义，恭敬不侮慢则礼，无差谬则智。曰忠恕、曰仁义礼智，岂有他哉？在常人为欲，在君子皆成懿德，使去欲而后一于理，是古贤人、圣人体民之情，遂民之欲，皆非也。况欲之失，为私不为蔽。自以为得理，而所执之理实谬，乃蔽而不明。圣人而下，罕能无蔽，有蔽之深者，有蔽之浅者，自谓蔽而不明者有几？问其人，曰圣矣乎？必不敢任。而讥其失理，必怒于心。是尽人不知己蔽也，昔人异于今人；一启口而曰理，似今人胜昔人。吾谓昔人之胜今人，正在此。盖昔人斥之为意见，今人以不出于私即谓之理，由是以意见杀人，咸自信为理矣。聊举一字言之，关乎德行、行事匪小。

仆自上年三月初获足疾，至今不能出户，又目力大损。今夏纂修事似可毕，定于七八月间乞假南旋就医，觅一书院糊口，不复出矣。竭数年之力，勒成一书，明孔、孟之道。余力整其从前所订于字学、经学者。

《四库全书》例于现在人撰述不录，仆之《考工记图》《屈原赋注》，已年江南巡抚曾取以进馆中，依例去之。今大著亦不得抄入。前岁十月寄谢姓信，闰十月又一信，皆收到。有写本《音均表》两部。此两信内言，七月寄吴廷芳银信，其人与信皆未见，及问之投捐者，云仍分发川省矣。上年春作札，详论韵事，寄龚公处，并寄《声韵考》一本，此信竟浮沉，今将存稿者附寄，余所言不复记忆矣。比时以大著未刻，有所商处。今既刻成，应撰序，兹兼寄上。又上年冬，舍侄朝恩赴川省守备任，寄《水经注》一部、《经典释文》一部、《天图》两张、《音均表》原底一本，想春夏之交乃得到。《割圆记》《考工记图》皆未有，其《九章算经》俟令人抄出，并俟后寄。顺候迩祉，不宣。上若膺贤弟足下。友生戴震顿首。正月十四日。

[《戴震全书》（修订本第6册），第530—533页。]

经学思想

尔雅文字考序①

古故训②之书，其传者莫先于《尔雅》，六艺之赖是以明也。所以通古今之异言，然后能讽诵乎章句，以求适于至道。刘歆、班固论《尚书》古文经曰："古文读应《尔雅》，解古今语而可知。"盖士生三古后，时之相去千百年之久，视夫地之相隔千百里之远，无以异。昔之妇孺闻而辄晓者，更经学大师转相讲授，而仍留疑义，则时为之也。

余窃谓儒者治经，宜自《尔雅》始。取而读之，殚心于兹十年。是书旧注之散见者六家：犍为文学③、刘歆、樊光、李巡、郑康成、案：郑氏无《尔雅注》，《周礼》《大宗伯疏》误引之耳。孙炎，皆阙逸难以辑缀。而世所传郭《注》，复删节不全，邢氏《疏》犹多疏漏。夫援《尔雅》以释《诗》《书》，据《诗》《书》以证《尔雅》，由是旁及先秦以上，凡古籍之存者，综核条贯，而又本之六书、音声，确然于故训之原，庶几可与于是学，余未之能也。偶有所记，惧过而旋忘，录之成袠④，为题曰若干卷《尔雅文字考》，亦聊以自课而已。若考订得失，折衷前古，于《尔雅》万七百九十一言，合之群经传记，靡所扞格，姑俟诸异日。

［《戴震全集》（第 5 册），第 2181 页；《戴震全书》（修订本第 6 册），第 273–274 页。］

毛郑诗考正卷首

郑氏《诗谱》郑氏《谱》亡，欧阳永叔得其残本于绛州，取孔颖达《正义》所载之文补之。今其《谱》又复讹阙，聊加订正以存梗概。戴震识。

---

①《戴氏杂录》题作《古训》，文字略有不同，见《戴震全书》（修订本第 6 册），第 496 页。

②《戴氏杂录》抄稿作"古训故"。

③犍（qián）为文学：犍为是西汉时郡名，曾任犍为郡文学卒史的西汉学问家舍人著有《尔雅注》三卷。

④袠（zhì）：古同"帙"，用于装套的线装书。

《诗》之兴也，谅不于上皇之世。大庭、轩辕逮于高辛，其时有亡，载籍亦蔑云焉。《虞书》曰："诗言志，歌永言，声依永，律和声。"然则《诗》之道放于此乎？有夏承之，篇章泯弃，靡有孑遗。迄及商王，不风不雅，何者？论功颂德，所以将顺其美；刺过讥失，所以匡救其恶。各于其党，则为法者彰显，为戒者著明。周自后稷播种百谷，黎民阻饥，兹时乃粒，自传于此名也。陶唐之末中叶公刘亦世修其业，以明民共财。至于太王、王季，克堪顾天。文武之德，光熙前绪，以集大命于厥身，遂为天下父母，使民有政有居。其时诗：《风》有《周南》《召南》；《雅》有《鹿鸣》《文王》之属。及成王、周公致太平，制礼作乐，而有《颂》声兴焉，盛之至也。本之由此《风》《雅》而来，故皆录之，谓之《诗》之正经。后王稍更陵迟[1]，懿王始受谮[2]，亨[3]齐哀公，夷身失礼之后，邶不尊贤。自是而下，厉也，幽也，政教尤衰，周室大坏。《十月之交》《民劳》《板》《荡》，勃尔俱作，众国纷然，刺怨相寻。五霸之末，上无天子，下无方伯，善者谁赏，恶者谁罚，纪纲绝矣。故孔子录懿王、夷王时诗，讫于陈灵公淫乱之事，谓之变风、变雅，以为勤民恤功，昭事上帝，则受颂声，弘福如彼；若违而弗用，则被劫杀，大祸如此。吉凶之所由，忧娱之萌渐，昭昭在斯，足作后王之鉴，于是止矣。夷、厉已上，岁数不明。太史《年表》自共和始，历宣、幽、平王，而得《春秋》次第，以立斯《谱》。欲知源流清浊之所处，则循其上下而省之；欲知风化芳臭气泽之所及，则傍行而观之：此《诗》之大纲也。举一纲而万目张，解一卷而众篇明，于力则鲜，于思则寡，其诸君子亦有乐于是与？

[《戴震全集》（第 2 册），第 1150—1151 页；《戴震全书》（修订本第 1 册），第 569—570 页。]

①陵迟：败坏，衰败。
②谮（zèn）：诬陷，中伤。
③亨（pēng）：古同"烹"，煮。

毛诗补传序及毛诗目录

毛诗补传序 [①]

"《诗》三百，一言以蔽之，曰'思无邪'"，夫子之言《诗》也。而《风》有贞淫，说者遂以"思无邪"为读《诗》之事，谓《诗》不皆无邪思也，〈此〉非夫子之言《诗》也。[②]

先儒为《诗》者，莫明于汉〈之〉毛、郑，宋（子）〔之〕朱子。然一诗而以为君臣朋友之辞者，又或以为夫妇男女之辞；以为刺讥之辞者，又或以为称美之辞；以为他人代为辞者，又或以为己自为辞。其主汉者必攻宋，主宋者必攻汉，此说之难一也。

余私谓《诗》之辞不可知矣，得其志则可通乎其辞。作《诗》之志愈不可知矣，蔽之以"思无邪"之一言，则可通乎其志。《风》虽有贞淫，《诗》所以美贞而刺淫，则上之教化有时浸微，而作《诗》者犹欲挽救于万一，故《诗》足贵也，《三百》皆无邪思也。况乎有本非男女之诗，而说者亦以淫奔之情类之。于是目其诗，则为亵狎戏谑之秽言，而圣人顾录之。淫乱者作诗以自播，圣人又播其秽言于万世；谓是可以考见其国之无政，可以使后之人知所惩，可以与《南》《豳》《雅》《颂》之章并列之为经。余疑其不然也。宋后儒者求之不可通，至指为汉人杂入淫诗以足三百之数，欲举而去之，其亦妄矣！

今就全诗考其名物字义于各章之下，不以作诗之意衍其说。盖名物字义，前人或失之者，可以详核而知，古籍具在，有明证也。作诗之意，前人或失之者，非论其世、知其人，固难以臆见定也。姑以夫子之蔽夫三百者，各推而论之，以附于篇题后。司马氏有曰："《国风》好色而不淫，《小雅》怨诽而不乱。"又曰："《三百篇》皆圣贤发愤之所为作也。"余亦曰：《三百篇》皆忠臣、孝子、贤妇、良友之言也，而又有立言最难、用心独苦者，

---

① 《戴震全书》（修订本第1册）《毛诗补传说明》中说，《毛诗补传》原抄本题名《戴氏经考》……抄本《序》，即经韵楼本《文集》卷十《毛诗补传序》，个别文字有出入……为了消除误会及其影响，我们认为有必要恢复《毛诗补传》原名，或称《诗经补传》，简称《诗补传》，而不再称其为《戴氏经考》。

② 据《东原文集》卷十《毛诗补传序》："遂"作"因"，删除后两个"思"，增加一个"此"字。由于出入较多，不便列出，个别文字直接改过，大家可以参考《戴震集》，上海古籍出版社，2009，第193页。

则大忠而托之诡言逊辞，亦圣人之所取也。是余之私论也。昭阳作噩日躔豕韦之次①，戴震序。

[《戴震全集》（第 4 册），第 1791-1792 页；《戴震全书》（修订本第 1 册），第 127-128 页；《戴震集》，第 192-193 页。]

毛诗目录②

《毛诗序》曰："诗者，志之所之也。在心为志，发言为诗。"郑康成曰："诗者，弦歌讽喻之声也。唐虞始造其初，至周分为六诗。"

余曰：《周礼》太师"教六诗，曰风、曰赋、曰比、曰兴、曰雅、曰颂"。风、雅、颂，作诗有此三体也。赋、比、兴，诗之辞有此三义也。赋者，指明而敷陈之也，如"窈窕淑女，君子好逑"，即赋也。比者，托事比拟，不必明言而意自见也，如《鸱鸮》通篇为鸟言是也。兴者，假物引端也，如"关关雎鸠，在河之洲"之类是也。《樛木》之诗，先儒以为兴，是《葛藟》但兴《福履》尔。然以是诗为"后妃逮下"，故众妾称愿之，诗中无从知其为众妾所作，徒因樛木下垂、葛藟上蔓，喻后妃逮下、众妾上附，非比而何？《麟之趾》，先儒亦以为兴，然又曰"于嗟麟兮"，叹美公子为麟也。麟喻公子，趾、定、角，喻公子振振仁厚，于是叹麟即叹公子，非比而何？"冽彼下泉，浸彼苞稂③"，先儒谓比王室陵夷、小国困弊，即以兴下忾然念周京。《葛覃》主乎思归宁，本非自为絺绤④，然因服葛时有感，追念未嫁在父母家曾为之。首章并及"（葛）〔维〕叶萋萋，黄鸟〈于〉飞（鸣）"⑤，总谓之赋。《黍离》《泮水》等诗，先儒又有"赋其事以起兴"之说。然则赋也、比也、兴也，特作诗者之立言置辞，不出此三者，若强析之，反自乱其例。盖情动于中而形于言，何尝以例拘？既有言矣，就其言观之。非指明敷陈，则托事比拟；非托事比拟，则假物引端。引端之辞，亦可寄意比拟；比拟之辞，亦可因以引端。敷陈之辞，又有虚实、浅深、反侧、彼

---

①《毛诗补传序》作"乾隆癸酉仲夏戴震撰"，与此以太岁纪年月同。
②清华大学版《戴震全集》（第 4 册）题作《诗经考目录》。
③苞稂（láng）：狼尾草。
④絺绤（chī xì）：葛布的统称。葛之细者曰絺，粗者曰绤。引申为葛服。
⑤据《国风·周南·葛覃》改。

附录　戴震文选

此之不同，而似于比拟、引端，往往有之。此三者在经中，不解自明；解之，反滞于一偏矣。

[《戴震全集》（第 4 册），第 1793-1794 页；《戴震全书》（修订本第 1 册），第 131-132 页。]

太史正岁年以序事

王应麟曰："《太史》：'正岁年以序事。'注：'中数曰岁，朔数曰年。'中数：三百六十五日四分日之一；朔数：三百五十四日。《汉历志》曰：'闰，所以正中朔也。'或谓周以建子为正，而四时之事，有用夏正建寅者。用建寅则谓之'岁'，用建子则谓之'年'。"《洪范正义》："从冬至及明年冬至为一岁。"

按：周之历法掌于冯相氏①，占变掌于保章氏②，而太史③所掌者，历日天时之书，凡推步、望氛不属焉。然又曰"正岁年④以序事"，有近于推步，何也？曰：失其传也。考诸《尔雅》："夏曰岁，商曰祀，周曰年。"夏数得天，故殷、周虽改正朔，而仍兼用夏正。周用夏、不用殷，故举岁年不及祀。岁也者，夏时也，以建寅为孟春；年也者，周以建子为正月也。夏之岁，周之年，不同而兼用，不可勿正之，以序别其行事。如祭祀、田猎、逆暑、迎寒之属，夏时系仲春者，周为四月；系仲秋者，周为十月是也。

郑康成《注》："中数曰岁，朔数曰年。""中数"云者：从乎日躔⑤发敛一周，凡三百六十有五日，小余不及四分日之一，十二分之，自前中气入后中气，三十日而有盈分，是谓"气盈"。"朔数"云者：从乎月与日会以成一月，引而合于日，凡十二月，三百五十四、五日，有闰月，则

①冯相氏："冯"读"凭"，"乘"之意；"相"，"视"之意。掌登高台观察天象，与"保章氏"同属太史，掌管天文星历之官。保章氏，历代多据以置保章正等官。

②保章氏："保"，负责；"章"，彰显，没有什么现象比"反常"更"彰显"。历代多据以置保章正等官，用以观察明显反常星象和气象活动者的职务。

③太史：官名，掌典法礼籍兼司星历。

④正岁年：岁，谓地球绕日公转一周，约三百六十五又四分日之一；年，谓十二月也，月绕地球一周为一月，十二月约为三百五十四日，较地球绕日之日数约少十一日，故以闰月补而正之而作历日也。

⑤日躔（chán）：躔，行也，日运为躔、月运为逡（qūn，复、往来）；日躔：太阳运行的度次。

三百八十四日。日月同行，谓之合朔。自前朔距后朔，三十日而有虚分，是谓朔虚。中、朔之法，冯相氏职之矣。康成据以别岁、年之名，稽诸古籍，未有明证。矧夏时首建寅，若中数曰'岁'，则起冬至建子，是又二说之不可相通也。然则偏信《尔雅》，得非孤证欤？曰：《周礼》有之，其为夏时之正月元日，谓之"正岁"。正岁也者，犹曰岁之正始也。《凌人》："岁，十有二月。"则加"岁"以明夏时十二月也。以《周礼》为周礼，一书之中，焉用更端立异也哉？

[《戴震全集》（第 3 册），第 1329–1330 页；《戴震全书》（修订本第 2 册），第 275–276 页。]

正月之吉

按：《周礼》之书曰"岁终"，曰"正岁"，曰"春秋冬夏"，皆夏时也。夏数得天，以夏时经纪庶事，斯顺而易明。然周之颁朔，必以周正，故用夏谓之"岁"，用周谓之"年"。太史按其从夏时所行之事，合以周之历日，此之谓"正岁"、年以序事也。

后儒或谓"正月之吉[①]"，亦夏时，其说曰："凌人[②]掌冰政，_{杜子春改'政'为'正'，属下句。}岁十有二月，令斩冰，三其凌。"十二月为夏之十二月，则正月亦为夏之正月，舍此无证也。余以谓《周礼》重别岁、年之名，直曰"正月之吉"，则知为周正月也。不直曰"十有二月"，而曰"岁十有二月"，加"岁"以明夏，以别周，则知为夏时也。此《周礼》之义例也。_{他书不必然。}

如"正月之吉"亦夏时，是无别于正岁，而《周礼》《大司徒》："正月之吉，始和，布政。[③]"又曰："正岁，令于教官"。《乡大夫》："正月之吉，受教法于司徒，退而颁之于其乡吏，使各以教其所治"；"正岁，令群吏考法于司徒，以退各宪之于其所治之国"。《州长》："正月之吉，各属其州之民而读法"；"正岁，则读教法如初"。异正月、正岁之名，

---

①正月之吉：吉，农历每月初一。正月，一年的第一月（每月初一叫朔）；夏朝以寅月为正月，商朝以丑月为正月，周朝以子月为正月，秦朝亥月为正月。
②凌人：周代官名，掌管藏冰之事。
③《十三经注疏·周礼注疏》："布政"为"布教于邦国都鄙。"

而事不异,其为二时审矣。凡言"正月之吉",必在"岁终""正岁"之前,未尝一错举于后。其时之相承,正月为建子之月,岁终为建丑之月,正岁为建寅之月也。周之以建子为正月,一王正朔之大,不可没焉者也。使有夏无周,周焉用改正朔哉?

《周礼》所志于官事,无不备,曾谓"一王正朔之大",可以空其事,没其文,而使后人之读是书,疑若未尝改"正朔"也者,则周正为大不美而不可存也,岂周之书也哉?今其书先之以"正月之吉",布政之始也。故曰"始和",谓"始"调协之;继之以"正岁",于是而后得遍奉以行也。六官之长有止言"正月之吉",不言"正岁"者,上之所慎,在宣布之始也。六官之属,有止言"正岁",不言"正月之吉"者,待上之宣布乃齐同奉行也。上之布之,必不能一日而遍王畿千里之广;下之奉行,又同用是日,恶能相及乎哉?是故因时制其宜,以建子之月宣布,自上"一王正朔之大",既非阙然无事,以建寅之月,百职咸举,夏数得天,复顺其序而不违。孔子论为邦用夏时,而作《春秋》必奉周。《周礼》用正岁以合天,而必先"正月之吉"以著正朔,周公、孔子之道,一而已矣。

[《戴震全集》(第 3 册),第 1326-1328 页;《戴震全书》(修订本第 2 册),第 272-273 页。]

春秋究遗序

《春秋》一再传,而笔削之意已失。故《传》之存者三家,各自为例,以明书法,不得《春秋》之书法盖多。何邵公[①]、杜元凯[②]诸人,徒据《传》为本,名为治《春秋》,实治一《传》,非治《经》也。唐啖[③]、赵[④]、

---

①何休(129—182 年):字邵公,任城郡樊县(今山东兖州)人,东汉今文经学家、儒学大师,作《春秋公羊经传解诂》12 卷。

②杜预(222—285 年):字元凯,京兆杜陵(今陕西西安)人,魏晋著名政治家、军事家和学者,著有《春秋左氏传集解》及《春秋释例》等。

③啖助(724—770 年):字叔佐,赵州(今河北赵县)人,他对儒家经典造诣颇深,善为《春秋》,著有《春秋集传集注》和《春秋统例》。

④赵匡:字伯循,河东(今山西永济)人,生卒年不详,唐代经学家,赵匡师从啖助,曾补订啖助所撰《春秋集传集注》和《春秋统例》,并自撰《春秋阐微纂类义疏》。

陆①氏而后，言《春秋》者一变。迨宋而"废例"之说出，是为再变。桐城叶书山②先生著《春秋究遗》一书，更约为比例数十条，列诸端首，考定书法之正，然后以知变例及异文、特文等，盖尽去昔人穿凿碎义，而还是经之终始本末。

先生之为书也，有取于韩退之氏"（独）抱遗经究终始"③之言。震窃谓先生所得，在《春秋》书法之先。《春秋》所以难言者，圣人裁万事，犹造化之于万物，洪纤高下各有攸当，而一以贯之，条理精密，即在广大平易中。读《春秋》者，非大其心无以见夫道之大，非精其心无以察夫义之精。以故三家之《传》而外，说是经至数千百家，其于《春秋》书法，卒不得也。

《春秋》，鲁史也，有史法在。古册书之体，其例甚严，所以为礼义之防维而不敢苟，此则鲁之史官守之。自鲁公以来，行事有常经，鲁史记书法不失者，君子以为不必修也。而修《春秋》自隐始，则王迹熄而诸侯僭乐坏礼，肆行征伐；诸侯之政又失，而大夫操其国柄。世变相寻，行事为史所不能书，于是书法淆乱，非有圣人之达于权，不知治变。是以《春秋》义例，不可与鲁史记之例同条而论，而"废例"之说，知其益疏矣。

震尝获闻先生论读书法曰："学者莫病于株守旧闻，而不复能造新意；莫病于好立异说，不深求之语言之间以至其精微之所存。夫精微之所存，非强著书邀名者所能至也。日用饮食之地，一动一言，好学者皆有以合于当然之则。循是而尚论古人，如身居其世睹其事，然后圣人之情见乎词者，可以吾之精心遇之。非好道之久，涵养之深，未易与于此。"先生之言若是。然则《春秋》书法以二千载不得者，先生独能得之，在是也夫。时乾隆己卯孟冬，休宁戴震撰。

［《戴震全集》（第5册），第2594-2595页；《戴震全书》（修订本第6册），第378-380页。］

---

①陆淳（？ -806年）：字伯冲，后改名质（避宪宗讳），吴郡（今江苏吴县）人，唐代经学家，著有《春秋集传纂例》10卷、《春秋集传辨疑》10卷及《春秋集传微旨》3卷。

②叶酉：字书山，安徽桐城人，生卒年均不详，师从方苞，著有《春秋究遗》16卷、《诗经拾遗》13卷。

③段玉裁《覆校札记》删"独"字。

《春秋改元即位考》三篇

春秋改元即位考上

即位之礼：先朝庙，明继祖也；出适治朝，正君臣也；事毕反丧服，丧未终也。逾年而后改元即位，《春秋》于内称公，于外书爵；未逾年，于内称子，于外书某子。世变相寻，未逾年，既葬卒哭，而即位焉，逾年乃改元，诸侯之失礼也。因其既嗣爵，则书爵；彼未嗣爵者，而我以爵书可乎？彼既嗣爵者，而我不以爵书可乎？

立子以正，君薨①为丧主，《春秋》即正其为君，义素定也。世子虽在丧，未改元即位，不可谓君臣之分未定也。以篡返国者绝之，不以国氏，以有正也。公子争国，分非君臣，不绝之，无正也，则以国氏。立子不以正，未即位，不正其为君，义不素定也。虽有先君之命，私也。即君位于朝，然后成之为君。

继正即君位，《春秋》书"春王正月，公即位"；不于正月，阙，无事则不书；正月非朔则书日。定公。继正之变：文书"春王正月"，以存其事，不书"即位"，以表微。隐公。继故即君位：经国之体，不可以已也；践其位者，宜有深痛之情。《春秋》书"春王正月"，以存其事；不书"即位"，以见其情。庄公、闵公、僖公。继故之变：文则书"即位"，继故而书即位，以不书即位者，比事类情，是为忍于先君也。

春秋改元即位考中

先君虽未葬，即逾年，则书爵。桓十三年书"卫侯"，成三年书"宋公""卫侯"是也。书爵与国内称公同，文公、成公皆先君未葬，《春秋》书曰"公即位"，逾年也。既葬，逾年，不必论矣。虽既葬，犹曰子。文十八年书"子卒"，僖二十五年书"卫子"，未逾年也。未葬，未逾年，不必论矣。是故诸侯即位，以逾年为断，不断于葬未葬。

有既葬未逾年而书爵者乎？宣十年书"齐侯"，秋，季孙行父如齐聘，新君初即位。成四年书"郑伯"。既即位嗣爵矣，《春秋》不得而书子也。其

①薨（hōng）：古代称诸侯之死。后世有封爵的大官之死也称薨。在唐代，二品以上称薨，五品以上称卒，自六品到庶人则称死；清代皇室成员中，皇帝皇后和皇太后等身故称"崩"，皇贵妃以下到嫔称"薨"。

变礼也，不知所始；始变礼者，不恤人言，必有所托。如《传》言"晋于是始墨"之类。《春秋》独齐、郑各一见之，为《左氏》学者不察此之失礼，而议夫未葬逾年书爵者，是文公、成公书"公即位"，胥可议也。

文十四年，"齐公子商人弑其君舍"，先君未葬，未即位而书"君"，义素定者也。书"君"不与书"爵"同，不可以"爵"书者，可以正其君臣之分也。僖九年，"晋里克杀其君之子奚齐"，义不素定，而未即君位也。十年，"晋里克弑其君卓"。哀六年，"齐陈乞弑其君荼"，逾年即君位而后得为君，此义明而嗣立之际严。

桓十五年，"郑世子忽复归于郑"，昭二十二年，"王子猛卒"。忽在外五年，未即位而出奔，归不得书"爵"；天下闻郑世子忽，不闻"郑伯忽"也，书世子亦以正其复国也。王子猛未即位称王，而于前曰"王猛"何也？不可曰"周"，故曰"王"。言周，是天下外周也；言王，是天下一于王也。犹东都之诗谓之《王风》，不可谓之《周》，诸侯目王畿之词，非天王之号。_{天王及诸侯国内称公，皆下谓上之尊称，谓之号。公、侯、伯、子、男五等，谓之爵。君则上下之定分，先儒"国内僭称公"之说非。}《春秋》凡书王，词从同，_{犹列国之书其国，先儒"王不称天"之说非。以号，乃曰天王。犹列国之书爵。}王人与列国书人，同为微者，王猛与郑忽同为以国氏，苟既正其号曰"王"，后不得又曰"王子"矣。

桓十〈一〉^①年，"突归于郑"，不以国氏，篡词也。既不以国氏，故不曰"入"。曰"归"，何也？明其郑之公子也。庄九年，"齐小白入于齐"，以国氏者，其争国为夺。哀六年，"齐阳生入于齐"，君废正，立不正，返而争国，亦使之同于夺。子纠、小白，皆齐侯之弟，不以立子之法论者也。是以突不书"郑"，而小白则系之齐。

春秋改元即位考下

隐何以不书"即位"？终隐之身，自以为摄，不忘先君之命，故《春秋》表微而不书。庄、闵、僖何以不书"即位"？谷梁氏曰："先君不以其道终，

---

①据《左传·经十有一年》增补。

则子弟不忍即位也。"杜氏曰:"虽不即君位,而亦改元朝庙,与民更始。"余以谓非也。君臣之位,不可不正;正君臣之位,不可不有始。即位者,正君位之始云尔。夫位,命之天子,承之始封之君,非先君一人之位。虽先君不有其终,新君不可不有其始。不即君位于改元之初,及其视朝,将不正朝位乎?苟视朝然后即君位,岂得无深痛不忍之情?然则改元之初而即君位,于深痛不忍之情何伤?彼所谓不即君位者,迨至视朝,终不得避君位也;则初视朝,乃其即君位之始,何进退失据乎?不废改元、朝庙,与民更始,而废正百官,非义也。用是言之,《春秋》十二公,皆行即位之礼。鲁《史记》皆书"即位"也。盖继弑君,大变也,典礼所无;继弑君不书即位,史法所无。君子修之,以为深痛之情异于继正,是以不书。不书而仍不没其即君位之事,于"春王正月"之文见之。

桓、宣书"即位",何也?谷梁氏曰:"继故而言即位,则是与闻乎弑也。"余以桓之事考之:左氏言"讨鴒①氏,有死者",是欲掩隐之见弑而不可,方诈为自掩之计,治斯狱矣。使继故不忍即君位,处大变者无敢或异,一行其礼,则为忍于先君,何所快于行即位之礼,而显示国人以与闻乎弑哉?桓将不行即位之礼必矣。

《春秋》始乎隐,其事之值于变者三焉:诸侯无再娶之文,惠公失礼再娶,于是桓为太子,然又非隐所得而追议于先君也。上卿为摄主,礼也,见《曾子问》。居上卿之位,摄行君之政,生不称公,死不称薨。隐嗣爵改元,非摄主比也。继世之君,尽臣诸父兄弟,隐既立而犹奉桓为太子,异于君臣之体者也。鲁之祸,惠公启之也。明乎嗣立即位之义,君臣、父子、夫妇、昆弟之间,其尽矣乎!

[《戴震全集》(第3册),第1657-1661页;《戴震全书》(修订本第6册),第241-244页。]

周易补注目录后语

郑康成始合《彖》《象》于《经》,如今王弼本之《乾卦》后加"彖曰""象

①鴒(wěi)氏:即鴒服防,鲁国贵族,官为工正,专职负责营造馆舍,被鲁隐公三弟姬翚(字羽父)枉杀。

曰"者是也。弼又分《文言》于《乾》《坤》后，各加"文言曰"，而自《坤卦》以后，《彖》及《象》之论两体者，分属卦词后，解爻词者逐爻分属其后。于是汉时所谓十二篇，莫能言其旧。

孔冲远[1]曰："《易经》本分为上下二篇，《彖》《象》释卦，亦当随《经》而分。故《上彖》一、《下彖》二、《上象》三、《下象》四、《上系》五、《下系》六、《文言》七、《说卦》八、《序卦》九、《杂卦》十。"郑学之徒，并同此说。《汉书·艺文志》曰："《易经》十二篇，施、孟、梁丘三家。"是十二篇，三家所同也。

《儒林传》曰：费直[2]治《易》，"长于卦筮，无章句，徒以《彖》《象》《系辞》十篇之言解说上下经。"[3]盖费氏《易》不自立故训章句，其解说《经》，即用十篇之言，明其当时之口讲指画如此。是十二篇，费氏未尝改也。刘向[4]以中古文《易经》校施[5]、孟[6]、梁丘[7]《经》，或脱去"无咎""悔亡"，惟费氏《经》与古文同。初不闻刘向、班固言其篇题与诸家异。后人误读《儒林传》，乃赝作费氏《易》，省去《彖》《象》《系辞》之目，总以一"传"字加于《彖》《象》之首；纷纷咎费氏改经，不察之论也。

武帝时，博士之业《易》虽已十二篇，然昔儒相传《说卦》三篇，与今文《太誓》同后出。《说卦》分之为《序卦》《杂卦》，故三篇词指，不类孔子之言，或经师所记孔门余论，或别有所传述，博士集而读之，遂一归孔子，谓之"十翼"矣。

[《戴震全集》（第 3 册），第 1251-1252 页；《戴震全书》（修订

---

①孔颖达（574-648 年）：字冲远（又作仲达、冲澹），冀州衡水（今属河北）人，孔子第 31 世孙，唐初经学家，奉唐太宗之命编纂《五经正义》。

②费直：字长翁，东莱（今山东平度）人，西汉古文易学"费氏学"的开创者。

③《汉书·儒林传》："无"作"亡"，"之"作"文"。

④刘向（约前 77- 前 6 年）：原名更生，字子政，沛县（今属江苏）人。西汉经学家、目录学家和文学家。

⑤施雠：西汉沛（今安徽濉溪）人，专治群经的学者，诏拜仇博士，"施氏学"的开创者。

⑥孟喜：字长卿，西汉东海兰陵人，与施雠、梁丘贺同学田王孙，汉代第一位易学家田何的再传弟子；著作有：《孟氏京房》11 篇，《灾异孟氏京氏》66 篇，《章句施、孟、梁丘氏》各二篇，已亡佚。

⑦梁丘贺：字长翁，琅琊郡诸（今山东省诸城）人。先从京房受《易》，又与施雠、孟喜同学《易》于田何的再传弟子田王孙；西汉时今文《易》学"梁丘学"之开创者，与施雠、孟喜、京房同被列为学官，对后世影响很大。

本第 6 册），第 223 页。]

尚书义考义例[①]

一、《今文尚书》，汉时博士所习，以隶传写，故称"今文"。《史记·儒林列传》云："秦时焚书，伏生[②]壁藏之。""汉定，伏生求其书，亡数十篇，独得二十九篇，即以教于齐、鲁之间。""伏生教济南张生及欧阳生。"《汉书·儒林传》云："欧阳生，字和伯，千乘人也。事伏生，授兒宽，宽又受业孔安国。""欧阳、大小夏侯氏学，皆出于宽。"此所谓《今文》者也。伏生书无《大誓》。刘向《别录》云："民有得《大誓》书于壁内者，献之；与博士使读说之，数月，皆起传以教人。"刘歆《移书让太常博士》曰："孝文皇帝始使掌故晁错从伏生受《尚书》。"《尚书》初出屋壁，朽折散绝。《大誓》后得，博士集而读之。郑康成《书论》曰："民间得《大誓》。"据此，则伏生所传仅二十八篇。太常蓼侯孔臧与安国书曰："臧闻《尚书》二十八篇，取象二十八宿，何图乃有百篇？"是也。而《史记》称二十九篇者，孔颖达云："司马迁在武帝时见《大誓》出而得行，入于伏生所传内，故为总之。"并云"伏生所出，不复曲别分析，云'民间所得'，其实得时不与伏生所传同也。"孔氏此说得之。朱彝尊谓"二十八篇及百篇之序为二十九"，不知序与古文并出，故孔臧言"何图乃有百篇"，非传自伏生无疑。今惟据二十八篇为本。

一、汉时所传之古文《尚书》，许慎[③]《说文解字序》论"六（体）[④]书"："一曰古文，孔子壁中书也。"盖如商、周彝鼎之文，故称"古文"。《史记·儒林列传》云："孔氏有《古文尚书》，而安国以今文读之，因以起其家。逸《书》得十余篇，盖《尚书》滋多于是矣。"刘歆遗书太常博士[⑤]曰："鲁恭王坏

---

①义例：抄本作"凡例"，书于每页中缝，与此不同。见《戴震全书》（修订本第 1 册），第 13 页。

②伏生（前 268？－前 178？年），又称伏胜，字子贱，汉人，曾为秦博士；秦时焚书，于壁中藏《尚书》，汉初，仅存二十九篇，以教齐鲁之间，今文《尚书》学者，皆出其门。

③许慎（约 58－约 147 年），字叔重，汝南召陵（今河南漯河）人，东汉著名经学家、文字学家；历近三十年编撰世界上第一部字典《说文解字》，后人尊称他为"字圣"。

④体：应为衍字，据许慎《说文解字叙》删。

⑤正确表述应为《移书让太常博士》，此文最早载录于《汉书》，后被《文选》收入。

孔子宅，欲以为宫，而得古文于坏壁之中：逸《礼》有三十九，《书》十六篇。天汉之后，孔安国献之，遭巫蛊仓卒之难，未及施行。"《汉书·艺文志》云："以考二十九篇，得多十六篇。"《儒林传》云："安国为谏议大夫，授都尉朝，而司马迁亦从安国问，故迁《书》载《尧典》《禹贡》《洪范》《微子》《金滕》诸篇多古文说。都尉朝授胶东庸生。"荀悦《汉纪》云："鲁恭王坏孔子宅，得《古文尚书》，多十六篇。武帝时，孔安国家献之。"马融《书序》云；"逸十六篇，绝无师说。"此十六篇者，孔颖达云："郑注《书序》：《舜典》一、《汩作》二、《九共》九篇十一、《大禹谟》十二、《益稷》十三、《五子之歌》十四、《胤征》十五、《汤诰》十六、《咸有一德》十七、《典宝》十八、《伊训》十九、《肆命》二十、《原命》二十一、《武成》二十二、《旅獒》二十三、《冏命》二十四。以此二十四为十六卷，以《九共》九篇共卷，除八篇，故为十六。"又云："郑玄于伏生二十九篇之内，分出《盘庚》二篇、《康王之诰》、又《泰誓》三篇，为三十四篇，更增益伪书二十四篇，为五十八。"故《艺文志》、刘向《别录》云"五十八篇"。颖达不知刘向、班固所见为真古文，而以为张霸之徒伪造。史言霸所伪造，乃百两篇，非二十四也。桓谭《新论》云："《古文尚书》旧有四十五卷，为四十八^①篇。"盖二十九与十六合为四十五。《汉书·艺文志》列《尚书》古文经四十六卷，为五十七篇，增多百篇之《序》一卷，缺《武成》一篇。郑康成云"《武成》逸篇，建武之际亡"是也。《古文》藏于秘府，故又称中古文。"刘向以中古文校欧阳、大小夏侯三家经文，《酒诰》脱简一，《召诰》脱简二"，"文字异者七百有余，脱字数十"是也。以不立于学官，故谓之逸篇。刘向、刘歆、班固、贾逵皆得见之。成帝时，民间则有胶东庸生之遗学，建初、延光、光和中，尝诏选高才生能通者，以扶微学，广异义。后汉之儒如尹敏、周防、孔僖、杜林、卫宏诸人并传《古文》。然贾、马、郑虽注《古文》，仅及《今文》所有者，不注逸篇，必逸篇残缺失次，不复能成读，其后逐渐亡矣！

一、马、郑本皆有百篇之《序》，合为一篇。其旧次，《汤誓》在《臣

① 桓谭《新论》正作"五十八篇"，此"四十八篇"当据改，见《戴震全书》（修订本第 1 册），第 14 页。

扈》后，《咸有一德》在《汤诰》后，《周官》在《立政》前，《蔡仲之命》《费誓》在《吕刑》前。孔颖达云"郑依贾氏所奏，《别录》为次"是也。今仍复其旧次为一篇，附于二十八篇之后。

一、东晋元帝时，豫章内史梅赜奏上《古文尚书》孔安国传，赜自言受之臧曹，曹受之梁柳，柳受之苏愉，愉受之郑冲。陆德明云："孔传《古文尚书》亡《舜典》一篇，购不能得。""齐明帝建武中，吴兴姚方兴采马、王之《注》，造孔传《舜典》一篇，云于大航头买得，上之。梁武时为博士，议曰：《孔序》称伏生误合五篇，皆文相承接，所以致误，《舜典》首有'曰若稽古。'伏生虽昏耄，何容合之？遂不行用。"又云："永嘉丧乱，众家之《书》并灭亡，而古文孔《传》始兴。近惟崇古文，马、郑、王《注》遂废。时以王肃《注》颇类孔氏，故取王《注》，从'慎徽五典'以下为《舜典》，以续孔《传》。"孔颖达云："至晋世肃注《书》始，似窃见孔《传》，故注'乱其纪纲'为夏太康时。"又云："王肃之注《尚书》其言多同孔《传》。"如陆氏、孔氏所言，今之《古文尚书》及孔《传》殆出于王肃，犹之《孔子家语》出于王肃私定也。肃欲夺郑氏而冀行其学，故往往假托以为佐证。东晋《古文》增多之篇与十六篇异者：《仲虺之诰》、《太甲》三篇、《说命》三篇、《大誓》三篇、《微子之命》《蔡仲之命》《周官》《君陈》《毕命》《君牙》，凡十六篇；其余如《大禹谟》《五子之歌》《胤征》《汤诰》《伊训》《咸有一德》《武成》《旅獒》《冏命》，凡九篇，篇名虽同，其文未必符合。自宋吴棫、朱子始疑之，元吴澄、明梅鷟辨之尤力，至阎若璩《尚书古文疏证》，剖核明晰，无庸更议矣！今别为一编，附于二十八篇及百篇之《序》后，庶几不相淆杂。

一、《今文》《古文》传本各异，其东晋孔《传》未出以前，所引《尚书》皆古本也。今于案语内论其异同得失，而《经》文之下，则云"某当从古本作某"。既称古本，以明不必存今文、古文之见。至如《尧典》，"慎徽五典"上二十八字，今删去，别见后增多之篇内；其"慎徽五典"以下，分为《舜典》。《皋陶谟》"帝曰：'来，禹，汝亦昌言'"以下，分为《益稷》。《顾命》"王出在应门之内"以下，分为《康王之诰》，今仍合为《尧典》《皋陶谟》《顾命》。

一、《尔雅》解释《诗》《书》，汉儒释经多宗之，则注内已见采录，如《诗》有毛《传》郑《笺》；《礼》有郑氏《注》，并宜全载其文，然后附以诸儒之说。惟《尚书》无汉儒全注，今经文之下，即取《尔雅》以存古义。

一、《今文尚书》欧阳和伯及夏侯胜、夏侯建所传；《古文尚书》胶东庸生及卫宏、贾逵、马融、郑康成所传。其本久亡，惟见于经、史、传。注引今文作某，马、郑本作某，而东晋《古文》与二十八篇同者，虽有改易，皆不出马、郑、王之本。自东晋以来行之既久，今姑就其书详考各本异同，订其得失。

一、欧阳、大小夏侯学，惟许慎《五经异义》多载其说，其旁见于他书者甚少。贾、马、郑之注则犹可搜辑。宋王应麟撰集《古文尚书》郑氏《注》十一卷，于郑氏一家亦未能详备，又多讹舛，且征引之体不拘本文，或因辨论所涉，约略其意，不得掇出^①冠以汉儒之名。今但列引之者名氏或书名于上，如陆德明《释文》、孔颖达《义疏》以及《史记》《集解》等。书内称"马云""郑云"，而"郑注"又单称"注云"，与兼言马郑，或举姓略名，或姓名并称之类，各如其旧，庶免掇拾爽失之病。

一、《注》内引先儒之说，始见称某氏，其下系以书名，次条以下惟称"某氏""某曰"。至孔安国《传》，虽晋人伪托，大抵多袭用古《注》，其与贾、马、郑、王同者，无庸重见，惟删取其异者，次古《注》之后，或亦古《注》所有，特不可考耳。不称"孔氏安国曰"，惟称"孔《传》曰"，以别真伪。书内所引，多与今注疏本异者，系从宋本校正。

一、古人语言文字多失传，以今人所知字义读古人书，往往扦格。《书》自唐虞而下，《诗》自商而下，《易》始庖牺^②，然有象而无辞，与诸经皆自周而下。故有书契以来，莫古于《尚书》。汉儒训诂各有师承，又去古未远，使其说皆存，用备参稽，犹不足以尽通于古，况散逸既多，则见者可忽视之乎？故是编于各书所引欧阳、大小夏侯氏说及贾、马、郑之《注》，详略必载古《注》，语简义精，虽尽收不见其多。至宋以来凿空衍说，载

①掇（duō）出：拾取，摘出。
②庖（páo）牺：即伏羲。

之将不胜载，故严加删汰。

一、数义各异者，仿许氏《五经异义》之意，具列其说，加案语折衷之，以其人之先后为次。至转相祖袭，则惟载其创立是说者，或后人因前说引伸，或后之特见偶与前人合，而语更详明，皆作小字，附前说之下。

一、《汉书》言司马迁亦从安国问，故迁书多古文说。又许慎《说文解字》所引《书》与今本异。慎《自序》云："其称《易》孟氏、《书》孔氏、《诗》毛氏、《礼周官》、《春秋》左氏、《论语》《孝经》皆古文也。"此所谓古文，乃孔氏所传之真古文，非东晋以后所谓古文者也。今于案语内并备论之。

一、是编虽备列异说，意主于发明经义，故案语内或折衷诸家，聊出所见，以明去取；或诸家说皆未及，则旁推交通，以得其义。

一、扬雄《法言》云："虞夏之《书》浑浑尔，《商书》灏灏尔，《周书》噩噩尔。"[1]郑康成《书赞》云"三科之条，以虞夏同科也。"孔颖达云："马融、郑玄、王肃《别录》题皆曰《虞夏书》。"今定《虞夏书》四篇，《商书》五篇，《周书》十九篇，其篇第，《费誓》在《吕刑》前，据贾、郑旧次也。

［《戴震全集》（第 3 册），第 1664—1669 页；《戴震全书》（修订本第 1 册），第 7—13 页。］

尚书今文古文考

《尚书》二十八篇，济南伏生所传，后附益《太誓》一篇，用当时隶书写之，故称《今文尚书》。而景帝时，鲁恭王[2]坏孔子宅，所得者多十六篇。许叔重《说文解字叙》记六体书："一曰古文，孔子壁中书也。"盖如商、周鼎彝之书，故称《古文尚书》。以入于秘府，未列学官，故谓之中古文。

伏生书无《太誓》，而《史记》乃云；"伏生求其书，亡数十篇，独得二十九篇。"殆因是时已于伏生所传内益以《太誓》，共为博士之业，不复别识言耳。刘向《别录》曰："民有得《太誓》书于壁内者献之，与

---

①出自《法言·问神》。"虞夏之《书》"即《虞夏书》，浑浑：博大；漫漫：浩瀚无际的样子；噩噩：又作"谔谔""咢咢"，直言不阿。

②鲁恭王：即刘馀，汉景帝和程妃所生，其谥号本应为"鲁共王"，但常被引作"鲁恭王"。

博士使读说之，数月，皆起传以教人。"刘歆《移书让太常博士》曰："孝文皇帝始使掌故晁错从伏生受《尚书》。《尚书》初出屋壁，朽折散绝。《太誓》后得，博士集而读之。"郑康成《书论》曰："民间得《太誓》。"刘、郑所记，可援以补史家之略。

卫宏[①]《定古文尚书叙》云：段玉裁案：当作"诏定古文官书。" "伏生老不能正言，言不可晓，使其女传言教错。齐人语多与颍川异，错所不知者凡十二三，略以其意属读而已。"此不察之说也。济南张生及欧阳生和伯，实躬事伏生受《书》，由是《书》有欧阳、大小夏侯之学。《史记》及《汉书》皆曰："秦时燔书[②]，伏生壁藏之。汉兴，即以教于齐、鲁之间。"其非得之口诵，无女子传言事甚显白。

《太誓》外，有百篇之《序》，《史记》并见采录。前此太常蓼侯孔臧与安国书曰："臧闻《尚书》二十八篇，取象二十八宿，何图乃有百篇邪？案：《孔丛子》伪书，不足据。[③] 是《太誓》并《序》为伏生书所无明甚。百篇旧次，《汤誓》在《臣扈》后，《咸有一德》在《汤诰》后，《周官》在《立政》前，《蔡仲之命》《费誓》在《吕刑》前。孔冲远曰，"郑依贾氏所奏《别录》为次"[④] 是也。

《古文尚书》之出于汉代者，《儒林传》称"逸书得十余篇。"刘歆言："逸书十六篇，藏于秘府，伏而未发。"《艺文志》言："以考二十九篇，得多十六篇。"荀悦《汉纪》言："得《古文尚书》，多十六篇。武帝时，孔安国家献之。"马融《书序》言："逸十六篇，绝无师说。"其篇名则郑注《书序》逸篇之目：《舜典》《汩作》《九共》《大禹谟》《弃稷》案：《正义》曰，马、郑、王所据《书序》，名为《弃稷》。《五子之歌》《胤征》《典宝》《汤诰》《咸有一德》《伊训》《伊陟》案：旧作《肆命》，今从宋板书《正义》。

---

①卫宏：字敬仲，东海（今山东郯城）人，东汉著作家、学者，《后汉·儒林传》说："卫宏从谢曼卿受学，作《毛诗序》，善得《风》《雅》之旨，至今传于世。"

②燔（fán）书：焚毁典籍。

③段玉裁《覆校札记》云："系臧镛堂语。以后凡云'案'者皆同。"引者另注：臧镛堂（1766—1834年），字在东，号拜经，臧琳之玄孙，江苏武进人，著名清朝文人，经学家。

④学界对于孔颖达所言有争议，清华大学本《戴震全集》"别录"未加书名号，黄山书社本《戴震全书》则加上书名号，笔者认同前者，相信这也是戴氏观点。

《原命》《武成》《旅獒》《冏命》。以此十六卷，合今文所有之二十九卷，百篇之《序》一卷，是为《艺文志》："《尚书古文经》四十六卷。"

《九共》析为九，则逸书凡二十四，而今文所有者析为三十四。《盘庚》《太誓》各分而三，《顾命》分"王若曰"以下为《康王之诰》也。不数百篇之序，故刘向《别录》云"五十八篇"。桓谭《新论》云"《古文尚书》旧有四十五卷，为五十八篇"。《艺文志》虽数百篇之序增多一卷，而四十六卷者，一卷篇亡，郑康成所谓"《武成》逸篇，建武①之际亡"，适当其亡篇，故《志》仅称五十七篇。

古文非博士所治，是以谓之逸书。刘向、刘歆、班固、贾逵校理秘书，咸得见之。民间则有胶东庸生②之遗学。建初、延光、光和中，尝诏选高才生能通者，以扶微学，广异义。而后汉之儒，如尹敏、周防、孔僖、杜林、卫、贾、马、郑，传是学不一人。然贾、马、郑虽雅好古文，其作训注，亦但解其今文所立于学官者，岂逸篇残脱失次，不可读欤？

逸书既亡，东晋元帝时，梅赜③乃奏上《古文尚书·孔安国传》，于二十八篇析为三十一之外，更析《尧典》《皋陶谟》为《舜典》《益稷》，增多十九篇，析为二十五，以傅合五十八篇之数。散百篇之《序》，引冠篇首，而分同序者同卷，异序者异卷，亡篇之序，列次其间，为四十六卷，以傅合《艺文志》所录卷数。盖莫由知聚敛群书而为之者，实始何人。赜自受之臧曹，曹受之梁柳，柳受之苏愉，愉受之郑冲，而其说往往与王肃④不异，是又今之《古文尚书》，而非汉时秘府所藏、经师所涉之十六篇矣。

[《戴震全集》（第 3 册），第 1654-1656 页；《戴震全书》（修订本第 6 册），第 224-226 页。]

———————————

① 建武（25-56 年）：东汉光武帝刘秀的第一个年号。

② 庸生：名谭（生卒年不详），西汉胶东大儒，师从都尉朝，为孔安国再传弟子；通《古文尚书》，传《齐论语》《孟子》，他一生未仕于民间传经，并以其学授清河胡常，被后人尊称为"汉庸生"。

③ 梅赜（zé）：字仲真，东晋汝南（今湖北武昌）人，曾任豫章内史，所献《古文尚书》及《尚书孔氏传》被立为官学，但自宋以来的考据家多指为伪书。

④ 王肃（195-256 年）：字子雍，东海郡郯县（今山东郯城）人，三国曹魏经学家，曾遍注群经，对今、古文经意加以综合，曾为《孔子家语》作批注。

科学思想

数学

策算序

《汉书·律历志》："算法用竹，径一分，长六寸，二百七十一枚而成六觚[1]为一握。"古算之大略可考如是。其一枚谓之一算，亦谓之筹。《梅福[2]传》："福上书曰：臣闻齐桓之时，有以九九见者。"所谓九九，盖始一至九，因而九之，终于八十一。《周髀算经》商高[3]曰："数之法出于圆方，圆出于方，方出于矩，矩出于九九八十一"是也。以九九书于策，则尽乘除之用，是为策算。策取可书，不曰筹而曰策，以别于古筹算，不使名称相乱也。策列九位，位有上下。凡策，或木或竹，皆两面；一与九、二与八、三与七、四与六共策；五之一面空之，为空策，合五策而九九备。如是者十，各得十策。别用策一列，始一至九，各自乘得方幂之数，为开平方策。算法虽多，乘除尽之矣，开方亦除也。平方用广，立方罕用。故《策算》专为乘、除、开平方举其例，略取经史中资于算者，次成一卷，俾治《九章算术》者首从事焉。乾隆甲子长至日，东原氏戴震叙。

［《戴震全集》（第2册），第529页；《戴震全书》（修订本第5册），第5页。］

九数通考序[4]

余少时读《周官经》[5]六书九数之目，因寻求汉永元中南阁祭酒许慎《说

---

①觚（gū）：棱角。

②梅福：字子真，西汉九江郡寿春（今安徽寿县）人，专注《尚书》和《谷梁春秋》，以诤言直谏见称。

③商高：约与周公旦同时期的西周数学家，他于公元前1100年左右发现勾股定理特例（勾三股四弦五），早于毕达哥拉斯定理五六百年。

④本篇辑自北京大学图书馆藏《湖海文传》卷二十八。此前未见戴震已刊著作著录。《九数通考》的作者屈曾发，字鲁传，号省园，江苏常熟人，清代著名数学家。

⑤《周官经》：又称《周官精义》，全书由天官冢宰、地官司徒、春官宗伯、夏官司马、秋官司寇、冬官司空等六篇组成。冬官司空一篇早已佚亡，西汉河间献王刘德补以《考工记》一篇，仍称《周官》六篇。此书是我国最早的政治制度、官制设置的完整记载。

文解字》，以为古小学赖是以存。而前此，北平侯张苍①传古《九章算术》，魏刘徽②为之注者，卒不可得。近有宣城梅氏撰《中西算学通》，独九数存。古有录无书，盖唐、宋立之学官所谓《算经十书》，仅仅《周髀》有全文。梅氏所论述《周髀》而外，绝不见征引，是以意欲存古而未能与？

常熟屈君省园，嗜古，好深湛之思，于书靡不披览，尤加意实学，俾足以致用。既撰《万言肄雅》③，为识字津涉④。其治算数也，妙尽其能，亦兼中西而会通之，乃举而分隶《九章》，则又梅氏所志焉未逮也。

古者九数，司徒掌之，以教万民；保氏掌之，以教国子。与五礼、六乐、五射、五御、六书之伦，合而谓之道艺。夫德行以为之体，道艺以为之用。故司谏⑤巡问民间，则以时书其德，行道艺辨其能，而可任于国事者。由是言之，士有国事之责，期在体用赅备有如是。

今屈君将出为国家分理斯民，凡用之于官，施之为教，渊乎其有本也。君以是编属余撰序，余曰：昔郑康成氏游于马季长之门，三年不得亲相质问。季长集诸生考论图纬，因疑于算，闻其能，乃召见之楼上。汉、晋间，达人学士，若张衡、王粲⑥、关康之⑦、高允⑧，咸称明算，且于此学各有论著。今屈君所为书，信足以补道艺中一事矣。适朝廷开馆，纂《四库全书》，《九章算经》于是逸而复出。而以是编者，方之古算经，犹《说文》之后，

①张苍（前256-前152年）：西汉阳武县（今河南原阳）人，与李斯、韩非等人同为荀子门生，在秦朝时曾经当过御史；西汉建立后又先后担任过代相、主计和丞相等职，擅长音律和历法，校正《九章算术》。

②刘徽（约225-约295年）：山东邹平人，魏晋时期的伟大数学家，他是中国最早主张用逻辑推理论证数学命题的人，他所完成的《九章算术注》和《海岛算经》是中国最宝贵的数学遗产，是中国古典数学理论的奠基人之一。

③《万言肄雅》（一卷）：清代数学家屈曾发编撰，此书归经部小学类，也可作为识字入门书籍。

④津涉：渡口，喻为学之门径。

⑤司谏：《周礼·地官》所载官名，掌教万民以道德艺业者。

⑥王粲（177-217年）：字仲宣，山阳高平（今山东微山）人，东汉末年文学家、官员，"建安七子"之一。

⑦关康之（415-477年），字伯愉，祖籍河东杨县（今山西洪洞），世居京口（今江苏镇江），隐逸不应州府之辟；擅长《易》《左氏春秋》，著有《毛诗义》，并深通算学之妙。

⑧高允（390-487年）：字伯恭，渤海蓨（tiáo）县（今河北景县）人，南北朝时北魏名臣、文学家；精于算法之学，著有《算术》三卷。

不可无《玉篇》《广韵》①。以今之详，广古之略；以今之逐字加密，尽抉古之奥。其在是与？其在是与？

［《戴震全集》（第 6 册），第 3232-3233 页；《戴震全书》（修订本第 6 册），第 552-553 页。］

天文

续天文略序

臣震谨案：《书》言"敬授人时"。《易》言"天垂象，见吉凶"。其在《周官》，推步掌于冯相氏，占变掌于保章氏，各有专司。故司马迁《史记》分为八书之二。古者小民咸识天象，仰瞻星汉，用知时节而趣耕作。《夏小正》《月令》诸书，示农事、女工勿怠缓也；而律设科条，私习天文有禁，乃以绝民间或妄语扎②祥。是二者，又有宜讲求、不宜讲求之别矣。然施之于用虽二事，苟溯而上之，日月星运行有常，其为体也则一。

宋郑樵《通志》录《步天歌》③兼及其《注》文，继以《晋书》所列天汉④起没、十二次度数、州郡躔次⑤，又参以《隋书》所列七曜⑥，述是数者为《天文略》⑦。

樵称：歌辞句中有图，言下见象，不语休祥，而《注》内仍不免涉灾祥休咎。至若十二次宿度⑧，杂举刘韵、费直、蔡邕三家，则由未解岁差，故存其殊致，莫之折衷。其以郡隶州国也，如曰燕、幽州，而所隶有西河、上郡、北地，此三郡实古雍州；曰卫而配以并州，下列安定、天水、陇西、

---

①《玉篇》：又名《原本玉篇》，由南朝梁黄门侍郎兼太学博士顾野王（519—581 年）所撰按汉字形体分部编排的一部字书；《广韵》：全称《大宋重修广韵》，宋真宗大中祥符元年（1008 年），陈彭年和丘雍等人奉诏根据前代《切韵》《唐韵》等韵书修订而成，它是中国现存的一部重要韵书。

②扎（jī）：迷信鬼神以求福降临。

③《步天歌》是一部以诗歌形式介绍中国古代全天星官的著作，现有多个版本传世；最早版本始于唐代，郑樵的《通志·天文略》版本最广为人熟知。

④天汉：古时指银河，也泛指浩瀚星空或宇宙。

⑤躔（chán）次：日月星辰在运行轨道上的位次。

⑥七曜：又称七政、七纬、七耀，包括日（太阳）、月（太阴）与金（太白）、木（岁星）、水（辰星）、火（荧惑）、土（填星、镇星）等星，源于中国人民对远古的星辰自然崇拜。

⑦南宋郑樵（1104-1162 年）：著《通志》二百卷，《天文略》是其中一种。

⑧宿（xiù）度：天空中标志星宿位置的度数，周天共三百六十五度又四分之一，二十八宿各占若干度。

酒泉、张掖、武都、金城、武威、敦煌，此九郡远出雍西；曰魏而配以益州，隶广汉、越巂①、蜀郡、犍为、牂柯②、巴郡、汉中于下，实非魏之疆土；曰秦、雍州，而所隶乃云中、定襄、雁门、代郡、太原、上党，又属战国时越域。《晋书》此条讹舛特甚，既无从是正，不宜取以滋惑。盖天文一事，樵所不知，而欲成全书，固不可阙而不载，是以徒袭旧史，未能择之精、语之详也。

今更为目十：曰星见伏昏旦中，曰列宿十二次，曰星象，曰黄道宿度，曰七衡六间，曰晷景短长，曰北极高下，曰日月五步规法，曰仪象，曰漏刻。或补前书阙遗，或赓所未及。凡占变推步不与焉。考自唐虞已来，下讫元明，见于《六经》、史籍，有关运行之体者，约而论之，著于篇。

[《戴震全集》（第 1 册），第 271-272 页；《戴震全书》（修订本第 4 册），第 33-34 页。]

工艺思想

考工记图序③

立度辨方之文，图与《传》《注》相表里者也。自小学道湮，好古者靡所依据。凡《六经》中制度、礼仪，核之《传》《注》，既多违误，而为图者，又往往自成诘诎④，异其本经，古制所以日就⑤荒谬不闻也。旧《礼图》有梁、郑、阮、张、夏侯⑥诸家之学，失传已久，惟聂崇义⑦《三礼图》二十卷见于世，于《考工》诸器物尤疏舛。同学治古文辞，有苦《考工记》

---

①越巂（xī）：古郡名，汉武帝元鼎六年（前111年）开邛都国而置，治所在邛都县（今四川西昌）。

②牂柯（zāng kē）：古郡名，汉武帝元鼎六年（前111年）开西南夷而置，治故且兰县（今贵州省贵阳市或曰福泉市一带）。

③"考工记图序"和"考工记图后序"标题原本无，均为编录者所加。

④诘诎（jié qū）：屈曲，屈折。

⑤中华书局《戴震文集》本："就"作"即"。

⑥梁、郑、阮、张、夏侯分别指梁正、郑玄、阮谌、张镒和夏侯伏朗等经学家，他们都曾编撰《礼图》。

⑦聂崇义：河南洛阳人，少学《三礼》，精通经旨。后汉时官至国子礼记博士，曾校定《公羊春秋》；宋初奉敕编撰《三礼图集注》（简称《三礼图》），考正《三礼图表》，图遂行于世。

难读者，余语以诸工之事，非精究少广旁要，固不能推其制以尽文之奥曲。郑氏《注》善矣，兹为图，翼赞郑学，择其正论，补其未逮。图傅某工之下，俾学士显白观之。因一卷书，当知古六书、九数等，儒者结发从事，今或皓首未之闻，何也？休宁戴震。

[《戴震全集》（第 2 册），第 707 页；《戴震全书》（修订本第 5 册），第 313 页。]

考工记图后序

《考工》诸器，高庳广狭有度。今为图，敛于数寸纸幅中，或舒或促，必如其高庳广狭，然后古人制作，昭然可见。不则，如磬氏之磬，何以定其倨句①？氏之量，何以测其方圆径幂？韗②人之皋陶，何以辨其晋鼓、鼖③鼓？又如凫氏之钟，后郑云："鼓六，钲六，舞四，其长十六。"又云："今时钟或无钲④间。"既为图观之，乃知其说误也。勾股法，自铣至钲，八而去二，则自钲至舞，亦八而去二。铣为钟口，舞为钟顶。《记》曰铣、曰钲者，径也。曰铣间、曰钲间、曰鼓间者，崇也。曰修、曰广者，羡也。羡之度，举舞，则钲与铣可知，而钲间因铣、钲、舞之径，以得其崇。然则《记》所不言者，皆可互见。若据郑说，有难为图者矣。其他戈戟之制，后人失其形似，式崇式深，后人疏于考论。郑氏《注》固不爽也。车舆宫室，今古殊异，钟县剑削之属，古器犹有存者。执吾图以考之，群经暨古人遗器，其有合焉尔。时柔兆摄提格⑤日在南北河之间。东原氏书于游艺塾。

[《戴震全集》（第 2 册），第 842-843 页；《戴震全书》（修订本第 5 册），第 461-462 页。]

---

　　①倨句（jù gōu）：亦作"倨佝""裾拘"；或"倨"（方），或"句"（曲），形容水流曲折之貌。
　　②韗（yùn）：古代制鼓工匠。
　　③鼖（fén）：古代军用大鼓。
　　④钲（zhēng）：古代铜制乐器，形似钟而狭长。
　　⑤柔兆摄提格：太岁纪年法，意谓丙寅年十二月。

方志思想

汾州府志例言①

汾州自前明万历二十三年改府，越十余年，知府王道一始纂次府志，成于万历三十七年，距今百六十余年，中间记载阙如；府属一州七县志，虽各有增续，亦距今数十年；至有体应系之府者，州县志故不得而详。况各志具存，纂次多非其人，往往因陋就简，稽其山川形势及民间利病，启卷茫然。夫以百六十余年之远，八州县之广，官事民事，治要所在，不可听其散佚也，用是访辑成书，盖不敢云少待矣。

志之首，沿革也。有今必先有古，古曰州、曰国，国有分邑，其后为郡县，又其后设州以统郡，郡以统县。而隋唐间，州与郡无别，惟称名互改而已。明以来则曰府，曰州，曰县，其间分合移徙，随时不同。如一西河郡也，其初在河西，旧呼为河套……故沿革定而上考往古，乃始无惑。

星野次乎沿革。其说起于《周礼》九州之分星，至春秋时言列国分星尤详；《汉书》乃以郡县隶之，然于古州国往往龃龉②不合，盖秦、汉间已失其传，非实有所见而分之者。存古说以见梗概，而沿革不明，不可以道古。作志者或先及之，非其次矣。至若绘图星像，录《步天歌》，尤属固陋。

疆域次沿革、星野之后，考今自是始也。疆域辨而山川乃可得而纪。

山川次乎疆域，其奠也，本天地之自然，而形势在焉，风气系焉，农政水利兴焉。作志者往往散列，漫无叙次，三者无由见也。今以水辨山川之脉络，而汾之东西山为干为枝，为来为去，俾井然就叙。水则以经水统其注入之枝水，因而偏及泽泊、堤堰、井泉、高高下下，不失地防；兴水利，除水患，从是求之，思过半矣。故兼及自昔以来引渠灌溉之法，筑防疏浚之功，备详其下。令众山如一山，群川如一川，府境虽广，山川虽繁，按文而稽，各归条贯，务求切于民用。从来作志者仅点缀嬉游胜景，何小之乎视山川也。

----

① 辑自乾隆《汾州府志》。
② 龃龉（jǔ yǔ）：不协调，差失。

城池、官置、仓廒①、坛壝②、关隘、营汛、驿铺、户口、田赋、盐税凡十有一者，官事也、民事也；纲之、纪之、富之、教之、抚之、卫之、用之、缓之。政之大体，于是乎在；民之利病，于是乎在。故次疆域山川之后。

职官、名宦、食封、流寓四者，至斯土者之往鉴也；人物、义行、科目、仕实、列女五者，宅斯土者之往鉴也。职官、食封，不可勿存也。府志于职官题名，多至丞簿而止。今载及县尉者，丞簿既裁，则职在丞簿下者，责务亦稍重也。名宦必其德泽及民，操持可法；流寓非名贤不录，此二者所以著爱慕也。人物必大节卓然，义行必为善足风，或一事之有益于人亦附焉。科目、仕实，犹职官、食封之存之也。巍科贵仕，世俗之艳称，或无大表见，或有瑕疵指摘，又或后世仅知其官阶，失其行事，今不得而列之人物；如职官题名中有失其行事者，今不得而列之名宦也。史家列传，外分忠义、孝义、文苑等目，志书多仿之。然史之列传以爵位，故有爵位不尊及无爵位者，不得不列为目以纪之。志之人物，以人品学问德业，而忠孝固德之大端也；有德有文者，于人物见之；专以文著者，于科目、仕实中散见之，无庸复列。至于名教所弃，犹巧饰诬欺，虽曾祀乡贤，邀声誉，今削而不录，盖志与史例有不同者：史善恶并书，志详善而略恶也。列女本非尽属节烈，而贤妇往往鲜及之，非贤妇之难也，闺门以内，庸德之行，虽美弗彰也；又富贵之家，犹有文饰其辞为传为记者，穷巷下里实行，其谁知之？即以节烈言，其得请旌表者，非素饶之家，则子孙犹能扬其幽芳者也；彼甘守冻饿，老死屋下，子孙无闻知，无论力不能请旌，即纂志时加意勤访，而莫举以为言，且历年稍远，松柏与榛楚共泯没，是可悲也。遗者盖多，书其所知而已。职官、科目及列女中之节烈，录至纂志时乃止；而名宦、人物、义行、仕实，但著已往，今之人其有待于后之人论定欤？

古迹、冢墓、祠庙、事考四者，备稽古者之检之也；杂识又其余也；寺观附祠庙之下，明非正也。志书俗礼列仙释一目，今即各散见寺观内。凡逸事异闻，世俗竞传之者，皆见于杂识，涉鄙俚荒谬亦不录。风俗、物产，非逸事异闻比，然无取乎泛、常、琐、滥，以为铺张，则为语不多，无庸

①仓廒（áo）：收藏粮食的仓房。
②坛壝（wéi）：古代祭坛四周的矮墙。

别列二目，故著之杂识之首。

艺文系之志末，与列于前者互相参证也。纂志与集文不同，故但以古今为先后，不区别文体，叙诗亦然。盖志主乎地，不取备文体也。虽其地之人，而生平所有奏疏、论著，于地无关者，例不当录。官斯土者及今在任，一切士民颂美之辞，事涉导谀，亦例不当录。又有因事立文，宜与事俱载于志。而文或仅以通俗，州县志不妨备录；府志亦一切赘收之，则失体。至于司马温公撰《文潞公①家庙碑》，庙在洛阳，不在介休，乔宇②《观绵水诗》，乃平定州之绵水，此类尤不宜溷③入，以失作者之实。凡古迹非实，题咏无嫌，录之，不可为典要也。碑记、考、序等，一篇中虽有得有失，无嫌人自为说，志内已有辨证，存其文，非取为考核也。

地图及沿革表，志开卷第一事也。作图者少加意精核，检视其图，方向远迩，茫然不辨，名为有图，不但如无图而已，且适以滋惑。今列图十有二，而府境及八州县山川图，先布方格，然后按山脉之条贯，水流之委曲，距府州县治之方向里数，不使或爽。至若方隅之观，各州县志多有所谓八景、十景，漫列卷端，最为鄙陋，悉汰之以还雅，志内亦有不涉及，其题咏间取一二。

[《戴震全集》（第1册），第488-491页；《戴震全书》（修订本第6册），第576-581页。]

寿阳县志序④

披览图志，与读史相表里者也。而一州一县咸各有志，俾沿革山川见历代史者，于此可稽。因以近察政之体要，民之利病，故非通古今，明吏治，则撰次概不足观。

岁戊子，余奉命抚晋，寿阳尹龚君来谒，知其有学，且克敬其职也。

---

① 文潞公（1006-1097年）：字宽夫，号伊叟；汾州介休（今山西介休）人，北宋政治家和书法家。
② 乔宇（1464-1531年）：字希大，号白岩山人，太原乐平（今山西昔阳）人，与王云凤、王琼并称"晋中三杰"，亦称"河东三凤"。
③ 溷（hùn）："混"的异体字。
④《寿阳县志》由寿阳令龚导江主持纂修，戴震于庚寅十二月新春日代巡抚鄂宝作序。

寿阳于春秋马首邑，汉榆次东境。县之设，起晋太康中。迨元魏氏，省入中都，徙其户于大陵城南，置受阳县。盖其时兵燹[1]之余，荒芜为墟矣。隋名魏所别置为文水县，而复晋旧县曰受阳。唐贞观十一年改"受"作"寿"，始符昔目，迄于今不异。然新旧《唐书》"受""寿"参差互见，读史者莫之能是正。

寿水控引山溪，迤县治南，"水北曰阳"，是以纳称焉。其水南入洞涡，洞涡者，"同过"也。魏收《地形志》："同过水出木瓜岭，一出沾岭，一出大廉山，一出原过祠下。"仅胪[2]四源。继云："五水合道，故曰同过。"今是水导沾岭为正源，左合南溪水，导木瓜岭之源也。过寿阳而西，涂水出大廉山，涂谷南来会之，原过水北来会之。涂水，春秋时以名邑。四源之外，最大者寿水，缠络四源适中地，魏收独遗之；郦道元注《水经》，谓之黑水。二子距西晋未远，于寿水俱不闻。又况生千百余年后，欲稽古毕得，用订史籍讹文，诚匪易易[3]。

今龚君缮其新纂志稿请余序。其书严体例，精考核，凡旧时相承袭疏失，必详举，确有证实。如谓隋开皇迄唐贞观，是地名受阳，凡四十有八年。又《魏书》神武郡"寄治并州界"，莫识所在。兹访求得之于县西北二十里，犹名神武村。更摭李吉甫[4]《元和郡县图志》："神武故城"系寿阳县北为证。《旧唐书》言寿阳"武德三年，属辽州"，顾景范[5]《方与纪要》亦踵其误。兹订以武德三年置受州，领盂、寿阳二县；辽州同是年置，领乐平、辽山、平城、石艾四县，辨辽州乃受州之舛。《元史·河渠书》"冶河"即《汉书》上艾之"绵曼水"。《水经注》云"上承桃水，县东南二十里桃源沟"是也。"桃"或作"洮"，遂傅合《左氏春秋》"台骀""宣汾、洮"；兹则订以司马彪[6]云"洮出闻喜，两不相蒙"。大致精审类如此。

---

①燹（xiǎn）：野火，多指兵乱中纵火焚烧。

②胪（lú）：陈列。

③易易：很容易。

④李吉甫（758—814年）：字弘宪，赵郡赞皇（今河北赞皇）人，唐朝政治家、地理学家。

⑤顾祖禹（1631—1692年）：字瑞五，号景范，江苏无锡人，以遗民自居，学者称为宛溪先生；曾应徐乾学聘，纂修《一统志》；精于史地，著有《读史方舆纪要》。

⑥司马彪（？—306年）：字绍统，河内温县（今河南温县）人，西晋宗室、史学家，著有《续汉书》。

县辖二驿，当西路达京师冲要。而龚君为县余暇，于境内有关施政资稽古者，周察不遗，率是心行之忽怠，以蕲^①适于治理。仰承圣天子命官分治子惠^②元元^③之至意，其亦若斯之尽其学、敬其职，不敢或苟也夫！

［《戴震全集》（第6册），第3160-3161页；《戴震全书》（修订本第6册），第502-503页。］

---

①蕲（qí）：古同"祈"，祈求。
②子惠：慈爱，施以仁惠。
③元元：平民大众。

参考文献

一、中文典籍

程颢、程颐. 二程集（全二册）. 北京：中华书局，1981

程瑶田. 程瑶田全集. 陈冠明等校点. 合肥：黄山书社，2008

陈淳. 北溪字义. 熊国珍、高流水点校. 北京：中华书局，1983

陈鼓应. 老子今注今译（修订版）. 北京：商务印书馆，2003

陈鼓应. 庄子今注今译（最新修订重排本）. 北京：中华书局，2009

陈戍国. 四书五经校注本（全四册）. 长沙：岳麓书社，2006

董仲舒. 董子春秋繁露译注. 阎丽译注. 哈尔滨：黑龙江人民出版社，2003

戴震. 戴震全书（修订本）（全七册）. 杨应芹、诸伟奇主编. 合肥：黄山书社，2010

高宗纯皇帝实录（卷一百二十八）. 北京：中华书局，1985

管子全译（修订版）. 谢浩范，朱迎平译注. 贵阳：贵州人民出版社，2008

韩愈. 韩愈全集校注. 屈守元、常思春主编. 四川：四川大学出版社，1996

黄宗羲. 宋元学案（全四册）. 全祖望补修. 北京：中华书局，1986

黄宗羲. 明儒学案（2 版修订本）（全二册）. 沈芝盈点校. 北京：中华书局，2008

江永. 数学又序. 上海：商务印书馆，1936

焦循. 雕菰集（卷十二），丛书集成初编. 上海：商务印书馆，1936

江藩、方东树. 汉学师承记（外二种）. 北京：三联书店，1998

陆九渊. 陆九渊集. 北京：中华书局，1980

卢文弨. 抱经堂文集（卷十八）. 四部丛刊初编本

楼宇烈. 王弼集校释. 北京：中华书局，1980

皮锡瑞. 经学历史. 北京：中华书局，1959

阮元. 揅经室集（全二册）. 邓经元点校. 北京：中华书局，1993

四库全书总目. 北京：中华书局，1965

王充. 论衡全译. 袁华忠，方家常译注. 贵阳：贵州人民出版社，1993

王先谦. 荀子集解（全二册）. 北京：中华书局，1988

王阳明. 王阳明全集（简体版）（上中下）. 吴光等编校. 上海：上海古籍出版社，2012

王廷相. 王廷相集（全四册）. 王孝鱼点校. 北京：中华书局，1989

王夫之. 船山遗书（八卷本）. 北京：北京出版社，1999

徐世昌. 清儒学案（全十册）. 舒大刚等校点. 北京：人民出版社，2010

杨光先. 不得已（附二种）. 合肥：黄山书社，2000

颜元. 颜元集（全二册）. 王星贤等点校. 北京：中华书局，1987

张载. 张载集. 章锡琛点校. 北京：中华书局，1978

朱熹. 朱子全书（修订本）（全27册）. 上海：上海古籍出版社；合肥：安徽教育出版社，2010

章学诚. 文史通义. 上海：上海书店，1988

朱彝尊. 曝书亭集. 上海：世界书局出版社，1937

赵翼. 檐曝杂记. 北京：中华书局，1982

周骏富. 清代畴人传. 台湾：明文书局，1985

二、中文著作

蔡元培. 中国伦理学史. 北京：商务印书馆，1999

蔡锦芳. 戴震生平与作品考论. 桂林：广西师范大学出版社，2006

蔡方鹿. 宋明理学心性论. 成都：巴蜀书社，2009

陈卫平. 第一页与胚胎——明清之际的中西文化比较. 上海：上海人民出版社，1992

陈来. 朱子哲学研究. 上海：华东师范大学出版社，2000

陈其泰，李廷勇. 中国学术通史（清代卷）. 张立文主编. 北京：人民出版社，2004

陈徽. "性与天道"——戴东原哲学研究. 中国文史出版社，2005

戴学研究会. 戴震学术思想论稿. 合肥：安徽人民出版社，1987

冯友兰. 中国哲学史新编（三卷本）. 北京：人民出版社，1998

傅斯年. 傅斯年卷. 石家庄：河北教育出版社，1996

方东美. 中国人的人生观. 冯沪祥译. 台北：幼狮文化事业公司，1986

方利山、杜英贤. 戴学纵横. 北京：中国文联出版社，1999

方克立. 现代新儒学与中国现代化. 长春：长春出版社，2008

方克立：《中国哲学史上的知行观》，北京：人民出版社，1982

高明. 帛书老子校注. 北京：中华书局，1996

胡适. 戴东原的哲学. 长沙：岳麓书社，2010

侯外庐. 中国早期启蒙思想史. 北京：人民出版社，1956

侯外庐等. 宋明理学史（上下）. 北京：人民出版社，1997

洪湛侯. 徽派朴学. 合肥：安徽人民出版社，2005

何兆武. 中西文化交流史论. 武汉：湖北人民出版社，2007

何怀宏. 良心论. 北京：北京大学出版社，2009

胡槐植. 前清学者第一人戴震. 北京：中国文史出版社，2010

姜国柱、朱葵菊. 中国历史上的人性论. 北京：中国社会科学出版社，

1989

　　姜广辉. 中国经学思想史（第一卷）. 北京：中国社会科学出版社，2003

　　江畅. 德性论. 北京：人民出版社，2011

　　江晓原. 中国古代技术文化. 中华书局，2017

　　梁启超. 清代学术概论. 朱维铮校注. 北京：中华书局，2010

　　梁启超. 中国近三百年学术史（新校本）. 夏晓虹、陆胤校. 商务印书馆，2011

　　黎建球. 戴震人性论评析. 台北：东大图书股份有限公司，1990

　　刘师培. 东原学案序. 刘师培儒学论集. 黄锦君选编. 成都：四川大学出版社，2010

　　劳思光. 新编中国哲学史（三卷本）. 桂林：广西师范大学出版社，2005

　　刘墨. 乾嘉学术十论. 北京：三联书店，2006

　　吕思勉. 中国社会史. 上海：上海古籍出版社，2007

　　林庆彰、张寿安. 乾嘉学者的义理学（上下）. 台北：中研院文哲所，2003

　　李石岑. 中国哲学十讲. 南京：江苏教育出版社，2005

　　李约瑟. 中国科学技术史第二卷. 北京：科学出版社，上海：上海古籍出版社，1990

　　李人言. 中国算学史. 台北：台湾商务印书馆，1990

　　李开. 戴震评传. 南京：南京大学出版社，1992

　　李书有. 中国儒家伦理思想发展史. 南京：江苏古籍出版社，1992

　　李天纲. 中国礼仪之争——历史、文献和意义. 上海：上海古籍出版社，1998

　　李天纲. 跨文化的诠释：经学与神学的相遇. 北京：新星出版社，2007

　　李帆. 清代理学史（中）. 龚书铎主编. 广州：广东教育出版社，2007

　　李存山. 中国传统哲学纲要. 北京：中国社会科学出版社，2008

李畅然. 清代《孟子》学史大纲. 北京：北京大学出版社，2011

牟宗三. 中国哲学的特质. 罗义俊编. 上海：上海古籍出版社，2007

蒙培元. 理学的演变——从朱熹到王夫之戴震. 福州：福建人民出版社，1998

马树德. 中外文化交流史. 北京：北京语言大学出版社，2000

钱穆. 中国近三百年学术史. 北京：九州出版社，2011

祁龙威、华强. 戴震. 南京：江苏古籍出版社，1984

丘为君. 戴震学的形成：知识论在近代中国的诞生. 北京：新星出版社，2006

任继愈. 中国哲学史（第四册）. 北京：人民出版社，1997

尚智丛. 传教士与西学东渐. 太原：山西教育出版社，2008

唐君毅. 中国哲学原论·原性篇. 北京：中国社会科学出版社，2005

陶清. 明遗民九大家哲学思想研究. 台北：洪叶文化事业有限公司，1997

陶武. 比较视域下的戴震人性论研究. 合肥：黄山书社，2017

王茂. 戴震哲学思想研究. 合肥：安徽人民出版社，1980

王茂、蒋国保、余秉颐、陶清. 清代哲学. 合肥：安徽人民出版社，1992

王元明. 人性的探索. 天津：南开大学出版社，1993

王伯祥、周振甫. 中国学术思想演进史. 郑州：河南人民出版社，2016

王智汪. 论戴震与荻生徂徕. 合肥：黄山书社，2011

韦政通. 中国思想史（上下册）. 上海：上海书店出版社，2003

汪学群、武才娃. 清代思想史论. 北京：中国社会科学出版社，2007

汪学群. 中国儒学史·清代卷. 北京：北京大学出版社，2011

吴根友等. 戴震，乾嘉学术与中国文化. 福州：福建教育出版社，2015

吴国盛. 什么是科学. 广州：广东人民出版社，2016

徐复观. 中国人性论史·先秦卷. 武汉：湖北人民出版社，2002

许道勋、徐洪兴. 经学志. 上海：上海人民出版社，1998

参
考
文
献

319

余英时等. 中国哲学思想论集·清代篇. 台北：水牛图书出版事业有限公司，1988

余英时. 论戴震与章学诚. 北京：生活·读书·新知三联书店，2000

萧一山. 清代通史（全五册）. 北京：中华书局，1986

萧萐父、许苏民. 明清启蒙学术流变. 沈阳：辽宁教育出版社，1995

许苏民. 戴震与中国文化. 贵阳：贵州人民出版社，2000

徐道彬. 徽学与戴震. 朱万曙主编. 合肥：安徽大学出版社，2004

徐道彬. 戴震考据学研究. 合肥：安徽大学出版社，2007

姚介厚. 西方哲学史（学术版）（第二卷）. 南京：凤凰出版社，江苏人民出版社，2005

杨朝明、宋立林. 孔子家语通解. 济南：齐鲁书社，2009

杨泽波. 孟子性善论研究（修订版）. 北京：中国人民大学出版社，2010

周辅成. 戴震——十八世纪中国唯物主义哲学家. 武汉：湖北人民出版社，1957

周兆茂. 戴震哲学新探. 合肥：安徽人民出版社，1997

周晓亮. 西方哲学史（学术版）（第四卷）. 南京：凤凰出版社，江苏人民出版社，2004

周晓光. 新安理学. 合肥：安徽人民出版社，2004

张岱年. 中国哲学大纲. 北京：中国社会科学出版社，1982

张舜徽. 清儒学记. 武汉：华中师范大学出版社，2005

张立文. 宋明理学研究. 北京：中国人民大学出版社，1985

张立文. 戴震. 台北：东大图书股份有限公司，1991

张立文. 中国哲学范畴精粹丛书·性. 北京：中国人民大学出版社，1995

张国刚、乔治忠. 中国学术史. 上海：东方出版中心，2002

张国刚、吴莉苇. 中西文化关系史. 北京：高等教育出版社，2006

张寿安. 以礼代理——凌廷堪与清中叶儒学思想之转变. 石家庄：河

北教育出版社，2001

张慎．西方哲学史（学术版）（第六卷）．南京：凤凰出版社，江苏人民出版社，2005

郑佳节、高岭．魅力徽商．北京：北京工业大学出版社，2007

张允熠、陶武、张弛．中国：欧洲的样板——启蒙时期儒学西传欧洲．合肥：黄山书社，2010

张允熠．中国主流文化的近现代转型（上下）．合肥：黄山书社，2010

三、期刊报纸

陈卫平．从"中西会通"到"西学东源"：明清间科学家比较中西科学的思想趋向．《自然辩证法通讯》1989（2）

陈旭．试析戴震方志思想．《中国地方志》2003（5）

陈居渊．十八世纪汉学的建构与转型．《学术月刊》2009（2）

陈嘉明．儒家知行学说的特点与问题．《学术月刊》2013（7）

邓实．古学复兴论．《国粹学报》1905（9）

邓国宏．戴震"以情絜情"说辨析．《安徽大学学报（哲学社会科学版）》2012（5）

高予远．朱子理欲新论．《深圳大学学报（人文社会科学版）》2012（2）

胡发贵．戴震哲学启蒙意义发微．《学海》1992（1）

胡明辉、董建中．青年戴震：十八世纪中国士人社会的"局外人"与儒学的新动向．《清史研究》2010（3）

韩先梅．戴震论道德和道德教育．《江淮论坛》1997（1）

韩焕忠．佛性论与程朱人性论重建．《孔子研究》2001（6）

胡小林．朱熹与王守仁的知行观．《孔子研究》2005（6）

敬元述．戴震对教育方法的革新．《教育评论》1985（5）

姜广辉．走向理学的经典诠释——理学化经学"问题意识"举要．《国学学刊》（京）2009（1）

李锦全. 如何理解戴震启蒙思想的近代意义. 《天津社会科学》1992（3）

李开. 第一次西学东渐与乾嘉学派. 《传统文化与现代化》1999（2）

路新生. 理解戴震——钱穆余英时"戴震研究"辨正. 《华东师范大学学报（哲学社会科学版）》2003（1）

李维武. 早期启蒙说的历史演变与萧萐父先生的思想贡献. 《武汉大学学报（人文科学版）》2010（1）

李发红. 戴震的方志学理论及启示. 《广西地方志》2010（2）

李铁映. 《四库全书》是中华民族之宝藏. 《首都师范大学学报（社会科学版）》2018（2）

孟庆斌. 重论章学诚与戴震的修志之争. 《中国地方志》2008（2）

欧阳祯人. 戴震：中国文化现代转型的先行者. 《光明日报》2007-02-16

彭公璞. 试论戴震性善论的理论特色及其政治关怀. 《船山学刊》2009（3）

潘定武. 程恂生平著述考略. 《黄山学院学报》2015（2）

孙以昭. 戴震经学方法论初探. 《安徽大学学报（社会科学版）》1979（2）

沈乃文. 戴震与方志及其手稿与胡适跋文. 《清华大学学报（哲学社会科学版）》2009（3）

宋馥香、石晓明. 《春秋》对北宋历史编纂之影响探微. 《东北师大学报（哲学社会科学版）》2006（1）

宋开金. 乾隆年间方观承的《直隶河渠书》. 《历史档案》2016（2）

陶清. 还原戴震. 《光明日报》2007-04-26

陶清. 儒家思想现代诠释的路径选择与当代中国哲学的重建. 《学术界》2008（5）

陶清. 戴震与理学思辨模式批判. 《哲学动态》2010（3）

陶清. 戴震与儒学哲理化进程的终结. 《江淮论坛》2015（4）

陶清. 戴震哲学思想研究——以《孟子字义疏证》为个案. 《孔子研究》2016（5）

陶武. 严儒释之辨，"破图貌之误"——论戴震的佛学观. 《学术界》2013（8）

陶武. 传统人性理论再解读——戴震人性可善论摭谈. 《学术界》2014（10）

陶武. 戴震西学思想庶议. 《安徽师范大学学报（人文社会科学版）》2014（6）

陶武. 戴震的自然必然本然人性论说探微. 《学术界》2016（9）

王达敏. 论姚鼐与四库馆内汉宋之争. 《北京大学学报（哲学社会科学版）》2006（5）

王朔柏. 戴震的理欲观. 《安徽大学学报（哲学社会科学版）》1998（4）

王世光. 学术与政治之间——论戴震对程朱理欲观的批评. 《中州学刊》2002（2）

王世光. 戴震哲学与《几何原本》关系考辨. 《史学月刊》2002（7）

王杰. 戴震义理之学的历史评价及近代启蒙意义. 《文史哲》2003（2）

王艳秋. 戴震哲学重知之因探析. 《湖南师范大学社会科学学报》2009（2）

吴国盛. 博物学：传统中国的科学. 《学术月刊》2016（4）

魏义霞. 戴震的人性哲学及其启蒙意义. 《燕山大学学报（哲学社会科学版）》2012（1）

解光宇. 儒家性情学说历程及其终结——戴震人性学说在终结中的作用. 《学术界》1997（1）

徐道彬. 戴震学术地位的确立与"西学中源"论. 《清史研究》2010（3）

许子滨. 戴震《屈原赋注》成书考——兼论《安徽丛书》本《屈原赋注初稿三卷》为伪书说. 《古典文献研究（第十六辑）》2013（7）

杨国荣. 儒家视阈中的人格理想. 《道德与文明》2012（5）

余国庆. 戴震文献学著作述评. 《古籍研究》2002（2）

衷尔钜. 从洛学到闽学——综论杨时、罗从彦、李侗哲学思想及其历史作用. 《中州学刊》1991（1）

湛晓白、黄兴涛. 清代初中期西学影响经学问题研究述评. 《中国文化研究》2007 年（春之卷）

张晓林. 戴震的"讳言"——论《天主实义》与《孟子字义疏证》之关系. 《华东师范大学学报（哲学社会科学版）》2002（4）

张允熠. 从宋学、汉学到戴学——中国主流文化近代转型的深层学术背景探析. 《哲学研究》2007（8）

张允熠. 儒家道统与民族精神. 《孔子研究》2008（5）

张允熠. 马克思主义与儒学人性论合议. 《马克思主义与现实》2012（4）

张军. 考辨求真的理论与实践——从《汾州府志·例言》看戴震纂乾隆《汾州府志》的特点. 《黑龙江史志》2014（20）

赵玉敏. 乾嘉时期的儒释关系研究——以工彭允初《二林居集》事件为视角. 《理论界》2009（10）

四、外国译著

［古希腊］柏拉图. 理想国. 郭斌和、张竹明译. 北京：商务印书馆，1986

［古希腊］亚里士多德. 政治学. 吴寿彭译. 北京：商务印书馆，1965

［荷］斯宾诺莎. 伦理学. 贺麟译. 北京：商务印书馆，1997

［德］莱布尼茨. 人类理智新论（上下）. 陈修斋译. 北京：商务印书馆，1982

［德］康德. 三大批判合集. 邓晓芒译、杨祖陶校. 北京：人民出版社，2009

［德］费尔巴哈. 基督教的本质. 荣震华译. 北京：商务印书馆，1984

［德］卡西尔. 人论. 上海：上海译文出版社，1986

［德］夏瑞春. 德国思想家论中国. 许雅萍译. 南京：江苏人民出版社，1995

［德］马克思、恩格斯. 马克思恩格斯文集. 中共中央马克思恩格斯

列宁斯大林著作编译局编译. 北京：人民出版社，2009

［德］伽达默尔. 真理与方法. 洪汉鼎译. 上海：上海译文出版社，1999

［德］哈贝马斯. 交往行为理论（第一卷）. 曹卫东译. 上海：上海人民出版社，2004

［美］莱斯列·斯蒂芬森、大卫·哈贝曼. 世界十大人性哲学. 施忠连译. 上海：复旦大学出版社，2007

［美］库恩. 康德传. 黄添盛译. 上海：上海人民出版社，2007

［法］谢和耐. 中国社会史. 耿升译. 南京：江苏人民出版社，1995

［日］村瀬裕也. 戴震的哲学——唯物主义与道德价值. 王守华等译. 济南：山东人民出版社，1996

［日］沟口雄三. 中国的思想. 赵士林译. 北京：中国社会科学出版社，1995

［日］沟口雄三. 中国前近代思想的演变. 索介然、龚颖译. 北京：中华书局，1997

［英］休谟. 人性论（上下）. 关文运译. 北京：商务印书馆，1980

［英］阿拉斯代尔·麦金太尔. 伦理学简史. 北京：商务印书馆，2003

［英］罗素. 西方哲学史（上下）. 马元德译. 北京：商务印书馆，2004

参
考
文
献

皖籍思想家文库·戴震卷

后　记

　　我与戴学研究结缘已有七年，当初以戴震人性研究撰写博士学位论文，初入戴学研究门庭，深知戴震学说淹博；今天又以戴震思想研究忝列"皖籍思想家文库"，再入戴学研究堂奥，更觉戴震思想精审。学术人生，甘苦自知　。虽以一颗虔敬之心努力为之，但由于戴学淹博精审，加之本人学识有限，所呈现"戴震卷"可能难登大雅之堂，只能祈请学术方家和读者朋友海涵。

　　值此拙著即将付梓之际，我要感谢我的硕博导师张允熠教授，是他将我引进学术之路，走入戴学研究门庭；我要感谢我所供职的安徽省省社科院哲学与文化研究所所长李季林研究员，是他精心设计并组织"皖籍思想家文库"项目，使我得以更进一步关注戴震思想论域，深化戴学研究；我还要感谢陶清研究员，是他作为本书审稿专家，认真审读并提出很多宝贵意见；我还要感谢家人，是他们默默付出，为我减轻不少家庭琐事。最后，我还要感谢安徽人民出版社领导与资深编辑王世超先生，是他们精益求精，又为本书增色良多。

　　作为戴震学术研究的新人，我非常愿意倾听并恳请戴学专家与热心读者们的批评与教正，力争早日成为戴学研究大观园中的合格一员。

　　是为记。

陶武 谨识于合肥
2019 年 11 月